"信毅教材大系"编委会

主　　任　王　乔

副 主 任　邓　辉　王秋石　刘子馨

秘 书 长　陈　曦

副秘书长　王联合

编　　委　许基南　匡小平　胡宇辰　李春根　章卫东
　　　　　　袁红林　陆长平　汪　洋　罗良清　毛小兵
　　　　　　邹勇文　蒋悟真　关爱浩　叶卫华　尹忠海
　　　　　　包礼祥　郑志强　陈始发　陆晓兵

联络秘书　宋朝阳　张步云

信毅教材大系

商业银行管理学

● 黄飞鸣　主编

Management of
Commercial Bank

复旦大学出版社

内容提要

本书在吸收和借鉴国内外商业银行经营与管理理论与最新实践经验的基础上，系统地阐述了现代商业银行经营管理的基本原则、主要方法和最新发展。主要内容包括：商业银行产生与发展、功能与地位、经营原则及经营管理理论和管理方法、《巴塞尔协议》对金融风险监管政策的变化，以及网络时代商业银行业务经营的发展趋势。

本书既可以作为高等院校财经、管理专业本科生、研究生的授课教材或阅读教材，也可以作为金融类企业管理人员的在职培训教材或自学参考教材，同时也适合银行、证券、保险等专业金融机构的从业人士作为参考用书。

总 序

世界高等教育的起源可以追溯到 1088 年意大利建立的博洛尼亚大学，它运用社会化组织成批量培养社会所需要的人才，改变了知识、技能主要在师徒间、个体间传授的教育方式，满足了大家获取知识的需要，史称"博洛尼亚传统"。

19 世纪初期，德国的教育家洪堡提出"教学与研究相统一"和"学术自由"的原则，并指出大学的主要职能是追求真理，学术研究在大学应当具有第一位的重要性，即"洪堡理念"，强调大学对学术研究人才的培养。

在洪堡理念广为传播和接受之际，德国都柏林天主教大学校长纽曼发表了《大学的理想》的著名演说，旗帜鲜明地指出"从本质上讲，大学是教育的场所"，"我们不能借口履行大学的使命职责，而把它引向不属于它本身的目标"。强调培养人才是大学的唯一职能。纽曼关于"大学的理想"的演说让人们重新审视和思考大学为何而设、为谁而设的问题。

19 世纪后期到 20 世纪初，美国威斯康星大学查尔斯·范海斯校长提出"大学必须为社会发展服务"的办学理念，更加关注大学与社会需求的结合，从而使大学走出了象牙塔。

2011 年 4 月 24 日，胡锦涛总书记在清华大学百年校庆庆典上指出，高等教育是优秀文化传承的重要载体和思想文化创新的重要源泉，强调要充分发挥大学文化育人和文化传承创新的职能。

总而言之，随着社会的进步与变革，高等教育不断发展，大学的功能不断扩展，但始终都在围绕着人才培养这一大学的根本使命，致力于不断提高人才培养的质量和水平。

对大学而言，优秀人才的培养，离不开一些必要的物质条件保障，但更重要的是高效的执行体系。高效的执行体系应该体现在三个方面：一是科学合理的学科专业结构；二是能洞悉学科前沿的优秀的师资队伍；三是作为知识载体和传播媒介的优秀教材。教材是体现教学内容与教学方法的知识载体，是进行教学的基本工具，也是深化教育教学改革,提高人才培养质量的重要保证。

  一本好的教材,要能反映该学科领域的学术水平和科研成就,能引导学生沿着正确的学术方向步入所向往的科学殿堂。因此,加强高校教材建设,对于提高教育质量、稳定教学秩序、实现高等教育人才培养目标起着重要的作用。正是基于这样的考虑,江西财经大学与复旦大学出版社达成共识,准备通过编写出版一套高质量的教材系列,以期进一步锻炼学校教师队伍,提高教师素质和教学水平,最终将学校的学科、师资等优势转化为人才培养优势,提升人才培养质量。为凸显江财特色,我们取校训"信敏廉毅"中一前一尾两个字,将这个系列的教材命名为"信毅教材大系"。

  "信毅教材大系"将分期分批出版问世,江西财经大学教师将积极参与这一具有重大意义的学术事业,精益求精地不断提高写作质量,力争将"信毅教材大系"打造成业内有影响力的高端品牌。"信毅教材大系"的出版,得到了复旦大学出版社的大力支持,没有他们的卓越视野和精心组织,就不可能有这套系列教材的问世。作为"信毅教材大系"的合作方和复旦大学出版社的一位多年的合作者,对他们的敬业精神和远见卓识,我感到由衷的钦佩。

王 乔

2012 年 9 月 19 日

序 言

2008年因美国次贷危机引爆的全球金融危机，不仅深刻地改变了国际金融业的发展进程，而且使各国经济至今仍处于低谷。金融危机对全球金融体系产生了巨大冲击，欧美银行业遭受重创，在美国约8 500家商业银行和金融机构中，截至2010年6月已经有251家银行倒闭并遭联邦储蓄保险公司接管。IMF估计，由此次危机所引起的金融业损失将达1.4万亿美元，其中一半以上的损失将由商业银行承受。

2008年9月21日，美国高盛和摩根士丹利宣布转型为商业银行。转型后不仅能够设立银行分支机构吸收存款、拓宽融资渠道，还可与其他商业银行享受同等待遇，获得申请美联储紧急贷款的永久权利。投资银行回归商业银行业务，说明了自1933年"格拉斯—斯蒂高尔法案"实施以来的高杠杆商业模式的破产，也意味着华尔街利用"创新"的衍生工具创造的"金融泡沫"将不复存在，整个金融体系努力回归到平稳的轨道上。与投行对比来看，相对稳健谨慎的投资模式将占据主流，银行业将重新受到重视，其在金融体系中的地位得以巩固和加强。中国银行业资产规模是基金、股市总规模的数倍，决定了其在金融体系的主体地位。全球金融危机的教训，为中国继续推进金融体系改革提供了有益借鉴，将使我国银行业的主导地位在金融体系改革中得以延续和发展。

世界银行业300多年来历经多次兴衰沉浮，才逐渐积累出一些银行经营管理层面不可忽视的智慧，成长出诸如花旗银行、汇丰银行、富国银行、德意志银行等百年银行。但同时，也有巴林银行、华盛顿互惠银行等一大批久负盛名的银行陷入破产倒闭与被收购的境地。从中国银行业来看，我们的商业银行史是非常短暂的。如果从近代金融史来算,最早的中国通商银行成立至今只有120年;从现代金融史来看,自1949年新中国成立以来也才60多年;从正式法律的颁布来算,从1995年《商业银行法》的出台算起也仅仅20余年。严格意义上讲,中国的商业银行还没有经历过一个完整的经济周期检验,短暂的历史决定了我们还处在学习摸索阶段,借鉴和吸收国际上百年银行的经验教训显得尤为重要。

在危机中走上战略转型的国际大银行业为中国银行业提供了有益的启示,为中国银行业重新认识综合化与专业化经营模式提供了借鉴。如汇丰银行、花旗银行、瑞士银行、苏格兰皇家银行等国际知名金融机构纷纷对经营战略实施了重大调整,更加专注具有增长潜力、拥有足够管理能力的核心业务。我们要认真反思危机发生的原因、发展的过程,认真汲取教训,正确认识我国银行业面临的发展机遇,制定并实施有针对性的策略,增强防范和化解金融风险的能力,推动银行业科学发展。中国银行业应当充分把握这一机遇,顺应经济金融全球化的大势所趋,从金融危机中吸取教训,学习国际大型银行的经营理念、管理经验,稳步推进国际化,稳步推进海外发展战略布局,力争在未来的国际银行市场中占据有利地位,实现新的发展。

目前外部环境的巨大变化要求商业银行必须改变。科技已经改变了许多行业,现在轮到银行业了。互联网技术、移动网络技术正在改变着商业银行的经营思维;规则已经改变,一大批新的竞争者将会出现。银行业正面临生死存亡的挑战。"电子化"是银行业的大势所趋,基于大数据和云计算的信息平台是未来竞争的核心。面对Google、Facebook、亚马逊、阿里巴巴、腾讯等网络巨头的抢食,这些新进入者没有传统银行的遗留问题:陈旧的系统和昂贵的分销网络。如果银行不做好准备,那么就会成为新时代的"弃儿"。

《商业银行管理学》内容包括:商业银行的资本管理、负债管理、资产管理、表外业务、风险管理、内部控制和绩效评价以及发展趋势等。本书特别注重借鉴当代商业银行经营管理的理论、方法、技术,吸收国内外学术界的相关研究成果,及时反映商业银行经营领域的新变化和新动向。本书在论证的方法和理论的剖析上颇具特色,脉络清晰,重点突出,详略有序,内容全面。书中附有丰富的案例和精心设计的各种图、表,并对互联网银行业务也有适当的涉及,具有较强的实用性和可操作性。编写中,注意内容广度和深度的结合;注重理论联系实际,着重培养学生综合应用理论分析问题和解决问题的能力。

此外,本教材还具有以下四个特色。

1. 每章导入

每章开篇都有一个精选的材料介绍来确定该章要阐述的主题,读者阅读后可以对本章的主题有一个概要性的认识,材料中涉及的一些相关概念将在本章具体讲述;常回看每章的导入材料,可以使读者更好地了解本章的观点、概念,并在理论与实践之间构建联系。

2. 案例与知识专栏

在理论介绍中,本书一些章节穿插有一些案例与知识专栏。这些案例与知识专栏有三方面的作用:加深对已学过内容的理解;说明如何将理论运用于实际问题的分析;提供重要的历史资料。

3. 每章要点、小结和关键词

每章在结尾处有小结,概括本章的主要论点。在课文中反复出现的关键术语或短语,也在每章的结尾处列出来。为了更进一步帮助学生学习和查找相应的英文文献,我们给出了这些关键词相应的英文。

4. 每章思考题

思考题是对本章内容的一种提示,希望引起读者注意,帮助读者更好地掌握本章的基本内容。每章的思考题是从该章内容中提炼出来的,帮助读者考察自己学习本章后能否理解相关内容。同时,一些思考题中用来讨论的问题,需要读者综合运用所学知识来解答。

本教材根据2008年以来的国际金融危机后产生的金融新问题、新理论、银行业发展的新趋势,补充了大量鲜活的案例和知识专栏以及相关网站链接,对全面提高学生分析问题、解决问题的能力有着极大的促进作用。学习本书,学生和任课教师既可以按照各章的顺序逐章向前推进,也可根据自身特点及需要调整顺序,进行有重点的教学和研读。

《商业银行管理学》由黄飞鸣担任主编,吴伟军任副主编。具体编写由黄飞鸣、吴伟军、牛子雨、邹永杰和刘黎平等老师进行,张婷、彭骞、王晓敏、涂玲慧、严涵、齐新等对本书最后的成稿作出了贡献，在此表示感谢。对编写时参考的大量国内外有关文献的作者表示感谢。

最后，感谢江西财经大学"信毅教材大系"评审专家与复旦大学出版社的大力支持。

由于我们水平有限，书中纰漏、不当之处在所难免，敬请读者批评与指正。

编　者

2016年10月于南昌

目 录

第一章 商业银行概论 ………………………………………… 001
第一节 商业银行的产生与发展 ……………………………… 001
第二节 商业银行的性质和职能 ……………………………… 004
第三节 商业银行的经营目标 ………………………………… 009
第四节 商业银行的组织结构 ………………………………… 011
第五节 政府对商业银行的监督与管理 ……………………… 014
本章小结 ……………………………………………………… 019
关键词 ………………………………………………………… 020
复习思考题 …………………………………………………… 020

第二章 商业银行管理理论 …………………………………… 022
第一节 商业银行资产管理理论 ……………………………… 023
第二节 商业银行负债管理理论 ……………………………… 026
第三节 商业银行资产负债综合管理理论 …………………… 029
第四节 商业银行资产负债外管理理论 ……………………… 035
本章小结 ……………………………………………………… 038
关键词 ………………………………………………………… 039
复习思考题 …………………………………………………… 039

第三章 商业银行资本管理 …………………………………… 040
第一节 商业银行的资本构成 ………………………………… 040
第二节 商业银行资本充足性管理 …………………………… 045
第三节 巴塞尔协议 …………………………………………… 052
第四节 商业银行资本筹集管理 ……………………………… 065
本章小结 ……………………………………………………… 072
关键词 ………………………………………………………… 073
复习思考题 …………………………………………………… 073

第四章　商业银行负债业务管理 …… 075
第一节　商业银行存款负债 …… 076
第二节　商业银行非存款负债 …… 082
第三节　商业银行负债管理 …… 091
本章小结 …… 099
关键词 …… 100
复习思考题 …… 100

第五章　商业银行现金资产管理 …… 102
第一节　商业银行现金资产及管理目的和原则 …… 103
第二节　商业银行现金资产的管理 …… 108
第三节　商业银行的流动性管理 …… 117
本章小结 …… 133
关键词 …… 133
复习思考题 …… 133

第六章　商业银行的贷款管理 …… 135
第一节　商业银行贷款概述 …… 135
第二节　商业银行的贷款政策与程序 …… 142
第三节　商业银行贷款的信用分析 …… 148
第四节　商业银行贷款定价 …… 157
第五节　商业银行贷款的评价与问题贷款的处理 …… 160
本章小结 …… 166
关键词 …… 167
复习思考题 …… 167

第七章　商业银行证券投资业务管理 …… 168
第一节　商业银行证券投资的功能与种类 …… 168
第二节　证券投资的策略选择 …… 172
第三节　证券投资的收益与风险 …… 178
本章小结 …… 184
关键词 …… 184
复习思考题 …… 184

第八章 商业银行表外业务管理 ……………………… 185
第一节 银行表外业务概述 ……………………… 185
第二节 担保业务 …………………………………… 191
第三节 承诺业务 …………………………………… 197
第四节 金融衍生品交易业务 …………………… 200
第五节 资产证券化业务 ………………………… 203
本章小结 ……………………………………………… 208
关键词 ………………………………………………… 209
复习思考题 …………………………………………… 209

第九章 商业银行其他业务管理 ……………………… 211
第一节 个人理财业务 …………………………… 211
第二节 租赁业务 ………………………………… 218
第三节 信托业务管理 …………………………… 225
第四节 代理融通业务管理 ……………………… 230
第五节 商业银行的国际业务管理 ……………… 232
本章小结 ……………………………………………… 248
关键词 ………………………………………………… 249
复习思考题 …………………………………………… 249

第十章 商业银行资产负债综合管理 ………………… 250
第一节 资产负债综合管理的概述 ……………… 250
第二节 资产负债管理的一般方法 ……………… 255
第三节 利率敏感性与资金缺口管理 …………… 264
第四节 银行久期缺口的度量及管理 …………… 269
本章小结 ……………………………………………… 275
关键词 ………………………………………………… 275
复习思考题 …………………………………………… 275

第十一章 商业银行风险管理 ………………………… 276
第一节 商业银行风险管理概述 ………………… 277
第二节 商业银行风险的类型与风险管理模式 … 279
第三节 商业银行风险管理的流程 ……………… 286

第四节　商业银行的全面风险管理 …………………………… 291
　　本章小结 ……………………………………………………………… 296
　　关键词 ………………………………………………………………… 297
　　复习思考题 …………………………………………………………… 297

第十二章　商业银行的内部控制 ……………………………………… 298
　　第一节　内部控制理论的发展历程 …………………………………… 299
　　第二节　商业银行内部控制的内容 …………………………………… 305
　　第三节　商业银行内部控制的评价与监督体系 ……………………… 310
　　第四节　商业银行的合规管理 ………………………………………… 312
　　本章小结 ……………………………………………………………… 317
　　关键词 ………………………………………………………………… 317
　　复习思考题 …………………………………………………………… 318

第十三章　商业银行财务报表和绩效评估 …………………………… 319
　　第一节　商业银行的财务报表 ………………………………………… 320
　　第二节　商业银行绩效评估体系与评价方法 ………………………… 330
　　第三节　监管当局对商业银行的评估 ………………………………… 344
　　本章小结 ……………………………………………………………… 355
　　关键词 ………………………………………………………………… 355
　　复习思考题 …………………………………………………………… 355

第十四章　互联网时代商业银行的发展趋势 ………………………… 357
　　第一节　互联网时代商业银行的经营环境 …………………………… 358
　　第二节　互联网金融对商业银行业务经营的影响 …………………… 360
　　第三节　互联网时代商业银行的发展趋势 …………………………… 365
　　第四节　区块链对商业银行发展的影响 ……………………………… 370
　　本章小结 ……………………………………………………………… 377
　　关键词 ………………………………………………………………… 377
　　复习思考题 …………………………………………………………… 377

主要参考文献 …………………………………………………………… 378
相关网络链接 …………………………………………………………… 380

第一章 商业银行概论

> **本章导入**
>
> **美国次贷危机与商业银行贷款创新**
>
> 　　当美国经济在2000年互联网泡沫破裂和2001年"9·11"恐怖袭击事件的双重打击下呈现衰退危险时,美国政府为挽救经济采取低利率和减税等一系列措施。这些措施使大量资金涌入沉寂10年的房地产市场。随着资金的不断涌入,房地产价格一路攀升。不少投资人通过贷款购买第二套甚至第三套房产,同时大批没有偿还能力的贷款者和有不良还款记录者也向银行申请次级按揭贷款以购买房产。房价的高涨使银行对发放贷款进行了一系列的"创新"。这些"创新"贷款包括:购房无须提供首付,可从银行获得全部资金;贷款的前几年只偿还利息,不用偿还本金;对借款人不做信用审核;利率浮动。当银行手中持有大量未来可能违约的按揭贷款时,银行则将这些不良按揭贷款打包出售,再由华尔街投行将其证券化,包括设计成诱人的金融衍生品出售给全球投资者。然而从2006年年底开始,由于美国房产价格下跌,很多借款人无力偿还债务,致使次贷危机爆发。(节选自:张育军,美国次贷危机的几个成因,新浪专栏-领袖意见,2014年10月13日。)

　　商业银行是在商品交换与市场经济的发展中孕育和发展起来的,它是为满足生产与扩大再生产、支付清算与国内外贸易、货币融资与资本市场、金融产品与中介服务等需求,是适应市场经济发展和社会化大生产需要而发展形成的一种金融组织。经过几百年的发展和演变,现代商业银行已成为各国经济活动中主要的资金集散中心和金融服务机构,并成为各国金融体系中重要的组成部分。实际上,现代银行正在世界范围内向数以亿计的个人、家庭、企业、政府机构提供成千上万种服务;其中的一些金融服务对个人、对社会、对国家的福利都是至关重要的。

第一节 商业银行的产生与发展

一、现代商业银行的形成与发展

　　现代商业银行的最初形式是资本主义商业银行,它是资本主义生产方式的产物。

随着生产力的发展、生产技术的进步、社会劳动分工的扩大,资本主义生产关系开始萌芽。一些手工场主与城市富商、银行家一起开始形成新的阶级——资产阶级。由于早期银行贷款具有高利贷的性质,严重阻碍闲置的社会资本向产业资本转化。另外,早期银行的贷款对象主要是政府等一批特权阶层而非工商业,新兴的资本主义工商业无法得到足够的信贷资金支持,而资本主义生产方式的产生与发展的一个重要前提是要有大量的为组织资本主义生产所必需的货币资本。因此,新兴的资产阶级迫切需要建立和发展资本主义银行,需要建立一种新型的、规模巨大的、资本雄厚的、能满足和适应资本主义生产方式的银行来为经济发展服务。于是,从治理结构角度看,大量旧式的高利贷银行兼并、重组,并以股份公司形式组建新的商业银行。

资本主义商业银行的产生,基本上通过两种途径:一是旧的高利贷性质的银行逐渐适应新的经济条件,发展演变为资本主义银行。在西欧,由金匠演化而来的高利贷性质的银行,主要是通过这一途径缓慢地转化为资本主义银行。二是新兴的资产阶级按照资本主义原则组织的股份制银行。其中,后一条途径是主要的途径,在最早建立资本主义制度的英国表现得尤其明显。

1694年,英国政府为维护新生资产阶级发展工商业的需要,限制高利贷,在国家支持下,由英国商人集资合股成立了第一家股份制银行——英格兰银行,规定该行向企业发放低利贷款。它的成立宣告了高利贷性质的银行业在社会信用领域垄断地位的结束,标志着资本主义现代银行制度开始形成,标志着适应资本主义生产方式要求的新信用制度的确定。从这个意义上说,英格兰银行是现代商业银行的鼻祖。继英格兰银行之后,各国相继仿效英格兰银行的模式,对加速资本的积累和生产的集中起到了巨大作用,推动了资本主义经济的发展。随着北美、南美殖民地的建立,欧洲的银行业也传到了那里。最初,移民主要与自己国家的银行有往来。19世纪以后,美国州政府开始向银行公司发放营业执照。在很大程度上,许多银行只不过是其他商业企业的产物。商品销售业处于主导地位,而银行业处于次要地位。纽约等一些重要的商业中心出现了由专业人士经营的规模较大的银行。美国南北战争时期,联邦政府成了美国银行迅速增长的动力。1864年,国会创办了货币监管办公室(OCC),它向国家银行发放营业执照。联邦政府和各州对控制及监督银行活动都起到重要作用。这种分制银行系统在美国延续至今。美国、日本等经济大国在其资本主义经济高速发展的阶段,银行业作为经济的"助推器",发挥了无可替代的作用,美英等国也随之成为"金融帝国"。

商业银行发展至今,与其最初因发放基于商业行为的自偿性贷款从而获得"商业银行"的称谓相比,已大相径庭。如今的商业银行已被赋予更广泛、更深刻的内涵。特别是自第二次世界大战以来,随着社会经济的发展、银行业竞争的加剧,商业银行的业务范围不断扩大,逐渐成为多功能、综合性的"金融百货公司"。

商业银行发展的业务经营基本上循着两种模式:一是英国的短期融通资金模式;另一是德国的综合银行模式。

英国资本市场较发达,因此长期资金主要依靠资本市场筹集,短期资金再通过向银行融通来满足。短期融通资金模式的优点是能较好地保持银行清偿力,安全性较好,缺点是不利于银行的发展。

德国作为一个后起的资本主义国家,资本市场不发达,需要银行提供长期资金贷款,因此银行既提供短期贷款也提供长期贷款,又从事证券等投资银行业务。实际上是集商业银行、投资银行和保险业务于一身的多功能的金融中介机构。这种模式的优点是能满足客户多样化的服务需求,竞争力较强,各项业务盈亏可以互相调剂;缺点是可能违反存款人利益,将存款过多地配置于高风险业务。目前德国式的综合银行已成为国际银行业发展的趋势。

对众多个人、家庭、各种大小不一的企业,以及许多政府机构而言,银行是提供信贷资金的主要来源。当企业和消费者购买商品和服务需要付款时,通常会使用银行提供的支票、借记卡、信用卡,或者使用计算机网络上的电子账户。当消费者需要金融信息或理财计划时,通常会求助于银行客户经理或银行家,听取他们的建议和意见。和任何其他金融机构相比,商业银行拥有公众可以信任的信誉。从全世界来看,商业银行为消费者提供了比其他金融机构更多的分期偿还贷款。在大多数年份,银行也是政府为融资建设公共品而发行的政府债券和票据的主要买家。商业银行是企业短期营运资金的主要来源之一;近年,商业银行对企业购买新厂房和机器设备发放长期贷款的业务也日渐增多。

二、我国的商业银行的发展

我国银行业有悠久的历史,其产生早于欧洲,但 2 000 余年封建社会和自给自足自然经济的桎梏,使中国银行业的发展受到了严重阻碍。早在春秋战国时期,我国货币经济已经相当发达,信用放款也很普遍,不少人靠放债致富。北宋时期出现了世界上最早的纸币——交子。到了明朝末期,又相继出现近代的银行机构——钱庄和票号。鸦片战争以后,中国沦为半封建半殖民地社会,资本主义银行也随之涌入中国。最早是在1845 年,英国在广州设立丽如银行,后改称为东方银行。1897 年,中国第一家民族资本银行——中国通商银行在上海成立。1906 年,清政府设立了官商合办的户部银行,该银行可以铸造货币、发行货币、代理国库,具有国家银行性质,后来改称为大清银行,1912 年又改称为中国银行。1927 年以后,国民党政府为了控制中国金融业,于 1928 年成立了中央银行,之后,又控制了中国银行、交通银行、中国农民银行,设立了邮政储金汇业局、中央信托局和中央合作金库,逐渐形成了以"四行、二局、一库"为核心的旧中国官僚买办金融体系。旧中国时期的银行,如表 1-1 所示。

表 1-1 旧中国时期的银行

名　　称	成　立　时　间	享有的特权及地位
中央银行	1928 年 11 月	经理国库,发行兑换券,铸发国币,经募公债,"银行的银行"
户部银行	1905 年	发行货币,经理外汇收支
中国银行	1912 年户部银行改名	

(续表)

名称	成立时间	享有的特权及地位
交通银行	1908	发展实业的特许银行
中国农民银行	1935	发行货币
邮政储金汇业局	1930	吸收储蓄,汇兑资金
中央信托局	1935	买办军火
中央合作金库	1946	发展合作事业

新中国成立以后,直至1979年改革开放以前,我国大陆的银行体系总的来说是高度集中的银行体系,全国基本上只有一家中国人民银行,它既掌管货币发行权和管理金融活动,又办理所有银行业务。随着经济金融体制改革的推进,我国逐步开始打破"大一统"的银行体系,恢复和组建了中国农业银行(1972年2月恢复)、中国银行(1979年3月分设)、中国人民建设银行(1979年分设,1983年明确为金融经济实体,1996年更名为中国建设银行)、中国工商银行(1984年成立)四家国有专业银行,在其各自分工的领域内从事银行业务活动。此后,随着改革步伐的加快,专业银行逐步实行企业化经营,原有严格的专业分工界限被打破,业务交叉经营的现象日益明显,业务趋于多样化、综合化,专业银行的职能在削弱,商业银行的功能在逐步强化。1986年4月,国务院批准重新组建以公有制为主体的股份制银行——交通银行。其后,中信实业银行、招商银行、广东发展银行、深圳发展银行、福建兴业银行、光大银行、华夏银行等商业银行相继成立,成为中国银行业的新生力量。由此,我国银行业形成了以中央银行为领导、专业银行为主体、多家商业银行共存的银行体系。

1994年,原国有四大专业银行改组为国有独资商业银行,将原有的政策性业务转交给新设立的政策性银行——中国农业发展银行、中国进出口银行、国家开发银行来经营。由此,我国建立了更为完善的银行体系,即以中央银行为核心、商业银行为主体、政策性银行及其他金融机构并存的金融体系。其中,商业银行体系包括国有商业银行、股份制商业银行、城市商业银行、农村信用社、外资银行等。特别值得一提的是,到目前为止,我国银行业改革迈出重大步伐,银行业改革持续快速发展,中国建设银行、中国银行、中国工商银行三大国有商业银行治理结构日趋完善,成功完成重组上市,并成为国际资本市场上举足轻重的大型国有控股商业银行,在经济社会发展中发挥着重要的支撑和促进作用。

第二节 商业银行的性质和职能

一、商业银行的性质

商业银行是市场经济的产物,它是为适应市场经济发展和社会化大生产需要而形成的一种金融组织。商业银行经过几百年的发展演变,现在已经成为世界各国经济活动中最主要的资金集散机构,其对经济活动的影响力居于各国各类银行与非银行金融机构之首。

商业银行是以利润最大化为目标,以货币、资金形式向客户提供多种金融服务的特殊的金融企业。商业银行业务不仅范围广泛,而且不断地开拓创新,新型的贷款、存款不断出现,因特网及数字现金 Smart Cards 等新服务传送方式的使用越来越广泛,每年都会涌现出新业务(如银信合作、银保合作、银证合作、年金等业务)。从总体来看,现代银行所提供的服务范围之广、服务传送渠道之多,带给顾客的是无尽的方便。一个地区的一家金融机构就可满足顾客的所有金融需求。的确,银行是现代社会的金融超级市场,呈现集银行业、信托业、保险、证券业于一体的发展趋势①。

不管商业银行如何发展,盈利是商业银行产生和经营的基本前提,也是商业银行发展的内在动力。2003年修订的《中华人民共和国商业银行法》规定,商业银行是指依照本法和《中华人民共和国公司法》设立的吸收公众存款、发放贷款、办理结算等业务的企业法人。商业银行实行自主经营、自担风险、自负盈亏、自我约束。

(一)商业银行是具有现代企业的基本特征的企业

同一般的工商企业一样,商业银行也具有业务经营所需的自有资金,也需独立核算、自负盈亏,也要把追求最大限度的利润作为自己的经营目标。获取最大限度的利润是商业银行产生和发展的基本前提,也是商业银行经营的内在动力。就此而言,商业银行与一般的工商企业无异。

(二)商业银行是一种特殊的企业

商业银行的特殊性主要表现在以下三个方面。

(1)商业银行的经营对象和内容具有特殊性。一般工商企业经营的是物质产品和劳务,从事商品生产和流通;而商业银行是以金融资产和负债为经营对象,经营的是特殊的商品——货币和货币资本,经营的内容包括货币收付、借贷以及各种与货币运动有关的或者与之相联系的金融服务。

(2)商业银行对整个社会经济的影响以及所受社会经济影响的特殊。通常,商业银行对整个社会经济的影响要远远大于任何一个企业,同时,商业银行受整个社会经济的影响也较任何一个具体企业更为明显。

(3)商业银行的责任特殊。一般工商企业只以盈利为目标,只对股东和使用自己产品的客户负责;商业银行除了对股东和客户负责之外,还必须对整个社会负责。

(三)商业银行是一种特殊的金融企业

商业银行是一种特殊的金融企业,它既有别于国家的中央银行,又有别于专业银行(指西方指定专门经营范围和提供专门性金融服务的银行)和其他非银行金融机构。

中央银行是国家的金融管理当局和金融体系的核心,具有较高的独立性,只面向政府和金融机构,它不对客户办理具体的信贷业务,不以盈利为目的。专业银行和各种非银行金融机构只限于办理某一方面或几种特定的金融业务,业务经营具有明显的局

---

① 在美国、加拿大、英国被称为万能银行业,在德国叫作全能金融业,在法国叫作银行保险业(bancassurance)。

限性。

商业银行的业务经营则具有很强的广泛性和综合性,它既经营"零售"业务,又经营"批发"业务,其业务触角已延伸至社会经济生活的各个角落。随着金融自由化和金融创新的发展,商业银行的业务和所提供的服务范围越来越广泛,现代商业银行正朝着"金融百货公司"和"万能银行"的方向发展。

中国商业银行的法律性质是特许成立的企业法人。商业银行由国家特许成立,发放银行经营许可证的部门是中国人民银行。特许审批过程主要是:首先由申请人提出申请,然后由中国人民银行予以审查。形式审查要弄清各种申请文件、资料是否齐全,是否符合法律规定;实质审查要弄清申请人是否符合各项经营商业银行业务的条件。审查通过后,由申请人将填写的正式申请表和法律要求的其他文件、资料,报中国人民银行特许批准并颁发经营许可证。值得一提的是,特许批准的权力完全属于国家,符合成立商业银行的各项条件也并不意味着一定能取得经营许可证。

从上述商业银行的法律性质可以看出,商业银行有如下特征:(1)商业银行必须依法设立。设立的依据是中国《商业银行法》及《公司法》等有关规定。(2)商业银行的主要业务是吸收存款和发放贷款,并经营其他中间业务,如结算业务。其他非银行金融机构,如保险公司、财务公司,由于它们不办理存款和贷款业务,所以不属于商业银行的范畴。

二、商业银行的职能

许多人认为银行在经济中只起着有限的作用——吸收存款和发放贷款以及办理结算,而实际上,现代银行为了保持自身的竞争力及满足公众的需求,不得不承担更多的职能。Diamond 和 Dybvig(1983)指出了商业银行存在的理由。他们认为银行是一种流动性创造与转换的机构,使得社会上流动性弱的资产与流动性强的负债之间能够进行转换,这是间接金融相对于直接金融的主要优势所在,也是银行赖以存在和发展的功能基础。

商业银行作为现代经济中最重要的金融中介机构,具有不可替代的作用,商业银行的经济职能恰好能说明这一点。商业银行的性质决定了其具有如下职能。

(一)信用中介职能

信用中介职能是商业银行最基本、也最能反映其经营活动特征的职能。这一职能的实质是通过商业银行的负债业务,把社会上的各种闲散资金集中到银行,再通过商业银行的资产业务,投向社会经济各部门。

商业银行作为货币资本的贷出者和借入者实现货币资本的融通。商业银行通过信用中介职能能实现资本盈余与短缺之间的调剂,并不改变货币资本的所有权,改变的只是其使用权。企业或个人在物物交易、物权交易、资产资金交易等方面的经济和贸易往来更愿通过银行来完成交割。

这一职能的发挥,产生以下经济作用:(1)将闲散货币转化为资本;(2)使闲置资本得到充分运用;(3)续短为长,积少成多,扩大社会资本规模。

由于银行在连接存款人和投资人的信贷中介过程中处于中心环节，因此强大和稳健的银行体系是经济持续增长的基础[①]。

（二）支付中介职能

支付中介职能是商业银行的传统职能，是指商业银行利用活期存款账户，为客户办理各种货币结算、货币收付、货币兑换和转业存款等货币经营业务的职能。这一职能的发挥，使银行持续持有廉价资本来源；同时节约社会流通费用，增加生产资本。

从原始银行业历史可以看出，支付中介职能的出现要早于信用中介，但信用中介职能出现后，两者是相辅相成的关系。要委托银行办理支付，须预先在银行存有一定款项，这笔存款遂成为银行廉价资金来源；当存款不足时会要求银行贷款，而贷款又转化为客户存款，又需办理新的支付。

商业银行在发挥其支付中介职能过程中，具有两个明显的作用：首先，它可使商业银行持续拥有比较稳定的廉价资本来源。其次，它可节约社会流通费用，增加生产资本投入。

（三）信用创造职能

商业银行的信用创造职能，是建立在信用中介职能和支付中介职能的基础之上的，商业银行可签发信用流通工具，从而创造出派生存款，它是商业银行的特殊职能。所谓信用创造职能是指商业银行利用其可以吸收各类活期存款的有利条件，通过发放贷款、从事投资业务而衍生出更多存款，从而扩大社会货币供应量，当然此种货币不是现金货币，而是存款货币，它只是一种账面上的流通工具和支付手段。

商业银行信用创造职能的发挥要受以下因素制约。

首先，商业银行信用创造要以原始存款为基础。就每一个商业银行而言，要根据存款发放贷款和投资；就整个商业银行体系而言，也要在原始存款的基础上进行信用创造。因此信用创造的限度，取决于原始存款的规模。

其次，商业银行信用创造要受中央银行法定存款准备率及现金漏损率的制约，创造能力与其成正比。

最后，创造信用的条件是要有贷款需求，如果没有足够的贷款需求，存款贷不出去，就谈不上信用创造，因为有贷款才有派生存款；相反，如果归还贷款，就会相应地收缩派生存款，收缩程度与派生程度一致。因此，对商业银行来说，吸收存款的多少具有非常重要的意义。

此外，影响商业银行信用创造功能发挥的因素还有很多，如公众的流动性偏好，市场利率预期等。

（四）金融服务职能

金融服务是商业银行利用其在经济生活中的特殊地位，以及凭借其在提供信用中介和支付中介业务过程中所获得的大量信息的优势，运用电子计算机和网络等先进手段，为客户提供现金管理、电子银行、国际结算、担保、服务咨询、代理融通、价值保管或证明、信托、租赁、计算机服务、经纪人业务、风险管理、银行卡和财富管理等多种服务。

---

① 巴塞尔银行监管委员会：《增强银行体系稳健性》（征求意见稿），2009年12月。

通过提供这些服务,商业银行一方面扩大了社会联系面和市场份额,另一方面也为银行取得不少费用收入,同时也加快了信息传播,提高了信息技术的利用价值,促进了信息技术的发展。

（五）调节经济职能

调节经济的职能是指商业银行通过其信用中介活动,调节社会各部门的资金余缺,同时在中央银行货币政策指引下,在国家其他宏观政策的影响下,实现调节经济结构、调节投资与消费比例关系,引导资金流向,实现产业结构调整,发挥消费对生产的引导作用的功能。有时,商业银行还可以通过在国际市场上的融资活动,来调节本国的国际收支变化。

知识专栏 1-1

只有商业银行才能派生创造存款货币吗?

传统的理论认为只有商业银行能创造存款通货,在这点上,商业银行和其他金融机构存在本质区别。但20世纪70年代一些学者提出不同看法。他们不否认,在创造信用过程中,商业银行具有更强的能力,但认为这只不过是开始时的冲击效果,不一定代表最终均衡状态。商业银行之所以能扩张信贷派生存款,是因为假定银行客户将其所得全部存于商业银行,但事实未必如此。如借款人可将借款用于进货、支付工资等,获得现金的工人和供货商,如果认为其他金融机构存款利率较高,可能将收入转存于后者,这样,商业银行将存款流失,被迫紧缩信贷,其他金融机构将增加资金头寸并扩大信贷。总之,无论商业银行还是其他金融机构,都有创造信用的能力,其能力大小决定于存款人的偏好和意向,两者并无本质区别。就目前创造信用的能力而言,商业银行较后者为强,正因此,监管部门对商业银行的监管比较严厉。但是,随着金融自由化的发展,商业银行与其他金融机构创造信用能力的差异将会进一步缩小。

金融自由化是指对金融管制的制度变革,是放松金融体系现行法令、规则和行政管制的过程,包括价格自由化、业务经营自由化、市场准入自由化和资本流动自由化四个方面。业务自由化指放松对金融机构业务创新管制,其中最重要的是商业银行混业经营模式的推广,1999年,美国国会通过"金融服务现代化法案",允许银行进入证券和保险业并允许非银行持股公司兼并和控制银行。在金融自由化浪潮中,各金融机构都致力于扩大业务范围,为顾客提供全面金融服务,业务多元化,其结果导致各种金融机构的业务界限日益模糊,出现同质化趋势。

如今不仅传统的投资银行、保险公司成为商业银行的竞争者,连产业资本也在提供一些金融服务,向商业银行发起挑战。比如,美林公司(2008年美国金融危机后被美国银行收购)所组建的世界上最大的货币市场基金;美国运通公司、世界第三大银行汇丰控股集团通过子公司运通百年银行和汇丰融资公司提供存贷款业务;通用电气公司下属的通用商务金融公司和通用消费金融公司为企业和消费者提供的贷款、租赁、住宅贷款、项目贷款、保险等业务;沃尔玛货币中心提供的支票兑现、邮政汇票和代替信用卡和投资业务的现金卡等。同时,商业银行也通过银行持股公司的风险资本子公司、购并证券与保险公司等渠道经营风险资本贷款和证券、保险、基金、年金等业务。

第三节 商业银行的经营目标

各国商业银行已经普遍认同了在其经营管理过程中所必须遵循的"安全性、流动性、效益性"的"三性"目标。商业银行经营的"三性"原则在中国首次出现是1995年《商业银行法》,规定商业银行经营活动应当遵循"效益性、流动性、安全性"的原则,2003年修订的《商业银行法》将"三性"的顺序调整为"安全性、流动性、效益性",将安全性置于首位,并一直延续至今成为银行经营的首要原则。

一、安全性目标

安全性目标是指商业银行应努力避免各种不确定因素对它的影响,保证商业银行的稳健经营和发展。商业银行之所以必须坚持安全性目标,是因为商业银行经营的特殊性。

首先,由于商业银行作为特殊企业自有资本较少,财务杠杆率高,经受不起较大的损失。

其次,商业银行由于经营条件的特殊性,尤其需要强调它的安全性。一方面,商业银行以货币为经营对象,商业银行对居民的负债是有硬性约束的,既有利息支出方面的约束,也有到期还本的约束。另一方面,在现代信用经济条件下,商业银行是参与货币创造过程的一个非常重要的媒介部门。如果由于商业银行失去安全性而导致整个银行体系混乱,则会损伤整个宏观经济的正常运转。

最后,商业银行在经营过程中会面临各种风险,因此,保证安全性经营就必须控制风险。银行经营过程中会面临各种风险,主要有:信用风险、利率风险、汇率风险、流动性风险、操作风险、市场风险、国家风险(政府风险)、法律和合规性风险、战略风险等。

二、流动性目标

流动性是指商业银行能够随时满足客户提现和必要的贷款需求的支付能力,包括资产的流动性和负债的流动性两重含义。

资产的流动性是指资产在不发生损失的情况下迅速变现的能力,它既包括速动资产,又指在速动资产不足时其他资产在不发生损失的情况下转变为速动资产的能力。

商业银行负债的流动性则是通过创造主动负债来进行的,如向中央银行借款、发行大额可转让存单、同业拆借、利用国际货币市场融资等。

商业银行资产的流动性各不相同,因而必须分层次搭配资产,形成多层次的流动性储备,以满足资产流动性的需要。如何合理分配商业银行的资产结构,保持流动性、安全性和效益性的和谐统一,是现代银行理论的重要内容之一。

三、效益性目标

商业银行作为企业法人,盈利是其首要目的,以取得最大效益为其基本原则,也即其效益性原则。效益性原则是指商业银行经营必须追求银行的效益及利润最大化。这是商业银行不断充实资金、增强经营实力、提高信誉、扩大业务的重要保证。

商业银行的最终目标是为了追求盈利,并使利润最大化。这是由商业银行的企业性质决定的,也是商业银行的股东的利益所在。

商业银行盈利水平的高低和发展趋势是其内部经营管理状况的综合反映,由此可以看出该银行的决策者的管理水平以及银行经营是否健康等各方面的状况。首先,盈利的增加可以增强商业银行的自身积累能力和竞争力,促进其良性发展壮大。其次,较多的税后利润给银行的股东的回报就比较多。这样银行股票的市值就会上升有利于商业银行资本的筹集。再次,盈利性高的商业银行往往会受到社会公众的普遍信任,提高银行信誉,使商业银行对客户有更大的吸引力,客户市场占有率就高,规模效益就大。第三,具有高盈利性的商业银行,职员的工资水平上升得比较快,这样人的工作积极性、工作效率就会提高,同时也有利于银行吸引更多的人才加盟。最后,商业银行盈利水平的提高意味着增强了承担风险的能力,可以避免因资产损失而带来的破产倒闭的风险。

四、"三性"经营目标的矛盾及其相互协调

作为一个经营货币信用的特殊企业,商业银行在实现盈利的过程中又要受到流动性与安全性的制约,忽视这两者,单纯追求盈利,商业银行的经营必然陷入混乱。因此,现代商业银行在追求效益性目标的同时,必须兼顾安全性和流动性。

商业银行经营的安全性、流动性和效益性之间往往是相互矛盾的。从效益性的角度看,商业银行的资产可以分为盈利资产和非盈利资产,效益性目标要求提高盈利资产的运用率,而流动性目标却要求降低盈利性资产的运用率;资金的效益性要求选择有较高收益的资产,而资金的安全性却要求选择有较低收益的资产。

事实上,商业银行经营"三性"目标之间存在着潜在的统一协调关系。例如,商业银行盈利与否的衡量标准并不是单一地采用预期收益率指标,还要综合考虑商业银行的安全性和商业银行所面临的风险。因而,对各种风险因素进行综合计量后所得出的收益率指标,才是商业银行的实际盈利状况。因此,效益性与安全性之间存在统一的一面。

第四节 商业银行的组织结构

自商业银行诞生以来,已经形成了多种组织形式,发挥着各种功能以满足社会发展、时代进步的要求。但无论采取何种组织形式,都必须以效率为原则。事实上,商业银行的组织形式既与其发挥的功能有关,也受银行规模的影响。当然,政府对银行业的监管要求也会对银行的组织形式产生一定的影响。

通常,商业银行的组织结构可以从其外部组织形式和内部组织结构两方面来认识。

一、商业银行的外部组织

商业银行的外部组织形式是指商业银行在社会经济生活中的存在形式。从全球范围来看,商业银行外部组织形式主要有四种类型。

1. 单一银行制

单一银行制也称独家银行制,其特点是银行业务完全由各自独立的商业银行经营,不设或限设分支机构。这种银行制度在美国非常普遍,是美国最古老的银行形式之一,通过一个网点提供所有的金融服务。其法律基础是1927年的"麦克法登法案"和1970年的"道格拉斯修正法案"。美国是各州独立性较强的联邦制国家,历史上经济发展很不平衡,东西部悬殊较大。为了适应经济均衡发展的需要,特别是适应中小企业发展的需要,反对金融权力集中,各州都立法禁止或限制银行开设分支机构,特别是跨州设立分支机构。

这种银行制度的优点如下。

(1) 限制银行业垄断,有利于自由竞争。

(2) 有利于银行与地方政府的协调,能适合本地区需要,集中全力为本地区服务。

(3) 各银行独立性和自主性很大,经营较灵活。

(4) 管理层次少,有利于中央银行管理和控制。

但这种银行制度本身也存在着严重的缺陷。

(1) 银行不设分支机构,与现代经济的横向发展和商品交换范围的不断扩大存在着矛盾,同时,在电子计算机等高新技术的大量应用条件下,其业务发展和金融创新受到限制。

(2) 银行业务多集中于某一地区、某一行业,容易受到经济波动的影响,筹资不易,风险集中。

(3) 银行规模较小,经营成本高,不易取得规模经济效益。

1994年8月"瑞格尔-尼尔跨州银行和分行效率法案"废止这一规定,但由于历史原因,美国仍有不少单元银行。

2. 分行制

总分行制的特点是:法律允许除了总行以外,在国内外各地普遍设立分支机构;总行一般设在各大中心城市,所有分支机构统一由总行领导指挥。这种银行制度源于英国的股份银行。按总行的职能不同,分行制又可以进一步划分为总行制和总管理处制。总行制银行是指总行除管理控制各分支行外,本身也对外营业。总管理处制是指总行只负责控制各分支行处,不对外营业,总行所在地另设对外营业的分支行或营业部。

总分行制的优点如下。

(1) 分支机构多、分布广、业务分散,因而易于吸收存款、调剂资金、充分有效地利用资本;同时由于放款分散、风险分散,可以降低放款的平均风险,提高银行的安全性。

(2) 银行规模较大,易于采用现代化设备,提供多种便利的金融服务,取得规模效益。

(3) 由于银行总数少,便于金融当局的宏观管理。

其缺点在于容易造成大银行对小银行的吞并,形成垄断,妨碍竞争;同时,银行规模过大,内部层次、机构较多,管理困难。

目前,世界上大多数国家都实行总分行制,中国也是如此。但对单一银行制和总分行制在经营效率方面的优劣却是很难简单地加以评判的。

3. 银行持股公司制

银行持股公司是指由一个集团成立股权公司,再由该公司控制或收购两家以上的银行。在法律上,这些银行是独立的,但其业务与经营政策,统属于同一股权公司所控制。这种商业银行的组织形式在美国最为流行。它是1933—1975年美国严格控制银行跨州经营时期,立法方面和商业银行之间"管制—逃避—再管制"斗争的结果,也是美国的银行对跨州经营限制的回避。到1990年,美国的银行持股公司控制了8 700家银行,占整个银行业总资产的94%。银行持股公司使得银行更便利地从资本市场筹集资金,并通过关联交易获得税收上的好处,也能够规避政府对跨州经营银行业务的限制。

银行持股公司分为单一银行持股公司和多银行持股公司。前者只持有一家银行的股份,后者持有多家银行股份。前者数量多,但后者规模大,把持全美银行资产额的70%。近年来,银行持股公司的业务已超出银行业,它们收购或开办保险公司、证券公司和其他企业。

银行持股公司制有两种类型:一种是非银行持股公司;一种是银行持股公司。前者是由主要业务不在银行方面的大企业拥有某一银行股份组织起来的;后者是由一家大银行组织一个持股公司,其他小银行从属于这家大银行。

在中国则表现为银行控股公司制(或集团银行制),由一集团成立控股公司,再由该公司收购或控制若干独立银行,法律上这些银行是独立的,但业务和经营政策统属于控股公司。如中国平安集团、招商局集团、光大集团、中信控股等。

4. 连锁银行制

连锁银行制又称为联合银行制,其特点是由某一个人或某一集团购买若干独立银行的多数股票,这些银行在法律上是独立的,也没有股权公司的形式存在,但其所有权掌握在某一个人或某一集团手中,其业务和经营政策均由一个人或一个决策集团控制。这种银行机构往往是围绕一个地区或一个州的大银行组织起来的。几个银行的董事会由一批人组成,以这种组织中大银行为中心,形成集团内部的各种联合。它与银行持股公司制一样，都是为了弥补单一银行制的不足、规避对设立分支行的限制而实行的。但连锁银行与控股公司相比，由于受个人或某一集团的控制，因而不易获得银行所需要的大量资本，因此许多连锁银行相继转为银行分支机构或组成持股公司。

二、商业银行的内部组织结构

商业银行的内部组织结构是指就单个银行而言，银行内部各部门及各部门之间相互联系、相互作用的组织管理系统。商业银行的内部组织结构，以股份制形式为例，可分为决策机构、执行机构和监督机构三个层次。

决策机构包括股东大会、董事会以及董事会下设的各委员会；执行机构包括行长（或总经理）以及行长领导下的各委员会、各业务部门和职能部门；监督机构即指董事会下设的监事会。

（1）股东大会。现代商业银行由于多是股份制银行，因此股东大会是商业银行的最高权力机构，每年定期召开股东大会和股东例会。股东们有权听取和审议银行的一切业务报告，并有权提出质询，对银行的经营方针、管理决策和各种重大议案进行表决，并且选举董事会。

（2）董事会。董事会是由股东大会选举产生的董事组成的决策机构，代表股东执行股东大会的建议和决定。董事会的职责包括制定银行目标，确定银行的经营目标、经营决策和经营模式，选举银行高级管理人员，建立各种委员会或附属机构以贯彻董事会决议，监督银行的业务经营活动，通过稽核委员会对银行业务进行检查，以及为银行开拓业务等。

（3）各种常设委员会。常设委员会由董事会设立，其职责是协调银行各部门之间的关系，也是各部门之间互通情报的媒介，定期或经常性地召开会议处理某些问题。

（4）监事会。股东大会在选举董事的同时，还选举监事，组成监事会。监事会的职责是代表股东大会对全部经营管理活动进行监督和检查。监事会比董事会下设的稽核机构的检查权威性更大，除检查银行业务经营和内部管理外，还要对董事会制定的经营方针和重大决定、规定、制度执行情况进行检查，对发现的问题具有督促限期改正之权。

（5）总稽核。总稽核负责核对银行的日常账务项目，核查银行会计、信贷及其他业务是否符合当局的有关规定，是否按照董事会的方针、纪律和程序办事，目的在于防止篡改账目、挪用公款和浪费，以确保资金安全。总稽核是董事会代表，定期向董事会汇报工作，提出可行性意见和建议。

（6）行长（或总经理）。行长是商业银行的行政主管，是银行内部的行政首脑，其职责是执行董事会的决定，组织银行的各项业务经营活动，负责银行具体业务的组织管理。

（7）业务和职能部门。在行长（或总经理）的领导下，设立适当的业务和职能部门便构成了商业银行的执行机构。业务职能部门的职责是经办各项银行业务，直接向客户提供服务。职能部门的职责是实施内部管理，帮助各业务部门开展工作，为业务管理人员提供意见、咨询等。

(8) 分支机构。分支机构是商业银行体系业务经营的基层单位。分支行里的首脑是分支行行长。各商业银行的分支机构按照不同地区、不同时期的业务需要，还设有职能部门和业务部门，以完成经营指标和任务。

商业银行的管理系统由以下五个方面组成。

（1）全面管理。由董事长、行长（或总经理）负责。主要内容包括确立银行目标、计划和经营业务预测，制定政策，指导和控制及评价分支机构及银行的管理、业务和职能部门工作。

（2）财务管理。通常财务管理是由负责财务工作的副总经理（副行长）担当，主要职责是包括处理资本金来源和成本，管理银行现金，制定财务预算，进行审计和财务控制，进行税收和风险管理。

（3）人事管理。由人事部门负责，主要内容包括招募雇员，培训职工，进行工作和工资评审，处理劳资关系。

（4）经营管理。由总经理（行长）负责，主要内容包括根据银行确定的计划和目标安排组织各种银行业务，分析经营过程，保证经营活动安全。

（5）市场营销管理。由总经理（行长）、副总经理（副行长）及有关业务、职能部门负责人共同参与，主要内容包括分析消费者行为和市场情况，确定市场营销战略，开展广告宣传、促销和公共关系，制定银行服务价格，开发产品和服务项目。

以上五项管理内容分别由各部门分工负责，同时，各部门之间也需相互协作，以实现银行的既定目标。

股份制商业银行内部组织结构的四个系统多采用"矩阵型"的结构安排。这种"矩阵型"结构的优点如下：适应性较强，能使银行适应不同的环境；双重领导（如企业金融部的风险经理既受到本产品部的经理管理，又受总行的风险管理部管理），不管业务部门（如企业金融部、个人金融部）还是职能部门（如财务、风险管理经理）都受到横向和纵向双重监督；同时，信息交流也是双向的，有利于保证银行有效率和低风险运作。

第五节 政府对商业银行的监督与管理

由于身处金融体系中的银行面向顾客发放贷款、吸引存款及提供其他服务，它们必须受到大量旨在维护公共利益的法规的约束以及金融监管当局的监督与管理。

一、政府对银行业实施监管的原因

政府之所以要对银行业实施监管，其原因在于银行业自有的经营特点。

1. 银行体系具有内在的脆弱性

银行是以借短放长的期限变换为杠杆，以较低的资本-资产比率运营的企业，与工商企业相比较，银行业具有更高的负债率。由于银行的现金资产比率较低，导致银行承受债务清偿的能力要比非金融机构弱。银行作为中介机构，通过吸收资金和发放贷款把对零散储户的流动性负债转变为对借款人的非流动性的债权。银行资产与负债在流动性方面的不一致,在客观上容易造成两者失衡的局面。一旦出现意外事件,比如资金抽逃,存款的提现速度势必加快。存款人为了保证自己的利益不受损失,理性的选择就是趁着银行还没有倒闭之前赶快加入挤兑的行列。银行间的同业拆借及支付清算系统形成了相互交织的债权债务网络,这使得它们的财务紧密地缠绕在一起,一家银行对另一家银行的违约可能会引起全面的流动性危机。当一家银行的损失超过其资产,并且这种损失通过银行间的债权债务关系链条一层层地传递下去,并导致其他贷款银行逐次出现资不抵债时,一家银行的失败将可能对整个银行体系造成影响。政府对银行业实施监管,是为了保护储户的利益。

2. 自然垄断

一个自由的金融体系在市场竞争机制的作用下迟早会出现垄断。因为金融业务同样存在着规模经济,即规模越大,则成本越低,收益越高。如果一家银行的机构庞大,分支机构众多,就有可能为客户提供多元化的服务,从而吸引更多的客户,而当一家银行机构占据相当的市场份额后,其他类似的银行机构进入的障碍就会加大。而且,一般来说,企业愿意与特定的银行建立稳固的关系以便获得灵活性很强的信贷限额和循环贷款,这就大大降低了其他银行介入的可能性。垄断可能造成价格歧视、寻租等有损资源配置效率和消费者利益的不良现象,对社会产生负面影响;会降低银行的服务质量,减少金融产品的有效产出,造成社会福利的损失。所以,应该通过监管消除垄断。同时,银行业还会发生不正当竞争,如虚假的广告宣传等,这不仅破坏了行业内竞争机制,而且扰乱了正常的市场秩序。因此,必须有一个权威的监管机关对银行业实施监督和规范。

3. 信息不对称

按照信息经济学的理论,信息不对称的存在具有普遍性,因此,市场不一定总能达到均衡状况。在金融市场上,银行与借款人之间存在着信息不对称,借款人拥有私人信息,并有可能有意掩饰其借款前的财务状况及借款后的经济行为,从而使银行对借款人的监督相当有限。一般情况下,潜在的不良贷款风险来自那些积极寻求贷款的人,而那些资信状况较差的借款人往往急于得到贷款,这种逆向选择使得贷款发生损失的可能性增大。同样,存款人与银行之间也是信息不对称的,存款人不仅无法知道银行的经营状况,而且也无法监督资金的用途。特别是广大中小客户,他们不能获得足够的信息来评估银行的安全性、合理性,因此容易受到各种传闻的影响,当某一家或几家银行出现支付困难时便纷纷加入挤兑行列,使得那些原本经营正常的银行也被认为出了问题。这样,挤兑风潮从一家银行迅速传染到其他银行甚至整个金融体系。由于政府具有强制性的行政监督权力,可以根据法律、法规,要求市场中的信息优势主体主动披露必要的信息,让广大信息弱势群体掌握这些公开信息,尽可能降低信息不对称的程度。

4. 外部效应

外部效应是指在提供一种产品或服务时,社会成本或利益与私人成本或利益之间存在的偏差,也就是一些经济主体在生产、消费过程中对其他经济主体所产生的附加效应。银行把借款人需要的信贷组合转换成存款人需要的存款组合,提供的是一种期限转换机制，而存款的短期性与贷款的长期性是不匹配的。在部分准备金制的前提下，银行仅留下一小部分存款作为满足日常提款需要的谨慎性准备金而将剩余资金用于发放流动性弱的贷款，于是银行必然不得不经常面对流动性短缺。同时，信息不对称使存款人不能像对待其他产业那样依据公开的信息来判断某个银行机构的清偿能力，所以当存款人发现其存款银行有大量提款时，由于害怕银行破产，他们也相应地提取其存款。当提款超出预期的流动性要求时，则会造成正经历流动性短缺的银行声誉受损，因为银行破产的可能性增大了。因此一家银行的挤兑行为(bank run)如果控制不好就有可能引发社会公众的恐慌心理，导致其他银行的挤兑和银行业总体信用的动摇。银行同业支付清算系统又把所有银行联系在一起，因此，在一定条件下银行的负外部性便容易导致多米诺效应(Domino Effect)。如果中央银行对银行挤兑风险采取放任态度而依赖于商业银行及其合同方自我管理控制风险，则银行破产将会蔓延。

当今世界各国的银行业正在向综合化、全能化的方向发展，银行业、证券业和保险业混业经营使商业银行的概念不断延伸，同时，世界经济、金融一体化又使得银行国际化进程加快。这些都对政府实施银行业监管提出了新的课题，近年来，发生的全球性金融危机也恰恰证明了加强政府对银行业监管仍然有着重要的意义，这也要求各国在银行业监管领域进一步加强合作。

二、政府对银行业实施监管的主要内容

根据商业银行的经营特点，政府对银行业的监管要以谨慎监管为原则。从各国政府对银行业的监管实践来看，监管当局对商业银行监管主要包括以下具体内容。

1. 银行业的准入

商业银行的设立有较为严格的准入标准。申请者常常被要求证明他们的确有提供服务的必要，不会损害其他类似机构的主权。管理者在评价申请决定新的许可证颁发时，还会考虑最低资本的要求、项目的盈利性、银行的经验和申请人的声誉。市场准入的规定和限制，导致银行业的密度减少和破产的可能性降低。对银行业准入进行监管是各国政府对银行业进行监管的最初手段，目的是防止银行业的过度集中、限制社会资金过度流入银行业而降低经济运行效率。

2. 银行资本的充足性

一般而言，目前绝大多数国家均按《巴塞尔协议》规定的资本比率对商业银行进行资本监管。

3. 银行的清偿能力

银行清偿能力监管包括负债和资产两个方面。在负债方面，要考虑存款负债的异常变动，利率变动对负债的影响，银行筹集和调配资金的能力等；在资产方面，主要检查资产的流动性状况。

4. 银行业务活动的范围

政府可以限制商业的贷款项目和投资类型、范围，以及某一贷款或投资的数量。例如在美国，联邦法规要求国民商业银行投资的公司或市场债券必须符合"投资资格"，即

由全国评级机构评出的四种最高的等级。格拉斯-斯蒂格尔法禁止商业银行承销和交易许多非官方的证券。在美国,银行不能提供非金融产品。禁止银行持股公司持有和银行业联系不紧密的公司的股票。银行控股公司分支机构的一般业务包括经营财务公司、信用担保机构、抵押贷款银行业。除了和贷款延期相联系的信用有效期展期外,银行一般不卖保险。

5. 贷款的集中程度

政府可以限制商业银行对某一贷款或投资的数量。对贷款的集中程度进行监管是商业银行分散风险的需要。从技术操作上来说,就是规定个别贷款对银行资本的最高比例。

6. 对银行业兼并的管制

美国商业银行法受制于1960年和1966年的银行兼并法案。该法案规定:"只有在监管机构认为不会造成垄断,并且这项拟订的交易带来的反竞争效果很明显小于该项交易对公众的便利或满足社会需要所带来的可能效果,一项兼并才可能被批准。"

三、存款保险制度

存款保险制度源自20世纪30年代金融大危机之后的美国,其当时建立的宗旨是:重新唤起社会公众对银行体系的信心,保护存款者的利益,监督并促使银行在保证安全的前提下进行经营活动。

存款保险制度是一种金融保障制度,是指由符合条件的各类存款性金融机构集中起来建立一个保险机构,各存款机构作为投保人按存款额的一定比例向其缴纳保险费,建立存款保险准备金,当成员机构发生经营危机或面临破产倒闭时,存款保险机构向其提供财务救助或直接向存款人支付部分或全部存款,从而保护存款人利益、维护银行信用、稳定金融秩序的一种制度。

目前,全球共有113个国家和地区建立了存款保险制度。金融稳定理事会(FSB)的24个成员中,除南非和沙特阿拉伯外,已有22个建立了存款保险制度。由于在法律环境、监管文化等方面的差异,各国对存款保险体系的法律授权不尽相同,由此形成了不同的存款保险职能类型。

各国存款保险制度的组织形式主要有三种。

(1) 政府设立的存款保险机构。典型的代表是美国。

(2) 政府与银行联合成立存款保险机构。日本的存款保险机构即属此类。

(3) 银行出资自己成立存款保险机构。1976年,联邦德国银行业协会自行出资成立了存款保险机构,制订了存款保险和理赔计划。

各国存款保险制度可以分为三种模式,分别是付款箱模式、坏账处置模式、事前监管模式。在三种模式中,存款保险机构对于存款机构的监管权力逐次增加。美国采用的是事前监管模式,也较为成功。在事前监管模式下,存款保险机构除了拥有对危机银行的综合处置权外,还将得到足够授权对承保的存款机构风险进行评价和监测,并且在适当的情况下,还可以在危机银行倒闭前采取行动,对其进行接管或使其关闭。由此可见，在事前监管模式下，存款保险机构具有极大的权限。中国的存款保险制度也采用这种事前监管模式。

知识专栏 1-2

国务院设立中国版 FDIC 银行业监管变阵

2015 年 3 月 31 日，国务院颁发的《存款保险条例》指出，存款保险基金管理机构参加金融监督管理协调机制，并与中国人民银行、银行业监督管理机构等金融管理部门、机构建立信息共享机制。存款保险基金管理机构应当通过信息共享机制获取有关投保机构的风险状况、检查报告和评级情况等监督管理信息。2015 年 5 月 1 日起，存款保险制度在中国正式实施，在中华人民共和国境内设立的商业银行、农村合作银行、农村信用合作社等吸收存款的银行业金融机构（以下统称"投保机构"）向保险机构统一缴纳保险费；投保机构缴纳的存款保险费将由基准费率和风险差别费率构成，每 6 个月交纳一次保费。一旦投保机构出现危机，保险机构将对存款人提供最高 50 万元的赔付额。

至此，中国版的 FDIC 面世，并成为继中国人民银行、中国银行监督管理委员会之后，第三家对中国银行业拥有监管权力的机构。FDIC（Federal Deposit Insurance Corporation），即联邦存款保险公司，是美国国会建立的独立的联邦政府机构，通过为存款提供保险、检查和监督金融机构以及接管倒闭机构，来维持美国金融体系的稳定性和公众信心。

四、政府对银行业的监管

银行监管指政府对银行的监督与管理，即政府或权力机构为保证银行遵守各项规章、避免不谨慎的经营行为而通过法律和行政措施对银行进行的监督与指导。

在世界各国的银行立法和监管中，美国可称作典范之一。美国不断通过立法对银行加以严格管制，现在美国已成为银行法律制度最为健全、法制化程度最高的国家之一。从 1864 年《国民银行法》——作为第一个真正意义上的银行法"被某些人看作迫使混乱的美国州银行有序的尝试。其他人将这个法看作创造一个支持政府债券的可信赖市场方式"——获得通过以来，美国先后颁布了《联邦储备法》《格拉斯-斯蒂格尔法》《存款机构放宽管制和货币管制法》等来加强对于银行业的监管。自 1949 年新中国成立以来，我国银行监管法制发展历经了建国初期的开创阶段、计划经济时期及社会主义市场经济时期三个阶段。在社会主义市场经济时期，1995 年 3 月 18 日通过了《中华人民共和国人民银行法》及 1995 年 5 月 10 日通过的《中华人民共和国商业银行法》标志着我国银行监管法制体系已初步成形。这两部大法成为我国银行监管法制体系的核心。

知识专栏 1-3

中国的"腕骨"(CARPALS)监管指标体系

金融危机以来,各国监管当局对金融监管制度和监管工具进行了系统反思。为体现新形势下大型银行的改革发展和风险特征,提高大型银行监管的针对性和有效性,中国银监会于 2010 年年初探索创立了"腕骨"(CARPALS)监管指标体系。"腕骨"监管指标体系是中国银监会借鉴国际先进理念,吸收《巴塞尔协议Ⅱ》《巴塞尔协议Ⅲ》的最新成果,以新四大监管工具(资本充足率、拨备率、杠杆率、流动性比率)为基础,结合我国大型银行特点,在实践中摸索和总结出来的相对完善的监管指标体系。这个模型由资本充足性(capital adequacy)、贷款质量(asset quality)、风险集中度(risk concentration)、拨备覆盖(provisioning coverage)、附属机构(affiliated institutions)、流动性(liquidity)、案件防控(swindle prevention & control)七方面 13 项指标构成,同时辅之以银行监管者的有限自由裁量权。这七项指标的第一个英文字母拼起来正好是英文单词"腕骨"(CARPALS),再加上有限自由裁量共八个方面,暗合银监会的"铁腕"监管思路。与美国的 CAMELS 指标相比更为量化,对集中度风险,操作风险均有所体现。

"腕骨"体系的七大类涵盖 13 项指标,突破了自 2006 年股改以后大型银行一直沿用的"三大类七项指标"。为应对"大而不能倒"问题,银监会对这 13 项监管工具寄予厚望。它们具体为:资本充足率、杠杆率、不良贷款率、不良贷款偏离度、单一客户集中度、不良贷款拨备覆盖率、贷款拨备比率(拨贷比)、附属机构资本回报率、母行负债依存度、流动性覆盖率、净稳定融资比率、存贷比、案件风险率。

"腕骨"监管指标体系中,既规定了法定值、触发值、目标值,又明确了监管调整值及其区间,把定量测量与定性分析、监管指标标准化与监管自由裁量权有效结合起来。从监管实践看,"腕骨"体系基本能适应大型银行监管需要。该模型既考虑了留成资本、反周期、系统稳定性等因素,还考虑了资本质量、附属资本比率和次级债互持等问题。

本章小结

1. 现代商业银行的形成渠道有两个:一是由旧式的高利贷银行为顺应资本主义经济发展需要,降低利率转变来的;另一是为满足资本主义经济发展的需要,以股份公司形式组建而成。

2. 商业银行发展的业务经营基本上循着两种模式:一是英国的融通短期资金模式;另一是德国的综合银行模式。

3. 商业银行在现代经济活动中有信用中介、支付中介、信用创造、金融服务和调节经济等职能,并通过这些职能在国民经济活动中发挥着重要作用。

4. 政府之所以要对银行业实施监管,其原因在于:银行体系具有内在的脆弱性、自然垄断、信息不对称、外部效应。

5. 政府对银行业实施监管的主要内容是：银行业的准入、银行资本的充足性、银行的清偿能力、银行业务活动的范围、贷款的集中程度，以及对银行业兼并的管制。

6. 近年银行业经历了业务多样化、竞争白热化、管制放松、融资成本上升、资金组合对利率更敏感、科技创新与在金融领域的应用、规模合并与扩张、顾客特点的变化，以及倒闭风险的加大及政府存款保险体系的弱化等方面的变革。这些趋势已大大地改变了银行业，在将来它们会将银行变成一个魅力无穷的机构。

7. 商业银行业衰退会降低顾客获得银行服务的便利性、削弱央行控制货币供给以实现政策目标的能力、损害那些主要依靠商业银行提供贷款等金融业务的顾客利益。

关 键 词

商业银行(commercial bank)；银行性质(nature of bank)；银行职能(the functions of bank)；经营目标(business objectives)；组织形式(organizational form)；持股公司制(share-holding corporations)；金融监管(financial supervision)；存款保险制度(deposit insurance system)；商业银行管理(commercial banking management)

复习思考题

1. 传统商业银行发展到"金融百货公司"说明了什么？
2. 如何认识现代商业银行的性质与职能？
3. 商业银行组织形式有哪些内容？
4. 政府为什么要对银行业实施监管？未来的发展趋势如何？
5. 银行近年来发生了哪些变化？
6. 请解释为什么这些变化极大地影响着银行管理及股本？
7. 假设你新近被任命为某银行的营销经理，该银行是一个将要为 20 万人的社区提供服务的郊区银行。该镇的旁边是总人口超过 200 万的大都市。新银行在 2 个月后开始营业，本银行行长及董事会担心新银行没有实力吸引足够多的存款人及高质量的贷款人来实现增长及利润规划。你的任务是为银行领导提出建议，为了吸引大量顾客，银行在开业时应提供的服务。你必须做到以下四点。

(1) 根据现有的法规列出新银行应提供服务的清单。

(2) 列出你需要的关于当地社区的资料，用这些资料来判断哪些服务可能有大量的需求且能盈利。

(3) 将这些服务分为两组——一组是顾客必不可少的、银行开业时就应提供的服务；另一组是银行发展壮大后才能提供的服务。

(4) 简要描述你的广告策略，向公众宣传你的银行如何不同于当地其他金融服务提供人。

8. 商业银行组织结构图常常能使我们了解银行提供的业务及它的重点业务。但是，银行组织结构图却没有提供银行内部的权力和责任分配，由谁做具体的工作或做最重要的决策的信息。"组织结构图只显示了在打球之前我们是怎样站队的。"与你所在城市的商业银行联系，收集每个银行的组织结构图。仔细观察每个图，你能说出银行之间的差别吗？

组织结构图是否反映出：(1) 每个银行的规模；(2) 提供的业务；(3) 高级管理阶层的经理原则；(4) 其他内容。

从提供业务角度看，你认为每个银行的组织结构是否合理？如果有机会，访问每个银行的管理人和下属，他们对银行的目标、管理原则、权力负责分配的理解有何不同？你访问的人是否对银行长期短期目标、提供的业务、决策过程有透彻的了解？

第二章 商业银行管理理论

本章导入

花旗银行的管理实践

花旗银行(Citibank)是花旗集团属下的一家零售银行,其主要前身是1812年6月16日成立的纽约城市银行(City Bank of New York)。经过近两个世纪的发展、并购,已经成为美国最大的银行之一。

花旗银行成立初期所经营的业务以资产业务为主,包括个人贷款业务、抵押贷款业务等零售业务。1904年,花旗银行开创了旅行支票(traveler's checks)业务。旅行支票是一种定额本票,其作用是专供旅客购买和支付旅途费用,它与一般银行汇票、支票的不同之处在于旅行支票没有指定的付款地点和银行,一般也不受日期限制,能在全世界通用,是国际旅行常用的支付凭证之一。20世纪60年代后,银行光靠自身的资产已经无法维系社会融资的需要,负债业务在银行业务中的比重开始加大。1961年,花旗银行率先推出了大额可转换定期存单(CD)业务,大额可转换定期存单无论单位或个人购买均使用相同式样的存单,分为记名和不记名两种。大额可转换定期存单市场的主要参与者是货币市场基金、商业银行、政府和其他非金融机构投资者,市场收益率高于国库券。该业务使花旗银行能够与政府债券竞争资金。20世纪70年代,花旗银行开始发展中间业务。1964年,花旗银行进军租赁业务。商业银行的租赁业务是指商业银行作为出租人,向客户提供租赁形式的融资业务,包括融资性租赁和经营性租赁。1965年,进军信用卡业务,世界范围内,花旗银行的信用卡客户都可通过花旗银行发行的信用卡,或花旗银行与其他知名机构共同发行的信用卡满足其消费需求。到20世纪80年代初,花旗银行开始了表外业务的发展,业务范围扩大到了投资银行、商业信贷、融资服务等领域,包括信用证业务和清算业务。信用证业务是国际结算方式的一种。信用证开证行应开证申请人的要求和指示,开给受益人的书面保证文件。清算业务主要是使金融机构之间的债权债务清偿及资金转移顺利完成并维护支付系统的平稳运行,从而保证经济活动和社会生活的正常运行。

现代商业银行的资产与负债管理,就其理论和实践的发展来看,经历了从单独的资产管理、负债管理到资产负债一体化管理和资产负债外管理的过程,后者适应了现代商业银行新的外部环境和内在变动,成为当前西方各大商业银行普遍采用、行之有效的一种管理机制。

第一节 商业银行资产管理理论

20世纪60年代以前,由于资金来源渠道比较固定和狭窄(大多是吸收的活期存款),工商企业资金需求比较单一,加之金融市场发达程度的限制,银行经营管理的重点主要放在资产方面,即通过对资产结构的恰当安排来满足银行安全性、流动性和盈利性的需要。它产生于银行经营管理目标即利润最大化和资产流动性的相互矛盾性,该理论是与当时银行所处的经营环境相适应的。

一、资产管理理论产生的背景

资产管理理论是以商业银行资产的流动性为重点的传统管理方法。在20世纪60年代前,资产管理理论认为商业银行的负债主要取决于客户的存款意愿,只能被动地接受负债;银行的利润主要来源于资产业务,而资产的主动权却掌握在银行手中,因此,商业银行经营管理的重点应是资产业务,以保持资产的流动性,达到盈利性、安全性、流动性的统一。在资产管理理论的发展过程中,先后出现了三种不同的主要理论思想——商业贷款理论(commercial-loan theory)、资产转移理论(shiftability theory)和预期收入理论(anticipated-income theory),以及三种主要的资产管理方法——资金总库法、资金分配法和线性规划法。

二、资产管理理论的发展

(一)商业贷款理论

商业贷款理论(commercial-loan theory)也称真实票据理论。这一理论是在18世纪英国银行管理经验的基础上发展起来的,英国著名经济学家亚当·斯密在1776年发表的《国民财富的性质和原因的研究》(简称《国富论》)中最早对商业性贷款理论进行了表述。

商业贷款理论认为银行资金来源主要是吸收流动性很强的活期存款,为满足客户兑现的要求,商业银行必须保持资产的高流动性才能避免因流动性不足而给银行带来的经营风险。银行的贷款应以真实的、有商品买卖内容的票据为担保发放,在借款人出售商品取得贷款后就能按期收回贷款。一般认为这一做法最符合银行资产流动性原则的要求,具有自偿性。

所谓自偿性就是借款人在购买货物或生产产品时所取得的贷款可以用生产出来的商品或商品销售收入来偿还。根据这一理论要求,商业银行只能发放与生产、商品联系的短期流动贷款,一般不能发放购买证券、不动产、消费品或长期农业贷款。对于确有稳妥的长期资产来源才能发放有针对性的长期贷款。

商业贷款理论是最早的银行资产管理理论,它确立了银行经营的一些重要原则,并对银行经营起到了一定的积极作用:(1)商业贷款理论强调在进行资金运用的时候要考虑资金来源的期限和结构,从而为银行的资金运用指出了方向;(2)它指出银行要注意保持资金的流动性,确保银行经营的安全。这些对早期商业银行的资金配置和稳健经营提供了理论基础,对今天商业银行的经营管理依然有借鉴意义。

这一理论与当时经济尚不发达、商品交易限于现款交易、银行存款以短期为主、对贷款的需要仅限于短期的现实相适应,但是当借款人的商品卖不出去,或应收账款收不回来,或其他意外事故,贷款到期不能偿还的情况还是会发生的,自偿性就不能实现。随着经济发展,银行吸收存款不但数额庞大,其中定期存款所占比重也不断升高,如果银行贷款还仅限于自偿性的短期贷款,会导致资金周转不畅,不能满足经济对中、长期贷款的需要,也会影响银行的盈利水平。尤其是随着经济环境的变化,这个缺陷越来越明显。所以当今的西方学者和银行家已不再接受或不完全接受这一理论。

(二)资产转移理论

资产转移理论是 20 世纪初在美国银行界流行的理论。1918 年美国经济学家莫尔顿在《政治经济学》杂志上发表了《商业银行及资本构成》一文,在文中他提出了可转换理论,又称转换能力理论。当时的银行业危机使人们对银行的流动性有了新的认识,流动性并不取决于发放贷款的种类,而取决于银行持有资产的可转换性。在此基础上,莫尔顿提出银行流动性的强弱取决于资产迅速变现的能力,因此保持资产流动性的最好方法是持有可转换的资产。

资产转移理论认为银行保持流动性的关键在于资产的变现能力,因而不必将资产业务局限于短期贷款上,还可将资金的一部分投资于具有转让条件的债券上,在需要时将证券兑换成现金,保持银行资产的流动性。

随着金融市场的发展,银行为了应付提存所持现金的一部分,投资于具备转让条件的证券,作为第二准备金。这种证券只要信誉高、期限短、易于出售,银行就可以达到保持其资产的流动性的目的。如美国财政部发行的短期国库券就符合这种要求。根据这一理论,银行除继续发放短期贷款外,还可以投资于短期证券。另外,银行也可以用活期存款和短期存款的沉淀额进行长期放款。资产与负债的期限没必要严格对称。

当各家银行竞相抛售证券的时候,有价证券将供大于求,持有证券的银行转让时将会受到损失,因而很难达到保持资产流动性的预期目标。资产与负债期限的不对称性也必须有一定的界限,在实际工作中这一界限往往很难准确确定。和商业贷款理论相比,资产转移理论使银行在保证了一定流动性和安全性的基础上增加了盈利。直到今天资产转移理论在商业银行的资产管理中依然有指导意义,银行一般都会持有一部分短期证券作为流动性储备。但是资产转移理论也存在很大的缺陷,它忽略了证券的变现能力要受市场制约,即证券能否顺利变现依赖于第三者的购买。在证券市场需求不旺盛的情况下,证券就不能顺利变现,从而损害银行的流动性。

(三)预期收入理论

预期收入理论是一种关于资产选择的理论。预期收入理论是在第二次世界大战后,美国学者普鲁克诺于 1949 年在《定期贷款与银行流动性理论》(*Term Loans and Theories of Banking*)一书中提出的,它是在商业贷款理论和资产转移理论的基础上发展起来的,但又与这两种理论不同。战后高速发展的西方经济使得社会对银行资金需求增加,需要银行提供不同类型的贷款,同时政府鼓励消费的政策也促使银行涉足新的消费贷款领域,商业银行迫切需要新的理论引导。在这样的背景下,1949年美国经济学家普鲁克在《定期放款与银行流动性理论》一书中提出了预期收入理论。该理论认为银行资产的流动性取决于借款人的预期收入,贷款期限并非是一个绝对的控制因素,只要借款人的预期收入可靠,通过分期偿还的形式,长期项目贷款和消费信贷同样可以保证银行的流动性;反之,如果未来收入没有保障,即使短期贷款也有偿还不了的风险。预期收入理论的出现为商业银行开拓新的业务渠道指明了道路。

预期收入理论认为贷款的偿还或证券的变现能力取决于将来的预期收入,只要预期收入已保证,商业银行不仅可以发放短期商业性贷款,还可以发放中长期贷款和非生产性消费贷款。只要资金需要者经营活动正常,其未来经营收入和现金流量可以预先估算出来,并以此为基础制定出分期还款计划,银行就可以筹措资金发放中长期贷款。无论贷款期限长短,只要借款人具有可靠的预期收入,资产的流动性就可得到保证。这种理论强调的是借款人是否确有用于还款的预期收入,而不是贷款能否自偿、担保品能否及时变现。

基于这一理论,银行可以发放中长期设备贷款、个人消费贷款、房屋抵押贷款、设备租赁贷款等,使银行贷款结构发生了变化,成为支持经济增长的重要因素。

预期收入理论是对商业贷款理论和可转换理论的发展和创新,与前两者相比,预期收入理论具有更积极的意义。

(1) 在预期收入理论的指导下,银行的业务范围进一步拓展,不仅包括短期流动性贷款、短期证券投资,还提供各种中长期贷款,消费贷款业务也大幅增长,银行的资产组合更趋灵活。

(2) 银行的盈利能力大大增强,根据这一理论,商业银行在保持一定流动性和安全性的前提下,追求最大限度的盈利日益成为其经营管理的主要目标。

(3) 这一理论的出现也促进了零售资产业务特别是消费信贷业务的产生。

这种理论的主要缺陷在于银行把资产经营建立在对借款人未来收入的预测上,而这种预测不可能完全准确。而且借款人的经营情况可能发生变化,到时不一定具备清偿能力,这就增加了银行的风险,从而损害银行资产的流动性。预期收入理论的问题是借款人的预期收入具有一定的不确定性,是一个难以把握的变量,尤其是在长期贷款业务中,贷款人的收入很容易产生变化,难以准确预测,所以该理论无形中增加了银行的信贷风险。

(四) 超货币供给理论

超货币供给理论产生于20世纪60年代末。该理论认为随着货币形式的多样化,不仅商业银行能够利用贷款方式提供货币,而且其他许许多多的非银行金融机构也可以提供货币,金融竞争加剧。这要求银行管理应该改变观念,不仅单纯提供货币,而且还应该提供各方面的服务。根据这种理论,银行在发放贷款和购买证券提供货币的同时,还应积极开展投资咨询、项目评估、市场调查、委托代理等多种服务,使银行资产管理更加深化。现代商业银行全能化、国际化的发展趋势已经表明,银行信贷的经营管理应当与银行整体营销和风险管理结合起来,发挥更大的作用。当然,商业银行涉足新的业务领域和盲目扩大的规模也是当前银行风险的一大根源,金融的证券化、国际化、表外化和电子化使金融风险更多地以系统风险的方式出现,对世界经济的影响更为广泛。

该理论缺陷是银行在广泛扩展业务之后,增加了经营的风险,如果处理不当,容易遭受损失。认为只有银行能够利用信贷方式提供货币的传统观念已经不符合实际,随着货币形式的多样化,非银行金融机构也可以提供货币,银行信贷市场将面临很大的竞争压力。超货币供给理论揭示了既要努力发展业务又要控制风险这样一个永恒的主题。

以上理论的产生是适应当时各阶段经济发展情况的,但是这些理论又随着经济的发展,其缺陷越来越突出而难以满足社会经济发展对银行的要求。

第二节 商业银行负债管理理论

商业银行的负债管理出现于20世纪60年代初期,以负债为经营重点来保证流动性和盈利性的经营管理理论。它指商业银行以借入资金的方式来保持银行流动性,从而增加资产、增加银行的收益。在负债管理出现之前,只要银行的借款市场扩大,它的流动性就有一定的保证。这就没有必要保持大量高流动性资产,而应将它们投入高盈利的贷款或投资中。在必要时,银行甚至可以通过借款来支持贷款规模的扩大。20世纪50—60年代,大额可转让存单的出现、银行竞争的激烈和利率管制严格化等变化,构成了负债管理出现的客观条件。

一、负债管理理论产生的背景

负债管理理论的兴起是与20世纪五六十年代的经济、金融环境的变化相适应的。

第一,伴随西方各国战后经济的稳定增长,金融市场迅速发展,非银行金融机构与银行业在资金来源的渠道和数量上展开了激烈的争夺。在如此激烈竞争的背景下,银行既要在激烈的竞争中占领和保持市场份额又要避免流动性压力,只有选择负债经营。

第二,20世纪30年代的大危机之后,各国都加强了金融管制,制定银行法,对利率实施管制。尤其是存款利率的上限规定,使得银行不能以利率手段来吸取更多的资金来源,使银行界出现了"脱媒"的现象。在这种情况下,银行不得不调整管理策略,从各种渠道来筹措资金。

第三,金融创新为商业银行扩大资金来源提供了可能性。1961年,花旗银行大额可转让定期存单引导的金融创新潮流,扩大了银行资金来源。随后又出现了诸如回购协议等多种创新的融资工具,这些流动性很强的新型融资工具极大地丰富了银行的资金来源渠道,为银行主动型负债创造了条件。

第四,西方各国存款保险制度的建立和发展,加强了存款人的信心,也激发了银行的冒险精神和进取意识。

在这种背景和经济条件下,20世纪六七十年代负债管理理论盛行一时。

二、负债管理理论的发展

商业银行的负债包括存款和借款两个部分。从这个角度来看,商业银行的负债管理早就存在了。在商业银行经营的早期,资金来源以被动地吸收存款为主,所以商业银行非常注重资金的安全性和流动性。到了20世纪五六十年代,商业银行经营环境发生了巨大的变化。随着经济的增长和金融市场的发展,许多新的金融机构,特别是非银行金融机构的设立,对商业银行产生了巨大的冲击,其资金来源的数量和渠道受到很大的影响。在这种情况下,商业银行开始逐渐重视负债管理,并通过负债工具的运用来增加资金来源、拓宽资金渠道。特别是存款保险制度的建立与发展,转移了银行风险,进一步增强了银行的冒险精神,商业银行的负债管理出现了重要的突破和创新。纵观商业银行经营管理的历史,负债管理理论经历了从银行券理论、存款理论、购买理论到销售理论的发展。

(一)银行券理论

银行券理论是最古老的负债管理理论。在金属货币时期,为了保证货币的可兑换性和避免经济的波动,强调银行发行的负债凭证必须要有货币发行准备。与这种背景相适应,银行券理论认为商业银行要以贵金属做准备发行银行券,银行券的数额与货币发行准备的数额之间的比例视经济形势而变动。该理论的核心是强调负债的适度性。

(二)存款理论

银行券理论出现在商业银行经营的早期,随着各国中央银行纷纷成立并收回货币发行权,货币的可兑换不再是人们关心的最主要问题,存款理论诞生了。这种理论认为,存款是商业银行最重要的资金来源,是存款者放弃货币流动性的一种选择,银行应当为此支付利息并保证存款的稳定和安全。该理论最主要的特征在于稳定性或保守性倾向,坚持从商业银行的安全性和流动性出发,根据所吸收的存款来安排商业银行的贷款等资产业务,保持资产的流动性,防止出现挤兑现象。可见,存款理论是在牺牲商业银行盈利性的前提下保持资产的流动性,当然对商业银行的稳健经营也起到了保障和促进的作用,如存款保险制度、最后贷款人制度等的建立。

(三)购买理论

到了20世纪60年代,西方国家的经济金融环境发生了很大变化。首先,金融市场迅速发展,出现了众多的非银行金融机构,它们与商业银行展开了激烈的竞争,其中包括资金来源渠道的竞争,商业银行为了谋求生存和发展,不能仅仅满足于对存款的管理,必须拓展新的资金来源。其次,西方国家在经历了20世纪30年代的经济大危机后,普遍加强了对银行业的管制,比如美国的Q条例,规定活期存款不能支付利息,定期存款和储蓄存款的利率不能超过规定的上限。但到了20世纪60年代以后,各国普遍出现通货膨胀,市场利率上升,对银行的存款构成很大威胁,银行存款客户流失,迫使商业银行改变单纯的资产管理的做法,银行一改被动负债的不利局面,开始主动地到市场上购买流动性,购买理论应运而生。购买理论的兴起,标志着银行负债经营战略思想的重大转移。

购买理论认为,银行对负债并不是消极被动和无能为力的,银行的流动性不仅可以通过加强资产管理获得,而且完全可以通过主动地负债来实现。银行没有必要再保持大量的高流动性的资产,而应将它们投入高盈利的贷款或投资活动中,一旦出现流动性需要,随时可通过负债管理来提供。银行通过主动购买行为,主要包括同业借款、向中央银行融资、在金融市场发债等,不仅满足了流动性需求,而且商业银行还可以利用主动负债来不断适应盈利性资产的战略性扩张,从而摆脱了存款数额的限制,提高了商业银行盈利。

购买理论使西方商业银行更富有进取精神,并进一步深化了对银行资金流动性的认识,大大提高了银行的流动性,也为银行扩大资金来源和资金运用规模创造了条件。

(四) 销售理论

随着金融业竞争加剧,银行业大规模的并购不断,混业经营时代到来,银行逐步改变经营策略,努力通过多元化服务和各种金融产品来吸收资金,其结果是中间业务迅速发展。与此相适应,销售理论不再仅仅着眼于资金本身,它的立足点是服务,提倡创造金融产品,为更多的客户提供形式多样的服务,通过努力推销各种金融产品,如可转让存款单、回购协议、金融债券等,迎合客户需要,扩大零售银行资金来源,保证流动性,以提高银行的经济效益。

销售理论始终包含着一种市场概念,其提倡的理念包括:客户至上;金融产品必须根据客户的多样化需要供给;任何金融产品的实质是帮助资金的运筹,其外壳或包装可能是其他形式的商品或服务;金融产品的推销主要依靠信息的沟通、加工和传播;销售观念不限于银行负债,也涉及银行资产,主张将两个方面联系起来进行系统的管理。

以购买理论和销售理论为代表的现代负债管理理论对商业银行的影响是明显的:第一,它改变了银行传统的经营管理理念,从以流动性为主的经营管理理念转化为流动性、安全性和盈利性并重;第二,改变了银行流动性管理的手段,银行的流动性管理从单一的资产管理转变为资产管理和负债管理同时进行;第三,增强了银行经营的主动性和灵活性,银行可根据需要主动安排负债,扩大资产规模,提高银行的盈利水平。尤其是存款保险制度的推出,更是激发了银行的积极进取精神,负债管理理论盛行一时。

三、负债管理理论观点

进入 20 世纪 60 年代以后,各国经济迅速发展,迫切需要银行提供更多的资金,因而促使银行不断寻求新的资金来源,满足客户借款的需要,此外,由于银行业竞争的加剧、实施存款利率最高限制,迫使商业银行必须开拓新的负债业务,不断增加资金来源。除传统的存款业务以外,商业银行还积极向中央银行借款,发展同业拆借,向欧洲货币市场借款,发行大额可转让定期存单,签订"再回购协议"借款等。

负债管理理论认为银行资金流动性不仅可以通过强化资产管理获得,还可以通过灵活地调剂负债实现,通过发展主动型负债的形式,扩大筹集资金的渠道和途径,也能够满足多样化的资金需求,以向外借款的方式也能够保持银行资金的流动性。负债管理论主张以负债的方法来保证银行流动性的需要，使银行的流动性与盈利性的矛盾得到协调。同时，使传统的流动性为先的经营管理理念转为流动性、安全性、盈利性并重；使银行在管理手段上有了质的变化，将管理的视角由单纯资产管理扩展到负债管理，使银行能够根据资产的需要来调整负债的规模和结构，增强了银行的主动性和灵活性，提高了银行资产盈利水平。

同时也应看到负债管理依赖货币市场借入资金来维持主动性，必然会受货币市场资金供求状况的影响，外部不可测因素的制约增大了银行的经营风险，借入资金要付出较高的利息，增加了银行的经营成本。因此，负债管理不利于银行的稳健经营。

四、负债管理理论评价

负债管理理论给银行带来了新的管理思想和方法，商业银行不再只是被动地接受存款，资产业务也不再完全依赖存款，银行可以从外部购入资金，也可以通过金融产品的销售获得资金，这样既可以满足流动性需要，还能进一步扩大资产业务，增加盈利。但是，负债管理的出现也给银行带来了新的风险。

（1）提高了银行负债的成本。无论是发行大额可转让定期存单、利用同业拆借资金，还是通过回购协议、向中央银行贴现窗口借款等，通过这些方式筹借的款项，均必须支付高于一般存款的利息，而这类负债的增加必然导致银行负债成本的提高。不是所有银行都能承受这种成本方面的压力，尤其是中小银行。但为了满足流动性，银行甚至主动寻求这种高成本负债，为此，银行盈利还会受到影响。

（2）增加了商业银行的经营风险。特别是在货币紧缩时期，市场上资金普遍趋紧，银行很难向外借到资金，如果商业银行不能如愿筹集到所需资金，其流动性就无法保证，这又会使银行陷入困境，甚至破产倒闭。

（3）负债成本的提高必然促使银行把资产投放在赢利更高的放款和投资上，出现所谓"短借长贷"的现象，造成信用风险和流动性风险的增加。

第三节　商业银行资产负债综合管理理论

资产管理理论和负债管理理论，在保持安全性、流动性和盈利性的均衡方面，都存在片面性，资产管理理论过于偏重安全与流动，在一定条件下以牺牲盈利为代价，不利于鼓励银行家进取精神；负债管理理论，能够较好地解决流动性和盈利性之间的矛盾，能够鼓励银行家的进取精神，但它依赖于外部条件，往往带有较大的经营风险。银行的经营者开始认识到资产负债综合管理的必要性。

一、资产负债综合管理理论产生的背景

20世纪70年代末期，商业银行经营的国际环境发生了剧烈变化，市场利率大幅波

动,1974年利率水平达到两位数,70年代中后期出现了滞胀。在这种背景下,维持一定比例的资产随时准备支付的做法可能会给商业银行带来较大损失,而依靠负债维持流动性和扩大商业银行经营规模的做法也越来越不现实,这客观上要求商业银行要从资产业务和负债业务两个方面入手进行经营管理;而随着80年代金融"自由化"浪潮出现,政府对金融机构尤其是商业银行的限制开始逐步取消,商业银行的业务范围越来越大,在提高银行业竞争水平的同时,打破了银行历来短筹长用、靠扩大业务量增加收益的传统经营格局,商业银行在资产和负债结构上发生了质的变化,这使银行越来越注重资产与负债之间的匹配以防范风险。

20世纪80年代初期,资产负债综合管理逐步形成了一套较为完善的理论。资产负债管理综合理论总结了资产管理和负债管理的优缺点,是对资产管理理论和负债管理理论的突破,强调从总体上协调资产与负债的矛盾,并围绕解决这一矛盾的关键因素——利率,建立了一整套防御体系,通过资产结构与负债结构的全面调整,实现商业银行流动性、安全性和盈利性管理目标的均衡发展。

二、资产负债综合管理理论的发展

(一)早期的资产负债综合管理

银行早期的资产负债综合管理是分别管理银行业务账户和交易账户的风险,以获得资本性收益为目的。银行业务账户包括传统的存款、贷款和证券投资等产品;银行交易账户包括短期外汇、债券和衍生产品交易。银行分别管理这两类账户是基于其风险性质不同,即银行业务账户的资产和负债产生于客户交易,在性质上较为被动;而银行交易账户中,银行可以积极主动地根据市场价格变动来改变交易头寸以管理风险。

银行业务账户的管理重点在于对冲与业务账户资产负债有关的利率风险。利率受管制时,由于银行的利差相对有保障,只要扩大资产负债额,即增加贷款和存款,银行就可以自动增加收益。利率自由化以后,银行扩大存贷款额,就会产生长期固定利率缺口,此时银行资产负债管理的主要目的就是对冲利率风险暴露。银行分析利率风险的方法主要是缺口分析,即计算一定时期内浮动利率的资产和负债的差额,并考虑几段时期内需要重新确定利率的资产和负债,分析资产负债分配及每个时期缺口的大小。

银行交易账户管理的重点在于在控制风险暴露的同时,达到各种交易产品的利润指标。控制风险的手段包括对各种产品确定头寸额度或实行止损规定。分析交易账户的风险经常用敏感分析方法,计算一定程度波动引起的资产负债净现值的变化。

(二)现代资产负债综合管理

随着商业银行经营环境的发展变化,利率和业务活动自由化,银行可以主动控制业务账户的资产和负债,并体会到对业务账户和交易账户的风险分别进行管理并不充分。在此背景下,由银行资产负债管理集中于对冲业务账户风险,扩展为包括业务账户和交易账户的广义风险管理,在对利率进行预测的基础上,主动调整资产负债组合。银行改善资产负债管理的措施如下。

第一,银行在预测利率走势和使用衍生工具(诸如利率掉期)的基础上,通过主动改变资产与负债的条件（例如利率和期限），以及对存款和贷款实行更为策略和及时的定价，灵活控制资产负债头寸错配产生的业务账户利率风险。同时，成立独立的部门负责资产负债管理，全面控制银行账户的利率风险。

第二，以往交易账户的风险管理仅包括以历史交易资料为基础，确定风险暴露的限额；现在则通过综合计算交易账户的风险，改善风险管理。具体变化是：(1) 用 VaR 方法综合计算风险，在历史性市价波幅的基础上，估计可能产生的亏损；(2) 以客观标准为基础确定风险限额和止损规定；(3) 运用现实暴露法（current expose method）改善与衍生交易相联系的信用风险控制方法；(4) 建立独立的部门，专门负责风险管理；(5) 改善风险管理系统；(6) 加强内部控制和稽核机制。

但是，其中仍有一些问题需要解决。一是目前的风险计算结构并未包括产品价格波动的相关性；二是风险限额的客观标准未考虑预期收益或资本；三是与衍生产品有关的信用风险管理方法还很不成熟。

第三，综合计算银行业务账户和交易账户的市场风险，方法是将以往仅用于交易账户的敏感性分析方法，配合久期分析法用于银行业务账户，计算某一时期利率风险对利润的影响。

第四，管理高层主动参与以改善两类账户的风险管理，使资产负债管理更为灵活。许多银行重新审查其组织结构，加强资产负债管理委员会的权力改变其以往作为顾问的形象，授予其对银行整体综合性资产负债管理政策的决策权。有的银行则建立中介机构，或在董事会下直接成立专家风险管理部，独立于资产负债管理部门，负责改善银行的风险管理方法，计算和控制不同部门各种业务的风险暴露，保证经营活动在规定的范围内进行，并向董事会报告风险管理状况。

各银行都有其自身的业务账户和交易账户及其相应的管理策略，具体的资产负债管理内容和技术在各自银行均不一样，并仍处于实验阶段，也难免会有失误，要付出代价。但总的来说，银行业在金融自由化过程中，已向通过综合计算市场风险管理资产和负债、取得最大盈利方面迈进了一大步。

（三）未来资产负债综合管理的发展趋势

最近，一些商业银行进一步研究发展了资产负债综合管理方法，从控制与资产负债有关的市场风险转变为综合管理业务账户和交易账户市场风险和信用风险。其理论基础是：如果综合计算市场风险和信用风险，并按客观标准计算各个账户的风险调节盈利性，即获得足够的收益抵消风险产生的损失，那么资本和人力资源就可以根据风险调节的盈利水平进行分配。

制定风险调节盈利性指标，需要下列程序：(1) 确定数量化信用风险的方法；(2) 计算市场风险和信用风险总量；(3) 按资本和预期收益比例确定信用风险限额；(4) 计算各个账户的风险调节盈利性。

要完成这些程序，需解决下列与银行综合管理有关的问题：(1) 市场风险量化过程中并未充分评估风险因素之间的相关性；(2) 信用风险的数量化仍在研究阶段；(3) 在计算各个账户和产品的盈利性过程中，存在诸如支出分配的技术困难；(4) 建立风险调节评估系统的难度很大且成本较高；(5) 即使可以以共同的指标为基础比较各个账户的盈利性,在上述条件下,难以很快取得以风险调节盈利性指标为基础全面资产负债管理。

但资产负债管理的基本发展趋势是客观和全面衡量各种风险,力求收益和风险的规模一致,并以风险调节盈利性为基础,战略性分配资本和人力资源。这反映了银行在金融自由化时代不断重新审查和改进其经营管理的基本策略。

三、资产负债综合管理理论观点

资产负债管理理论要求商业银行对资产和负债进行全面管理,而不能只偏重于资产或负债某一方的一种新的管理理论,20世纪80年代初,金融市场利率大幅度上升,存款管制的放松导致存款利率的上升,从而使银行吸收资金成本提高,这就要求商业银行必须合理安排资产和负债结构,在保证流动性的前提下,实现最大限度盈利。

资产负债管理理论认为单靠资产管理或单靠负债管理都难以形成商业银行安全性、流动性和盈利性的均衡,通过资产和负债的共同调整,协调资产和负债项目在期限、利率、风险和流动性方面的搭配,尽可能使资产、负债达到均衡,以实现安全性、流动性和盈利性的完美统一。由于资产负债管理理论是从资产和负债之间相互联系、相互制约的整体出发来研究管理方法,因而被认为是现代商业银行最为科学、合理的经营管理理论。

(一)资产负债管理理论主要内容

资产负债综合管理的主要内容有三个方面。

(1)计量和管理利率风险、汇率风险等各类市场风险:这些风险是由于资产负债项目不匹配和金融市场要素波动所引起的,如果风险管理不善,有可能给商业银行造成灾难性的后果,资产负债管理的首要任务就是对这些风险进行准确计量和科学管理。

(2)协调商业银行的短期和长期盈利目标:利润是商业银行生存和发展的基础,从而也是银行实施资产负债管理的最终目标。但是,商业银行不应简单追求短期利益,而必须立足长远,实现可持续增长。目前,国际银行通常以净利息收入(net interest income,NII)为短期盈利目标,而以市值(market value,MV)为长期盈利目标。因此,资产负债管理的一项重要任务就是在判断市场利率走势的基础上,在银行的短期盈利目标和长期盈利目标之间寻求一种平衡。

(3)对经济资本进行优化配置:资本是防止银行倒闭的最后一道防线,但因为资本是最为稀缺和昂贵的资源,银行管理者必须对经济资本进行管理,在效益与风险之间寻求平衡。有效的资产负债管理,应当能够改善资产与负债的配置,将有限的资源投入效益好且风险可控的业务上,以实现经济资本的节约。

(二)资产负债综合管理的基本原理

1. 偿还期对称原理

偿还期原理是指银行资产和负债的偿还期在一定程度上相互对称,如活期存款与现金资产相对应,定期存款和长期存款相对应。这样做的目的是为了减少资产项目和负债项目期限上的"摩擦",以减少流动性风险。例如,如果针对一笔为期5年的定期存款安排一笔期限同为5年金额相当的贷款,那么当5年后定期存款提取时,银行可以通过贷款的偿还来归还这笔存款。但在实际操作中,会出现很多不确定因素。银行能否将这笔5年的贷款成功推销出去还要取决于贷款的需求;5年难以确保这笔存款不被提前支取;5年后这笔存款也可能选择展期;5年后也许发放出去的贷款无法如期收回,构成银行的呆账。因此,银行很难做到每笔资产和每笔负债的期限都能够完全地统一。当然银行也没有必要保证完全一致。如活期存款由于存取不定,因此应该和现金资产相对应。但是活期存款的流入、流出可能会出现稳定性的存款余额,这部分存款余额是银行可以长期利用的资金。此外,银行的流动性也可以从市场上购入。当出现偿还期不对称的情况时,银行可以购入资金缓解资金压力。因此银行只要做到资产和负债大致上对称就足够了。通过资产平均到期日与负债平均到期日之比 K 可以粗略估计银行的资产和负债的偿还期是否对称。

$$K = 全部资产平均到期日 / 全部负债平均到期日$$

$K=1$,说明资产和负债的偿还期基本对称。$K<1$,说明资产的平均偿还期短于负债的平均偿还期,银行的流动性可能闲置,银行可以将多余的流动性充分运用,因为保持太多流动性会降低盈利水平。$K>1$,说明资产的平均偿还期比负债的平均偿还期长,银行可能在未来不得不仓促变卖长期资产以应付短期的流动性需求,因此银行应该采取措施增加流动性资产的存量。但是对偿还期的分析不可以完全依赖 K 比值,因为 K 值在资产负债期限明显不对称的情况下可能等于1,这可能会导致银行作出错误的决策。

2. 目标替代原理

银行的流动性、安全性和盈利性之间具有相互消长的作用。如流动性增强,银行的盈利性就要减弱;银行的安全性越强,盈利性也会减弱。银行无法使三性目标同时达到最优。但是可以"中和"这个三性目标,使它们的综合效果达到最高。不妨将银行的资产根据其三性的特征倾向分为流动性资产、安全性资产和盈利性资产。商业银行不可以过度偏爱流动性,将所有的资产都分配在流动性资产上,也不可以盲目地追求高盈利的资产。

3. 分散化原理

分散化原理,即银行资产要在种类和客户两个方面适当分散,避免信用风险,减少坏账损失。在资产负债综合管理的形式上,西方商业银行虽然稍有差别,但目标与任务大体一致,主要有以下四个方面:通过有效管理资产与负债,致力抑制各种经营风险,以谋求收益的稳定增长;对收益性的评价基础是注重考察资产收益率与资本收益;维持适当的流动性,并明确规定自有资本的比例;建立资产负债管理委员会,由该委员会制定银行经营的策略和资金运用,以及筹资的具体方针,并对已经决定的策略和方针进行跟踪调查,发现问题、研究对策,改进和完善资产负债管理。

(三)资产负债综合管理的特征

1. 流动性管理手段有所扩展

资产负债管理首要地、经常地要解决的一个核心问题就是流动性问题,它强调从资产和负债两个方面预测流动性需求,同时又从这两个方面寻找满足流动性需要的途径,并指出分析把握流动性的关键是控制、调节流动性资产与易变负债之间的缺口,以及贷款增长额之间的差距。商业银行应对日常流动性头寸进行监控,适时调节。

2. 盈利性目标的实现基础有所增强

在确保安全性和流动性的前提下追求利润最大化,不仅是商业银行经营管理的目标,也是商业银行资产负债管理所要达成的目标。商业银行利润主要来自利差,因此,保持适度的、稳定的利差,是商业银行经营管理中的难题,也是资产负债管理的核心。对此,资产负债通过强调资产负债到期日的搭配、注意利率结构的搭配、加强违约风险的协调等措施来保证商业银行利差的存在、稳定与扩大,从而实现利润最大化目标。由于利差管理不仅涉及利率管理、资产负债的规模与结构管理,而且还涉及商业银行经营的最终目标利润最大化问题,它几乎包括资产负债管理的全部内容,因此是商业银行经营管理的重要手段。

3. 安全性管理措施得到加强

资产负债管理不仅强调流动性、盈利性、安全性三者间的平衡,保持适当的比例关系,也强调三者间可以互相补充;不仅强调商业银行资产要在种类、客户、地域等方面进行分散,避免信用风险,减少坏账损失,而且支出可以通过期货、期权、掉期等金融衍生工具来规避风险,避免损失。这都有利于增强商业银行经营的安全性。由此可见,资产负债管理理论吸取了资产管理理论和负债管理理论的精华,从资产与负债均衡的角度去协调经营管理理论,引进了数理分析、管理科学和电子计算机技术,使得商业银行的经营管理理论更加科学和完善。

(四)正确理解资产负债管理理论

1. 资产负债管理是资产管理和负债管理的补充和完善

资产负债管理并非不重视资产或负债的单项管理,而是在单项管理的基础上更强调从整体的角度、运用联系的观点对银行资产负债进行统一的协调与控制。

2. 资产负债管理是一种综合管理

资产负债管理不仅对资产负债表内各项目的总量和结构进行管理,而且也对表外各项的总量和结构进行计划安排和控制,是对表内、表外各项目的综合管理。

3. 资产负债管理是风险管理的具体措施和载体

从广义的资产负债管理来看,它的实质就是风险管理,因为广义的资产负债管理包含了对银行风险组合的资产业务风险、负债业务风险、资本金业务风险、表外业务风险等的管理。但是,风险管理并不等同于广义的资产负债管理,前者的含义要比后者更宽、更广,因为风险管理除了对三种主要的风险,即信用风险、利率风险和流动性风险的管理以外,还涉及对其他风险,如法律风险、操作风险、国家风险和转移风险等的管理。狭义的资产负债管理是对利率风险的管理,它属于风险管理的一部分。

4. 资产负债管理已成为各国金融监管的重要内容

资产负债管理不仅仅是商业银行所采用的一种科学的自律性经营管理方法,而且也纳入了各国金融监管当局对商业银行的监管内容,特别是近十年来已发展成为商业银行自律和监管当局外部监管的重要结合点。从资产负债的角度对商业银行进行监管主要有两个方面：一是资本充足率监管；二是流动性监管。

四、资产负债综合管理理论评价

商业银行的资产负债管理是银行经营方式上的一次重大变革，它对商业银行、金融界和经济运行都产生了深远影响。

（1）它吸取了资产和负债管理的精华，使银行业务管理日趋完善。

（2）它增加了银行抵御外界经济动荡的能力。资产负债管理运用现代化的管理方法及技术手段，从资产负债的总体上协调资产与负债的矛盾，并围绕利率建立了一整套的防御体系，形成了一个"安全网"，使得银行在调整资产负债结构方面具有极大的灵活性和应变力，从而增加了银行对抗风险的能力。

（3）资产负债管理有助于减轻银行"借短放长"的矛盾。利率自由化引起筹资成本的提高，迫使商业银行减少冒险性、放弃性、进攻性的放款和投资策略，采取更为谨慎的态度对待放款和投资。

（4）对国民经济而言，为顾客提供日益多样化的金融工具、服务与融资方式，通过提高放款利率，以保持存贷款合理的利差，这在一定程度上能缓和通货膨胀的压力。

资产负债管理也存在一些缺陷，主要表现在以下三个方面。

（1）资产负债管理促使竞争更加剧烈，银行倒闭数量增加。

（2）不利于货币监督机构对银行的监控。金融放松管制、技术进步促成新金融工具的涌现，使得银行业务日益多样化、复杂化。尤其是表外业务的迅速发展，使得货币监督机构在风险测定方面面临更多的困难。这一切都增大了货币监督机构的管理难度，提高了社会管理成本。

（3）商业银行存款利率自由化而引起的放款利率提高，使企业的投资成本提高，阻碍经济的全面高涨。

第四节　商业银行资产负债外管理理论

20世纪80年代后期，西方经济普遍出现衰退的情况，银行的经营环境更加恶劣。这些因素不可避免地会对银行利率的提高和业务经营规模的扩充产生抑制作用，从而导致银行存贷利差收益的日渐萎缩。因此，以利差管理为核心的资产负债管理理论使银行难以摆脱困境，这样，资产负债外管理理论便悄然而起，并被越来越多的西方商业银行尊崇为大力发展表外业务的重要理论依据。

一、资产负债外管理理论产生背景

20世纪80年代以来，金融自由化浪潮的冲击，使加强风险监控成为各国金融管理当局和国际银行界的共同要求。《巴塞尔协议》的问世和实施,动摇了长期运用资产负债表内资产结构的调整变动来防范信贷风险的传统理论和方法。商业银行表外业务的产生和快速发展既受内在原因的驱使,也是外部因素影响的结果。首先,国际上各国相继放松进入管制,银行业经营的自由化和国际化趋势大大促进了包括表外业务在内的金融创新的步伐;其次,市场竞争也促进了表外业务的发展,商业银行传统业务不但面临同行业的竞争,而且随着各国资本市场的发展,直接融资比重大大增加,商业银行传统的资产、负债业务日渐显现出"夕阳产业"的颓势,因此,商业银行被迫进行新的业务创新以创造新的利润来源;最后,表外业务创新是市场需求所致,由于利率和汇率频繁波动,企业和商业银行本身所处经济环境的不确定性日渐增加,这就对有效的风险管理产生了需求。因此,在银行业激烈竞争、银行存贷利差越来越少、非金融机构大规模介入金融业竞争的情况下,在大量衍生交易工具既可避险又可获利的优势吸引下,资产负债表外管理理论兴起。

在资产负债外理论的发展过程中,出现了四种不同的理论假说:规避"监管税收效应"假说、与银行风险及风险负担有关的假说、由于信息不对称造成的"道德风险"假说、经济资本理论及其对银行经营目标的调整。

二、资产负债外管理理论观点

资产负债外理论倡导从银行负债和资产业务以外的范围去寻找新的经营领域以获得新的利润来源,认为存贷业务只是银行经营的主要途径之一,在其周围可以发展多样化的金融服务。"表外业务"是《巴塞尔协议》规定中的称谓,国际上通常将资产、负债以外的业务都称为"off balance sheet activities"(缩写为 OBSA)。比如信息处理、项目评估咨询、原资产负债表内业务向表外的转化等,同时却不影响资产负债表上的风险大小,而给银行带来盈利,如表2-1所示。

表2-1 银行表外业务一览表

理财业务	为客户提供的财务分析、财务规划、投资顾问、资产管理等专业化服务活动
支付结算类业务	主要结算工具包括银行汇票、商业汇票、银行本票和支票;主要结算方式包括同城结算方式和异地结算方式;其他支付结算业务
银行卡业务	商业银行向社会发行的具有消费信用、转账结算、存取现金等全部或部分功能的信用支付工具,如贷记卡业务、准贷记卡业务和借记卡业务
代理类中间业务	代理类中间业务指商业银行接受客户委托办理客户指定的经济事务、提供金融服务并收取一定费用的业务,如代理政策性银行业务、代理人民银行业务、代理商业银行业务、代收代付业务、代理证券业务、代理保险业务、代理其他银行银行卡收单业务等
担保及承诺类业务	商业银行为客户债务清偿能力提供担保,承担客户违约风险的业务,主要包括银行承兑汇票、信用证、备用信用证、各类保函等

(续表)

交易类业务	商业银行为满足客户保值或出于自身风险管理需要利用各种金融工具(利率互换、期权、期货、远期利率协议)进行的资金交易活动,如外汇买卖、黄金交易等
投资银行业务	主要包括证券发行(一级市场)、承销、二级市场交易、企业重组、兼并与和收购、投资分析、风险投资、项目融资等业务
资产托管业务	商业银行接受资产管理公司委托,安全保管所托管的全部资产,为所托管的资产管理公司办理资金清算款项划拨、会计核算、基金估值、监督管理人投资运作
咨询顾问类业务	商业银行利用自身在信息、人才、信誉等方面的优势,收集和整理有关系信息,并通过对这些信息、银行和客户资金运动进行记录和分析,形成系统的资料和方案后提供给客户,包括信息咨询业务、资产管理顾问业务、财务顾问、现金管理等
其他类业务	包括保管箱业务以及其他不能归入以上八类的业务,储蓄连接保险、投资连接保险等

资产负债外管理理论认为存贷业务只是商业银行经营的一条主轴。在其旁侧,可以发展多样化的金融服务、扩展新的经营领域,从而开辟新的盈利来源。同时,提倡将原本属于资本负债表内的业务转化为表外业务,以降低成本。随着金融市场的发展和企业融资的日益"脱媒",商业银行传统的信用中介职能正在逐渐削弱,其核心竞争力大大丧失,而开展中间业务的商业银行不是以债权人或者债务人的身份出现,商业银行充当的是"服务中介"的角色。表外业务的服务面广、机动灵活,使银行的业务范围从信用业务扩展到了各类非信用业务领域,在传统业务已经被瓜分完毕的情况下,为银行带来了新的利润增长点。

资产负债外管理理论主张银行应从正统的负债和资产业务以外去开拓新的业务领域,如期货、期权等多种衍生金融工具的交易,开辟新的盈利源泉。与传统的业务相比,表外业务主要是商业银行接受客户的委托,以中介人的身份进行的代理业务,其主要风险由委托人承担,因此在同等盈利水平下,表外业务的风险比传统业务小得多,而商业银行表外业务中的一些衍生金融工具本身就是针对利率和汇率等的有效经济风险管理工具,通过适当运用这些避险工具,对于商业银行的稳健经营是非常有益的。

该理论认为,在知识经济时代,银行应发挥其强大的金融信息服务功能,利用计算机网络技术大力开展以信息处理为核心的服务业务。在我国金融行业对外开放的条件下,中资商业银行在较短时期内利用计算机网络迅速学习外资银行的产品和服务方式,并结合中国实际加以改善,力争尽快赶上外资银行的服务水平,这必将极大地推动我国银行业的产品和服务创新的进程。目前,随着对外开放和金融管制的放松,我们完全有理由预测在我国必将出现一次金融创新的高潮,学者们所期待的"金融大爆炸"即将到来。

三、资产负债外管理理论评价

资产负债外管理理论为商业银行从事表外业务提供了理论依据,面对银行业日趋激烈的竞争,资产负债外管理理论的发展有助于促进商业银行提高盈利水平、降低风险、改善服务、完善功能。资产负债外管理理论优点具体体现在以下三点。

第一,资产负债外管理理论的发展可以减轻商业银行的经营风险。经济的波动会直接或间接造成银行体系的风险上升,资产负债外管理理论强调发展表外业务,表外业务具有低成本、低风险的特点,因此,对商业银行而言,运用资产负债外管理理论是降低风险的有效途径。

第二,资产负债外管理理论的发展可以提高商业银行的盈利水平。通过引导商业银行开拓新的盈利领域,可以为银行提供可靠且稳定的收入来源。

第三,资产负债外管理理论的发展容易促进商业银行改善服务、完善功能。表外业务服务面广、形式机动灵活,对客户的多样化需求反应敏感。商业银行通过开展表外业务,积极创新,可以不断满足社会成员和经济发展的要求,从而改善其服务、完善其功能。

同时,资产负债外管理也存在一些缺陷。由于资产负债外管理发展不完善,表外业务不仅使银行自身面临着极大的风险,而且使整个金融体系随时可能遭受意想不到的冲击。因此,在表外业务交易已经风靡全球,而且因从事衍生产品投机失败导致银行巨额损失或倒闭破产的案例时有所闻的今天,加强对表外业务的管理更应该引起商业银行和金融当局的高度重视。

本 章 小 结

1. 资产管理理论是以商业银行资产的流动性为重点的传统管理方法。理论观点主要是通过对资产结构的恰当安排来满足银行安全性、流动性和盈利性的需要。它产生的根源在于银行经营管理目标即利润最大化和资产流动性的相互矛盾性。

2. 负债管理理论主张以负债的方法来保证银行流动性的需要,使银行的流动性与盈利性的矛盾得到协调。负债管理理论认为银行资金流动性不仅可以通过强化资产管理获得,还可以通过灵活地调剂负债实现,通过发展主动型负债的形式,扩大筹集资金的渠道和途径,也能够满足多样化的资金需求,以向外借款的方式也能够保持银行资金的流动性。

3. 资产负债管理理论认为单靠资产管理或单靠负债管理都难以形成商业银行安全性、流动性和盈利性的均衡,通过资产和负债的共同调整,协调资产和负债项目在期限、利率、风险和流动性方面的搭配,尽可能使资产、负债达到均衡,以实现安全性、流动性和盈利性的完美统一。

4. 资产负债外理论倡导从银行负债和资产业务以外的范围去寻找新的经营领域以获得新的利润来源,认为存贷业务只是银行经营的主要途径之一,在其周围可以发展多样化的金融服务。

关 键 词

资产理论(theory of assets);负债理论(theory of liability);资产负债理论(asset-liability theory);资产负债外管理理论(management theory of off-balance sheet)

复习思考题

1. 商业贷款理论的主要内容是什么？其理论来源是什么？
2. 从资产管理理论到负债理论的历史背景是什么？
3. 资产负债管理理论的主要思想是什么？其理论基础是什么？
4. 资产负债外管理理论产生的时代背景是什么？其理论意义是什么？
5. 评价商业银行从资产管理理论到表外管理理论的演变过程，这一演变过程说明了什么问题？

第三章 商业银行资本管理

> **本章导入**
>
> ### 资本金管理——商业银行管理的灵魂
>
> 商业银行的管理模式经历"资产管理""负债管理"和"资产负债管理"后,已经全面向"资本金管理"迈进,根据《巴塞尔新资本协议》的原则,未来一个时期"银行经营与管理"这一概念的灵魂就是"资本金管理"。如果说银行是在一定意义上的一个有机体,那么,资产管理理念就相当于注重"大块头",负债管理理念就相当于注重营养,而资本管理为核心的管理理念就相当于注重心脏功能健康,资本金相当于银行这个有机体的心脏,《巴塞尔新资本协议》通过对每一个信用客户、每一笔业务的资本分配,把全部银行业务联系到"资本金";就如同有机体全身的动脉、静脉和无数细微的毛细血管将每处机体对血液的需求传递到了心脏(资本金)。
>
> 银行经营中根据一项业务消耗的资本与其带来的收益相比较,从资本成本与资本收益确定是否符合发展的重点,从而决定业务取舍和发展方向。

商业银行资本的筹集和管理一直是银行业经营中最核心的问题之一。在美国银行家中广为流传的一句俗语是:字母 FDIC(Federal Deposit Insurance Corporation,即联邦存款保险公司)真正的意义是永无止境地要求增加资本(forever demanding increased capital)。至少对美国银行家来说,FDIC 及其他银行管辖机构似乎总是要求其增加更多的资本、提供更多的报表和公益服务等。我们经常可以接触到关于银行资本风险话题的探讨,原因就在于银行的资本是银行保持稳健经营的基础。合理的资本规模是银行实现资产安全和效益动态平衡的前提。

第一节 商业银行的资本构成

商业银行资本是银行从事经营活动必须注入的资金,是银行开业经营的条件。与其他行业一样,商业银行要取得营业许可,必须具有一定金额的最低注册资本,具备一定的物质条件和基本设施,如营业场所、各种商务和办公用品等。

一、商业银行资本的作用

商业银行以负债经营为特色,其资本所占比重较低,融资杠杆率很高,因此承担着巨大的风险。正是因为商业银行时刻面临着风险的挑战,其资本所肩负的责任和发挥的作用比一般企业更为重要,商业银行的资本金在其日常经营和保证长期生存能力中起了关键的作用,主要体现在以下八个方面。

(1) 银行资本是一种资金来源,满足银行的经营需要。与一般企业一样,银行从事经营活动也必须具备一定的前提,首先要满足各国法律规定的最低注册资本的要求。新银行需要有资金来支付在土地、房屋和设备资本投资等方面的初始成本。原有银行需要有资本金来支持发展,维持正常经营和使经营手段现代化。在存款流入之前,资本为银行开业提供了所需资金。另外资本还用来支持重大的结构调整,如收购和兼并。

(2) 资本金是一种减震器,用以保护存款人利益。从保护存款人利益和增强银行体系安全性的角度出发,银行资本的核心功能是吸收损失:一是在银行破产清算条件下吸收损失,其功能是为高级债权人和存款人提供保护;二是在持续经营条件下吸收损失,体现为随时用来弥补银行经营过程中发生的损失。当银行破产时,在管理层注意到银行的问题并恢复银行的盈利性之前,资本通过吸纳财务和经营损失,用于赔偿非保险性存款,增强公众信心,减少银行破产的风险。

(3) 银行资本是用来覆盖非预期的经营损失,为风险管理提供最根本的驱动力。为了防范贷款和投资损失对正常经营产生影响,银行要根据贷款和投资的风险状况提取贷款损失准备金。但贷款损失准备金只覆盖预期的经营损失,超过贷款损失准备金的贷款和投资损失要由资本来承担。资本是风险的第一承担者,因而也是风险管理最根本的动力来源。如果非预期损失超过了资本额,则银行就处于资不抵债的状况,就会发生倒闭。

(4) 资本维持市场信心,消除了债权人(包括存款人)对银行财务能力的疑虑。市场信心是影响商业银行安全性和流动性的直接因素,公众对商业银行信心的丧失,将直接导致商业银行流动性危机甚至市场崩溃。商业银行资本金作为保护存款人利益的缓冲器,在维持市场信心方面发挥着至关重要的作用,同时也是监管机构实施严格资本监管的重要理由和目标。银行必须有足够的资本,才能使借款人相信银行在经济衰退时也能满足其信贷需求。

(5) 资本为银行的增长和新业务、新计划及新设施的发展提供资金。当银行成长时,它需要额外的资本,用来支持其增长并且承担提供新业务和建新设施的风险。大部分银行最终的规模超过了创始时的水平,资本的注入使银行在更多的地区开展业务、建立新的分支机构来满足扩大了的市场和为客户提供便利的服务。

(6) 资本作为规范银行增长的因素,有助于保证银行实现长期可持续的增长。商业银行在高风险高收益、做大做强的目标驱动下,难以真正实现自我约束。管理当局和金融市场要求银行资本的增长大致和贷款及其风险资产的增长一致。因此,随着银行风险的增加,银行资本吸纳损失的能力也会增加,银行的贷款和存款如果扩大得太快,市场和管理机构会给出信号,要求它或者放慢速度,或者增加资本。各国金融管理当局为了控制商业银行,维护金融体系的稳定,设定法定最低资本限额以防止银行为追求盈利而无限扩张资产的倾向,增强银行系统的稳定性,以降低银行倒闭的风险。

(7) 资本在银行兼并的浪潮中起了重要作用。根据规定,发放给一个借款人的贷款限额不得超过银行资本的15%,因此,资本增长不够快的银行会发觉自己在争夺大客户的竞争中失去了市场份额。

(8) 银行资本是金融管理部门对商业银行实施控制的工具。银行面临的未来风险越大、资产增长越快,则银行所需的资本量就越多。

二、商业银行资本的构成

商业银行资本是银行从事经营活动必须注入的资金,可以用来吸收银行的经营亏损,缓冲意外损失,保护银行的正常经营,为银行的注册、组织营业以及存款进入前的经营提供启动资金等。根据不同的管理需要和本质特性,银行资本有账面资本、经济资本和监管资本三个概念。

账面资本是银行持股人的永久性资本投入,即资产负债表上的所有者权益,主要包括普通股股本/实收资本、资本公积、盈余公积、未分配利润、投资重估储备、一般风险准备等,即资产负债表上银行总资产减去总负债后的剩余部分。账面资本是银行资本金的静态反映,反映了银行实际拥有的资本水平。

经济资本又称风险资本,是银行抵御非预期风险损失[①]的资本,是指在一定的置信度和期限下,为了覆盖和抵御银行超出逾期的经济损失(即非预期损失)所需要持有的资本数额,是银行抵补风险所要求拥有的资本,并不必然等同于银行所持有的账面资本。

监管资本是银行监管机构对各商业银行实施监管的资本要求,是监管当局规定的银行必须持有的与其业务总体风险水平相匹配的资本,一般指商业银行自身拥有的或者能长期支配使用的资金,以备非预期损失出现时随时可用,故其强调的是抵御风险、保障银行持续稳健经营的能力,并不要求其所有权归属。以监管资本为基础计算的资本充足率,是监管当局限制银行过度承担风险、保证金融市场稳定运行的重要工具。

现在监管部门对商业银行的"最低资本要求"即是针对监管资本的要求。监管资本可划分为一级资本和二级资本,其中,一级资本又可划分为核心一级资本和其他一级资本。

1. 核心一级资本

核心一级资本是指在银行持续经营条件下无条件用来吸收损失的资本工具,具有

---

① 非预期损失是指无法事先估算的损失;预期损失指可以合理估计或事先估算的损失。衡量非预期损失的方法很多,比较普遍的衡量方法是计算偏离预期损失均值的波动水平。所以从统计学角度讲,预期损失是概率分布的均值,而非预期损失则是偏离预期损失均值的标准差。各种非预期损失的合计就是一家银行所需的经济资本。具体计算时还要考虑到各种资产收益或损失之间的相关性。

永久性、清偿顺序排在所有其他融资工具之后的特征。核心一级资本包括以下内容。

（1）实收资本或普通股。实收资本是投资者按照章程或合同、协议的约定，实际投入商业银行的资本。

（2）资本公积。包括资本溢价、接受的非现金资产捐赠准备和现金捐赠、股权投资准备、外币资本折算差额、关联交易差价和其他资本公积。

（3）盈余公积。包括法定盈余公积、任意盈余公积和法定公益金。

（4）一般风险准备。是根据全部贷款余额一定比例计提的，用于弥补尚未识别的可能性损失的准备。

（5）未分配利润。是指商业银行以前年度实现的未分配利润或未弥补亏损。

（6）少数股东资本可计入部分。在合并报表时，附属公司核心一级资本中少数股东资本用于满足核心一级资本最低要求和储备资本要求的部分，可计入并表核心一级资本。

2. 其他一级资本

其他一级资本是非累积性的、永久性的、不带有利率跳升及其他赎回条款，本金和收益都应在银行持续经营条件下参与吸收损失的资本工具。其他一级资本包括以下内容。

（1）其他一级资本工具及其溢价。其他一级资本工具主要有：无累积永续混合资本债[1]和优先股，可分为可减记的一级债券资本工具、可转股的一级债券资本工具、无累积可转化优先股。其主要特点为永续、票息较高，被减记或被转股的触发条件明确。多数把核心一级资本充足率小于 5.125%，或普通股核心资本充足率小于 7%，或合同规定的企业生存能力丧失作为触发点。对于企业生存能力的定义或描述，核心内容普遍是：监管当局认为该银行如不进行此资本工具的减记或转股，该银行将破产、资不抵债或将被公共部门注资。

优先股是指商业银行发行的、给予投资者在收益分配、剩余资产分配等方面优先权利的股票。优先股按能否转换成普通股，分为可转换和不可转换优先股。对投资者来说，可转换具有本金安全和收入稳定的特点。对银行来说，等于在不利条件下暂不发行普通股而发行易推销的优先股，但最终仍等于发行普通股。优先股按能否赎回，分为可赎回和不可赎回两类。赎回价往往略高于优先股本金。银行可选择市场利率低时按事先规定的价格赎回优先股，这样可以以更低的利率获得新的资金来源。优先股按股利可否逐年累积，分为累积和非累积两类。累积优先股的股息在当期利润不足未付数额可累积到下期再支付，这样可避免出现债务危机；但这对普通股股东不利。

（2）少数股东资本可计入部分。附属公司一级资本中少数股东资本用于满足一级资本最低要求和储备资本要求的部分[2]，扣除已计入并表核心一级资本的部分后，剩余

---

[1] 这些工具在正常市场环境下显示债券特征，在触发事件发生时又表现出股票特征，既可满足高质量的资本要求，又可吸引广大固定收益投资者，从而减少发行失败风险。

[2] 最低要求和储备资本要求为下面两项中较小者：(1) 附属公司一级资本最低要求加储备资本要求；(2) 母公司并表一级资本最低要求与储备资本要求归属于附属公司的部分。

部分可以计入并表其他一级资本。

3. 二级资本

二级资本是指在破产清算条件下可以用于吸收损失的资本工具,二级资本的受偿顺序列在普通股之前,在一般债权人之后,不带赎回机制,不允许设定利率跳升条款,收益不具有信用敏感性特征,必须含有减记或转股条款。二级资本包括以下内容。

(1) 二级资本工具及其溢价。二级资本工具大体分为可减记二级资本证券和可转股二级资本证券,主要由次级债和混合资本债构成,基本特点为非永续,至少五年以上期限,可减记或可转股,一般选择在企业生存触发点转换为股份或本金减记,一定期限后可赎回,票息通常比一级资本工具低。

可转换债券是指商业银行依照法定程序发行的、在一定期限内依据约定条件可以转换成商业银行普通股的债券。计入附属资本的可转换债券必须符合以下条件:债券持有人对银行的索偿权位于存款人及其他普通债权人之后,并不以银行的资产为抵押或质押;债券不可由持有者主动回售;未经监管部门事先同意,发行人不准赎回。

长期次级债务是指原始期限最少在五年以上的次级债务。经银监会认可,商业银行发行的普通的、无担保的、不以银行资产为抵押或质押的长期次级债务工具可列入附属资本,在距到期日前最后五年,其可计入附属资本的数量每年累计折扣 20%。如一笔十年期的次级债券,第六年计入附属资本的数量为 100%,第七年为 80%,第八年为 60%,第九年为 40%,第十年为 20%。

商业银行发行的二级资本工具有确定到期日的,该二级资本工具在距到期日前最后五年,可计入二级资本的金额,应当按 100%、80%、60%、40%、20% 的比例逐年减记。

(2) 超额贷款损失准备①。商业银行采用权重法计量信用风险加权资产的,超额贷款损失准备可计入二级资本,但不得超过信用风险加权资产的 1.25%。贷款损失准备最低要求是指 100% 拨备覆盖率对应的贷款损失准备和应计提的贷款损失专项准备两者中的较大者。商业银行采用内部评级法计量信用风险加权资产的,超额贷款损失准备可计入二级资本,但不得超过信用风险加权资产的 0.6%。

(3) 少数股东资本可计入部分。附属公司总资本中少数股东资本用于满足总资本最低要求和储备资本要求的部分②,扣除已计入并表一级资本的部分后,剩余部分可以计入并表二级资本。

三、商业银行资本金与一般企业资本金的区别

1. 资本金所包含的内容不同

企业的资本等于资产总值减去负债总值的净值,即所有者权益或者产权资本,也可

---

① 前款所称超额贷款损失准备是指商业银行实际计提的贷款损失准备超过最低要求的部分。

② 最低要求和储备资本要求为下面两项中较小者:(1) 附属公司总资本最低要求加储备资本要求;(2) 母公司并表总资本最低要求与储备资本要求归属于附属公司的部分。

称为自有资金；商业银行的资本金既包括所有者权益部分的资本，也包括一定比例的债务资本。如呆账准备金、坏账准备金，在资产负债表中的资产方，但以"—"号来表示。

2. 资本仅在全部资产中所占比例不同，绝对数额相差很大

现代企业都具有负债经营的特点，即经营中都依赖一定的外援资金。但由于企业发展的性质和特点不同，资本金在全部资产中所占比例也就不同。按照国际惯例，一般性企业的负债率在66%左右，即自有资金应保持在34%左右；商业银行作为特殊的金融企业，其80%—90%的资金是从各种各样的客户手中借来的，也就是说，商业银行的资本金占其全部资产的比例一般为10%—20%，如此也就形成了商业银行高负债经营的状况。

3. 固定资产的形成能力与其资本金的数量关联性不同

一般企业的固定资产既可以由其资本金形成，也可以由各种借入资金、包括商业银行的贷款来形成，与资本金的关联性不大；商业银行固定资产的形成能力却与其资本金的数量有着非常明的关联关系。因为银行的固定资产是商业银行形成较好的业务经营能力的必要物质条件，这些设施的资金占用时间较长，只能依赖于自有的资本金。

第二节　商业银行资本充足性管理

一、资本充足性的含义

资本充足性是指银行的资本应保持既能经受坏账损失的风险，又能正常运营，达到盈利的水平，这是衡量一家银行业务经营情况是否稳健的一个重要标志。

资本充足性包含两方面的含义：一是银行资本能够抵御其涉险资产的风险，即当这些涉险资产的风险变为现实时，银行资本足以弥补由此产生的损失；二是对于银行资本的要求应当适度，如果过高会影响金融机构的业务开展及其资产的扩张。

商业银行资本不是越多越好，因为越多，资本成本也越高。商业银行资本充足的真正含义是资本适度，既包括量的适度，还包括资本构成的合理，以降低经营成本和风险，增强筹资灵活性。

由于最适资本量受到多种主客观因素影响，不能准确无误地测量出来，因此，许多银行简单地将一定程度上高于法定最低限额的资本作为最适资本量。

规模大小不一的各家银行的最适度资本量是不同的，小银行信誉低、业务种类少、负债能力差，因此要保持较高的资本资产率。同一家银行也应根据经营环境和自身经营状况的变化，适时调整资本持有量。当贷款需求很大时可适当降低资本持有量，或通过不同渠道筹集。

二、银行资本充足性的衡量

目前，对资本充足性的衡量主要根据管理会计原则，广泛地使用比率形式，这也是

《巴塞尔协议》重点推荐的方式。这些比率形式主要分为两大类：一类称作负债比率或传动比率（gear ratio），包括资本与存款比率和资本与负债比率；另一类称作资本比率或风险资产比率（risk assets ratio），包括资本与总资产的比率和资本与风险资产的比率。

（一）资本与存款比率

资本与存款比率一般定义为资本和银行存款总量的比率。

20世纪初出现，因为造成流动性危机的原因是贷款和投资的变现能力不足，存款在被运用之前没有风险，因此这一指标不够科学。

（二）资本与负债比率

资本与负债比率一般定义为资本和银行负债总量的比率。

银行负债总量为总的存款或表现在银行资产负债表上的债权或产权要求。

通过对负债比率的控制，银行的监管者可以有效地控制银行在既定的资本金来源的情况下扩展其经营的能力。这一比率的最大优点是简明。对于银行来说，它允许最大的操作灵活性，因为它不对银行的资产组合结构强加限制；对于监管者来说，它不要求对个别银行经营的有关风险作出任何事先判断。然而，这一比率也存在一些弊端。首先，这个比率难以把那些不具完全信用风险的表外账户的活动放到资本充足性上来体现，因此银行只需通过金融创新把业务移到表外账户上，就能够轻易地绕过资本管制；其次，它无法体现资产组合的风险，同时又不对银行的资产组合结构加以限制，诱使银行选择高风险、高收益的资产。这些弊端导致许多国家纷纷寻求建立在加权风险资产上的更加完善的资本充足管制手段。

（三）资本与总资产比率

资本与总资产比率一般定义为资本和银行资产总量的比率。

银行资产总量表现在银行资产负债表上的资产。

克服资本存款比率与资本负债比率等指标没有考虑资金运用的不足。但该指标没有考虑资产结构。经营保守的银行，资产大多是短期证券和短贷，风格积极的银行则相反，本指标无法反映上述区别。

因此，风险资产比率就作为一种更为有效的监管手段应运而生。

（四）资本与风险资产比率

资本与风险资产比率一般定义为资本和风险加权资产的比率。

风险资产是指不包括第一级、第二级准备金在内的资产，如贷款、证券投资等。在风险资产比率中，监管者对不同类型的资产规定不同的风险权重，如作为第一级、第二级准备金的现金、同业拆借和短期国债没有风险或风险很低，不必用资本做保障，风险权重为零；这使得同样规模的资产可以对应不同的资本量，或者说同样的资本量可以保障不同规模的资产，资本的保障能力随资产风险权重的不同而异，因此克服了传统负债比率将表外业务和资产风险因素排除在外的缺陷，有助于鼓励银行持有低风险资产。然而，风险资产比率也存在如下一些弊端。

（1）资产风险权重的确定上存在一定程度的主观随意性，它们是监管者在既定业务范围内对损失的可能性的估价。虽然这种估价是基于历史经验的，在建立个别权数时,它还是不可避免地包含相当程度的主观判断。

(2) 这种方法通常假定资产组合中风险与资产数量之间存在线性关系,但是一些实证研究表明,这种关系往往是非线性的。

(3) 该指标仍未考虑不同种类的风险资产所承担的风险大小的差异。

(4) 该指标未考虑资产组合中风险的分散效应,当选择较佳的资产组合时,非系统风险可以被有效地分散掉,这也导致计算的风险资产和真实的风险资产之间存在偏离。

(五)纽约公式

纽约公式又称资产分类比率法或资产结构比率法,它的基本思想已为《巴塞尔协议》所采纳。20世纪50年代由纽约联储设计,将资产分为六类。

(1) 无风险储备——包括库存现金、同业拆借、短期国债等第一类、第二类准备金,不需资本做担保。

(2) 稍有风险的资产,如5年期以上公债、政府机构债券、优质商业票据和高信用担保贷款等,要求有5%的资本保障。

(3) 普通风险资产,指除了公债之外的证券投资与证券贷款,要求有12%的资本保障。

(4) 风险较高资产,对担保不足、信用较低的债务人贷款,要求有至少20%的资本保障。

(5) 有问题资产,逾期贷款、可疑贷款、股票、拖欠的债权等,损失概率极大,要求有50%的资本保障。

(6) 已亏损的资产和固定资产,要求有100%的资本保障。

(六)综合分析法

上述方法都仅从资产或存款数量与结构这一方面来评估,实际上影响银行所需资本量的还有银行监管水平、收益与留存结余、资产与负债结构的流动性、银行满足客户需求的能力、股东信誉等因素,综合分析法力图将这些因素都考虑进来。但本方法难以准确量化,主观性较强,多与其他方法结合使用。

(七)巴塞尔协议法

《巴塞尔协议》是非常重要的国际性文件。巴塞尔协议法是以风险资产比率为基础的资本充足率。尽管风险资产比率存在一些缺陷,但由于其引进了对风险的测量,所以仍然作为评估资本充足程度的主要尺度被巴塞尔银行监督委员会所选用。巴塞尔协议法的特点如下。

(1) 将资本分为一级资本和二级资本两类。

(2) 表内资产分为五类,分别规定风险权数,用以计算风险资产。

(3) 将表外资产纳入监管范围,将表外资产规定了信用转换系数,测算出相当于表内风险资产的金额。

(4) 规定总资本对风险资产比率、核心资本对风险资产比率,还对贷款准备金、次级长期债务等进行了限制。

资本充足率,反映的是商业银行在存款人的资产遭到损失之前,该银行能以自有资本承担损失的程度。当然,单纯地依赖于这种资本充足性比率制度,将无法全面地评估商业银行的安全性和稳健性。一些国家，如美国推出的 CAMEL 制度、中国推出的 CARPALs 监管体系等为商业银行监管提供了更为有效的手段。一些金融机构也对现有的资本充足性比率制度进行了改进。如大通和银行家信托提出了监督银行资本配置效率的风险调整绩效测度指标（RAPM）。

三、银行资本充足性的管理

20 世纪 70 年代，西方商业银行的业务经营出现了国际化的趋势，各国金融机构间联系日趋紧密，银行资本充足性管理的出现是为了保证西方商业银行经营的安全性，平等参与国际竞争，维护世界金融体系的稳定。1987 年 12 月，西方十二国通过了"资本充足性协议"：一是确定了资本的构成，即商业银行的资本分为核心资本和附属资本两大类；二是根据资产的风险大小，粗线条地确定资产风险权重；三是通过设定一些转换系数，将表外授信业务也纳入资本监管；四是规定商业银行的资本与风险资产之比不得低于 8%，其中核心资本对风险资产之比不得低于 4%。国际清算银行（BIS）的巴塞尔银行业条例和监督委员会的常设委员会——"巴塞尔委员会"于 1988 年 7 月在瑞士的巴塞尔通过的《关于统一国际银行资本衡量和资本标准的协议》，简称《巴塞尔协议》。该协议第一次建立了一套完整的国际通用的、以加权方式衡量表内与表外风险的资本充足率标准，有效地遏制了与债务危机有关的国际风险。

1996 年《关于市场风险资本监管的补充规定》要求商业银行对市场风险计提资本。1998 年开始全面修改资本协议，资本充足率、行业监管和信息披露构成了新协议的三大支柱。2004 年 6 月正式发布了《统一资本计量和资本标准的国际协议：修订框架》，简称《巴塞尔新资本协议》或《新资本协议》，下文称《巴塞尔协议Ⅱ》。

《巴塞尔协议Ⅱ》是在过去十多年来国际银行业的竞争规则——《旧巴塞尔资本协议》基础上修订而成的。该协议将国际银行业的风险监控范围由单一的信用风险扩大到信用风险、市场风险、操作风险和利率风险，并提出"三个支柱"（一是最低资本要求，二是监管当局对资本充足率的监督检查，三是市场纪律/信息披露）。其中，最低资本规定即核心资本充足率不低于 4%，资本（包括核心资本和附属资本）充足率不低于 8%。

《巴塞尔协议Ⅱ》经过近十年的修订和磨合于 2007 年在全球范围内实施，但正是在这一年，爆发了次贷危机，这次席卷全球的次贷危机真正考验了《巴塞尔新资本协议》。显然，《巴塞尔协议Ⅱ》存在顺周期效应、对非正态分布复杂风险缺乏有效测量和监管、风险度量模型有内在局限性，以及支持性数据可得性存在困难等固有问题①。次贷危机以来，巴塞尔委员会不断修订和完善《巴塞尔协议Ⅱ》。经过修订，该协议已显得更加完善，对银行业的监管要求也明显提高，如为增强银行非预期损失的抵御能力，要求银行增提缓冲资本，并严格监管资本抵扣项目，提高资本规模和质量；为防范出现类似贝尔斯登的流动性危机，设置了流动性覆盖率监管指标；为防范"大而不能倒"的系统性风险，从资产规模、相互关联性和可替代性评估大型复杂银行的资本需求。2010 年 9 月

---

① 不能将美国伞形监管模式的缺陷和不足所致使的次贷危机爆发统统归结于《巴塞尔新资本协议》。

12日,由27个国家银行业监管部门和中央银行高级代表组成的巴塞尔银行监管委员会就《巴塞尔协议Ⅲ》的内容达成一致,11月在韩国首尔举行的G20峰会上获得正式批准实施,全球银行业正式步入巴塞尔协议Ⅲ时代。

四、中国对银行资本充足性的管理

进入20世纪90年代,中国金融业开始对外开放,也着手按国际惯例建立自己的资本充足标准。从1993年起,首先在深圳经济特区进行试点,接着央行制定了一系列的法规对资本充足率进行了规定。1995年《商业银行法》原则上规定资本充足率不得低于8%。1996年又参考"资本充足性协议"的总体框架制定了《商业银行资产负债比例管理监控、监测指标和考核办法》,在规范商业银行资产负债比例管理时,对计算信用风险资本充足率的方法提出了具体的要求。1997年7月1日起执行《我国商业银行资产负债表内项目的风险权数》,用以计算风险资产总额。

虽然《商业银行法》原则性规定商业银行资本充足率不得低于8%,但我国现行监管法规一直未对资本不足的银行规定明确的监管措施,并且在资本充足率计算方法上也放宽了标准。为进一步落实《银行业监督管理法》,2004年3月1日开始全面实施《商业银行资本充足率管理办法》(以下简称《办法》)。该《办法》借鉴"资本充足性协议"和2004年6月出台的《巴塞尔协议Ⅱ》,制定了一套符合中国国情的资本监管制度。建立完整的资本监管制度、修改现行的资本充足率计算方法,有利于强化对商业银行的资本监管,健全商业银行资产扩张的约束机制,为货币政策的实施奠定坚实的微观基础。

2009年8月3日,中国银监会根据巴塞尔会议近期发布的《新资本协议框架完善意见》等文件,就商业银行实施新资本协议"一口气"发出七项监管指引,向社会公开征求意见。这七项监管指引内容涉及多个方面:银行资本充足率的计算、监督检查,资产证券化风险暴露监管资本计量,银行账户利率风险管理,市场风险资本计量内部模型法监管等。监管部门的目光投向商业银行经营的核心部分——资本充足率。

2013年1月1日开始实施《商业银行资本管理办法(试行)》(以下简称《资本办法》),商业银行应于2018年年底前全面达标。我国银行业稳步实施新的资本监管标准,不仅符合国际金融监管改革的大趋势,也有助于增强中国银行业抵御风险的能力,加快商业银行经营管理的战略转型。

《资本办法》整合了《巴塞尔协议Ⅱ》和《巴塞尔协议Ⅲ》在风险加权资产计算方面的核心要求,扩展了风险覆盖范围,提高了监管资本的风险敏感度,合理设计各类资产的风险权重体系,允许符合条件的银行采取内部评级法计量信用风险的资本要求,同时要求所有银行必须计提市场风险和操作风险的资本要求。《资本办法》还明确了商业银行内部资本充足评估程序、资本充足率监管检查等内容,规定银监会有权增加高风险资产组合和高风险银行的资本要求,并依据资本充足率水平对商业银行实施分类监管,采取一整套具有针对性和操作性的差异化监管措施。

总体看,《资本办法》在资本要求、资本定义、风险加权资产计量和全面风险治理等各方面都保持了与国际新资本监管标准的基本一致。它不仅涵盖《巴塞尔协议Ⅱ》提出的以"三大支柱"为基础的资本监管体系,还规定了与《巴塞尔协议Ⅲ》一致的资本定义及标准,明确了全面风险治理架构和审慎资本监管要求。

五、资本充足性的监管标准

1. 资本充足率

目前,中国国内商业银行资本充足率的要求主要依据2012年6月的《商业银行资本管理办法(试行)》,以及当年12月份补充的关于实施《商业银行资本管理办法(试行)》过渡期安排相关事项的通知。

《商业银行资本管理办法(试行)》基本反映了最新出台的《巴塞尔协议Ⅲ》的要求,资本充足率不得低于8%,核心一级资本充足率不得低于5%。但还得加上缓冲资本2.5%,非系统性重要银行资本充足率实际为10.5%要求,系统重要性银行(至少包括工行、农行、中行、建行、交行和招商银行)资本充足率还得再加1%额外资本要求,即实际要求为11.5%;缓冲资本和系统重要性资本充足率额外要求都必须为核心一级资本(即股东权益)。据此,中国商业银行资本充足率监管要求分为四个层次:第一层次为最低资本要求,即核心一级资本充足率、一级资本充足率和资本充足率分别为5%、6%和8%。第二层次为储备资本要求和逆周期资本要求,分别为2.5%和0—2.5%。第三层次为系统重要性银行附加资本要求,为1%。第四层次为根据单家银行风险状况提出的第二支柱资本要求。《资本办法》实施后,中国系统重要性的大型银行和中小银行的资本充足率监管要求分别为11.5%和10.5%,符合巴塞尔最低监管标准,并与国内现行监管要求保持一致。多层次的监管资本要求既符合《巴塞尔协议Ⅲ》确定的资本监管新要求,又增强了资本监管的审慎性和灵活性,确保资本充分覆盖国内银行面临的系统性风险和个体风险。

银监会综合考虑各家银行的实际资本压力和宏观经济环境,制订了6年过渡期计划。过渡期内分年度资本充足率要求,如表3-1所示。

表3-1 中国商业银行的资本充足率要求6年过渡期计划安排

银行类别	项目	2013年	2014年	2015年	2016年	2017年	2018年
系统重要性银行	核心一级资本充足率	6.50%	6.90%	7.30%	7.70%	8.10%	8.50%
	一级资本充足率	7.50%	7.90%	8.30%	8.70%	9.10%	9.50%
	资本充足率	9.50%	9.90%	10.30%	10.70%	11.10%	11.50%
其他银行	核心一级资本充足率	5.50%	5.90%	6.30%	6.70%	7.10%	7.50%
	一级资本充足率	6.50%	6.90%	7.30%	7.70%	8.10%	8.50%
	资本充足率	8.50%	8.90%	9.30%	9.70%	10.10%	10.50%

注:都是到每年年底。

资本充足率监管可以说是整个银行业监管体系中最为重要的指标,是银行持续经营的基本保障,即如果资本充足率低于监管要求,面临的是较为严重的监管措施,如果持续恶化,核心一级资本低于5.125%,则会触发其他一级资本工具(一旦触发,如优先股会被强制转为普通股),直至银监会启动认定其生存问题启动二级资本工具转股,或重组,以致强制资产出售等。

中国自 2013 年 1 月 1 日起开始施行《商业银行资本管理办法(试行)》,同时废止自 2004 年 3 月 1 日起施行的《商业银行资本充足率管理办法》。因此,自 2013 年第一季度起,商业银行资本充足率相关指标调整为按照《商业银行资本管理办法(试行)》计算的数据结果,如表 3-2 所示。

表 3-2　商业银行资本充足率情况(2010—2015 年)　　单位:亿元、百分比

项目/年份	2010 年	2011 年	2012 年
核心资本	42 985.1	53 366.6	64 340.1
附属资本	10 294.5	14 417.6	17 585.1
资本扣减项	3 196.4	3 735.4	4 057.1
表内加权风险资产	355 371.1	431 420.7	506 604.1
表外加权风险资产	53 233.7	68 819.0	76 108.0
市场风险资本	273.3	296.3	388.4
资本充足率	12.2	12.7	13.3
核心资本充足率	10.1	10.2	10.6
项目/年份	2013 年	2014 年	2015 年
核心一级资本净额	75 793.2	90 738.6	106 268.3
一级资本净额	75 793.2	92 480.8	110 109.4
资本净额	92 856.1	113 269.3	131 030.1
信用风险加权资产	696 582.6	763 911.1	884 711.6
市场风险加权资产	6 066.5	6 845.4	8 613.1
操作风险加权资产	59 124.0	68 193.5	77 226.1
核心一级资本充足率	9.9	10.6	10.9
一级资本充足率	9.9	10.8	11.3
资本充足率	12.2	13.2	13.5

2. 杠杆率

杠杆率是指商业银行持有的、符合有关规定的一级资本净额与商业银行调整后的表内外资产余额的比率。

杠杆率=(一级资本-一级资本扣减项)/调整后的表内外资产余额×100%

从监管指标而言,杠杆率实质上是一种监管指标精确性的倒退,巴塞尔委员会过去 26 年一直致力于设计风险敏感的监管指标,并鼓励银行自行开发内部模型以更加精确

地识别计量风险,从而降低资本要求。但是,2008年金融危机暴露这种过度追求所谓精确风险计量的缺陷,部分银行杠杆率大约只有2%(据此核算其资产是一级资本50倍以上),但核心资本充足率依然10%,然而危机时刻的压力情景同样可能导致这些低风险权重资产发生亏损。所以引入杠杆率概念进行兜底,即不论银行如何设法降低其资产的风险资本要求,也不能将资产负债表扩张得太厉害。中国国内对该指标的监管法规主要是银监会令2015年第1号文的《商业银行杠杆率管理办法》。该办法规定,商业银行并表和未并表的杠杆率均不得低于4%。

对于杠杆率低于最低监管要求的商业银行,中国银监会及其派出机构可以采取以下纠正措施:(1)要求商业银行限期补充一级资本;(2)要求商业银行控制表内外资产增长速度;(3)要求商业银行降低表内外资产规模。对于逾期未改正,或者其行为严重危及商业银行稳健运行、损害存款人和其他客户的合法权益的,中国银监会及其派出机构可以根据《中华人民共和国银行业监督管理法》的规定,区别情形,采取下列措施:(1)责令暂停部分业务、停止批准开办新业务;(2)限制分配红利和其他收入;(3)停止批准增设分支机构;(4)责令控股股东转让股权或者限制有关股东的权利;(5)责令调整董事、高级管理人员或者限制其权利;(6)法律规定的其他措施。除上述措施外,还可以依法对商业银行给予行政处罚。

第三节 巴塞尔协议

《巴塞尔协议》是国际清算银行(BIS)的巴塞尔银行业条例和监督委员会的常设委员会——"巴塞尔委员会"于1988年7月在瑞士的巴塞尔通过的《关于统一国际银行资本衡量和资本标准的国际协议》的简称。

银行业是一个高风险的行业。20世纪80年代由于债务危机的影响,信用风险给国际银行业带来了相当大的损失,银行普遍开始注重对信用风险的防范管理。巴塞尔委员会建立了一套国际通用的以加权方式衡量表内与表外风险的资本充足率标准,极大地影响了国际银行监管与风险管理工作的进程。

该协议规定,银行的核心资本充足率不能低于4%,总资本(核心资本+附属资本)充足率不能低于8%。这就是众所周知的最低资本充足率要求。该协议统一了国际银行业的资本充足率标准,有助于消除各国银行间的不平等竞争,成为各国银行监管的统一准则。《巴塞尔协议》被誉为国际银行业的"神圣公约"。截至20世纪末,全世界有超过130个国家采纳了这一"神圣公约"。

一、《巴塞尔协议》对资本的定义

(一)核心资本(core capital)

核心资本是判断资本充足率的基础,由三部分组成。

(1)永久的股东权益,包括已发行并完全缴足的普通股股本和永久性非累积优先股。

（2）公开储备，指以留存盈余或其他盈余（如股票发行溢价、未分配利润、组成普通准备金和法定准备金的证券增值而创造的新增储备）形式反映在资产负债表上的储备。

（3）对于综合列账的银行持股公司，还包括其不完全拥有的子公司中的少数股东权权益。

（二）附属资本（supplementary capital）

1. 非公开储备（undisclosed reserves）

非公开储备是指不在资产负债表上公开标明的储备，与公开储备具有相同质量。但因没有公开于资产负债表，所以不能作为核心资本。

2. 重估储备（revaluation reserves）

重估储备源于对某些资产价值重估以反映其真实市值，或使其相对于历史成本更接近于真实市值。产生渠道有两种：对记入资产负债表的银行自身房产价值的重估；以历史成本计价的长期持有的证券价值的重估。巴塞尔委员会认为，在包括附属资本之前，应对重估储备的账面价值和市价之间的差额打55%的折扣，以反映价值波动风险以及增值后缴税可能性。

（三）普通准备金/普通呆账准备金（general provisions/general loan loss reserves）

普通准备金/普通呆账准备金是防备损失设立的准备金。如果是为已确认的损失或为某项特别资产下降而设立的准备金，由于不能用于防备目前还不能确定的损失，故不能列入。

（四）带有债务性质的资本工具（hybird debt capital instruments）

带有债务性质的资本工具具有股本和债务双重性质，能在不必清偿的情况下承担损失，《巴塞尔协议》规定须符合以下要求。

（1）无担保、从属和缴足金额的。

（2）未经监管当局事先同意不能赎回。

（3）得用于分担损失。

（4）除非银行盈利不敷支出，不能推迟支付其股息。

《巴塞尔协议》认为，累积性优先股、美国的强制性可转换债务工具可列入。

（五）次级长期债务（subordinated & term debt）

次级长期债务包括普通的、无担保的、5年以上的次级债务资本工具和不许赎回的优先股。这类工具由于期限固定，通常不用于分担继续从事交易的银行的损失，因此比例要严加限制，规定不能超过核心资本的50%。

规定了两级资本后，《巴塞尔协议》还指出，下列内容应从资本中扣除。

（1）从核心资本中扣除商誉。

（2）扣除没有综合到银行集团的资产负债表中的、对从事金融活动的附属机构的投资，以避免同一资本来源在一个集团中重复计算。

二、表内的资产风险权数

商业银行表内资产的风险权数具体规定,如表3-3所示。

表3-3　银行资产的风险权数

第一类:权数为0的资产	
(1) 现金(本币和外币) (2) 以本国货币定值并以此通货对中央银行和中央政府融通资金的债权 (3) 对OECD国家的中央政府和中央银行的其他债权 (4) 用现金或用OECD国家中央政府债券做担保或用OECD国家中央政府提供担保的债权	
第二类:权数为20%的资产	
(1) 对多边发展银行的债权,以及由这类银行提供担保或以这类银行发行的债券做抵押的债权 (2) 对OECD国家内的注册银行的债权以及由OECD国家内注册银行提供担保的贷款 (3) 对OECD组织内的外国公共部门实体的贷款 (4) 对OECD以外国家注册的银行余期在一年期内的债权和由OECD以外国家的法人银行提供担保的所余期限在一年之内的贷款 (5) 对非本国的OECD国家的公共部门机构的债权,以及由这些机构提供担保的贷款 (6) 托收中的现金款项	
第三类:权数为50%的资产	
完全以居住用途的房产做抵押的贷款,这些房产为借款人所占有使用或由他们出租	
第四类:权数为100%的资产	
(1) 对私人机构的债权 (2) 对OECD以外的国家的法人银行余期在一年以上的债权 (3) 对OECD以外的国家的中央政府的债券(以本国货币定值) (4) 对公共部门所属的商业公司的贷款 (5) 行址、厂房、设备和其他固定资产 (6) 不动产和其他投资 (7) 对其他银行发行的资本工具(从资本中扣除的除外) (8) 所有其他的资产	
非固定权重	
1	对国内政府公共部门(不包括中央政府)的债权和由这样的机构提供担保的贷款	0、10%、20%、50%
2	对国内政府的债权 所有证券或即将到期的一年以下的证券 一年以上的证券	0或其他 10% 20%
3	十国集团拥有股东权益的多边发展银行的债权	20%或其他

三、表外项目的信用转换及风险加权

由于表外业务的发展,各国金融管理当局对商业银行经营表外业务,也要求配置一定比例的资本金。例如备用信用证的风险权数被定为0.5,也就是说,如果商业银行的每笔100美元的备用信用证业务,要有2美元的核心资本和2美元的附属资本相配合。

表外业务包含巨大风险,但其风险估测相当困难,因此采用信用转换系数将表外业务转化为表内业务额,然后再根据表内的同等性质的项目进行风险加权。

《巴塞尔协议》将表外项目分为五大类,前四类规定各自的信用转换系数,如表3-4所示。

表3-4 表外业务风险权重

	工　具	信用转换系数
1	(1) 直接信用代用工具。如一般负债保证和承兑 (2) 销售和回购协议以及有追索权的资产销售 (3) 远期资产购买、超远期存款和部分缴付款项的股票和代表承诺一定损失的证券	100%
2	(1) 某些与交易相关的或有项目 (2) 票据发行融通和循环包销便利 (3) 其他初始期限为一年期以上的承诺	50%
3	短期的有自行清偿能力的、与贸易有关的或有项目	20%
4	类似初始期限为一年以内的,或者是可以在任何时候无条件取消的承诺	0

第五类是与外汇和利率有关的或有项目。这类项目交易,如对方违约,银行损失的仅仅是重新安排和替换现金流动的替换成本,而不是合同所代表的面值的信用风险,所以采用与前不同的方法,《巴塞尔协议》提出两种评估利率合约和汇率合约风险的方法供选择。

1. 现时风险暴露法(current exposure method)

现时风险暴露法按两步骤计算风险。

(1) 按合约的市价算出所有带正值的利率和汇率合约的替换成本总额。因为只有合约是正值时(银行处于有利地位时),才有重置成本可言,如果银行处于不利地位,那么交易对方违约反而对银行有益,此时不存在重置成本。

(2) 根据合约的剩余到期日,以账面本金毛额乘以表3-5所列核算系数,便可得未来的信用风险额。

表3-5 现时风险暴露法换算系数

剩余到期日	利率合约换算系数(%)	汇率合约换算系数(%)
1年以下	无	1.0
1年及1年以上	0.5	5.0

表内风险资产对等额＝账面本金×换算系数＋现时重置成本

2. 初始风险暴露法(original exposure method)

初始风险暴露法比现时风险暴露法简单。它剔除了合约中的市价成分,仅根据特定合约的种类及其到期日(不是剩余到期日)确定换算系数,然后用账面本金乘以换算系数便可得表内风险资产对等额。该方法的换算系数,如表 3-6 所示。

表 3-6 初始风险暴露法换算系数

到 期 日	利率合约换算系数(%)	汇率合约换算系数(%)
1 年以下	0.5	2.0
1 年及不足 2 年	1.0	5.0
以后每加 1 年,递增	1.0	3.0

对于汇率合约来说,其到期日是初始到期日;而对于利率合约来说,《巴塞尔协议》规定各国有权选择到期日是初始到期日或剩余到期日。

四、计算公式

《巴塞尔协议》规定,商业银行资本标准比率的目标是指资本对加权风险资产的比率,也称资本充足率。协议规定,到 1992 年年底,签约国中较具规模的商业银行,全部资本与加权风险资产的比率,也即全部资本充足率应达到 8%,核心资本与加权风险资产的比率,也即核心资本充足率应达到 4%。计算公式如下。

$$资本充足率 = 总资本/风险资产$$
$$= (核心资本 + 附属资本) / \sum (资产 \times 风险权数)$$

其中,风险资产包括表内风险资产和表外风险资产。

表内风险资产 = 表内资产额 × 风险权数
表外风险资产 = 表外资产额 × 信用换算系数 × 表内相对性质资产的风险权数
风险资产总额 = 表内风险资产 + 表外风险资产

$$一级资本比率 = \frac{核心资本}{风险资产总额} \times 100\%$$

$$二级资本比率 = \frac{附属资本}{风险资产总额} \times 100\%$$

$$资本对风险资产比率 = \frac{核心资本 + 附属资本}{风险资本总额} \times 100\%$$
$$= 一级资本比率 + 二级资本比率$$

五、《巴塞尔协议 II》

《巴塞尔协议》对国际银行业的稳健经营、有效运行与公平竞争发挥着越来越重要的作用,其自身也将随国际银行业的发展而不断得到发展和完善。随着金融环境的变化、金融产品的创新和金融业务的拓展,自 20 世纪 90 年代中期以来,巴塞尔委员会根据形势变化推出相关标准,资本与风险紧密联系的原则已成为具有广泛影响力的国际监管原则之一。正是在这一原则指导下,巴塞尔委员会建立了更加具有风险敏感性的新资本协议。2004年6月26日,巴塞尔委员会公布了《巴塞尔新资本协议》(又称《巴塞尔协议Ⅱ》),并于2006年开始首先在十国集团中实施。

(一)《巴塞尔协议Ⅱ》的内容

新资本协议将风险扩大到信用风险、市场风险、操作风险和利率风险,并提出"三个支柱"(最低资本规定、监管当局的监督检查和市场纪律),要求资本监管更为准确地反映银行经营的风险状况,进一步提高金融体系的安全性和稳健性。

1. 第一支柱——最低资本规定

新协议在第一支柱中考虑了信用风险、市场风险和操作风险,并为计量风险提供几种备选方案。关于信用风险的计量,新协议提出了两种基本方法:第一种是标准法;第二种是内部评级法。内部评级法又分为初级法和高级法。对于风险管理水平较低一些的银行,新协议建议其采用标准法来计量风险、计算银行资本充足率。根据标准法的要求,银行将采用外部信用评级机构的评级结果来确定各项资产的信用风险权利。当银行的内部风险管理系统和信息披露达到一系列严格的标准后,银行可采用内部评级法。内部评级法允许银行使用自己测算的风险要素计算法定资本要求。其中,初级法仅允许银行测算与每个借款人相关的违约概率,其他数值由监管部门提供,高级法则允许银行测算其他必需的数值。类似的,在计量市场风险和操作风险方面,委员会也提供了不同层次的方案以备选择。

2. 第二支柱——监管部门的监督检查

巴塞尔委员会认为,监管当局的监督检查是最低资本规定和市场纪律的重要补充。具体包括:(1)监管当局监督检查的四大原则。原则一,银行应具备与其风险状况相适应的评估总量资本的一整套程序,以及维持资本水平的战略。原则二,监管当局应检查和评价银行内部资本充足率的评估情况及其战略,以及银行监测和确保满足监管资本比率的能力。若对最终结果不满足,监管当局应采取适当的监管措施。原则三,监管当局应希望银行的资本高于最低监管资本比率,并应有能力要求银行持有高于最低标准的资本。原则四,监管当局应争取及早干预从而避免银行的资本低于抵御风险所需的最低水平,如果资本得不到保护或恢复,则需迅速采取补救措施。(2)监管当局检查各项最低标准的遵守情况。银行要披露计算信用及操作风险最低资本的内部方法的特点。作为监管当局检查内容之一,监管当局必须确保上述条件自始至终得以满足。委员会认为,对最低标准和资格条件的检查是第二支柱下监管检查的有机组成部分。(3)监管当局监督检查的其他内容包括监督检查的透明度以及对换银行账簿利率风险的处理。

3. 第三支柱——市场纪律

巴塞尔委员会强调,市场纪律具有强化资本监管,帮助监管当局提高金融体系安全、稳健的潜在作用。新协议在适用范围、资本构成、风险暴露的评估和管理程序以及资本充足率四个领域制定了更为具体的定量及定性的信息披露内容。监管当局应评价银行的披露体系并采取适当的措施。新协议还将披露划分为核心披露与补充披露。委员会建议,复杂的国际活跃银行要全面公开披露核心及补充信息。关于披露频率,委员会认为最好每半年一次,对于过时失去意义的披露信息,如风险暴露,最好每季度一次。不经常披露信息的银行要公开解释其政策。委员会鼓励利用电子等手段提供的机会,多渠道地披露信息。

(二)新旧《巴塞尔协议》的比较

《新巴塞尔资本协议》保持了与《旧巴塞尔资本协议》的连续性、一贯性,同时又有新的发展。在内容上主要有四方面更新。

(1)监管框架更完善与科学。旧协议在信用风险的监管上是以单一最低资本金为标准的。新协议除继续坚持该要求外,还增加了监管部门的监督检查和市场约束来对银行风险进行监管,以提高资本监管效率。新资本协议形成了现代金融监管体系的"三大支柱",是资本监管领域的重大突破。

(2)风险权重的计量更准确。旧协议决定风险权重的标准是以是否为经济合作与发展组织的成员国,这种划分标准有"国别歧视"。新协议则使用外部评级机构的评级结果来确定主权政府、银行和企业的风险权重。除此之外,三大主体风险权重的确定还需与若干国际标准相结合。

(3)风险认识更全面。旧协议主要考虑信用风险;而新协议则认为银行面临着三大风险:信用风险、市场风险和其他风险(包括利率风险、操作风险、法律和声誉风险),它几乎囊括了银行所要面临的一切风险,并且对各种风险都有相应的资本标准要求。

(4)新协议的主要创新是内部评级法(IRB)。巴塞尔委员会认为一个资本金与风险紧密挂钩的体系所带来的利益将远远超出其成本,其结果是一个更安全、更坚固和效率更高的银行系统。数年之后,众多国际大银行将纷纷采用内部评级法,若某国不能跟上形势的发展,到过渡期结束之后,不能使用内部评级法的商业银行,将在国际金融市场上处于竞争劣势。

(三)推行《巴塞尔协议Ⅱ》存在的困难

新协议考虑到当今银行业复杂的经营运作状况,也提出一些较为复杂的管理方法,要推广这些规则,对诸多银行来说,还会存在一定的限制条件,主要集中在以下四个方面。

1. 对管理数据和IT的要求

新协议对信用风险和操作风险等风险的测量是以多种可获数据为基础的,对市场风险的适时控制和大型银行对市场风险的集中控制,都是以完备的信息管理系统为前提的。如果银行没有完备的IT系统,则难以落实新协议规则。目前只有一些国际大银行具备这方面的条件,而更多银行在此方面的基础非常薄弱,要实现这方面突破,至少需要3—4年时间。如果一些银行不能尽快进行IT革新,则很难全面执行新协议。

2. 对监管者提出更高的要求

新规则允许银行采用内部评级体系,同时要求监管者对银行风险管理过程进行评估,这要求监管者对各种方法的先进性以及合理与否有明确的判断。如果监管机构不能给先进的风险管理技术创造空间,就会阻碍银行管理水平的提高,将不利于本国银行竞争力的提高。反之,如果新的方法在不合理的情况下被使用,可能导致在一定范围内风险失控。

3. 银行的制度选择和市场条件会影响市场约束规则的作用效果

新协议提出的市场约束规则要求具备完善的市场条件,这首先需要银行建立真正商业化的运行机制和约束目标。通常情况下,市场约束机制要靠资本运作得以保障,但非理性化的市场投机和市场冲击也会使市场信号失真。同时,为了发挥存款者的监督功能,有关存款保险等制度也需要相应调整。

(四) 新资本协议的局限性

新资本协议的局限性体现在以下三个方面。

(1) 新协议围绕风险和资本要求确定监管规则,虽然也考虑到经济周期性因素的作用下规则的适当调整,但它仍主要立足于非系统风险因素的控制,实际上,银行的主权属性引起的风险以及种种原因引起的系统性风险是无法依靠资本标准来规避的。这在经济危机和金融危机中会明显体现出来。

(2) 对银行健全性的关注仍集中于风险一极,而实际上,银行的健全性取决于风险和收益(决定银行的拨备能力)两个方面:同样的信用风险和市场风险对赢利能力不同的两个机构形成的冲击是不一样的。因此,影响收入的因素(甚至于包括税收制度)都可能是银行资本要求的重要背景,资本充足性的确定其实与收入或损失的相对程度有关系。

(3) 总体风险的协力控制。由于衍生工具的发展,可能导致一些风险的转化。如在掉期业务中,银行的利率风险可能转化为信用风险,因此,如果对非信用风险以外的风险没有与之相应的约束措施,可能促成银行业务方向的调整和风险结构的变化,这是当今金融创新不断发展环境下监管政策的难题。同时,金融市场的发展和银行业的发展使银行面临的风险范围扩大、程度加深,目前的监管规则对总体市场风险的控制不力。在金融外包等新技术的发展环境下,银行的风险可能减少了,但其他机构的风险却在累积。对于单个银行而言,某种风险的转移或减少并不意味着总体市场风险的降低,反而使系统性风险形成和发展的条件发生了变化。金融市场总量风险状况仍然有待建立新的制度和管理规则。

六、《巴塞尔协议Ⅲ》

国际银行资本监管改革是本轮金融危机以来全球金融监管改革的重要组成部分。2010年9月12日召开的巴塞尔银行监管委员会央行行长和监管当局负责人会议就资本监管改革一些关键问题达成了共识。2010年12月16日,巴塞尔委员会网站公布了《巴塞尔协议第三版:更加稳健的银行和银行体系的全球监管框架》和《巴塞尔协议第三版:流动性风险计量、标准和监测的国际框架》等文件。从公布的文件来看,《巴塞尔协议第三版(Basel Ⅲ)》是在新资本协议基础上提出的一揽子改革方案。这些方案的目标是提高银行业抗击冲击的能力,提高风险管理和治理能力,加强银行的透明度,内容涵盖扩大资本覆盖风险的范围、增强监管资本工具的损失吸收能力、引入杠杆率监管指标、引入流动性监管标准、建立逆周期资本和准备金框架、重新确定最低监管资本要求等诸多方面。第三版资本协议已列入二十国集团领导人首尔峰会成果，必将成为后危机时代影响全球金融秩序的重要监管标准。

(一)《巴塞尔协议Ⅲ》的主要内容

本次改革前，没有人怀疑8%的资本充足率和4%的一级资本充足率要求是否充足，也很少有人质疑风险加权资产计算方法是否反映风险的大小和本质，在流动性充裕的大环境下资本工具在压力情景下吸收损失的能力也被忽略了。本次资本监管制度改革，主要反思三大要素的上述问题，并提出了进一步的改进方案。

1. 强调高质量的资本构成

首先，明确普通股的核心一级资本地位，严格其他计入一级资本的工具需满足的条件，包括清偿等级、损失吸收能力、收益分配限制、本金偿付限制、赎回和担保抵押限制、会计列示和披露要求等。

其次，明确只有一套二级资本的合格标准，取消子类，取消仅用于覆盖市场风险的三级资本。合格的二级资本工具必须能够吸收损失，因此其受偿顺序须列在存款人、一般债权人之后，不得由发行人及其关联方提供保证，原始期限不得低于5年，若附带回购期权必须在满足特定条件下且发行5年后方可由发行人主动行权，投资者无权要求提前偿付未来应得的收益和本金，发行合同不得包括收益与发行人信用状况相关的条款，银行及其关联方不得故意购买该资本工具等。

最后，严格扣除不合格的资本工具，如少数股东权益、商誉及其他无形资产、递延税资产、对金融机构普通股的非并表投资和银行自持股票等；贷款损失准备金缺口（拨备额与预期亏损之差）也要扣除。对于债务工具和其他投资性资产的未实现收益、固定收益养老基金资产和负债等计入资本的要求等有所改变。

2. 调整不合理的风险权重

一是提高了资产证券化交易风险暴露的风险权重，大幅提高相关业务资本要求。其一，对资产证券化暴露进一步细分"再资产证券化风险暴露"，并大幅度提高了"再证券化风险暴露"的风险权重。其二，对使用外部评级确定资产证券化监管资本要求规定了额外限制条件，包括排除银行自身提供增信安排导致的信用评级提高带来的资本优惠；银行必须进行尽职调查，持续及时地掌握基础资产池风险信息、资产证券化交易结构和风险特征；否则须从资本中扣除资产证券化风险暴露。其三，提高了资产证券化涉及的流动性便利的信用风险转换系数，并取消对市场整体出现动荡时的流动性便利的资本优惠。

二是多角度提高交易账户市场风险资本要求、增加压力状态下的风险价值。改革方案要求，对于交易账户使用内部模型法的银行，一般市场风险的资本要求除了计算VaR，还需要考虑压力VaR(stress value at risk，SVaR)，即基于10天持有期、99%单位置信区间，以及连续12个月的显著压力时期数据计算风险价值。同时，交易账户使用内部模型计量特定风险的银行，需要对信用敏感头寸计量新增风险资本占用。提高场外衍生品交易(OTC derivatives)和证券融资业务(SFTs)的交易对手信用风险(CCR)的资本要求等。

三是重视交易对手信用风险。交易对手信用风险是指在一项交易的现金流最终结算前该交易对手出现违约的风险。鉴于市场波动带来的风险和交易对手风险管理上的缺陷，巴塞尔委员会采取的措施包括：使用压力情景估计的参数计算有效预期正暴露（expected positive exposure，EPE）以覆盖广义错向风险，以此确定交易对手违约风险的资本要求；使用"交易对手暴露等价债券法（bond equivalent approach）"来捕捉信用估值调整（credit value adjustment，CVA）风险，以此提出附加资本要求；大型金融机构计算风险暴露相关性时使用1.25的资产价值相关性（AVC）乘数；提出延长风险保证金期限、压力测试和返回检验新要求等。加强交易对手信用风险的监管，以减少金融机构之间通过衍生品和其他金融渠道带来的风险传染。

3. 提高资本充足率要求

《巴塞尔协议Ⅲ》首次提高最低资本充足率要求，增加"核心一级资本充足率"监管指标。对于核心一级资本充足率、一级资本充足率的最低要求有所提高，引入资本留存缓冲资本，提升银行吸收经济衰退时期损失的能力，建立与信贷过快增长挂钩的反周期超额资本区间，对大型银行提出附加资本要求，降低"大而不能倒"带来的道德风险。

(1) 建立资本缓冲。为平滑信贷周期和经济周期带来的资本波动，新监管框架中首次提出在经济形势较好时建立资本缓冲，以供经济危机时吸收损失。资本缓冲分为两类：第一类是资本留存资本缓冲①，第二类是与信贷过度增长挂钩的逆周期资本缓冲②。① 资本留存缓冲。正常条件下，银行应持有高于最低标准的资本缓冲；当出现危机时，资本缓冲可用来吸收损失。在最低监管要求之上的资本留存超额资本将应达到2.5%，以满足扣除资本扣减项后的普通股要求。留存资本缓冲的目的是确保银行维持缓冲资金以弥补在金融和经济压力时期的损失。当银行在经济金融出于压力时期，资本充足率越接近监管最低要求，越要限制收益分配。这一框架将强化良好银行监管目标并且解决共同行动的问题，从而阻止银行即使是在面对资本恶化的情况下仍然自主发放奖金和分配高额红利的（非理性的）分配行为。② 逆周期资本缓冲。信贷急剧增长为银行的稳健经营带来隐患，并且容易形成系统性风险。为保护银行在经济下滑时免受大规模违约损失，各国监管当局可要求银行在信贷过度高速增长时计提逆周期资本缓冲。逆周期超额资本，比率范围在0—2.5%的普通股或者是全部用来弥补损失的资本，将根据经济环境建立。逆周期超额资本的建立是为了达到保护银行部门承受过度信贷增长的更广的宏观审慎目标。对任何国家来说，这种缓冲机制仅在信贷过度增长导致系统性风险累积的情况下才产生作用。逆周期的缓冲一旦生效，将被作为资本留存超额资本的扩展加以推行。

(2) 最低核心一级资本充足率要求，即弥补资产损失的最终资本要求，将由现行的2%严格调整到4.5%。这一调整将分阶段实施到2015年1月1日结束。同一时期，一级资本（包括普通股和其他建立在更严格标准之上的合格金融工具）也要求由4%调整到6%。（表3-7概述了新的资本要求）。虽然总的资本充足率保持8%不变，但由于银

---

① 本书将 the capital conservation buffer 译为资本留存缓冲。
② 本书将 A countercyclical buffer 译为逆周期缓冲资本。

行在正常年份还需要持有相应数量的留存资本缓冲,实际有效的普通股、一级资本和总资本要求分别达到了7%、8.5%和10.5%。这是国际资本监管制度建立以来最低资本充足率要求的首次提高。

表 3-7　资本划分框架：资本要求和超额资本　　　　　　　　　　单位：%

	普通股权益(扣减后)	一级资本	总资本
最低标准	4.5	6.0	8.0
资本留存缓冲	2.5		
最低标准加资本留存缓冲	7.0	8.5	10.5
逆周期缓冲范围*	0—2.5		

*普通股或其他完全损失弥补资本。

(3) 增加了杠杆率作为清偿力的辅助监管指标。为弥补资本充足率要求下无法反映表内外总资产的扩张情况的不足,减少对资产通过加权系数转换后计算资本要求所带来的漏洞,推出了杠杆率,并逐步将其纳入第一支柱。巴塞尔委员会希望采用简单、不经过风险权重调整的杠杆率指标,防止模型风险和计量错误提供额外保护,补充和强化基于新资本协议的风险资本监管框架。

4. 加强流动性管理

降低银行体系的流动性风险,引入流动性监管指标,包括流动性覆盖率和净稳定资产比率。

金融市场的发展和金融产品的创新拓宽了银行获得流动性的渠道,也带来了潜在的流动性危机,资产负债结构期限结构错配加重。巴塞尔委员会早在2008年就着手流动性风险管理的改革,2008年2月发布了《流动性风险管理和监管的挑战》；2008年9月在2000年版《银行机构流动性风险管理的稳健做法》基础上,发布了《流动性风险管理和监管的稳健原则》,归纳流动性风险管理的新挑战,提出了加强流动性风险管理和监管的新准则；2009年12月发布的《流动性风险计量标准和监测的国际框架》提出了两个流动性风险计量指标：流动性覆盖率(LCR)和净稳定资金比率(NSFR),分别于2011年、2012年开始观测,预计2015年和2018年正式引入。

流动性覆盖率(LCR)用于衡量商业银行在压力环境下,未来30日内用高流动性资产应对资金净流出量的能力,其定义为优质流动性资产储备与未来30日的净资金流出量的比值,要求不低于100%。

净稳定资金比率(NSFR)用于衡量商业银行在未来1年内,用稳定资金支持表内外资产业务发展的能力,其定义为可用的稳定资金与业务所需的稳定资金的比值,要求大于100%。NSFR通过建立激励机制让银行运用更加稳定、持久和结构化的融资渠道来提高其在较长时期内的应对流动性风险的能力。稳定资金是指在持续存在的压力情景下,在1年内能够保证稳定的权益类和负债类资金来源。

新流动性风险计量标准的目的是增加全球银行体系的优质流动性资产储备水平,鼓励银行通过结构调整减少融资的期限错配、增加长期稳定资金来源,防止银行在市场繁荣、流动性充裕时期过度依赖批发性融资，减少流动性危机发生的可能性和冲击力。新流动性风险计量标准引入了压力情景，弥补了现有监管指标仅侧重衡量银行在正常经营状态下流动性状况的不足。同时，通过由国际组织制定统一的监管指标，提升流动性风险计量标准在各国和地区执行的一致性，在全球范围内增强了流动性风险管理和监管的操作性和有效性。此外，巴塞尔委员会还提供了辅助性监测工具，包括合同期限错配、融资集中度、可用的无变现障碍资产等，以利于考察银行在现金流、资产负债结构等特定方面的信息，帮助银行全面分析流动性状况，以便及时采取相应措施。

同时，巴塞尔委员会提出了其他辅助监测工具，包括合同期限错配增加的资本要求。

（二）过渡时期安排

央行行长和监管当局负责人就执行新的资本标准作出过渡性的安排。这将有助于确保银行通过合理的收益留存和提高资本金以满足更好资本金管理要求的同时，仍能通过信贷投放支持经济的发展。过渡时期的安排在表3-8中概括。

1. 2013年达到的最低资本要求

自2013年1月1日起，银行应符合以下新的相对于风险加权资产（RWAs）的最低资本要求。

（1）普通股/风险加权资产达到3.5%。

（2）一级资本/风险加权资产达到4.5%。

（3）总资本/风险加权资产达到8.0%。

2. 普通股和一级资本过渡期要求

最低普通股和一级资本要求将在2013年1月—2015年1月逐步实施。到2013年1月1日，最低普通股要求将由2%提高到3.5%，一级资本将由4%提高到4.5%。到2014年1月1日，银行将必须达到普通股4%和一级资本5.5%的最低要求。到2015年1月1日，银行将必须达到普通股4.5%和一级资本6%的最低要求。总资本一直要求保持8%的水平，因此不需要分阶段实施。8%的总资本要求和一级资本要求之间的区别在于二级资本和更高形式的资本。

3. 扣减项比例过渡期安排

监管的调整（即扣减项和审慎过滤器），包括金融机构超过资本总额15%的投资、抵押服务权、所得税时间上有差异的递延资产，从2018年1月1日起，将完全从普通股中扣除。特别是，监管调整将从2014年1月1日的从普通股中减去扣减项的20%，到2015年1月1日的40%、2016年1月1日的60%、2017年1月1日的80%，最后到2018年的1月1日100%。在这段过渡时期，其余未从普通股中扣除的资本将继续视同为资本。

4. 资本留存超额资本过渡期安排

这个安排将在2016年1月到2018年1月间分阶段实施，并从2019年正式生效。在2016年，计提风险加权资产的0.625%，随后每年增加0.625个百分点，直到达到2019年的风险加权资产的2.5%。经历过信贷过度增长的国家应尽快考虑建立资本留存超额资本和反周期超额资本。国家有关部门应根据实际情况酌情缩短这一过渡期。

那些在过渡阶段已经满足最低比例要求,但是普通股(最低资本加上资本留存超额资本)仍低于7%的银行,应该审慎地实行收益留存政策以使资本留存超额资本达到合理的范围。

5. 资本中需要取消的项目过渡期安排

现有的政府部门的资本注入将到2018年1月1日后被取消。从2013年1月1日起,不再作为核心资本或者附属资本的非普通权益的资本工具将通过10年逐步取消。从2013年1月1日起,在确定这类资本工具的名义价金融工具的增值部分的计算将在其到期后逐步取消。不符合核心资本条件的资本工具将自2013年1月1日起从核心资本中扣除。然而,同时满足下面三个条件的金融工具不包括在上述扣除对象之中:一是由非关联股份公司发行;二是作为资本符合现行的会计标准;三是在现在银行法律下,被承认可以作为核心资本。仅有那些在本书出版之前的金融工具符合上述过渡时期的安排。

6. 监督检测期安排

央行行长和监管当局负责人集团于2010年7月26日发表了对资本充足率比例的阶段性安排。监督性监测期间开始于2011年1月1日,并行运行期从2013年1月1日一直持续到2017年1月1日。披露资本充足率和资本构成将于2015年1月1日开始。基于并行运行期的结果,任何最终调整都将在2017年上半年执行,并在采取适当的方法和计算的情况下,作为2018年1月1日正式执行时的最低资本要求。

7. 对流动性指标LCR和NSFR的时间安排

在2011年观察一段时间后,流动资金覆盖率(LCR)将于2015年1月1日被引入。修订后的净稳定资金比率(NSFR)将变动到2018年1月1日执行的最低标准。巴塞尔委员会将实施严格的报告程序,以监测在过渡时期的资本充足率比例,并会继续检验这些标准对金融市场、信贷扩张和经济增长以及解决意外事件的意义。

表3-8 阶段性实施安排(阴影部分表示过渡期)(所有数据都从1月1日起)

杠杆率	2011年	2012年	2013年	2014年	2015年	2016年	2017年	2018年	2019年以后
	监督性检测		平行运行期 2013年1月1日—2017年1月1日 2015年1月1日开始信息披露					迁徙至第一支柱	
最低普通股比率			3.5%	4.0%	4.5%	4.5%	4.5%	4.5%	4.5%
资本留存超额资本						0.63%	1.25%	1.88%	2.5%
最低普通股加上资本留存超额资本			3.5%	4.0%	4.5%	5.13%	5.75%	6.38%	7.0%
分阶段从核心一级资本扣除的项目*				20%	40%	60%	80%	100%	100%
最低一级资本			4.5%	5.5%	6.0%	6.0%	6.0%	6.0%	6.0%
最低资本总额			8.0%	8.0%	8.0%	8.0%	8.0%	8.0%	8.0%

(续表)

杠杆率	2011年	2012年	2013年	2014年	2015年	2016年	2017年	2018年	2019年以后
	监督性检测		平行运行期 2013年1月1日—2017年1月1日 2015年1月1日开始信息披露					迁徙至第一支柱	
最低资本总额加资本留存超额资本			8.0%	8.0%	8.0%	8.625%	9.25%	9.875%	10.5%
不符合核心一级资本或二级资本条件的资本工具			从2013年开始逐步取消						
流动资金覆盖率	观察期开始					实施最低标准			
净稳定资金比率		观察期开始						实施最低标准	

* 包括超过递延所得税资产、抵押服务权和财务额度的金额。

(三)《巴塞尔协议Ⅲ》的不确定性

《巴塞尔协议Ⅲ》不同于《巴塞尔新资本协议》,后者是市场推动的产物,银行在自身发展过程中需要这样一个机制来进行风险管理、促进稳健经营;而前者是金融危机催生的产物,是在政治、经济等诸多压力下出台的,文件的陆续发布只有一两年的时间。巴塞尔委员会也坦陈,《巴塞尔协议Ⅲ》不乏可继续完善之处:一是涉及银行账户和交易账户划分以及分别计算资本要求的方法是否仍然合理、交易活动如何定义、交易账户的监管资本要求如何计量等;二是资产证券化监管资本是否仍与外部评级挂钩;三是如何界定系统重要银行,如何通过合理的自救及危机处置安排约束这些银行的道德风险;四是或有资本工具(contingent capital)等资本结构安排;五是大额风险暴露的监管安排。此外,巴塞尔委员会设置的过渡期也引发了广泛争议。

第四节 商业银行资本筹集管理

银行根据自身的未来发展目标、经营战略和资源状况,编制未来的资本预算,在资本预算编制的基础上进一步组织资金的筹措。

一、影响商业银行资本需要量的因素

商业银行的资本既不能过高,也不能过低。银行资本过高会使财务杠杆比率下降,增加筹集资金的成本,影响银行的利润;资本过低会增加对存款、借入款等其他资金来源的需求,降低商业银行的边际收益。一家商业银行到底需要多少资本呢?商业银行

所需资本的数量无法完全由主观决定。在商业银行业务经营活动中,一系列因素影响着银行资本的需要量。

(一)银行自身经营状况

1. 商业银行的资产规模

银行资产规模越大,资产质量越差,负债中活期存款所占比重越大,所需要的资本量就越多。

2. 商业银行的资产增长率

20世纪70年代末,戴维·贝勒提出了银行资产增长的基本模型,其公式表示是:$SG_1 = \Delta TA/TA = \Delta EC/EC$。其中,$SG_1$为资产增长率;$TA$为总资产;$\Delta TA$为总资产增长量;$EC$为总资本;$\Delta EC$为总资本增长量。公式刻画了银行资产增长的约束条件,即总资本的增长率大于或等于总资产的增长率。换句话说,银行(风险)资产与资本增长额可以不同,但增长率要一致。

3. 商业银行的资产负债结构

从负债来看,不同负债的流动性不同,从而需要保持的资本储备也不同。例如,活期存款等流动性较高的负债,银行就必须保持较多的资本储备;而对于定期存款等流动性较低的负债,银行持有的资本储备可以相应减少。从资产来看,银行资本受资产质量的制约,银行资产质量是由资产结构及各种资产的期限、收益、风险等多种因素决定的。如果资产质量高,则遭受损失的可能性就小,银行只需保持少量的资本储备;反之,则资本需要量就要增大。

4. 商业银行的信誉

资本多少是决定一家商业银行信誉高低的重要因素,同样,信誉的高低也影响商业银行应该持有的资本数量。如果银行的信誉很高,公众对其比较信任,都愿意将自己的资金存入该银行,则该银行就会有较充裕的资金来源。当经济形势发生动荡、金融体系不稳定时,由于银行信誉高,存款人不会大量提取现金,该银行也就不必保持大量的资本来应付资金的外流。

(二)外部因素

1. 宏观经济状况

经济形势状况对银行的业务经营活动具有直接影响。如果经济周期处于繁荣阶段、经济形势良好,银行存款会稳步增长,挤提的可能性很少,债务人破产倒闭的可能性也相对较小。此时,银行资本的持有量可以少于其他时期。在经济萧条期则相反。此外,银行所处地区的经济形势也对资本需要量有很大影响。一些地区性银行或主要业务相对集中的银行在确定资本持有量时,除考虑整个国家的经济形势外,还要顾及所在地区的形势。所在地区经济发达、资金充裕,所需的资本相对较少。

2. 有关的法律规定与监管机构的要求

各国金融监管部门为了加强控制与管理,一般都以法律的形式对银行资本作出具体的规定,如新设银行的最低资本额、资本资产比例、自有资本与负债比率等。

3. 市场竞争地位

在市场竞争中占优的商业银行资金来源质量较高,能争取到较优的贷款和投资,所需的资本较少。对于处于市场竞争中劣势地位的银行而言,则需要更多的资本保障。

二、商业银行的筹资渠道

商业银行资本筹集根据筹资的范围、机制和资本属性的不同,可以有多种分类方法:从筹集资金的范围来讲,分为内部筹资与外部筹资;从筹集资金的机制来讲,分为直接筹资和间接筹资;从筹集到的资金的属性来讲,分为股权性筹资、债务性筹资和混合性筹资。

下面主要从银行筹资的资金的属性来谈谈银行筹资渠道的问题,之所以选用资本属性,是因为这样比较符合会计核算的规则,也能够比较清楚地反映筹资活动给银行带来的资本结构的变化。

(一)股权性筹资

股权性筹资形成银行的股权资本,也叫权益资本,主要包括发行股票、外来资本投入和留存利润这三种形式。

1. 留存利润

从筹资成本的角度来讲,银行进行筹资一般会优先考虑内部筹资,因为内部筹资有以下的三个优点。

(1)来源于企业的未分配利润,不必依靠公开市场状况,无须筹资费用,因而成本较低。

(2)操作便捷,融资的限制条件少。

(3)不会使股东的控制权削弱,避免了股东所有权的稀释和每股收益的稀释。

商业银行资本的内部筹集一般采取增加各种准备金和收益留存的方法。

(1)增加各种准备金。由于各国金融监管当局对商业银行准备金的提取往往有上限的规定,有的国家还规定准备金仅能打折后计入资本总额,同时提取过多的准备金会影响商业银行的利润总额。

(2)收益留存。商业银行的税后利润在支付优先股股息后,便在留存盈余和普通股之间进行分配。这样,留存盈余与股东股息之间就有一种相互制约、互相影响的关系。在税后利润一定的情况下,保留多少的盈余实际上是商业银行分红政策的选择问题。

银行在股利分配中常常采用以下两种政策。

(1)剩余股利政策。就是在有好的投资机会时,根据一定的目标资本结构,测算出投资所需的权益资本,先从盈余中留用,然后将剩余的盈余作为股利分配。这种股利政策可以形成较为理想的资本结构,可使综合成本最低。

(2)固定股利支付率政策。这是指银行制定一个股利占盈余的比例,长期按此比例支付股利。它随着银行经营状况的变化而变化,也有利于银行的经营管理者对股本的需要量进行预测。

事实上,银行的管理层在确定股利分配政策时,更应注重保持一个稳定的股利分配方案。

但通过银行的内部筹资容易受其他因素的影响，包括当局对于银行适度资本金规模的限制、银行税后净利润的规模，以及银行的股利分配政策，这些都会影响企业未分配利润的规模。随着银行业竞争的加剧，银行为了稳定股东的投资，普遍采取较高的股利分配，使得通过未分配利润筹集资金变得困难。

2. 发行股票进行筹资

发行股票进行筹资是银行筹集大规模的资金最常用的途径。银行通过普通股的发行筹集资金的好处如下。

(1) 普通股没有固定股利负担，当银行财务出现问题的时候，可以考虑暂不发放股利。

(2) 普通股股本没有固定的到期日，无须偿还。

(3) 利用普通股筹资的风险较小，不存在还本付息的风险。

(4) 发行普通股能够为银行筹集大规模的资金，这是其他的筹资方式不易做到的。

利用股票进行筹资的优点是显而易见的，但同时也存在着相当多的不利因素，一般来讲，股票的发行成本较高，主要是由于股票的风险较高，相应的投资者要求较高的收益率，而且股利分配不能在缴纳所得税之前扣除，所以通过发行股票的实际成本比较高，再者增发普通股资比较容易引起股票价格的波动。

3. 外来资本的投入

一般情况下，商业银行在初始资本的筹集过程中倾向于使用这种方式形成权益资产，另外一种情形就是当银行的经营陷入困境时，也可能会考虑使用这种筹资方式。如果是资本投入的话，一般是引进战略投资者的形式，这所需要的资金规模一般很大，足以引起银行内部产权结构和资本结构的重大变化，银行的控制权也有可能因此而发生变更。

(二) 债务性筹资

债务性筹资形成债务资本，在会计恒等式中表现为负债。债务资本是 20 世纪 70 年代起被西方发达国家的银行所广泛使用的一种外源资本。这种债务资本所有者的求偿权排在各类银行存款所有者之后，并且其原始期限较长。债务资本通常有资本票据和债券两类。此外，长期借款和融资租赁也可以构成商业银行的债务资本。

1. 发行资本债券筹资

债券筹资相对于股权性的筹资，优点主要集中在筹资速度和资本结构上面，具体来讲，根据税法规定，因债券筹资引起的费用支出允许在所得税前扣除，实际上节省了筹资成本，减轻了筹资主体的负担；利用债券筹资，可以发挥财务杠杆作用，只要筹资主体营业总额正向增长，就会发挥财务的杠杆作用，使得筹资主体实际盈利比不使用财务杠杆取得的盈利高得多。债券的形式较多，通常而言，银行债券性资本包括可转换后期偿付债券、浮动利率后期偿付债券、选择性利率后期偿付债券等。

与发行股票相比，通常发行资本债券的成本要比发行股票的成本低一些；另外，利用债券进行筹资可以用于调整银行的资本结构，便于银行根据经济形势主动合理地调整资本结构。

但是利用债券筹资也存在着它固有的一些缺点,突出地表现在以下三个方面。

(1) 债券筹资的财务风险较高,到期必须偿本付息,在市场不景气的情况下,会给银行带来较大的财务负担。

(2) 债券筹资的限制条件较多,会影响到银行对于筹集到的资金的使用。

(3) 债券筹资的数量有限,债券筹资的数量会受到国家相关法规的限制。

2. 发行资本票据

资本票据是一种以固定利率计息的小面额证券,该证券的期限为 7—15 年不等。资本票据可以在金融市场上出售,也可向银行的客户推销。与发行债券相似,发行资本票据的优点有以下三个方面。

(1) 由于债务的利息可以从银行税前收益中支出,且不必缴纳所得税,因此,尽管长期债务的利息看上去比发行股票的成本高,但考虑税收因素后,长期债务反而更便宜。

(2) 商业银行通过发行资本票据和债券吸收到资金,不必缴存准备金,这实际上增加了商业银行可以运用的资金量,也就降低了商业银行的融资成本。

(3) 与发行债券一样,发行资本票据也可以强化财务杠杆效应。

通过发行资本票据筹集资本也有它的缺点。

(1) 这种债务资本不是永久性资本,它有一定的期限,因此,在债务资本将要到期时,必然要影响商业银行对这一资本的利用效率。

(2) 债务资本不同于股东权益,它对增强公众信心的能力不如权益资本,抵御风险的能力自然也不如权益资本,因此,在银行资本的计量中,核心资本自然不包括资本票据和债券。

3. 长期借款

银行借款的途径从形成负债资本的角度来讲,分为两个部分:一是直接从中央银行借入资金;二是借款业务,这是银行与企业相比,比较特殊的一部分,借款业务中的长期借款既是银行的经营业务,同时又可以形成银行的长期资本。长期借款有以下三方面优点。

(1) 筹资速度快。发行股票和债券要做好发行前的各种工作,发行也要花费较长时间。

(2) 借款成本低,利用长期借款筹集资本,利息可在所得税前开支,可减少银行实际负担的成本。长期借款的筹资成本要低于发行股票和债券。

(3) 利用借款筹资和债券一样可以发挥财务杠杆的作用。

4. 融资租赁

银行在改善自身资本充足率的时候,会用到融资租赁和售后租赁业务,用以在短期改善银行的资本充足率。优点是能够迅速获得所需的资产,限制条件较少,租金在整个租用期内分期偿付,财务风险较小,但是融资租赁的租金总额一般要高于设备价值的 30%。

(三) 混合性筹资

混合性筹资是兼具股权性筹资和债务性筹资的双重性质的长期筹资方式。主要包括优先股、可转换债券和认股权证筹资。

1. 优先股

筹资主体所筹集的优先股按资本属性来讲应该归为股权性筹资,但是,它又具有债券的某些特征,因此可以将优先股视为混合性筹资。

优先股是指在收益和剩余财产分配上优先于普通股的股票。优先股股东一般可以按事先约定的条件取得固定利率的股息,但优先股股东没有投票决策权和选举权。优先股与普通股有很多的共同点,它们的区别主要是优先股一般实行固定的股息政策,优先分配筹资主体的剩余资产,再者优先股无权参与公司的决策。

优先股可分为永久不偿还优先股和有期限优先股;可积累股息优先股(上年未分配股息转到下一年一并分配)和不积累股息优先股;可转换为普通股的优先股和不可转换优先股。

商业银行以优先股形式筹集资本,有以下优点。

(1) 不会分散、削弱普通股股东的控制权。

(2) 由于只按固定的比率向优先股支付股息,商业银行不必向其支付红利,优先股的融资成本是事先确定的。

(3) 在一般情况下,商业银行运用资金获利的能力要高于优先股的股息率,因此,发行优先股会给商业银行带来更多的利润,银行财务杠杆的效力会得到增强。

商业银行以优先股形式筹集资本有以下缺点。

(1) 较一般负债成本较高。

(2) 没有税收的优惠。

2. 可转换债券

可转换债券是指由筹资主体发行并规定债券持有人在一定期限内按约定的条件可将其转换为该主体发行的普通股的债券,是调节银行资本结构的一个很好的工具,它属于负债性筹资,但又区别于债券,它事实上是在债券的基础上给投资者一种期权,同时银行也可以利用可转换债券筹集更多的资本,因为投资者多了一项选择权,其债券的利息一般低于普通债券,实际上节省了银行的筹资成本。目前在我国只有上市公司和重点国有企业有权发行可转换债券。可转换债券的市场价值有两部分组成:纯粹债务价值和转换价值。

3. 认股权证

认股权证是由股份有限公司发行的可认购其股票的一种买入期权,它赋予持有者在一定期限内以实现预定的价格购买发行公司一定股份的权利。这是一种特殊的筹资方式,持有者在认购以前对发行单位既不拥有债券,也不拥有股权,而只是拥有股票的认购权。其优点在于:(1) 为筹资单位筹集额外的现金,增强发行单位的资本实力的营运实力。(2) 与股票一起发行,可以促进股票发行的效率。

综上所述,无论是股权性筹资、债务性筹资还是混合性筹资,都有自身的优点和缺陷,银行在多元化的筹资渠道的选择面前,具体采用哪种筹资方式,一方面取决于银行的目标股权结构比例和银行自身的筹资需要,另一方面取决于各种筹资方式的成本。银行应该根据自身的盈利能力、资本需要、面临的风险作出适当的决策。

> **案例 3-1**
>
> **外源资本是商业银行增加资本金的最佳来源吗?**
>
> 外源资本是商业银行资本金的重要渠道,对于提高商业银行资本充足率起到了非常重要的作用。根据公开资料,上海浦东发展银行1998年年底的资本充足率仅为8.65%,上市募集的39.55亿元使其1999年年底的资本充足率大幅提高到18.3%。中国民生银行2000年A股上市,募集资金40.89亿元,资本充足率从10.48%提高到21.3%。
>
> 从2004年起,中国银监会规定对上市银行资本充足率实行按季考核,上市银行的资本充足率必须在所有时点上满足8%的最低要求,一经发现达不到监管要求,将暂停该行机构业务市场准入。
>
> 银行为满足资本充足率的要求,往往更多地采取在资本市场筹集外源资本这种简便易行的方案,但是其副作用不容忽视。如2003年1月,浦东发展银行增发3亿A股,募集资金25.35亿元;2月,民生银行发行40亿元可转债;8月,华夏银行首发新股融资56亿元;11月,浦东发展银行发行期限为5年的60亿元可转债;2004年,招商银行在巨额融资一年多后,又发行可转债65亿元和定向发行35亿元次级债。结果证交所银行股票价格大幅度下跌。银行之所以大量发行可转债,主要是迫于资产规模的扩张超过了资本金的增长导致资本充足率降低的困境。
>
> 在国内外银行激烈竞争的经营环境中,商业银行必须深入研究资产增长的限制条件,正确处理资产增长、收益增长、红利分配与资本金增长的关系,只有这样才能真正做到稳健经营、降低风险。

三、商业银行资本筹集方式的选择

面对众多的资本筹集方式,银行在抉择何种方式筹资时主要必须兼顾两方面的要求:一是满足监管要求;二是符合股东利益。为此,若略去监管要求,从银行股东利益出发,资本的筹集应考虑以下因素。

(1) 所有权控制。新增资本是否稀释了原有股东对银行的控制权。

(2) 红利政策。新增资本对银行的股利分发将产生何种影响,股东是否愿意接受这种影响。

(3) 交易成本。考虑增资所需交易成本占新增资本的比例是否合算。

(4) 市场状况。要审时度势,根据市场状况采取相应的筹资方式。

(5) 财务风险。新增资本后对银行财务杠杆率的影响,是提高还是降低了银行的财务风险水平。

案例 3-2

选择何种方式筹措外部资本

选择何种方式筹措外部资本要以对各种方案的细致的财务分析和各种方案对商业银行每股收益的影响为基础。假定某商业银行需要筹措2亿元的外部资本。该银行目前已经发行的普通股为8 000万股,总资产将近100亿元,权益资本6亿元。如果该银行能够产生10亿元的总收入,而经营费用超过8亿元。现在该银行可以通过三种方式来筹措所需要的资本:第一种,以每股10元的价格发行2 000万股新股;第二种,以8%的股息率和每股20元的价格发行优先股;第三种,以票面利率为10%来出售2亿元的次级债务资本票据。

如果银行的目标是使每股收益最大化,那么应选择何种方式来筹措所需的资本?

表 3-9 某商业银行资本筹集方式比较   单位:万元

项 目	出售普通股	出售优先股	出售资本票据
估计收入	100 000	100 000	100 000
估计经营费用	80 000	80 000	80 000
净收入	20 000	20 000	20 000
资本票据的利息支出			2 000
税前净利润	20 000	20 000	18 000
所得税(35%)	7 000	7 000	6 300
税后净收益	13 000	13 000	11 700
优先股股息	—	1 600	—
普通股股东净收益	13 000	11 400	11 700
普通股每股收益(元)	1.3	1.425	1.462 5

根据表3-9中分析可以看出:最好的筹资方式是发行资本票据,而且资本票据没有投票权,不会稀释现有股东的控制权。

本 章 小 结

1. 商业银行资本是银行从事经营活动必须注入的资金,可以用来吸收银行的经营亏损、缓冲意外损失、保护银行的正常经营,为银行的注册、组织营业以及存款进入前的经营提供启动资金等。

2. 根据不同的管理需要和本质特性,银行资本有账面资本、经济资本和监管资本三个概念。

3. 对商业银行的监管有"最低资本要求",监管资本可划分为一级资本和二级资本,其中,一级资本又可划分为核心一级资本和其他一级资本。

4. 资本充足性是衡量一家银行业务经营情况是否稳健的一个重要标志。有两方面的含义:一是银行资本能够抵御其涉险资产的风险;二是对于银行资本的要求应当适度。

5. 对商业银行资本充足性的衡量主要根据管理会计原则,广泛地使用比率形式,最新的《巴塞尔协议》重点推荐两个比率:资本充足率和杠杆率。

6. 商业银行资本筹集从筹集的资金属性来讲,分为股权性筹资、债务性筹资和混合性筹资。股权性筹资形成银行的股权资本,主要包括发行股票、外来资本投入、留存利润这三种形式。债务性资本通常有资本票据和债券两类。长期借款和融资租赁也可以构成商业银行的债务资本。混合性筹资是兼具股权性筹资和债务性筹资的双重性质的长期筹资方式。主要包括可转换债券和优先股认股权证筹资。

7. 面对众多的资本筹集方式,银行在抉择何种方式筹资时主要必须兼顾两方面的要求:一是满足监管要求;二是符合股东利益。

关 键 词

银行资本(bank capital);资本标准(capital standard);资本构成(capital structure);资本充足率(capital adequacy ratio);巴塞尔协议(Basel Agreement);杠杆率(leverage);资本管理(capital management);风险资产额;信用风险(credit risk);市场风险(market risk);操作风险(operational risk);资本筹集(capital formation);次级金融债券(subordinate financial bonds)

复习思考题

1. 银行资本的功能有哪些?
2. 《巴塞尔协议》对银行资本的构成是怎样规定的?
3. 如何衡量商业银行的资本充足性?
4. 银行资本的需要量与哪些因素相关?
5. 《巴塞尔协议Ⅲ》的主要内容是什么?
6. 商业银行资本筹集的主要渠道有哪些?
7. 根据表 3-10 信息核算某商业银行的资本充足情况。

表 3-10 某商业银行风险资产计算表　　　　　　　　单位:亿元

项　　目	权　重	1999 年	风险资产	2000 年	风险资产
资产总额		148.8	82.08	170.5	63.94
现金	0	0.7	0	0.6	0
存放中央银行	0	10.8	0	19.5	0

(续表)

项　　目	权　重	1999年	风险资产	2000年	风险资产
存放同业	0.1	7.9	0.79	9.6	0.96
拆放同业	0.1	2.5	0.25	3.1	0.31
购买国债	0	26.4	0	48.8	0
中央银行债券	0	6	0	12.9	0
固定资产	1	4	4	4.5	4.5
贷款		90.5	74.79	71.5	55.42
其中：国家项目贷款	0.1	3.9	0.39	4.9	0.49
企业贷款		77.6	69.9	59.3	51.28
一般担保贷款	1	65.8	65.8	47.1	47.1
贴现	0.1	4.5	0.45	4.8	0.48
抵押贷款	0.5	7.3	3.65	7.4	3.7
个人住宅按揭贷款	0.5	9	4.5	7.3	3.65
表外业务		5	2.25	6	2.75
其中：开出银行承兑	1	2	2×0.5	3	3×0.5
开出跟单信用证	0.5	1	0.5×0.5	1	0.5×0.5
一年以上授信额度	0.5	2	1	2	1
总资本		6.2	7.5%	11.95	18.7%
其中：实收资本		3.5		10.25	
盈余公积		1.1		1.5	
未分配利润		1.3			
贷款呆账准备		0.3		0.2	

第四章 商业银行负债业务管理

本章导入

"余额宝"对银行活期存款的冲击

"余额宝"是由第三方支付平台支付宝为个人用户打造的一项余额增值服务。2013年6月13日,阿里巴巴旗下的支付宝公司正式推出"余额宝"功能。支付宝用户只需要将支付宝账户内的资金转存至余额宝内,就能够像支付宝余额一样随时用于消费、转账、缴费等支出,并且其最大特色在于能够购买货币基金进行投资收益,以获资金增值。这是天弘基金专门为支付宝定制的一只兼具金融理财和消费双重功能的基金理财产品,即天弘增利宝货币基金(简称"余额宝"),用户投资的收益变化则视天弘基金经营业绩而定。其年化收益率从最初银行活期存款收益12倍多(一度高达8%),到2016年中期的近7倍。从支付宝的用户角度来看,"余额宝"是一个让支付宝用户获得余额增持的现金管理工具,是一项增值服务;从货币基金投资者的角度来看,"余额宝"是一个借助于第三方支付机构实现货币基金支付功能的平台。

"余额宝"成功"突围"了第三方支付网站购买基金,一方面改变了第三方支付公司在金融理财领域的战略格局,另一方面使得互联网金融理财的发展变得风起云涌。此后,百度的"百发""百赚",微信的"理财通",网易的"收益保",苏宁的"零钱宝",新浪的"微财富"等各类"宝宝"的推出,成了一轮银行"存款搬家"的一个主因,对传统商业银行的发展造成了巨大威胁,如在活期存款、理财产品和基金中间业务方面,抢夺了银行相当一部分客户资源。"余额宝"不仅有商业银行定期存款的收益,而且还有活期存款的支取便利性,是商业银行存款业务强有力的竞争者。尽管从各类"宝宝们"吸纳的资金绝对规模与整个银行系统活期存款的规模相比仅仅是一个很小的比例,对商业银行活期存款的影响好像是可以忽略不计,但从美国金融业的发展经验看,20世纪60年代,美国金融行业活期存款占比约为60%,货币基金的推出吸纳了大量活期存款,到了90年代,银行活期存款占比降低到了10%,从中可以看出货币基金对商业银行活期存款挤占影响十分显著。因此,面对"宝宝"们的冲击,传统商业银行应该深入思考该如何更好地结合互联网技术和移动通信技术创新自己的经营策略和服务模式。

作为现代社会经济体系中经营货币的企业和资金供需方的媒介,商业银行需要吸收大量资金来弥补其自身资本投入资产活动的需要和运作的不足。负债业务是形成商业银行的资金来源业务,是商业银行资产业务的前提和条件。负债业务与资产业务一起成为商业银行业务中最基础和最主要的业务品种,构成商业银行传统业务的两大支柱,成为商业银行的特征。负债业务能否正常运作决定着商业银行能否在资本市场立足。

第一节 商业银行存款负债

不管在哪一个国家,存款始终是商业银行的主要负债和经常性的资金来源,吸收公众存款也是商业银行有别于其他金融机构的典型特征。活期存款、定期存款和储蓄存款是各国商业银行的传统存款业务。在面临不同程度的利率管制和金融市场其他金融工具严峻挑战的情况下,现代商业银行在所有传统存款领域不断创新存款工具,推出可转让支付命令账户、货币市场存款账户、可转让大额定期存单等,以努力争取客户、扩大存款规模。

一、传统存款业务

1. 活期存款

活期存款是存款户随时提取、转让或支付的存款,它没有确切的期限规定,银行也无权要求客户取款时做事先的书面通知。持有活期存款账户的存款者可以用各种方式提取存款,如开出支票、本票、汇票,电话转账,使用自动柜员机或其他各种方式。由于各种经济交易包括信用卡商业零售等都是通过活期存款账户进行的,所以在国外又把活期存款称为交易账户。作为商业银行主要资金来源的活期存款有以下四个特点:一是具有很强的派生能力。在非现金结算的情况下,银行将吸收的原始存款中的超额准备金用于发放贷款,客户在取得贷款后,若不立即提现,而是转入活期存款账户,这样银行一方面增加了贷款;另一方面增加了活期存款,创造出派生存款。二是流动性大、存取频繁、手续复杂、风险较大。由于活期存款存取频繁,而且还要提供多种服务,因此活期存款成本也较高,因此活期存款较少或不支付利息。三是活期存款相对稳定部分可以用于发放贷款。尽管活期存款流动性大,但在银行的诸多储户中,总有一些余额可用于对外放款。四是活期存款是密切银行与客户关系的桥梁。商业银行通过与客户频繁的活期存款的存取业务建立比较密切的业务往来,从而争取更多的客户,扩大业务规模。

由于活期存款的流动性很高,客户在活期存款账户上存取频繁,银行为此要承担较大的流动风险,并要向储户提供诸多的配套服务,如存取服务、转账服务、提现服务和支票服务等,鉴于高风险和高营运成本,银行对活期存款账户原则上不支付利息。中央银行为使银行避免高的流动风险,对活期存款都规定了较高的准备金比率。银行在缴纳法定准备金外,还保存部分库存现金以应付活期账户储户的取现。

提供活期存款业务是商业银行的"专利"。银行经营活期存款可以免费得到活期存款的稳定余额,这部分稳定余额是银行重要的资金来源。由于活期存款多表现于支票存款,而支票又多用于转账而非提现,故银行可以进行信用扩张,周转使用活期存款,从而在银行体系下创造出派生存款。但是,传统活期存款的发展在今天越来越受到制约。由于一直被禁止支付利息或支付较低利息,传统活期存款在与包括定期存款等其他存款品种的市场竞争中处于不利地位,而利率的趋升更加剧了这种不利状况。创新出的新型活期存款,如 NOW 账户系列、自动转账、股金汇票账户、货币市场存款账户,因其生息优势,也对传统活期存款提出极大挑战,作为活期存款的近似替代物,它们抢走了很大一块活期存款市场份额。

2. 定期存款

定期存款是储户和银行预先约定存取期限的存款。存款期限通常为 3 个月、6 个月和 1 年不等,期限最长的可达 5 年或 10 年。在美国,定期存款期限最短为一周。利率根据期限的长短不同而存在差异,但都高于活期存款。商业银行对定期存款有到期支付的责任,期满时必须无条件地向储户支付本金和利息。

由于传统定期存款存期固定且较长,在存期未满时储户碍于罚息通常不提前支取,故银行经营所承担的流动性风险较低,而且手续简便,营运成本不高。作为报偿,银行对定期存款支付较高的利息。鉴于定期存款流动性风险较低的情况,各国中央银行对定期存款规定的准备金比率也相应降低。定期存款由于在银行存储时间长、支取频率小,具有投资的性质,因而是银行最稳定的外界资金来源,银行可利用定期存款来支持长期放款和投资业务,从而赚取利润。

定期存款具有以下特点:一是定期存款带有投资性。由于定期存款利率高,并且风险小,因而是一种风险最小的投资方式。对于银行来说,由于期限较长,按规定一般不能提前支取,因而是银行稳定的资金来源。二是定期存款所要求的存款准备金率低于活期存款。因为定期存款有期限的约束,有较高的稳定性,所以定期存款准备金率就可以要求低一些。三是手续简单、费用较低、风险性小。由于定期存款的存取是一次性办理,在存款期间不必有其他服务,因此除了利息以外没有其他的费用,因而费用低。同时,定期存款较高的稳定性使其风险性较小。

传统的定期存款使用存款单,而且一般不可转让,不能在金融市场上流通。不可转让存单的利率随存款金额的大小和期限长短而调整。金额越大、期限越长,利率也就越高。对于定期存款的提前支取,银行通常都收取较高的提前支款罚款。但是定期存款的存单可以作为抵押品取得银行贷款。

像传统活期存款一样,传统定期存款的发展也受到了限制。虽然美国在 1986 年已完全取消存款的限制,但是流动性极低的特性决定了传统定期存款不能有更大的发展空间。流通性较高的可转让大额定期存单和兼具活期存款特点、流动性有所提高的货币市场存款账户的出现很大程度上替代了传统定期存款。

3. 储蓄存款

储蓄存款主要是指个人为了积蓄货币和取得一定的利息收入而开立的存款。储户不需按照存款契约要求,只需按照银行所要求的任何时间,在实际提取 1 周以前,以书面申请形式通知银行申请提款的一种账户。由此定义可见,储蓄存款不是在特定的某一到期日或某一特定间隔期限终止后才能提取。商业银行对储蓄存款有接到取款通知后缓期支付的责任。储蓄存款主要面向个人家庭和非营利机构，营利公司、公共机构和其他团体开立储蓄存款账户受到限制。

由于储蓄存款的流动性介于活期存款和定期存款之间，银行承担的流动性风险亦大于定期存款的流动性风险和小于活期存款的流动性风险，故银行对储蓄存款支付的利率低于定期存款。储蓄存款具有两个特点：一是储蓄存款多数是个人为了积蓄购买力而进行的存款。二是金融监管当局对经营储蓄业务的商业银行有严格的规定。因为储蓄存款多数属于个人，分散于社会上的各家各户，为了保障储户的利益，各国对经营储蓄存款业务的商业银行有严格的管理规定，并要求银行对储蓄存款负有无限清偿责任。

居民储蓄存款通常使用银行储蓄存折或电脑储蓄账户。储蓄存折上载明账户的规定事项，包括使用规则和修改账户的条件。电脑储蓄账户下，银行不发给储户存折，而代之以储蓄存款支票簿。存款金额记录于该簿的存根上，取款时银行签发一张不可转让的储蓄提款单。每月的电脑报表显示储蓄账户的收支。在自动出纳机系统发展起来后，银行办理电脑账户的收支会趋于自动化。

由于创新存款产品的不断涌现和发展，储蓄存款占银行负债的比重有所下降。

4. 通知存款

通知存款介于活期存款和定期存款之间，是在存款时不约定存期，与银行约定存款支取时提前通知期限的一种存款品种。其利率高于活期存款，本金一次存入，多存不限，可一次或多次支取。

目前人民币通知存款有一天通知存款和七天通知存款两种，最低起存金额为人民币50万元，最低支取金额各行不同。

5. 协定存款

协定存款是指客户通过与银行签订《协定存款合同》，约定期限、商定结算账户需要保留的基本存款额度，由银行对基本存款额度内的存款按结息日或支取日活期存款利率计息，超过基本存款额度的部分按结息日或支取日人行公布的高于活期存款利率、低于六个月定期存款利率的协定存款利率给付利息的一种存款。

二、存款工具创新

（一）新型活期存款

主要的新型活期存款品种有 NOW 账户、货币市场存款账户、协定账户和特种或使用时方须付费的支票存款账户等。

1. NOW 账户和超级 NOW 账户

NOW 账户，是 negotiable order of withdrawal account 的简称，中文译作可转让支付命令账户，是一种计息的新型支票账户（活期存款账户）。

NOW 账户由美国马萨诸塞州的互助储蓄银行在 1972 年首创，经国会允许后，迅即波及马萨诸塞州和新罕布什尔州的所有互助储蓄银行和商业银行。1980 年，《放宽对存款机构管理和货币管理法》颁布后，全美的商业银行均可设立NOW账户。

NOW账户只对居民和非营利机构开放，在该账户下，储户转账或支付不使用支票而代之以支付命令书。该支付命令书与支票在实质上无异，能用来直接取现或对第三方支付，经过背书后还可转让。银行对NOW账户按其平均余额支付利息。普通NOW账户只能得到5.25%或5%这一较低的利率。但即使是以这一种较低的利率支付，也表明美国的商业银行已巧妙地逃避了1933年银行法"Q条例"对活期存款禁止支付利息的规定。

NOW账户的开立为储户带来了极大的便利。在此之前，储户为既获得利息又获得流动性，不得不分开储蓄账户和活期的支票账户。NOW账户的开放产生了兼具储蓄存款和活期存款优点的新式存款工具，在客户中具有颇大的吸引力。鉴于NOW账户有储蓄存款性质，美国金融当局近似于按储蓄存款来管理这种账户。

在商业银行的争取下，1983年年初美国当局又批准商业银行开办另一种新型账户——超级NOW账户。超级NOW账户是NOW账户的延伸，较NOW账户的先进之处在于它不存在利率上限，银行根据货币市场利率变动每周调整超级NOW账户上存款的利率。但是超级NOW账户对存款最低额有所限制，规定开户的最低存款金额必须达到2 500美元，而且账户的日常平均余额不得低于存数，否则按类似普通NOW账户的利率水平计息。

银行为招徕客户开立超级NOW账户，多向储户提供一些补贴或者奖励，故超级NOW账户的成本高于NOW账户和货币市场存款账户，因而银行向超级NOW账户支付的利率稍低于货币市场存款账户。但由于存款金额较大，超级NOW账户的利率还是高于NOW账户。

2. 货币市场存款账户

货币市场存款账户，英文名称为money market deposit account，简称MMDA。它是活期存款和定期存款的混合产品。

货币市场存款账户的出现是商业银行抗衡非银行金融机构推出的货币市场基金的结果。货币市场基金允许客户以买卖股票的方式将短期的闲置资金交由基金会代为投资增值。由于其买卖方便，又钻了金融当局对商业银行不得向活期存款付息和订立利率上限这些管制的空子，因此，在20世纪70年代末利率趋高的宏观金融背景下，1977年的100亿美元的货币市场基金数迅速扩张，从商业银行处夺去了不少存款，迫于商业银行和储蓄机构的压力，美国金融当局于1982年颁布了《甘·圣杰尔曼明法》，批准商业银行开办货币市场存款账户。

货币市场存款账户不仅对居民和非营利机构开放，而且也对营利机构开放，企业获准进入极大地拓展了该账户的储户基础。该账户下，储户享有联邦存款保险和一定限度的交易账户方便。储户每月最多可以办理6次收付转账，其中3次可以使用支票付款，这使该账户有部分的活期存款性质。该账户没有最短存期的限制，储户取款只需提前一周通知即可。

货币市场存款账户所适用的利率比较灵活。对于日常平均余额在2 500美元以上（包括2 500美元）的账户，银行可自选决定，不存在利率上限的限制，而且银行可以每周调整。这使得银行可以根据公开市场短期利率和银行的竞争者,如货币市场基金提供的收益水平以自身经营的需要灵活调整利率。存款余额不足 2 500 美元的货币市场存款账户则适用 NOW 账户的利率上限。银行在利率支付上,还可选择划一利率或分级利率。划一利率下,银行对账户支付的利率不依存款账户金额大小而变动;分级利率下,利率随存款账户金额大小而变动。绝大多数商业银行采用划一利率制度。

货币市场存款账户由于能有条件地使用支票,且银行向其提供的利率能迅速反映利率变动并否决利率上限,故颇具竞争力,帮助商业银行夺回了被货币市场基金所掠走的存款。

3. 协定账户

协定账户(agreement account)是一种可以在活期存款账户、可转让支付命令账户和货币市场存款账户三者之间自动转账的新型活期存款账户。

协定账户是银行为储户开立上述三种账户,并与客户达成一种协议,储户授权银行可将款项存在活期存款账户、可转让支付命令账户或货币市场互助基金账户中的任何一个账户上。对活期存款账户或可转让支付命令账户,一般都规定一个最低余额,超过最低余额的款由银行自动转入同一储户的货币市场互助基金上,以便取得较高的利息。如果低于最低余额,也可由银行自动将同一储户在货币市场互助基金账户上的一部分款项转入活期存款账户或可转让支付命令账户中,以补足最低余额,满足支付需要。

(二) 新型定期存款

新型定期存款主要品种有:可转让大额定期存单、货币市场存单、小储蓄者存单和定活两便存款账户等。

各类新型定期存款的发展使定期存款占商业银行资金来源的比重有所提高。

1. 可转让定期存单

可转让定期存单,英文名称为 negotiable certificates of deposits,简称 CDs,是一种流通性较高且具有借款色彩的新型定期存款形式。

可转让定期存单是商业银行逃避最高利率管制("Q 条例")和存款准备金规定("D 条例")的手段,亦是银行对相对市场份额下降所作出的竞争性反应。可转让定期存单由美国花旗银行在 1961 年首创,随着这种存单二级市场的开辟和发展,存单本身也迅速扩张。1961 年全美商业银行通过这类存单所吸收的存款尚不足 30 亿美元,到 1983 年已高达 1 350 亿美元。

可转让定期存单与传统的定期存款相比,有四个鲜明的特点:第一,前者具有较好的流通性,由于可以自由转让流通,存在较活跃的二级市场支持,可转让大额定期存单的流通性仅逊于国库券。一些美国大商业银行发行的这类存单流通性几乎可与国库券媲美。第二,由于目标客户是大公司、养老基金会和政府,这类存单面额通常较大,最高可至 1 000 万美元,一般以 10 万—100 万美元面额居多。第三,这类存单的存款期限不如传统定期存款,通常定在 3 个月、6 个月、9 个月和 1 年这四个期限,以使存单具有较高的流通性。第四,这类存单都不记名,以便转让流通。

可转让定期存单,其平均收益高于相同期限的国库券,在高利率时期,两者的收益差距还会扩大,这主要是投资者购买可转让大额定期存单承担了发行银行的信用风险所致。由于银行之间也存在信用风险差别，不同层次的银行发行的同类存单的利率亦有差异。

2. 货币市场存单

货币市场存单，英文为 money market deposit certificate 简称 MMCD，它由美国储蓄机构于 1987 年首创。其时，鉴于市场利率上升态势，为避免银行等存款机构因存款资金锐减陷入危机，美国金融当局允许发行这种存单。货币市场存单期限为半年，最低面额为 1 万美元，是一种不可转让定期存单。银行可向这种存单支付相当于半年期国库券的平均贴现率水平的最高利率，但该最高利率不得比"Q 条例"规定的银行利率上限高出 0.25%。存单若不转为其他种类的储蓄存款，只按单利计算。货币市场存单的目标储户为家庭和小型企业，它的出现为家庭和小型企业获取较高的利息收益打开了方便之门。

3. 定活两便存款账户

定活两便存款账户，是一种预先规定基本期限但又含活期存款某些性质的定期存款账户。定活两便体现在该存单可在定期存款和活期存款自由转换的特点上，储户没有义务按期提款，但在基本期限之前提取的依活期存款计息，超过基本期限提款的则按基本存款和定期存款利率计息。定活两便存款账户不能完全代替活期支票账户，因为它只可做提款凭证，而不像支票那样具有转账和流通功能。

(三) 新型储蓄存款

新型储蓄存款的主要品种有：电话转账服务和自动转账服务账户、股金汇票账户以及个人退休金账户等。

1. 电话转账服务和自动转账服务账户

电话转账服务和自动转账服务是把活期存款与储蓄组合成一体的新型储蓄账户，它为那些希望得到存款利息但必要时又可使用支票转账结算的储户创造了便利。电话转账服务由美联储体系成员银行在 1975 年首创。银行给储户同时建立付息的储蓄账户和不付息的活期存款账户，可按储户电话指示将储户存款在两账户间划拨。在该制度下，储户平时将资金置于储蓄账户生息，当需要支票付款时，才电话批示银行将相应金额转拨至活期存款账户。1978 年发展出的自动转账服务省去了电话指示这道程序，提高了效率。储户在银行照样开两个户头，但活期存款账户余额恒为 1 美元，储蓄账户余额则随时可变。储户事先授权银行，当银行收到储户支票时，可立即从储蓄账户上按支票所载金额转至活期存款账户以兑付支票。

2. 股金汇票账户

股金汇票账户是一种支付利息的支票账户，由美国信贷协会在 1974 年首创，该种储蓄账户兼具支票账户功能。它允许储户像签发支票那样开出汇票取现或转账。在取现和转账实现前，储户资金可取得相当于储蓄存款的利息收入。

3. 个人退休金账户

个人退休金账户由美国商业银行于 1974 年首创。它为未参加"职工退休计划"的工薪阶层提供了便利。工薪阶层只需每年存入 2 000 美元，其存款利率可免受"Q 条例"下利率上限的限制，且能暂免税金，直至储户退休后取款支用时再按支取额计算所得税。由于储户退休后收入锐减,故支款时能按较低税率纳税。该种账户下的存款因为存期长,其利率略高于一般的储蓄存款。

案例 4-1

银行存款产品的设计与创新——个人外汇结构性存款

随着各行代客外汇理财业务的迅速发展,其业务量迅速提高。各种外汇理财产品也不断涌现,个人外汇结构存款就是其一。

个人结构存款是指向个人发售的在普通外汇存款的基础上嵌入某种金融衍生工具(主要是各类期权),通过与利率、汇率、指数等的波动挂钩或与某实体的信用情况挂钩,使存款人在承受一定风险的基础上获得更高收益的外汇存款。

结构性存款主要类型有:(1)与汇率挂钩的结构存款。区间型、婚礼蛋糕型、单一触动汇率型、按月累积型、洋葱型等。(2)与利率挂钩的结构存款。区间型、步步高型、逐日累积型、封顶浮息型、反转浮息型、固定期限掉期利率陡峭型、蓄水池型、滚雪球型等。(3)其他类型的结构存款。与基金挂钩,与信用衍生产品挂钩,与黄金、石油等商品期货挂钩,与股票指数挂钩,与各种政府债挂钩等。

外汇结构性存款于2012年12月在中国银行率先试点,"两得宝"是与汇率挂钩结构性存款,中国建设银行的"汇得赢"是与利率挂钩结构性存款,以及中国工商银行推出的"节节高"等,个人外汇存款客户争夺大战的序幕拉开了!

为什么个人结构存款会"火"起来?对客户而言,一直面临着多种风险:汇率风险、利率风险、增值需求、缺乏理财工具等。对银行而言,可以有效缓解外汇存款流失,扩大吸收存款量,同时具备丰厚的利润空间,也是对私外汇领域一个重要的创新投资产品,在产品发售中提升银行个人外汇的核心竞争力和品牌形象,为培养理财人才、加深理念、促进外汇理财业务发展有着深远意义。

第二节　商业银行非存款负债

非存款负债指的是商业银行主动通过金融市场或直接向中央银行融通资金。虽然存款负债始终是商业银行的主要负债,它在银行全部经营中是起支配作用的基础部分,但存款是银行的被动负债,存款市场属于银行经营的买方市场。借入负债则是银行的主动负债,它属于银行经营的卖方市场。银行是否借入资金主要取决于银行经营的需要和银行经营者的主观决策。因而对银行经营者来说,借入负债比存款负债具有更大的主动性、灵活性和稳定性。尤其是20世纪60年代以后,随着负债管理理论的发展,许多商业银行把管理的重点转移到负债方面,通过借入资金既能增加盈利性资产,又能满足流动性的需要,因此,借入负债在负债总额中所占比重呈不断上升趋势,逐渐成为各国商业银行的重要资金来源。借入负债在期限上有短期借款和中长期借款之分,在国际上,短期借款主要指期限在 1 年以内的借入负债,期限在 1—5 年的为中期借款,5 年以上的则为长期借款。

一、短期借入负债

1. 向中央银行借款

世界各国的中央银行,都是向商业银行提供货币的最后贷款者。其借款的形式有两种:一种是直接借款,也称再贷款;另一种是间接借款,即所谓的再贴现。在市场经济发达的国家,由于商业票据和贴现业务的广泛流行,再贴现就成为商业银行向中央银行借款的主要渠道。在商业票据信用不普及的国家,则主要采取再贷款的形式。

商业银行向中央银行借款不能随心所欲,而是有严格限制的。这是因为各国中央银行通常把对商业银行的放款作为宏观金融调控的主要手段,这种放款的数额将直接构成具有成倍派生能力的基础货币,其利率则随经济、金融形势的变化而经常调节,且一般要高于同业拆借利率。中央银行在决策是否向商业银行放款、何时放款、放多少款时遵循的最高原则是货币稳定和金融稳定。在一般情况下,商业银行向中央银行的借款只能用于调剂头寸、补充储备的不足和资产的应急调整,而不能用于贷款和证券投资。

中国商业银行向中央银行的借款,虽然也有再贷款和再贴现两种形式。但再贴现的比重微乎其微,基本采取的是再贷款形式。这一方面是由于我国的商业票据信用尚未真正发展,更重要的是我国国有商业银行在资金上对中央银行有着很大依赖性的缘故。目前我国中央银行的再贷款有年度性贷款、季节性贷款和日拆性贷款三种。年度性贷款是现阶段中央银行再贷款的主要形式,主要用于解决商业银行因经济合理增长而引起的年度性资金不足,期限为 1 年,最长不超过 2 年。季节性贷款主要解决商业银行因信贷资金先支后收或存贷款季节下降等原因引起的暂时资金不足,期限为 2 个月,最长不超过 4 个月。日拆性贷款的期限为 10 天,最长不超过 20 天,是商业银行筹措头寸的手段,主要用于汇划款项未达、票据清算等临时性资金的短缺。

我国中央银行对再贷款的管理实行"合理供给、确定期限、有借有还、周转使用"的原则。以再贷款为主要形式,有利于国家和中央银行强化宏观金融的计划控制,但是,再贷款并不像再贴现那样完全建筑在经济实际运行的基础之上。再贷款规模的决策也难以避免主观随意性。因此,随着我国票据和贴现市场的发展,商业银行的贴现业务将逐渐扩大,逐步以再贴现取代再贷款,将是历史发展的必然趋势。

2. 同业拆借

同业拆借指的是金融机构之间的短期资金融通,主要用于支持日常性资金周转,是商业银行为解决短期资金余缺、调剂法定准备头寸而相互融通资金的重要方式。同业拆借产生于存款准备金政策的实施。由于商业银行的负债结构及余额每日都发生变化,有时法定储备多余,形成超额储备,为减少不必要的储备利息损失,商业银行就力求将超额储备拆放出去;相反,如果有时法定储备不足,就需要通过拆进资金而及时补足。这样,就形成了同业拆借的客观条件。在实际中,同业拆借是与银行间资金清算紧密结合的。当商业银行之间每天进行资金结算轧差时,有些银行会出现头寸不足,而另一些银行会出现头寸盈余。为了实现资金平衡,支持资金的正常周转,头寸不足的银行就需要从头寸盈余的银行拆入资金;而头寸盈余的银行也愿意将暂时多余的资金拆借出去,以获得利息收入。由于同业拆借一般是通过商业银行在中央银行的存款账户进行的,实质上是超额准备金的调剂,因此又称之为中央银行基金,在美国则称之为联邦基金。随着金融业发展的客观需要,当今发达国家的同业拆借市场无论在内容上和规模上都发生了很大的变化。如同业拆借已不仅仅局限于调剂法定准备金头寸,而日益成为商业银行资产负债管理的重要工具。一方面,一些大银行把拆入资金作为一种长期的周转准备,通过循环拆借的办法,使其贷款能力超过原来的存款基础,由此减少对短期、低利率、高流动性资产的持有。另一方面,许多中小银行对大银行拆出资金,风险较小,期限也短,有利于及时调整资产负债结构,因此,同业拆借便成为它们一项比较持久的资金运用项目。

中国的同业拆借市场自 20 世纪 80 年代中期以来发展迅速,目前已初步形成一个纵横交错、遍布全国的同业拆借网络。其中,包括由人民银行组织的与票据清算中心相结合的头寸市场,主要用于当日票据清算轧抵后的资金差额和补足次日营业必备的最低超额准备,期限一般为 1—3 天;由各省和直辖市人民银行主持的中介机构——融资中心,凡本省市的银行和金融机构都可参与本地融资中心的拆借,但跨省市的拆借只能是各融资中心相互间的拆借,其拆借资金来自各金融机构在人民银行的超额准备金和其他临时可用的闲置资金,期限不得超过 4 个月;还包括各大商业银行系统内联行往来渠道的资金拆借市场等。

3. 其他短期借款渠道

其他常见的短期借款渠道主要有以下四种。

(1) 转贴现。银行对商业票据承兑贴现后,即可将票据持有至到期日,也可向中央银行申请再贴现,还可以在二级市场上出售,如出售给其他商业银行、金融机构、票据交易商等,由这些机构贴进以融通到所需要的资金。所谓转贴现,就是中央银行以外的投资人在二级市场上贴进票据的行为。在票据到期前,这些投资人还可进一步转手买卖,继续转贴现。

转贴现的期限一律从贴现之日起至票据到期日止,按实际天数计算。转贴现利率可由双方协定,也可以贴现率为基础或参照再贴现率来确定。在我国,票据款项的回收一律向申请转贴现的银行收取,而不是向承兑人收取。

银行承兑汇票可以多次被转贴现,这样既便利了银行随时回收资金,增强银行应付突发事件的能力,又有利于银行充分使用资金,在继续贴进汇票的同时又把它不断转贴现出去,从而有利于社会资金运转效率的提高。但是,转贴现的手续和涉及的关系都比较复杂,在发达国家受金融法规的约束也比较大,过多使用转贴现会令人产生经营不稳的印象,使银行承担一定的信誉风险。因此,转贴现的数额必须以商业银行自身的资金承受能力为限,有控制地、合理地运用这一短期融资渠道。

(2) 回购协议。回购协议也称再回购协议,指的是商业银行在出售证券等金融资产时签订协议,约定在一定期限后按原定价格或约定价格购回所卖证券,以获得即时可用资金；协议期满时，再以即时可用资金做相反交易。回购协议相对于即时资金供给者又称为"返回购协议"。

回购协议中的金融资产主要是证券，在美国主要指的是政府证券或联邦代理机构的证券。但这并不是绝对的，在发达国家，只要资金供应者接受，任何资产都可搞回购交易，所不同的是使用其他资产一般有严格的限制条件。我国的回购协议则严格限制于国债。

由于回购协议的交易双方都存在一些风险，因此交易通常在相互高度信任的机构间进行，并且期限一般很短，如我国规定回购协议的期限最长不得超过3个月。为防止其他风险，协议中可写明提供资金的数量同提供的证券市场价值之间保留一个差额——保证金。如证券价值大于所提供的资金数量，则保护资金供应者；反之则保护证券的提供者。因此，保证金只能保证交易的一方，不能同时保护双方。

回购协议最常见的交易方式有两种：一种是证券的卖出与购回采用相同的价格，协议到期时以约定的收益率在本金外再支付费用；另一种是购回证券时的价格高于卖出时的价格，其差额就是即时资金提供者的合理收益率。

由于商业银行通过回购协议而融通到的资金可以不提缴存款准备金，从而有利于借款实际成本的减少；同时，与其他借款相比，回购协议又是一种最容易确定和控制期限的短期借款；回购协议作为一种金融工具，又有利于商业银行更好地渗透到货币市场的各个领域。《中华人民共和国商业银行法》（以下简称《商业银行法》）规定，我国的商业银行既可代理发行、兑付和承销政府债券，也可自营买卖政府债券。因此，随着我国国债市场的进一步发展，我国商业银行的回购协议业务将有着广阔的前景。

（3）大额可转让定期存单。大面额可转让存单是银行负债证券化的具体表现，也是商业银行通过发行大额存单筹集资金的主要形式。

大额存单是指由银行业存款类金融机构面向个人、非金融企业、机关团体等发行的一种大额存款凭证。与一般存单不同的是，大额存单在到期之前可以转让，期限不低于7天，投资门槛高，金额为整数。在西方国家，大面额存单由大银行直接出售，利率由发行银行确定，既有固定利率也有浮动利率，期限在1年以内，在二级市场上存单期限一般不超过6个月，也有的国家发行长达3—5年的利率固定的大面额存单，但认购者可自动转换期限，如换成6个月期限的存单，以便在二级市场上转让。大面额存单可流通转让、自由买卖，但不能购回；存单到期还本付息，但过期不计利息。

在中国，交通银行上海分行于1986年10月首先发行了记名式可挂失的大面额存单，以后其他各银行也相继获准发行一定数额的大面额存单。中国人民银行于2015年6月2日发布《大额存单管理暂行办法》，于2015年6月15日正式推出大额存单，以人民币计价。作为一般性存款，大额存单比同期限定期存款有更高的利率，大多在基准利率基础上上浮40%，少部分银行上浮45%，而定期存款一般最高上浮在30%左右。大额存单采用标准期限的产品形式。个人投资人认购大额存单起点金额不低于30万元，以1万元递增，购买当日起计息；机构投资人认购大额存单起点金额不低于1 000万元，以100万元递增。大额存单期限包括1个月、3个月、6个月、9个月、1年、18个月、2年、3年和5年共9个品种。首批大额存单于2015年6月15日起发行，首批发行机构包括工商银行、农业银行、中国银行、建设银行、交通银行、浦发银行、中信银行、招商银行、兴业银行9家银行,均为市场利率定价自律机制核心成员。目前已经扩大到多家银行。

(4) 欧洲货币市场借款。第二次世界大战后,由于各国对美元、英镑、马克、日元等稳定通货的大量需要,促使了许多国际金融中心的产生,各种主要通货在那里交易,这些中心构成了欧洲货币市场。所谓欧洲货币,实际上是境外货币,指的是以外币表示的存款账户。由于各国的国际贸易大量以美元计价结算,欧洲美元也就成为欧洲货币市场的主要货币。所谓欧洲美元,就是以美元表示的,存在美国境外银行的美元存款。当今世界的欧洲货币市场已从欧洲扩展到亚洲、非洲和拉丁美洲,形成一个全球统一的大市场。

欧洲货币市场的资金来自发达国家的商业银行、跨国银行的分支机构、国际银团、跨国公司、各国政府机构和中央银行、石油输出国、国际清算银行等,因而资金规模极其庞大。既有期限为1天—1年的短期货币市场,即短期资金存放市场,也有期限1—5年的中期资金存放市场和期限在5年以上的政府公债和公司债券交易市场等。从事国际业务的商业银行的短期借款,主要来自短期货币市场。

欧洲货币市场之所以对各国商业银行有很大的吸引力,主要在于它是一个完全自由开放的富有竞争力的市场:① 欧洲货币市场不受任何国家政府管制和纳税限制;② 其存款利率相对较高,放款利率相对较低,存放款利率差额较小;③ 欧洲货币市场资金调度灵活、手续简便;④ 欧洲货币市场的借款利率由交易双方依据伦敦同业拆借利率具体商定。

二、长期借款

商业银行的长期借款一般采用金融债券的形式。当今世界的金融债券是20世纪70年代以来西方银行业务综合化、多样化发展和金融业务证券化的产物,它体现了商业银行资产负债管理的许多新的特点。

金融债券有资本性债券、一般性金融债券、国际债券和其他非存款负债工具的区别。

1. 资本性债券

资本性债券是为弥补银行资本不足而发行的,介于存款负债和股票资本之间的一种债券,《巴塞尔协议》称之为附属资本或次级长期债务。它对银行收益的资产分配要求权优先于普通股和优先股、次于银行存款和其他负债。这种资本性的长期债券与优先股有着某种相似之处,所不同的是它一般要付出比优先股更高的利息,还有到期归还的限制。商业银行过多持有这种债券对银行信誉是不利的,故《巴塞尔协议》对附属债务资本有着严格的数量限制。

在资本性债券中,近年来颇受欢迎和广泛流行的是可转换债券,这是附有专门规定,允许持有人可在一定时间内以一定价格向发行银行换取该银行股票的债券。债券持有人如不想转为股票,则可继续持有,直至期满。这种债券给投资者以较大的选择余地。

2004年6月中国银监会公布实施的《商业银行次级债券发行管理办法》规定,商业银行次级债券是指商业银行发行的、本金和利息的清偿顺序列于商业银行其他负债之后、先于商业银行股权资本的债券。近年来商业银行粗放式扩张对资本消耗严重,加之不良贷款大幅增加,资产减值侵蚀利润,使商业银行面临较大的资本补充压力,而可以计入商业银行的二级资本的次级债券作为外源资本重要补充手段受到商业银行的青睐。

2. 一般性金融债券

一般性金融债券指的是商业银行为筹集用于长期贷款、投资等业务资金需要而发行的债券。这类债券的形式、种类很多。

(1) 担保债券和信用债券。担保债券包括由第三方担保的债券和以发行者本身的财产作为抵押的抵押担保债券。信用债券也称无担保债券,是完全以发行者本身信用为保证发行的债券。

(2) 固定利率债券和浮动利率债券。固定利率债券指的是在债券期限内利率固定不变、持券人到期收回本金、定期取得固定利息的一种债券。浮动利率债券则是在期限内,根据事先约定的时间间隔,按某种选定的市场利率进行利率调整的债券。

(3) 普通金融债券、累进利息金融债券和贴现金融债券。普通金融债券是定期存单式的到期时还本付息的债券。这种债券有些类似定期存单,但它具有金融债券的全部本质特征。累进利息金融债券是浮动期限式的、利率和期限挂钩的金融债券。其期限通常在1—5年,利息采用累进制的方法计算。贴现金融债券也称贴水债券,是指银行在一定的时间和期限内按一定的贴现率以低于债券面额的价格折价发行的债券。这种债券是券面上不附有息票,到期按面额还本付息,不再计利息,其利息就是债券发行价格与票面价格的差额。我国商业银行发行的大多是普通金融债券,从1988年开始,也发行累进利息金融债券和贴现金融债券。

(4) 一次性还本付息金融债券和附息金融债券。一次性还本付息金融债券是期限在5年以内、利率固定、发行银行到期一次支付本息的中期普通金融债券。所谓附息金融债券,指在债券期限内,每隔一定时期(半年或1年)支付一次利息的金融债券。

3. 国际金融债券

国际金融债券指的是在国际金融市场发行的面额以外币表示的金融债券。

(1) 外国金融债券。指债券发行银行通过外国金融市场所在国的银行或金融机构组织发行以该国货币为面值的金融债券。

(2) 欧洲金融债券。指债券发行银行通过其他银行或金融机构,在债券面值货币以外的国家发行并推销的债券。

(3) 平行金融债券。指发行银行为筹措一笔资金,在几个国家同时发行债券,债券分别以各投资国的货币标价,各债券的借款条件和利率基本相同。实际上这是一家银行同时在不同国家发行的几笔外国金融债券。

在以上几种债券中,欧洲债券通常以国际通用货币标价(如美元),所筹资金的使用范围广泛,因而是一种主要的国际金融债券。

4. 其他非存款负债工具

(1) 欧洲商业票据。是指商业银行在欧洲货币市场上发行的商业票据。主要有浮动利率欧洲商业票据和不指定偿还日期的欧洲商业票据。

浮动利率欧洲商业票据，期限为5—20年，基准利率以伦敦同业拆放利率LIBOR为准，一般每6个月调整一次，这种票据较好地防范了投资者的利率风险。

不指定偿还日期的欧洲商业票据，这种票据没有固定的到期日，利率采用浮动利率。在满足各种限定条件的前提下，这种票据所筹得的资金可以视为银行的资本。这种票据通常给予投资者某些利益，如附送认股权证等。

(2) 分期付款债券或延期付款债券。投资者购买这种债券时，第一次只需支付债券面额的一小部分，其余在6个月内一次或分几次付清。若发现无利可图或风险加大也可停止购买，但已付款项不退回。

(3) 可转换债券。即可以转换成普通股的债券。在债券发行时即达成协议，载明转换成股票的条件和转换价格。转换价一般高于债权发行时股票的市场价格，因此只有当股价上升高于转换价时才可能被转换。

(4) 浮动利率债券二代。第二代的浮动利率债券增加了对投资者和发行者的保护，规定了利率下限和上限，从而避免了利率严重下降时投资者的损失和利率大幅上升时发行者的损失。

(5) 附认股权证的债券。这种债券在发行时附送认股权证书。凭证投资者可以按一定价格购买一定数量的债券发行者的股票。投资者也可以保留基础债券而单独把认股权证出售。认股权证的价格相当于购买债券时的议定认股价格与股市价格的差额，当股票市场价格低于议定价格时，认股权证就一文不值了。

(6) 附增购债券证书的债券。这种债券发行时附送增购债券的选择权证书。这种证书分两类：一类是可以认购不同债券的证书；另一类是准许证书持有者认购与原来所购债券具有同样结构、期限、利率再次发行的又一批债券。

(7) 信用卡贷款支持债券。以信用卡用户的贷款或应收账款为担保的一类资产担保债券。信用卡贷款资产支持证券市场是信用卡发行商主要的融资渠道。

(8) 汽车应收账款债券。以汽车贷款债权为担保发行的一种债券。

知 识 专 栏 4-1

国家开发银行在国际债券市场成功发行双币种外币债券

2015年9月29日，为配合国家"一带一路"战略，经中国人民银行批准和国家发展和改革委员会备案同意，国家开发银行在境外市场成功同时发行10亿美元债券、5亿欧元债券。这是中资发行人在境外债券市场树立的又一重要里程碑，体现了投资者对中国经济稳步发展的信心，以及对国开行长期稳健的经营业绩的肯定。2005年国开行首次发行境外外币债券，此次境外外币债券的成功发行是国开行阔别国际债券市场十年后再次回归，也是发改委把外债管理体制改为备案制后的首次发行，为中资机构后续境外发行外币债券树立了基准。

  本次外币债券的发行吸引了全球投资者的踊跃认购,投资者类型广泛,尤其得到主权类投资机构的认可,其中包括主权财富基金、央行、银行及基金和资产管理公司等,带来了高品质的基石订单。此次国开行采用簿记建档方式发行2个币种债券,其中5年期固息美元债10亿美元,利率为2.5%;3年期固息欧元债5亿美元,利率为0.875%。此次交易联席主承销商为中国银行、交通银行香港分行、渣打银行、香港上海汇丰银行有限公司、法国巴黎银行和摩根大通。

  国开行首次同时发行双币种债券,不但有利于重塑国开行境外外币债券收益率曲线,更有利于满足不同币种投资者的投资需求,并向国际市场提供高品质、准主权类投资产品。

三、结算中的负债

  商业银行在办理转账结算业务时,常常会面临一些临时负债。结算中负债是银行在办理结算业务中形成的短期资金占用。如信用证结算时商业银行向客户收取的支付备偿金、一些暂收、应付款等,都在结算中负债的范畴之中。

  银行的结算原则是先收款后付款,如果收款人和付款人在同一银行开户,结算可通过转账立即完成。如果不在同一银行开户,或者收款人和付款人不在同一城市,就需要通过银行之间的联行划转资金,这需要一定的时间。随着银行电子联行的推行,结算时间大大缩短,但终究还是需要一定的时间,在这段时间之内,银行可以无偿占用这部分资金。

四、非存款资金来源的选择

  在利用非存款资金时,必须回答两个关键问题:(1)以这种方式借入多少款项才能满足资金需求?(2)哪一种非存款资金来源是最优的?前一问题涉及资金缺口的计算。

(一)衡量商业银行对非存款资金的总需求

  用资金缺口(available funds gap,简称AFG)衡量银行对非存款资金的总需求。AFG是目前和将来预期的信贷与存款流量之间的差异

   AFG=目前和预期银行预计发放的贷款和投资-目前和预期的存款流入

  预测并不是随意猜测,而是基于银行从他们与客户特别是大客户的日常联系中搜集到的信息得出的。

(二)选择非存款资金来源的因素

  商业银行选择何种非存款资金来源渠道主要取决于以下因素。

1. 相对成本

相对成本，即不同借款的现行利率对比。按照利率水平的低高排列，依次是联邦资金隔夜贷款、存单和欧洲货币存款、商业票据、联储借款。

按利率的稳定性高低排列，联邦资金利率最不稳定（一天要变几次），其次是联储借款，再次是存单和商业票据。

按获取的难易程度排列，如要立即借入，应选联邦资金和央行贴现，持续几天以上的资金需求应选存单和商业票据。

成本不仅包括利息，还包括非利息成本（谈判成本、法定准备金、存款保险费用）。总体看，非存款资金来源的成本高于活期存款，但低于储蓄和定期存款，但成本的稳定性差。

2. 风险因素

风险因素主要考虑以下两点。

(1) 利率风险。借款的期限越短，利率波动越大。

(2) 信用风险。经验证明存单、欧洲美元和商业票据市场对信用风险特别敏感。

3. 需要资金的期限

当天急需的资金在同业拆借市场借款，期限为几天的借款，存单和商业票据是更可行的选择。

4. 借款银行的规模

欧洲美元借款是100万美元的整数倍，且只向高信用等级的银行提供，这一金额常超过小银行的借款需求，所以向中央银行再贴现或同业转贴现或同业拆借市场更适合于小银行。

5. 监管当局的规定

如20世纪60年代末和70年代初，美联储为对付通胀，一度对联邦资金借款、回购协议和商业票据借款规定准备金要求，从而增加了银行通过联邦资金借款、回购协议和商业票据借款的融资成本。

总之，存款负债是银行负债业务的重点，在银行负债中占了很大的比重。虽然存款负债始终是商业银行的主要负债，在银行经营中是起支配作用的基础部分，但存款是银行的被动负债，虽然低成本，但是存款期限及金额都由客户自己控制，银行无法随意地调节此项资金的进出。

借入负债是银行的主动负债，银行是否借入资金主要取决于银行经营的需要和银行经营者的主观决策。因而对银行经营者来说，借入负债比存款负债具有更大的主动性、灵活性和稳定性，随着金融市场的发展而借入负债的比重呈现不断上升的趋势。其他负债是指应付款项等其他的负债类型，大部分是由中间业务形成，反映了银行中间业务和表外业务的发展成熟度，并且这部分资金可用期限短，大多属于低成本甚至无成本。总的说来，负债业务的成功取决于负债规模和质量结构的优化，两者的有效结合是合理安排资产业务，增加效益的关键。

第三节　商业银行负债管理

商业银行负债管理是对资产负债表中负债项目的管理。在相当长的时间里,银行业强调对资金运用的管理,即资产管理。但是,宏观经济环境的变化和竞争的加剧,促使银行业重视对资金来源的管理以及不断开拓新的资金渠道。负债管理广义上包括银行从存款和其他债权人处吸收资金和管理资金结构而作出的各项安排;狭义上仅指银行借入资金以保证资金头寸。虽然银行可以通过不同的方式获取所需资金,但是不同筹资方式的成本与风险有极大的差异,从而直接影响到银行的经营风险与盈利水平。银行负债管理的基本目标是在一定的风险水平下,以最低的成本获取所需的资金。

负债管理的目的有三个:一是在控制成本的基础上增加负债规模;二是调整负债结构,增强流动性;三是负债的风险管理。围绕这三个目的,本节将分析影响存款的各种因素,提出存款市场开拓的策略和措施,考察负债的成本和风险问题。

一、存款市场开拓

银行要开拓存款市场,首先要了解影响银行存款水平的各个因素,然后针对那些可控因素作出相应的提高或改善。

影响存款水平的因素有两大类:一类是宏观因素,另一类是微观因素。

(一) 宏观因素

宏观因素主要包括宏观经济发展水平、金融当局的货币政策及其目标和金融法制、法规的建设与修订。宏观经济发展水平对银行存款的影响是正相关的。经济越发达,货币信用关系也就越成熟;经济越处于周期性的波峰阶段,全社会资金就越充裕,这时,存款水平也跟着趋升。金融当局推行紧缩性的货币政策,如提高法定储备金比率、提高再贴现率来减少货币供应量时,银行存款水平自然回落;反之,扩张性的货币政策提高存款水平。金融法制、法规建设对存款的影响主要体现在银行监管方面。监管越严,银行存款水平越难提高;反之,监管松弛,银行存款水平提高较容易,因为此时银行开发新的存款产品、灵活调整利率等受金融当局的约束较少。美国法律下银行监管较为严格,单一银行制度、利率管制等很大程度上约束了银行存款水平的增长。

宏观因素对我国银行存款水平的影响主要表现在三个方面:(1)持续的经济增长使存款水平屡创新高;(2)通货膨胀压力下推行的紧缩性的货币政策约束着存款水平的快速增长;(3)金融法规所蕴藏的银行监管力度有加强趋势。

宏观因素基本上属不可控因素,单个银行一般不具备影响宏观因素的能力。宏观因素对银行同业存款水平的影响大致相等,故不会改变银行同业竞争存款的均衡和存款市场份额在各银行间的分配。但是,宏观因素,特别是金融法规,可能会改变商业银行与其他存款机构、非银行金融机构间的竞争格局,导致商业银行系统内存款的外流。这时,商业银行作为一个整体,形成利益集团对金融当局施加压力或进行院外游说,从而影响原本不可控的宏观因素就成为一种必要和可能。商业银行个体也有可能通过发展创新存款产品来避开银行监管,从而部分地将宏观因素从不可控变为可控。以上两点从美国商业银行开发诸多创新存款产品和美国银行监管力度的缓和可以得到佐证。

影响存款水平的微观因素主要是银行内部因素,如存款价格(即存款利率)、银行金融服务的项目和质量、服务的收费、银行网点设置和营业实施、银行的资信、银行的形象和雇员形象等。这些微观因素基本上属可控因素或带有可控性质的因素,如银行的资信。

(二) 微观因素

微观因素能较强地改变银行同业竞争格局和存款市场份额的分配情况。微观因素也能一定程度上改变银行与其他机构的竞争格局,吸引资金流入银行系统。下面对影响存款水平的各个微观因素以及银行为提高存款水平可采取的一些针对性措施进行分述。

1. 存款利率和服务收费

在市场经济中,单个银行和整个银行系统的存款水平是其利率的函数。存款利率越高,居民、企业和其他社会公众的闲置资金就会从其他投资工具流向银行存款;某个银行存款利率越高,就能提高它在存款市场中的份额。但是,商业银行通常不主动采用利率战这一形式来争夺存款。这是因为:(1)利率战直接提高银行负债的成本,增加银行利息支出的负担。(2)靠提高存款利率来扩大银行存款水平,过了某一点后,单个银行的存款水平可能不是它绝对利率的函数,而更多的是其相对利率,即其与银行同业间的利差的函数。社会可供应的存款资金总额在一定时期是相对不变的,相对利率只改变存款资金总额在各竞争银行间的分配而不改变存款总额。(3)为维持银行同业友好和银行业与经济的稳定,银行不常采取直接利率战形式,而且金融当局也不会容忍直接利率战产生的各种不利影响。

鉴于存款水平是利率的函数,而直接利率战又有多种不利,西方商业银行多采用三种隐蔽方式间接地利用利率因素。其一是在服务收费上做文章。在 NOW 账户合法化前,银行对活期存款账户收取少量手续费或免收手续费。这笔收费并不能抵补银行办理这种账户的全部费用。两者之间的差额构成了活期存款账户储户的暗收益,相当于银行向储户支付的利息。服务收费越少,暗收益越高。银行为争取存款,常对余额较多的账户免收或仅象征性地收取微量手续费。NOW 账户出来后,许多银行又采取以直接收费代替存款最低限额或以最低限额代替直接收费这一市场开发策略来争取存款。其二是调整存款结构。鉴于法律禁止对活期存款付息,美国的商业银行为多吸收存款,就通过账户创新,发明新的存款工具来减少活期存款比重,同时增加付息的定期存款和储蓄存款比重,如 NOW 账户系列、协定账户等的出笼。其三是推出高息存款工具,这类存款既要略高于国库券的收益,又要有较好的流动性,故能吸引外国资金进入商业银行的存款池,这类存款的代表是可转让大额定期存单。

2. 金融服务的项目和质量

配套服务的健全和多样化能大大提高银行竞争存款,特别是活期支票存款的能力。一些商业银行为争夺存款,已提出和实践"全面服务"这一概念。银行提供高质量的全面服务对在几家银行和存款机构间徘徊选择的企业客户尤具吸引力,是银行极具分量的砝码。全面服务包括向储户提供代收代付、自动转账、投资咨询、代理、信托、外汇交易、档案保管、个人财务计划项目的规划设计、旅行支票、公证人服务、工资发放、机票代购、每月电脑报表显示、保险箱、夜间寄存单、银行邮寄业务等诸多服务项目。

3. 银行网点设置和营业设施

无论是企业储户还是居民储户,总是就近选择银行作为他们的开户银行,这就要求银行广设营业网点,特别是在人口密集的地区、交通中心、郊区的居民小区设置分支机构。为了方便储户,银行还应在市区建立起自动柜员机网络。存取的便利能有效地建立储户的忠诚感,吸引老储户及周围的企业和居民加入,从而提高银行的存款水平。

营业设施主要是银行营业大楼的外观和宽敞的停车场。一座具有舒适、高效、愉悦气氛的银行大楼能有效地吸引企业等储户的加入,这是银行提高存款水平的关键。

4. 银行资信和贷款便利

银行的资产规模和信誉评级是测度银行实力的两个可信度最高的指标。在利率和其他条件相同或相差不远的情况下,储户总愿选择大银行。在美国,联邦存款保险制度只对 10 万美元以下的存款提供充足保险,而不对 10 万美元以上的存款账户和大额可转让存单提供充足的保险。为了确保存款的安全,存款账户平均余额较大的企业储户特别偏好于选择资信颇佳的大银行作为开户行,或购买持有由它们发行的大额存单,原因是这些大银行破产倒闭的风险较小。

银行欲提高其存款水平,在短时期内迅速抬高资信评级是不可能的,但在较长的时期里,银行可以战略性地改善银行财务状况,并通过良好经营使其股价维持稳步攀升的势头,从而获得较佳的资信评级。

银行也可通过向企业储户提供贷款便利来吸引存款。这可以将赋予客户的信贷额度同其支票账户金额联系起来。有些银行建立"贷款补偿要求线",规定客户的活期存款账户平均余额必须维持在客户信贷额度的 10% 或 15% 以上。

5. 银行的形象和其雇员形象

处于某个社区的银行若要在社区中扩展其存款业务,首先要在社区中树立良好的银行形象,其关键是使银行与社区结为一体。为此,银行要显示出社区精神,如使贷款政策适应当地的需要,在银行董事会中安插社区中具有影响力的人物等。在社区中树立良好的形象可以形成银行与其他竞争银行的差别,有助于银行开拓存款资源,保持负债潜力。

银行在提高存款计划的规划中不能忽略雇员形象,高效、礼貌、热忱的雇员体现着良好的管理素质和经营素质。

市场营销方面的支持对存款市场的开拓也是必不可少的。市场营销要求银行在开拓市场时应用差异化战略,通过广告宣传等促销手段展开存款销售活动。

二、负债成本管理

(一) 负债成本管理分析

负债的吸收只有在有利可图时才是合理的。盲目地扩大存款水平和负债水平是危险的。也就是说,要对比负债成本与资产收益,在后者高于前者的条件下才开展或开拓存贷款业务。负债成本包括利息支出和非利息支出。相应地,负债成本控制也包括利息支出分析与控制以及非利息支出分析与控制两个方面。其中,前一方面是负债成本控制的核心任务所在。

利率是资金的价格,反映着资金的供需状况。银行的利息支出与吸收的负债是正相关的,而且,利率越高,银行越容易吸收资金,提高负债水平。利率是银行扩大负债的基本工具,但银行合理经营不能简单地等同于一味压低利率,减少利息总负担。

利息负担问题主要有两点。

第一,能不能做到在同等利率条件下吸收更多的存款和拆入更多的资金,或者说能不能在负债规模不变的情况下减轻银行的利息负担。在一定范围内,银行是可以做到的,但这需要银行提供更为周到、便利的服务来代替利息支出效果。既然服务的改进也需要成本,就涉及非利息支出问题。只有在服务改进所耗费用不超过所替代的利息费用时,改进服务才是值得的。

第二,对利息成本予以预测估算,并从负债和资产管理的角度来考虑这一问题。对负债成本的测算是银行负债管理的重心所在。是否达到最低负债成本率水平体现着银行的经营管理水平和竞争能力。负债成本率越低,资产活动的必要收益率也就越低,银行从事资产活动的盈利能力就越强,同时,银行资产活动的规模就有扩展余地,资产活动广度和深度也就得到加强。具体的负债成本率测度分析主要包括历史加权平均成本率、资金边际成本率和所有资金的加权平均预期成本率三套指标的计算。历史数据加权平均成本评价银行的历史运行情况较准确,单一资金来源的边际成本在决定哪一种资金来源更有效方面较恰当,而加权平均预期成本在决定资产定价方面更适合。显然,每一种指标都有其局限性,银行在资金来源的成本计算中不能仅使用一种方法,而需要对不同来源的资金成本作出综合评价。

(二)商业银行负债成本的概念

银行在进行负债成本管理时,经常使用的成本概念主要有利息成本、营业成本、资金成本和可用资金成本等。

1. 利息成本

利息成本是商业银行以货币的形式直接支付给存款者或债券持有人、信贷中介人的报酬,利息成本的高低依期限的不同而不同。利息成本的计息方式有两种:一是以不变利率计息;二是按可变利率计息。前者是指在负债发生时规定好利率,以后不再调整。利息额按负债余额乘以既定的利率而得。可变利率计息是指负债发生时不规定具体的利率,而是确定一个基准,如以市场上不断变化的某种利率(如 LIBOR、SHIBOR)为基准,加上某一具体数额(如 0.5%)为该项负债的利率。由于市场利率波动频繁,若以固定利率计息,在市场利率下降时,银行负债成本过高,将会遭受损失,在市场利率上升时,银行则会受益。或者说,利率波动会给银行负债带来风险。以可变利率计息的负债则可降低银行负债的利率风险,但会给银行成本预测和管理带来困难。

2. 营业成本

营业成本是指商业银行花费在吸收存款或借入款等负债上的除利息之外的一切开

支，包括办公费用、员工工资报酬和薪金、广告宣传费、固定资产与设备的折旧应摊提额，以及其他为银行客户提供服务所需的开支等。这些成本，有的有具体的受益者，如为存款提供的转账结算、代收代付以及利用计算机的自动化服务等所需的开支，它实际代表银行为了吸纳存款性负债而支付的除利息之外的成本；有的则没有具体的受益者，如办公费、广告、宣传费用等。近年来，商业银行在巨大的竞争压力下，越来越重视利息之外或非利息的报酬形式——服务，因此尽可能地将服务成本和利息成本区分开来，以便更加灵活地开展竞争。

服务成本支出随着银行负债的种类或形式的不同而有很大区别。活期存款支付的利息少，但这种存款的服务成本高一些；而大额可转让存单和一些短期借款一般不需要提供服务，只需花费一些广告促销费用。

3. 资金成本

资金成本是包括利息在内的花费和在吸收存款、借入款等负债上的一切开支，即利息成本和营业成本之和，它反映银行为取得负债资金而付出的代价。用资金成本除以吸收的资金数额，可得：

$$资金成本率 = 资金成本 / 筹集的资金总额$$
$$= (利息成本 + 营业成本) / 筹集的资金总额$$

资金成本率可以分为某一类负债或资金来源的资金成本和总资金成本两种。

例如，存款资金的成本率：

$$存款资金的成本率 = 存款资金成本 / 存款资金总额$$

资金成本率是一个重要的成本分析指标，既可以用来比较银行不同年份的吸收负债成本，考察其发展趋势，也可以在银行同业，尤其是规模相同、条件相近的银行之间进行比较，从而明确其在市场竞争中的地位。

4. 可用资金成本

所谓可用资金是指银行可以实际用于贷款和投资的资金，它是银行总的资金来源扣除应交存的法定存款准备金和必要的储备金后的金额。

$$可用资金比率 = 1 - (各项负债留存比例 + 非盈利资产留存比率)$$

可用资金成本是指相对于可用资金而言的银行资金成本，即是银行可用资金应负担的成本，是资金成本分析的重点，这一概念对银行选择盈利资产具有十分重要的意义。用相对数：可用资金成本/可用资金来表示。分母应扣除法定准备金和必要的超额准备金，因为这些存款不能用于营利性资产。这个比率可用于各种存款之间的对比，也可以资金总体（如此则要加其他负债和股权资本）。分子不仅应包括可用资金本身的成本，还应包括与之对应的不能用于贷款和投资的那部分资金的成本，因为它们是为了支持可用资金而必须保持的准备金。

$$可用资金成本率 = 可用资金成本 / 可用资金$$
$$存款可用资金成本率 = 存款可用资金成本 / 可用资金$$

5. 相关成本

相关成本是指与增加存款、负债有关,但未包括在上述四种成本之中的支出,主要有以下两种。

(1) 风险成本。因存款、负债增加引起银行风险增加而必须付出的代价,如通胀,保值贴补储蓄增加所增加的利息支出。

(2) 连锁反应成本。指银行因对新吸收存款增加服务和利息支出,而引起对原有存款增加的开支。如加息时,不仅新增存款的利率提高,原有存款的利率也要提高,增加利息支出。

(三) 商业银行负债成本的分析方法

商业银行负债成本分析是以上述负债成本的概念为基础计算、比较银行各类成本的实际数额,分析研究其变动情况和变化原因。

1. 历史加权平均成本法

历史加权平均成本法主要用于不同银行的各种负债成本的对比和同一银行历年负债成本的变动分析。(1) 当未来利率上升时,历史平均成本低于新债务的实际成本,以历史成本为基础的固定资产收益率就不能弥补成本,从而实现不了利润目标。(2) 当未来利率下降时,历史平均成本高于新债务的实际成本,固定利率的贷款价格可能由于高估而出现资产规模扩张困难。

历史加权平均成本法的优点是:可用于评价银行过去的经营状况,更能说明银行的支出和利润为什么不同于其他银行。但没有考虑到未来利息成本的变动的缺陷。

计算公式为:

$$历史加权平均资金成本 = \frac{\sum 每种资金来源的量 \times 每种资金来源的单位平均成本}{各类资金来源的总量}$$

假设某银行已筹集 4 亿元资金,包括 1 亿元的活期存款、2 亿元的储蓄存款、0.5 亿元的货币市场借款和 0.5 亿元的产权资本,各种资金来源的利息和非利息成本率分别是 10%、11%、11% 和 22%,非可用资金占活期存款、储蓄存款和货币市场借款的比率分别是 15%、5%、2% 和 0,则该行的税前加权平均资金成本是:

$$(活期存款 \div 所筹资金总额) \times \frac{利息和非利息成本率}{1-法定准备率和未收讫资金率}$$

$$+ (储蓄存款 \div 所筹资金总额) \times \frac{利息和非利息成本率}{1-法定准备率和未收讫资金率}$$

$$+ (货币市场借款 \div 所筹资金总额) \times \frac{利息和非利息成本率}{1-法定准备率和未收讫资金率}$$

$$+ (产权资本 \div 所筹资金总额) \times (利息和非利息成本 \div 100\%)$$

$$= 1/4 \times [10\%/(1-15\%)] + 2/4 \times [11\%/(1-5\%)]$$

$$+ 0.5/4 \times [11\%/(1-2\%)] + 0.5/4 \times [22\% \div 100\%]$$

$$= 12.88\%$$

也就是说,该行必须保证其资产业务至少获得 12.88% 的税前回报率,才能保本;超过这一水平才能盈利。

2. 边际成本法

边际成本是指银行增加最后一个单位的资金所支付的成本。

边际成本＝新利率×以新利率筹集的资金总额－旧利率×以旧利率筹集的资金总额

边际成本率就是边际成本占新筹资金的比例。

$$边际成本率=\frac{总成本的变化}{新增资金}=\frac{新增利息+新增营业成本}{新增存款资金}$$

前述加权平均成本的缺点是不断波动的利率会导致加权平均成本变得不可靠和不现实，产生扭曲。比如，如果利率下降，筹集新资金的边际成本＜所筹全部资金的平均成本，这样，按照现在较低的边际成本来看，依据平均成本无利可图的贷款能够给银行带来盈利。

根据表 4-1，如果银行将存款利率从 7％提高至 7.5％，则

总成本的变化＝5 000×7.5％－2 500×7％＝200（万元）

边际成本率＝200/2 500＝8％

边际成本率远高于 7.5％的平均成本，这是因为银行不仅要为新吸收的 2 500 万元存款支付 7.5％的利率，而且还要对原先以 7％利率计息的旧的储户支付 7.5％的利息。

从表 4-1 看，当存款利率≤8.5％时，边际收益率超过边际成本率，银行的利润在增加。

表 4-1　按照边际成本确定向客户提供的存款利率　　　单位：百万元、％

预期流入的存款	银行新筹资金的平均利率	新筹资金的总利息成本	新筹资金的边际成本	边际成本率	新筹资金投资的预期边际收益	边际收益率与边际成本率的差额	所得利润总额（扣除利息成本）
25	7	1.75	1.75	7	10	3	0.75
50	7.5	3.75	2	8	10	2	1.25
75	8	6	2.25	9	10	1	1.5
100	8.5	8.5	2.5	10	10	0	1.5
125	9	11.25	2.75	11	10	－1	1.25

边际成本法可以帮助银行确定存款可以扩张到什么程度，直到增加的存款成本等于增加的利润，总利润开始下降。就本例而言，8.5％的存款利率是银行的最佳选择。采用边际成本法更能反映银行总体新增资金成本的情况。

三、银行负债资金获取的风险

不同的资金来源对银行经营所面临的金融风险有着不同程度的影响，这些金融风

险包括流动风险、利率风险、信贷风险与资本风险,银行管理者需要在综合考虑资金成本与风险规避的基础上来选择其筹资方式。

(一)流动风险及其防范

银行筹资的流动风险主要来自银行存款的大量提取与流失。银行存款的急剧流失与银行存款的种类有着密切的联系。20世纪60年代以前,金融界人士普遍认为活期存款的流动风险最大,而定期存款则构成较稳定的资金来源。在当时,银行的总负债主要由存款组成,而非存款类负债占的比重较小,因此,活期存款的过度波动往往会导致银行出现流动危机。在20世纪60—70年代,发达国家的市场环境发生了较大变化,不断上升的市场利率使银行客户持有活期存款的机会成本升高,因此,储户的活期存款余额一般都被保持在最低水平,这类存款的波动也明显降低;同时,利率上升使回报率高于活期存款的定期存款有了较大幅度的增长。但是,由于发达国家金融当局对存款利率实行管制,储户又不满足于长期持有回报率受限制的银行定期存款,一旦有新的投资机会,储户便有可能提取这类存款。例如,当货币市场基金出现时,银行大量的定期存款便被储户提出而投放于这种基金,导致了所谓非中介化现象。因此,在这一阶段,定期存款的波动成为银行流动风险的主要根源。

20世纪80年代开始,主要的工业化国家相继开始了金融自由化改革。随着利率管制条例的取消及银行新负债工具的开发,银行负债风险又发生了变化。在此期间,工商机构的活期存款余额仍然维持在较低的水平,其流动风险也较低。不过,由于银行大量采用可转让提款单账户及货币市场账户等新负债工具,银行的个人存款账户吸引的资金出现了较大波动。此外,非金融机构的强有力竞争,特别是共同基金的迅速崛起,导致银行各种存款总额呈现不断下降的趋势。

20世纪80年代下半期以后,各国银行业的经营环境变得相对较为宽松,银行可以自由运用利率工具与其他金融机构进行市场竞争。但是,银行过度使用这种竞争性利率的代价却是银行资金成本上升,盈利水平下降。一些批发性银行过多地依赖非个人存款,当其信用受到怀疑时,这类存款便极易流失,从而使银行陷入流动性危机之中。

防范流动性风险,银行需要把握存款被提取的概率和程度,并保持足够的流动性。具体的防范方法有资金集聚法和资产分配法。这两种方法运用了资产负债联合管理的思想,通过流动性风险高的负债与流动性高的资产进行匹配,基本上保证了银行对流动性的需要。但是,流动性和盈利性存在着替代效应,防范流动性风险要求银行牺牲一些盈利,客观上限制了银行负债的可利用、可投资比重,从而制约了银行的经营收益率的提高。

(二)利率风险及其防范

不同的负债种类对利率的敏感度是不同的。银行负债资金因此可分为利率敏感性资金和利率非敏感性资金两大类。前一类资金对利率变动具有充分的弹性,主要由银行的非存款资金构成,如联邦基金、欧洲美元等。借入资金性质亦即主动负债性质较明显的大额可转让存单也属此类。后一类资金对利率变动反应不强烈,主要由银行的存款资金特别是传统存款业务下吸收的资金,构成了银行相对稳定的存款余额。

这样,在市场利率变动下,有的负债数量会减少,或者成本增大,有的负债的表现恰好与之相反。同时,负债的利率敏感性若与资产的利率敏感性不相匹配,银行就承担了利率结构风险。利率结构风险对银行可能是致命的,它曾导致了像富兰克林银行、第一宾夕法尼亚银行这类大银行的倒闭,故不可小觑。

对利率风险的防范可以应用缺口管理方法。缺口管理根据不同利率变化的周期,及时调整各种利率的资产与负债,按缺口分析要求可分为利率期限对应的资产与负债、浮动利率的资产和负债、固定利率资产与负债三大类。缺口管理的对象主要是后两类,它针对其中固定利率的资产与固定利率的负债之间数量上存在的缺口,运用固定利率负债来支持变动利率资产。控制利率风险的工具有利率互换、利率上下限、远期利率协议等。

(三)汇率风险及其防范

银行在欧洲美元市场上借款便面临着汇率风险。硬货币(价值趋升的货币)负债的增多对银行相对不利,软货币(价值趋降的货币)负债的增多则相对有利。

汇率风险的防范可以双管齐下。一是从资产运用着手,将所筹借到的外币资金尽量多地用于盈利资产,通过提高资产收益率来抵补汇率风险。二是进行汇率"消毒",运用货币互换、货币期货、货币期权等工具消除汇率缺口,或者将汇率风险直接转嫁给客户,如要求贷款获得方承担汇率风险。

(四)信贷风险及其防范

负债所面临的是间接信贷风险,它的形成途径有两个:一是负债成本提高要求资产的必要收益率也跟着提高,从而推动银行经理为保持银行的利差收益去冒更高的信贷风险,从事高风险贷款业务。美国20世纪70—80年代负债成本提高是商业银行介入第三世界国家贷款和不动产贷款这类高风险贷款的根由之一,并导致了商业银行"坏账"的激增。二是较高的负债成本令存款者担忧其存款是否安全,这可能引发"挤提风潮"。

对间接信贷风险的防范没有其他方法,唯一的良策就是降低负债成本。

(五)资本风险及其防范

银行的资金来源对银行资本风险及银行资本等的杠杆作用有着极为重要的影响。在经营管理中,由于银行资本的成本高于吸收存款的成本,银行倾向于不断提高银行资本的杠杆作用,即在既定的资本金前提下吸收尽可能多的存款来扩张银行资产,达到增加银行盈利水平的目的。在过高的杠杆作用下,银行资本与资产的比例急剧下降,从而导致较高的资本风险。

本 章 小 结

1. 商业银行作为信用中介,负债是其最基本、最主要的业务。负债业务是形成商业银行的资金来源业务,是商业银行资产业务的前提和条件。在商业银行的全部资金来源中,90%以上来自负债。商业银行的负债主要由存款负债和非存款负债两大部分组成。银行负债的规模和结构,决定了整个银行的经营规模和经营方向;而负债结构和成本的变化,决定着银行资金转移价格的高低,从而极大地影响着银行的盈利水平和风险状况。

2. 不管在哪一个国家,存款始终是商业银行的主要负债和经常性的资金来源。按照传统的存款划分方法,商业银行的存款主要有活期存款、定期存款和储蓄存款三种。在面临不同程度的利率管制和金融市场其他金融工具严峻挑战的情况下,现代商业银行在所有传统存款领域不断创新存款工具,以努力争取客户,扩大存款规模。

3. 除各种传统的存款业务以外,商业银行在存款上有许多创新。如可转让支付命令账户、自动转账账户、货币市场存款账户、大额定期存单等。大面额存单的特点是可以转让,并且有较高的利率,集中了活期存款的流动性和定期存款的盈利性的优点。

4. 借入负债是指商业银行主动通过金融市场或直接向中央银行融资。与存款负债不同,借入负债属于银行经营的卖方市场,它主要取决于银行经营的需要和银行经营者的主观决策,因而比存款负债具有更大的主动性、灵活性和稳定性。

5. 商业银行的短期借款有同业拆借、向中央银行借款、转贴现、回购协议、大面额存单以及欧洲货币市场借款等主要渠道。商业银行的长期借款主要指发行各种类型的中长期金融债券。

6. 商业银行负债管理的目的:一是在控制成本的基础上增加负债规模;二是调整负债结构,增强流动性;三是负债的风险管理。

7. 银行负债管理是对资产负债表中负债项目的管理。虽然银行可以通过不同的方式获取所需资金,但是不同筹资方式的成本与风险有极大的差异,从而直接影响到银行的经营风险与盈利水平。银行负债管理的基本目标是在一定的风险水平下,以最低的成本获取所需的资金。

8. 银行利息成本的计息方式可分为不变利息计息和可变利息计息两种。

9. 宏观因素对我国银行存款水平的影响主要表现在三个方面:(1)持续的经济增长使存款水平屡创新高;(2)通货膨胀压力下推行的紧缩性的货币政策约束着存款水平的快速增长;(3)金融法规所蕴藏的银行监管力度有加强趋势。

关 键 词

负债管理(liability management);银行存款(bank deposit);活期存款(current deposit);定期存款(time deposit);储蓄存款(saving deposit);非存款性负债(non deposit liabilities);同业拆借(inter-bank borrowing);大额存单(negotiable certificates of deposit);资金成本(cost of capital);历史加权平均成本(the weighed average of historical cost);边际成本(marginal cost)

复习思考题

1. 银行有哪些主要的资金来源?讨论不同资金来源的主要特征。
2. 存款对商业银行经营为什么重要?
3. 谈谈商业银行主要提供的存款服务种类和特点。
4. 比较银行存款类资金与非存款类资金的基本作用与差别。
5. 近年来,为什么银行的非存款负债规模在增加?非存款负债的获取方式是什么?

6. 银行的负债管理面临哪些金融风险?

7. A 银行向 B 银行转手面值 175 万元的大额定期存单,年利率为 8%,期限是 180 天,期满后 B 银行应向 A 银行支付多少金额? 存单的年成本是多少?

8. 某银行准备以 NOWS 账户支持资产扩充,这些资金的利息成本为 5%,其他开支为 2%,新增资金的 24% 用于非盈利资产。求此时银行的边际成本。

第五章 商业银行现金资产管理

本章导入

英国北岩银行的流动性危机

2007年9月14日爆发的北岩银行（Northern Rock）挤兑危机，成为英国自1866年后首次银行挤兑风波。北岩银行这次危机的主要根源在于其自身的发展战略模式。

北岩银行总部位于英格兰东北部新卡斯特，前身为成立于1865年的岩石住房协会。1965年，岩石住房协会吸收北部郡永久住房协会（1850年成立），成立北岩住房协会。1997年10月，该协会根据《1983年英国银行法》改制为银行并成功在伦敦股票交易所上市。该银行就其资产规模而言并不大，约占英国银行总资产的3%，但其在1997年成立了北岩银行基金会扶持当地慈善事业而具有较大的影响。同时根据英国金融监管局的监管分类，该行归入具有重要影响金融机构之列，1997年上市后至危机前的十年飞速发展（1997—2007年的10年间，其资产规模增长7倍，年均增长21.34%；该行2006年利润比2005年增长26.83%，自2001—2006年每年利润增长18.22%。），使其一跃成为英国第五大抵押贷款人，在英国抵押贷款市场中具有重要的影响力。该行资本一直非常雄厚，资本充足率远远高于《巴塞尔协议》8%的标准。从各项指标来看，该行发展势态良好。同时，该行资产质量很好，17年以来，其信贷拖欠率低于英国同业水平的一半。在2007年7月以前，没有任何明显迹象表明该行将面临重大困难。然而，该行资金来源明显存在较大的潜在风险，其资金来源中的短期资金比重严重偏高，同时其证券化资金来源占到了其资金来源的一半以上，而英国主要银行的这一比例约为20%。

为了配合其高速发展战略，北岩银行1999年该行实施证券化发展模式，即发行与分销模式（originate to distribute model），结果是该行过分依赖证券化作为其主要资金来源。北岩银行以每年资产增长20±5%的快速发展的战略以及主要依赖证券化作为其融资的主要来源的模式大转变为其流动性危机之祸埋下了种子。美国次贷危机的爆发将北岩银行这种业务发展模式送上了断头台。尽管北岩银行资产质量确实好于同行水平，然而它的资金来源链条却并不稳固也不保险。只要有外部冲击，这个过重依赖于证券化与批发资金的融资模式注定会遭遇厄运。美国次级金融危机爆发后，全球金融市场上流动性趋紧，"现金为王"大行其道。此时北岩银行流动性趋紧。进入 2007 年 9 月份,这种流动性压力剧增,北岩银行融资的四种渠道①同时对其关闭。批发金融市场,由于金融机构自保其身,而不愿向其提供资金;证券化由于结构化金融产品定价以及投资者的逃离,而不能按照原有计划执行。融资链条的中断,北岩银行资金头寸不足,迅速走向流动性困境。英国 BBC 电台 2007 年 9 月 13 日傍晚的一个新闻报道引发了北岩银行的挤兑危机。英国实行的存款保险制度②也对此挤兑推波助澜,这一挤兑风潮并没有随着英格兰银行的最后贷款人援助(lender of last resort)而结束,挤兑延续了 4 天,短短几个交易日中,银行股价下跌了将近 70%,而严重的客户挤兑则导致 30 多亿英镑的资金流出,该行存款总量亦不过 240 亿英镑。直到 9 月 17 日下午 5 点钟,英国财政大臣对外公告声称政府将担保北岩银行的所有债务才停止。

现金资产,是指商业银行随时可以用来应付现金需要的资产,是银行资产业务中最富流动性的部分。商业银行的流动性是指商业银行满足存款人提取现金、支付到期债务和借款人正常贷款需求的能力。流动性是商业银行的生命线,一旦一家商业银行发生严重的流动性危机,如前述案例中的英国北岩银行,就可能导致银行破产倒闭。流动性不仅直接决定着单个银行的安危存亡,对金融系统乃至整个国家甚至全球的经济稳定都至关重要。因此,商业银行的现金资产管理至关重要。

第一节　商业银行现金资产及管理目的和原则

商业银行是高负债经营的金融企业,经营的对象是货币,其资金来源的性质和业务经营的特点,决定了商业银行必须保持合理的流动性,以应付存款提取及贷款需求。在日常经营活动中,商业银行为了保持清偿力和获取更有利的投资机会,必须持有一定比例的现金等高流动性资产,并对其进行科学管理。直接满足流动性需求的现金资产管理是商业银行资产管理最基本的组成部分。因此,现金资产业务也是商业银行管理的一项重要内容。

一、商业银行的现金资产

商业银行狭义的现金资产仅指其库存现金;广义的现金资产是指银行持有的库存现金以及与现金等同的可随时用于支付的银行资产。一般意义上银行的现金是广义的现金资产,包括库存现金、在中央银行的存款、存放同业存款和托收中的现金四类。

---

① 是指公众存款、批发存款、证券化、资产担保债券。
② 英国实行的存款保险制度也在北岩银行的挤兑危机中发挥了巨大的消极作用。根据英国当时实行的金融补偿条例,如果银行倒闭,存款数额少于 2 000 英镑(约合 4 000 美元)的储户可获全额补偿。但如果存款超过 2 000 英镑,超出 2 000 英镑的部分只能获得 90% 补偿,且补偿的上限到 3.5 万英镑为止。也就是说,存款 3.5 万和 100 万英镑的储户最后都可能只获得 3.17 万英镑的补偿。面对这种存款保险制度,自家存款受到严重损失威胁的储户理所当然要争先恐后地取款,挤兑风潮也就不可免了。

(一)库存现金

库存现金是指商业银行保存在金库中的现钞和硬币。库存现金的主要作用是银行用来应付客户提取现金和银行本身的日常零星开支。任何一家营业性的金融机构都必须保存一定数量的现金。从经营的角度讲,库存现金不宜太多。库存现金的经营原则就是保持适度的规模。

库存现金是非盈利性资产,需花费大量保管费用,不宜保存太多。适度规模是银行库存现金的经营原则。

(二)在中央银行的存款

在中央银行的存款是指商业银行存放在中央银行的资金,即存款准备金。在中央银行的存款由两部分构成:一是法定存款准备金,二是超额准备金,而只有超额准备金才是商业银行的可用资金。

法定存款准备金是按照法定准备率向中央银行缴存的存款准备金。规定缴存存款准备金的最初目的,是为了银行备有足够的资金以应付存款人的提取,避免流动性不足而产生流动性危机,导致银行破产。目前,存款准备金已经演变成为中央银行调节信用的一种政策手段,在正常情况下一般不得动用。缴存法定比率的准备金具有强制性。

所谓超额准备金有两种含义:广义的超额准备金是指商业银行吸收的存款中扣除法定存款准备金以后的余额,即商业银行可用资金;狭义的超额准备金是指在存款准备金账户中,超过了法定存款准备金的那部分存款。超额准备金是货币政策的近期中介指标,直接影响社会信用总量。

(三)存放同业存款

存放同业存款是指商业银行存放在代理行和相关银行的存款。在其他银行保持存款的目的,是为了便于银行在同业之间开展代理业务和结算收付。由于存放同业存款属于活期存款的性质,可以随时支用,因此可以视同银行的现金资产。

(四)托收中的现金

托收中的现金(cash on collection)即在途资金,也称托收未达款,是指在本行通过对方银行向外地付款单位或个人收取的票据。当个人、企业或政府部门将其收到的支票存入银行时,不能立即调动该款项,必须在银行经过一定时间确认后方可提现使用。在途资金在收妥之前,是一笔占用的资金,又由于通常在途时间较短,收妥后即成为存放同业存款,所以将其视同现金资产。

▶ 二、商业银行的现金头寸

在现金资产中,我国商业银行习惯将可供商业银行直接、自主运用的资金称为资金头寸①。

---

① 头寸(position)一词源于民国初年袁世凯执政时期,指银行、钱庄等所拥有的款项。当时用于日常支付的银圆多是"袁大头",十个"袁大头"摞起来刚好是一寸,因此称"头寸"。每天收多付少叫头寸多,收少付多叫头寸缺,结算收付差额叫轧(ga)头寸,借款弥补差额叫拆头寸。"头寸"也指市场上货币流通数量,即银根。如银根松说头寸松,银根紧也说头寸紧。

（一）资金头寸及其构成

商业银行的资金头寸是指商业银行能够运用的资金。它包括时点头寸和时期头寸两种。时点头寸是指银行在某一时点上的可用资金，时期头寸则是指银行在某一时期的可用资金。商业银行的头寸根据层次来划分，可分为基础头寸和可用头寸。

所谓基础头寸，是指商业银行的库存现金与在中央银行的超额准备金之和。基础头寸中，库存现金和超额准备金是可以相互转化的，商业银行从其在中央银行的存款准备金中提取现金，就增加库存现金，同时减少超额准备金；相反，商业银行将库存现金存入中央银行准备金账户，就会减少库存现金而增加超额准备金。但在经营管理中这两者的运动状态又有所不同：库存现金是为客户提现保持的备付金，它将在银行与客户之间流通；而在中央银行的超额准备金是为有往来的金融机构保持的清算资金，它将在金融机构之间流通。此外，这两者运用的成本、安全性也不一样。

所谓可用头寸，是指商业银行可以动用的全部资金，它包括基础头寸和银行存放同业的存款。法定存款准备金的减少和其他现金资产的增加，表明可用头寸的增加；相反，法定存款准备金增加和其他现金资产的减少则意味着可用头寸的减少。

银行的可用头寸实际上包括两个方面的内容：一是可用于应付客户提存和满足债权债务清偿需要的头寸，一般称之为支付准备金（备付金）；二是可贷头寸，是指商业银行可以用来发放贷款和进行新的投资的资金，它是形成银行盈利资产的基础。从数量上来看，可贷头寸等于全部可用头寸减去规定限额的支付准备金之差。

（二）资金头寸的预测

商业银行现金资产管理的核心任务是保证银行经营过程中的适度流动性。也就是说，银行一方面要保证其现金资产能够满足正常的和非正常的现金支出需要；另一方面，又要追求利润的最大化。为此，需要银行管理者准确地计算和预测资金头寸，为流动性管理提供依据。对银行资金头寸的预测，事实上就是对银行流动性需要量的预测。

流动性风险管理是银行每天都要进行的日常管理。积极的流动性风险管理首先要求银行准确地预测未来一定时期内的资金头寸需要量或流动性需要量。

银行总流动性需要量由负债流动性需要量和贷款的流动性需要量两部分构成。

在影响商业银行流动性变化的众多业务中，存贷款业务的变化是影响银行流动性的主要因素。银行资金头寸或流动性准备的变化，归根结底取决于银行存贷款资金运动的变化。任何存款的支出和贷款的增加，都减少头寸；反之，存款的增加和贷款的减少则会增加银行的资金头寸。

存款按其变化规律可以分为三类：第一类是一定会提取的存款，如到期不能自动转期的定期存款和金融债券，这类存款因为有契约，所以无须预测；第二类是可能会提取的存款，如定活两便存款、零存整取存款，以及到期可以自动转存的存款等，这类存款有可能提取，但又不能肯定；第三类是随时可能提取的存款，如活期存款。

存款预测的对象主要是第二类和第三类，我们把它们称为易变性存款。

银行的存款总额基本上能够保持在一个稳定的水平上。可以把银行存款总额划分为长期稳定部分和短期波动部分。其中，长期稳定部分称为核心存款（core deposits）；

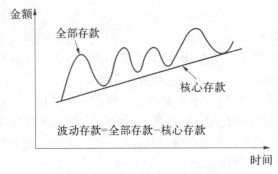

图 5-1 核心存款与波动存款关系

其余部分则称为易变性存款。把存款的最低点连接起来,就形成了核心存款线,核心存款线以上的曲线为易变性存款线(见图 5-1)。核心存款稳定性较强,正常情况下没有流动性需求。银行存款的流动性需求通过易变性存款线来反映。虽然,这一曲线只是大致反映存款的变化,但可以为存款周转金的需要量决策提供一个重要的依据。

银行贷款的流动性需求由贷款需求的最高点连接而成,它表示商业银行贷款需要量的变化趋势。波动线则在趋势线以下,表示不同点上贷款需要量变化的幅度和期限。在一定时期内低于上限的贷款数,是商业银行为满足季节性和周期性变化需要而应持有的可贷头寸。

除去以上分别对存款和贷款的变化趋势进行的预测之外,商业银行还应当综合存款和贷款的变化,进行综合预测。

在一定时期,某一商业银行所需要的资金头寸量,是贷款增量和存款增量之差,可用公式表示为:

资金头寸需要量=预计的贷款增量+应缴存款准备金增量-预计的存款增量

如果计算的结果为正数,表明银行的贷款规模呈上升趋势,银行需要补充资金头寸;若存款供给量不能相应增加,就需要其他渠道借款筹资。如计算的结果为负数,则情况恰好相反,表明银行还有剩余的资金头寸,可通过其他渠道把富裕的头寸转化为盈利性资产。

商业银行在进行中长期头寸预测时,除主要考虑存贷款的变化趋势外,还应结合考虑其他资金来源和运用的变化趋势,只有这样,才能使头寸预测更加全面和准确。预测的公式为:

时期资金头寸量=时点的可贷头寸+存款增量+各种应收债权
　　　　　　　+新增借入资金-贷款增量-法定准备金增量
　　　　　　　-各种应付债务+内部资金来源与运用差额

测算结果如果是正数,表明预测期末头寸剩余,在时点可贷头寸为正的情况下,可增加对盈利性资产的投放额度;若时点可贷头寸为零或负数,则表明预测期期末资金匮乏,即使时点可贷头寸为正,也不可过多安排期限较长的资金投放。

(三)资金头寸的调度

商业银行的头寸调度,是指在正确预测资金头寸变化趋势的基础上,及时灵活地调节头寸余缺,以保证在资金短缺时,能以最低的成本和最快的速度调入所需的资金头寸;反之,在资金头寸多余时,能及时调出头寸,并保证调出资金的收入能高于筹资成本,从而获取较高的收益。

商业银行经营管理的核心是头寸调度,这是因为头寸调度是商业银行扩大业务、增强实力的基本手段,是维护和提高银行信誉的保证,是避免和减少银行经营风险的重要手段,头寸调度是商业银行提高经营效益的重要途径。

头寸调度包括调进和调出两方面,无论是哪一方面,都需要有相应的渠道。商业银行头寸调度的主要渠道有以下六个方面。

(1) 同业拆借。
(2) 短期证券回购及商业票据交易。
(3) 总行与分支行之间、整个银行系统内的资金调度。
(4) 通过中央银行融通资金,如再贴现。
(5) 出售中长期证券。
(6) 出售贷款和固定资产。

三、现金资产管理的目的

现金资产是商业银行维持流动性而必须持有的资产,是银行信誉的基本保证。现金资产作为银行流动性需要的第一道防线,是非盈利性的资产,从经营的观点出发,银行一般都尽可能地把它降低到法律规定的最低标准。现金资产没有利息收入,只要不造成交易障碍,银行总是尽可能少地保留现金。如果银行把腾出的资金用于别的投资,即可获得利润收入,因此过量的现金准备具有较高的机会成本,并且随着投资利率水平的上升,机会成本也随之增加。但是,银行现金准备过少,又存在着很大的风险。如果银行手头没有足够的现金满足储户的提款需求,就将丧失储户对银行的信任。同样,一家银行必须在中央银行和其他业务往来的银行保持足够的存款余额以补充存款的外流。拥有现金资产太少对清偿能力会产生潜在的不利影响,并增加借款成本。故银行现金资产应保持一个合理适度的水平。

银行现金资产管理要主要解决两个问题:一是如何在确保银行流动性的前提下尽可能地降低现金资产占总资产的比重;二是在保有现金资产的机会成本与现金资产不足的成本之间作出权衡选择,使现金资产达到适度的规模。

现金资产管理的目的在于着力于流动性需求的预测与满足,在确保银行流动性需要的前提下,尽可能地降低现金资产占总资产的比重,使现金资产达到适度的规模。解决盈利性与安全性的矛盾。

四、现金资产管理的原则

商业银行现金资产管理的核心任务是保证银行经营过程中的适度流动性,即既要保证现金资产能满足正常的和非正常的现金支出需要,又要尽量降低持有现金的机会成本,以追求利润最大化。因此银行经营者必须正确计算和预测现金头寸,为流动性管理提供可靠依据。商业银行对现金资产的管理,必须坚持适度存量控制原则、适时流量调节原则和安全保障原则。

(一)适度存量控制原则

按照存量管理理论,微观个体应使其非盈利性资产保持在最低的水平上,以保证利润最大化目标的实现。就商业银行的现金资产而言,其存量的大小将直接影响其盈利能力。存量过大,银行付出的机会成本就会增加,从而影响银行盈利性目标的实现;存量过小,客户的流动性需求得不到满足,则会导致流动性风险增加,直接威胁银行经营的安全。总量适度原则是商业银行现金资产管理的最重要的原则。因此,将现金资产控制在适度的规模上是现金资产管理的首要目标。

除总量控制,合理安排现金资产的存量结构也具有非常重要的意义。银行现金资产由库存现金、同业存款、在中央银行存款和托收中的现金组成。这四类资产从功能和作用上看又各有不同的特点,其合理的结构有利于存量最优。因此,在控制适度存量的同时也要注意其结构的合理性。

(二)适时流量调节原则

适时流量调节原则是指银行要根据业务过程中的现金流量变化,及时地调节资金短缺头寸,确保现金资产的规模适度。

商业银行的资金始终处于动态过程之中。随着银行各项业务的进行,银行的经营资金不断流进流出,最初的存量适度状态就会被新的不适度状态所替代。银行必须根据业务过程中现金流量变化的情况,适时地调节现金资产流量,以确保现金资产规模适度。具体来讲,当一定时期内现金资产流入大于流出时,银行的现金资产存量就会上升,此时需要及时调整资金头寸,将多余的资金头寸运用出去;当一定时期内现金资产流入小于流出时,银行的现金资产存量就会减少,银行应及时筹措资金补足头寸。因此,适时灵活地调节现金资产流量是银行维持适度现金资产存量的必要保障。

(三)安全性保障原则

商业银行现金资产主要由其在中央银行和同业银行的存款及库存现金构成。其中,库存现金是商业银行业务经营过程中必要的支付周转金,是银行现金资产中重要组成部分,它分布于银行的各个营业网点用于银行日常营业支付。库存现金是商业银行现金资产中唯一以现钞形态存在的资产。银行在现金资产特别是库存现金的管理中,必然健全安全保卫制度,严格业务操作规程,确保资金的安全无损。

第二节 商业银行现金资产的管理

现金资产是银行全部资产中流动性最强的部分,可以随时满足客户的提款要求和贷款请求,因而被称为一级准备。但现金资产基本上是无收益的,因而银行在经营中总是力图在缴足准备金、确保银行流动性的前提下减少现金资产的持有。

一、库存现金的日常管理

商业银行库存现金集中反映了银行经营的资产流动性和盈利性状况。库存现金越多,流动性越强,盈利性越差。为了保证在必要的流动性前提下实现更多的盈利,就需要把库存现金压缩到最低程度。为此,商业银行必须在分析影响库存现金数量变动的各种因素的情况下,准确测算库存现金需要量,及时调节库存现金的存量,同时加强各项管理措施,确保库存现金的安全。

（一）影响银行库存现金的因素

影响银行库存现金的因素有：现金收支规律,营业网点的多少,后勤保障的条件,与中央银行发行库的距离、交通条件及发行库的规定,商业银行内部管理等。

1. 现金收支规律

银行现金收支在数量上和时间上都有一定的规律性。如对公出纳业务,一般是上午支出现金多,下午则大量收进现金。在一年当中,由于季节性因素的影响,有的季节银行现金收入多而支出少,而有的季节则支出多而收入少。银行可以根据历年的现金收支情况,认真寻找其变化规律,为资金头寸的预测提供依据。

2. 营业网点的多少

银行经营业务的每一个营业网点,都需要有一定的铺底现金。所以银行营业网点越多,对库存现金的需要量也越多。因此,从一般情况来说,银行对库存现金的需要量与营业网点的数量成正比。

3. 后勤保障的条件

银行库存现金数量与银行的后勤保障条件也有密切关系,一般说来,如果银行后勤保障条件较好,运送现金的车辆、保安充足且服务周到,则在每个营业性机构就没有必要存放太多的现金;否则,就必须在每个营业网点存放较多的现金。但是,这会增加占压现金费用。

4. 与中央银行发行库的距离、交通条件及发行库的规定

如果商业银行营业网点与中央银行发行库距离较近,交通运输条件较好,商业银行就可以尽量压缩库存现金的规模。中央银行发行库的营业时间、出入库时间的规定,也对商业银行的库存现金产生重要影响。如果中央银行发行库的营业时间短,规定的出入库时间和次数少,势必增加商业银行库存现金。

5. 商业银行内部管理

商业银行内部管理,如银行内部是否将库存现金指标作为员工工作业绩的考核指标,是否与员工的经济利益挂钩,银行内部各专业岗位的配合程度,出纳、储蓄柜组的劳动组合等,都会影响库存现金数量的变化。

（二）库存现金的匡算

匡算库存现金需要量主要应考虑如下两个因素：库存现金周转时间和库存现金支出水平的确定。

商业银行库存现金周转时间的长短,受多种因素的影响,主要有：银行营业网点的分布状况和距离、交通运输工具的先进程度和经办人员的配置、进出库制度与营业时间的相互衔接情况等。

测算现金支出水平,一方面要考虑历史上同时期的现金支出水平;另一方面,要考虑一些季节性和临时性因素的影响。在实际工作中,可用以下公式来计算现金支出

水平：

$$\text{即期现金支出水平} = \left(\text{前期平均现金支出水平} \times \text{保险系数}\right) \times \text{历史同时期平均发展速度}$$

其中：

前期平均现金支出水平＝前30天现金支出累计发生额/30

保险系数＝标准差×置信概率度

$$\text{标准差} = \sqrt{\sum(\text{每天现金支出} - \text{平均现金支出})^2 \div 30}$$

置信概率度要根据要求的数字准确程度来确定。如果要求数字的准确性达到95％，则置信概率为0.95，以0.95作为$F(t)$去查《正态概率表》，得$t=1.96$，此t值即为置信概率度。

$$\text{历史同期平均发展速} = \sqrt[\text{(考察年数}-1)]{\frac{\text{年同月现金支出累计发生额}}{\text{最高年份同月现金支出累计发生额}}}$$

这样，求出即期现金支出水平以后，将其与库存现金周转时间相乘，再加减一些其他因素，即为库存现金需要量。

（三）最适送钞量的测算

银行有必要对运送现金的成本收益做一个比较，以决定最适的送钞量。在这个最适的送钞量上。银行为占用库存现金和运送钞票所花费的费用之和应当是最小的。我们可以运用经济批量法来进行测算。银行为占用库存现金和运送钞票所支付的总成本由每年的运钞成本和储存成本两部分构成：

$$T = CQ/2 + AP/Q$$

其中，T＝总成本；C＝现金占有费率；A＝一定时期内的现金收入（或支出）量；Q＝每次运钞数量；P＝每次运钞费用；$Q/2$＝平均库存现金量；A/Q＝运钞次数；AP/Q＝全年运钞总成本；$CQ/2$＝库存现金全年平均占用费。

根据以上公式，用微分法来求经济批量的总成本T为极小值时的运钞数量Q，以及以Q为自变量，求T对Q的一阶导数T'，则：

$$T' = dT/dQ = C/2 - AP/Q^2$$

令$T'=0$，则$C/2 - AP/Q^2 = 0$，进一步变换为$Q^2 = 2AP/C$，即：

$$Q = \sqrt{2AP/C}$$

例如，某商业银行在距中心库30千米处设一个支行，根据往年有关数据测算，年投放现金量为2 550万元，平均每天投放10万元（全年按255个营业日计算）。每次运钞需支出的燃料费、保安人员的出差补助费约100元，资金占用费率为年利率5.67％。求最佳运钞批量。

由公式可得：

$$Q=\sqrt{2AP/C}=\sqrt{2\times 2\,550\times 0.01\div 0.056\,7}=30(万元)$$

即每次运钞 30 万元,每三天送一次款。

按此计算总费用为:

$$T=CQ/2+AP/Q=17\,005(元)$$

如果每天运钞一次 10 万元,则总费用约为 28 335 元。

如果每星期运钞一次为 50 万元,则总费用为 19 275 元。

显然,从上面三种计算结果可以看出,按经济批量计算的总费用最低。所以,中心库在向该支行运钞时,应每三天安排一次,既保证客户提取现金,又不会使支行形成过多的库存现金。

(四) 现金调拨临界点的确定

由于银行从提出现金调拨申请到实际收到现金需要一个或长或短的过程,特别是那些离中心库较远的营业网点,必须有一个时间的提前量。同时,以后为了应付一些临时性的大额现金支出,也需要一个保险库存量。于是,就有一个问题,即应当在什么时候在多大的库存量时调拨现金。这就是一个现金调拨的临界点问题。我们可以用以下公式来计算这个临界点:

现金调拨临界点＝平均每天正常支出量×提前时间＋保险库存量

保险库存量＝(预计每天最大支出－平均每天正常支出)×提前时间

承接上例,该支行的最适运钞量是 30 万元,提前时间为 1 天,平均每天正常投放量为 10 万元,预计每天最大投放量为 14 万元,求该行的保险库存量及现金调拨临界点。

根据公式可得:

保险库存量＝(14－10)×1＝4(万元)

现金调拨临界点＝10×1＋4＝14(万元)

即该支行的库存现金降到调拨点 14 万元时,就需要申请调拨现金 30 万元,当库存现金降到 4 万元时,调拨现金送达,库存现金又上升到 34 万元。

(五) 银行保持现金适度量的措施

要切实管好库存现金,使库存现金规模经常保持在一个适度规模上,还需要银行内部加强管理,提高管理水平。

应将库存现金状况与有关人员的经济利益挂钩。在对营业网点适度现金规模作出测算的基础上,银行应将网点实际库存状况与适度库存量进行比较,并根据其库存掌握的好坏与有关人员的经济利益挂钩,这样使其在保证支付的前提下,主动压缩库存规模,降低成本,实现现金库存的最优化。

应实现现金出纳业务的规范化操作。首先,银行应尽可能开展代发工资业务,避免每月的大量工资性现金流出;其次,把开户单位发工资及每天的资金支出金额均匀排列在每一天;最后,对开户单位发放工资和其他大额现金支出实行当天转账、次日付现的预约制度。

要掌握储蓄现金收支规律。储蓄业务的现金收支一般具有以下规律：一是在营业过程中，客户取款的概率在正常情况下基本相等；二是在多数情况下，上午客户取款的平均数一般大于下午；三是在一般情况下，每个月出现现金净收入和净支出的日期基本固定不变。

要解决压低库存现金的技术性问题。掌握好现金的票面结构，大小面值的钞票适量；要充分发挥中心库的调剂作用；各营业网点的出纳专柜要尽可能把当天收进的现金全部用来抵用第二天的现金支出；创造条件，使储蓄所上缴的现金当日入账；对回收的残破币及时清点上缴，以减少库存现金等。总之，要在压缩现金库存所需增加的成本和所能提高的效益之间进行最优选择。

（六）严格库房安全管理措施

从经营的角度讲，银行的库存现金显然是最安全的资产。但事实上，库存现金也有其特有的风险。这种风险主要来自被盗和自然灾害的损失，也来自业务人员清点的差错，还可能来自银行内部不法分子的贪污。因此，银行在加强库存现金适度性管理的同时，还应当严格库房的安全管理，在现金清点、包装、入库、安全保卫、出库等环节，采取严密的责任制度、监测制度、保卫制度和有效的风险防范措施，确保库房现金的安全无损。

二、存款准备金的管理

存款准备金是商业银行现金资产的主要构成部分。法定存款准备金制度[①]在现代经济社会中主要有两个作用。一是维持存款性金融机构的流动性，应对大规模集中提款；二是作为货币政策工具之一控制银行的信贷扩张，调控货币供应量。

中国中央银行体制自1984年确立之后，规定商业银行按存款种类不同向中国人民银行缴存不同比例的法定存款准备金：储蓄存款缴存40％，农村存款缴存25％，企业存款缴存20％，财政性存款缴存100％。1985年央行将法定存款准备金率统一调整为10％。自1988年开始，规定商业银行除向中国人民银行统一缴存13％的法定存款准备金之外，还要缴存5％—7％的备付金，以用于银行间的清算、支付。银行实际准备金率高达18％—20％，而同期美国商业银行的准备金比率不高于10％。中国人民银行要求商业银行缴存比例如此高的准备金，原因是便于中国人民银行对商业银行的信贷资金进行管理控制。

为了配合金融宏观调控方式的改革，使商业银行有更大的经营自主权，1998年3月中国人民银行经国务院批准对存款准备金制度进行了改革，将各金融机构的法定准备金账户和备付金存款账户合并为准备金存款账户，法定存款准备金比率由13％下调

---

① 法定存款准备金制度产生于美国。美联储成立以前，1863年通过并于1864年修正的《国民银行法》第一次规定了在美国全国范围内实行法定存款准备金制度。1913年通过《联邦储备法》，成立联邦储备银行，要求所有成员银行以库存现金和直接存入联储银行的存款的形式缴纳存款准备金。1980年《货币控制法案》更把法定存款准备金缴纳范围扩大到非会员银行及储蓄机构的存款。至此，美国所有的存款类机构都必须遵守联储关于存款准备金的规定。美国的法定存款准备金制度历史悠久，影响广泛，在各国中具有代表性。

为 8%,1999 年 11 月,为增加金融机构可用资金,抑制通货紧缩趋势,中国人民银行将法定存款准备金率由 8%下调到 6%。2006 年以来到 2016 年年底,为配合国家经济周期调整,商业银行的法定存款准备金也进行了多次调整,成为中央银行最有效的货币政策工具之一。

目前中国要求商业银行等金融机构以其吸收的各项存款为基础缴存准备金,只是未像发达国家那样对活期存款、定期存款等各类存款执行不同的准备金率。

存款准备金包括两个部分:一是按照中央银行规定的比例上缴的法定存款准备金;二是准备金账户中超过法定存款准备金的超额准备金。因此,存款准备金的管理,包括满足中央银行法定存款准备金要求和超额准备金的适度规模控制两个方面。

1. 满足法定存款准备金要求

法定存款准备金管理,主要是准确计算法定存款准备金的需要量和及时上缴的准备金。在西方国家的商业银行,计算法定存款准备金需要量的方法有两种:一种是滞后准备金计算法,主要适用于对非交易性账户存款的准备金计算。另一种是同步准备金计算法,它主要适用于对交易性账户存款的准备金计算。

(1) 滞后准备金计算法。

滞后准备金计算法是根据前期存款负债的余额确定本期准备金的需要量的方法。按照这种方法,银行应根据两周前的 7 天作为基期,以基期的实际存款余额为基础,计算准备金持有周应持有的准备金的平均数。

滞后准备金计算基本过程如下所示。

第一周	第二周	第三周
计算基期周		准备金保持周

假设银行在 1 月 5 日(星期四)至 11 日(星期三)这一期间非交易性存款平均余额为 120 亿元,按照 11%的存款准备金率,该行在至 1 月 19 日(星期四)至 25 日(星期三)这一周中应保持的准备金余额为 1.32 亿元。

(2) 同步准备金计算法。

同步准备金计算法是指以本期的存款余额为基础计算本期的准备金需要量的方法。这种方法主要适用于计算商业银行的交易性账户存款准备金。交易性账户余额的变化幅度较大,商业银行应该根据本期存款余额的实际状况,计算所需上缴的准备金数额。

通常的做法是:确定两周为一个计算期,如从 2 月 4 日(星期二)至 17 日(星期一)为一个计算期,计算在这 14 天中银行交易性账户存款的日平均余额。准备金的保持期从 2 月 6 日(星期四)开始,到 2 月 19 日(星期三)结束。在这 14 天中的准备金平均余额以 2 月 4 日至 17 日的存款平均余额为基础计算。

(3) 法定准备金头寸的管理。

法定存款准备金管理的原则是银行在规定的时间内尽量通过自身的努力满足准备金的限额要求,否则将会面对金融管理当局的惩罚性措施。在大多数国家中,商业银行在中央银行的存款(即存款准备金)一般均为无息存款,因此商业银行对法定存款准备金管理的基本出发点是在满足中央银行法定要求的前提下,尽量使准备金账户最小化。

银行法定存款准备金的管理需要提前预测在准备金保持期内的各种存款与库存现金的变化状况,据此制定法定存款准备金的具体管理目标。按照滞后准备金计算法计算出来的准备金需要量与按照同步准备金计算法计算出来的准备金需要量的合计,就是银行在一定时期需要缴纳的全部存款准备金。

$$\text{要求的法定存款准备金总额} = \text{交易性存款的准备金要求} \times \text{指定期限内的日平均净交易存款额} + \text{非交易负债的准备金要求} \times \text{日平均非交易负债额}$$

这个需要量与已缴纳的存款准备金余额进行比较,如果余额不足,银行应当及时予以补足;如果已有的准备金余额已超过了应缴准备金数,则应及时从中央银行调减准备金,增加银行的可用头寸和收益水平。

知识专栏 5-1

"余额宝"与存款准备金

目前,我国银行吸收的"余额宝"等货币市场基金的协议存款不缴纳存款准备金,而这部分存款的合约性质以及对货币创造的影响与一般企业和个人的存款完全一样,并且,我国保险公司存入银行的协议存款就包含在银行"各项存款"统计口径中,需要缴存准备金。因此建议"余额宝"等货币市场基金的银行协议存款应受存款准备金管理。目前,除保险公司和货币市场基金外,我国还有证券公司、信托投资公司、金融租赁公司、银行表外理财等多种非存款类金融机构(可将表外理财视为类金融机构),这些机构存放在银行的同业存款与货币市场基金存款性质相同,目前也没有受法定存款准备金管理。因此,非存款类金融机构在银行的同业存款与货币市场基金的存款本质上相同,按统一监管的原则,也应参照货币市场基金实施存款准备金管理。

正因为法定存款准备金缴存的基础是存款,缴存的主体是吸收存款的金融机构,所以上述建议并不是指对货币市场基金本身征准备金,而是指对基金存入银行的存款征收准备金,缴纳的主体是吸收基金存款的银行。

2. 超额准备金的管理

超额准备金是商业银行在中央银行准备金账户上超过了法定存款准备金的那部分存款。超额准备金是商业银行最重要的可用头寸,是银行用来进行投资、贷款、清偿债务和提取业务周转金的准备资产。

影响超额准备金需要量的因素如下。

(1)存款波动。商业银行的存款包括对公存款和储蓄存款。对公存款的变化主要是通过转账形式进行的,如本行客户对他行客户付款会导致对公存款下降,本行超额准备金流出;本行客户收取他行客户支付的货款,本行对公存款和超额准备金增加。对个人的储蓄存款和部分对公存款的变化则主要是通过现金收支来表现的,存款增加首先表现为现金增加,然后银行将现金缴存中央银行,引起超额准备金增加;反之,存款下降,银行现金支出增加,这时,需从中央银行提取现金,导致超额准备金减少。

银行在分析存款波动对超额准备金需要量的影响时,重点应分析导致存款下降的情况,因为,只有在存款下降的情况下,才会导致超额准备金需要量的增加。存款下降一般取决于近期因素和历史因素,即受到邻近若干旬的存款下降幅度和历史上同期存款下降幅度的双重影响。

(2)贷款的发放与收回。贷款的发放与收回对超额准备金的影响主要取决于贷款使用的范围。贷款使用对象是本行开户的企业,本行在央行的存款不会发生变化;如果是他行开户的企业,或本行开户企业取得贷款后立即对外支付,会减少本行在央行的存款,超额准备金下降,此时,银行就需要准备足够的超额准备金。同理,贷款的收回对超额准备金的影响也因贷款对象的不同而有所不同。

(3)其他因素。这些因素主要的有:一是向中央银行借款的因素;二是同业往来因素;三是法定存款准备金因素;四是信贷资金调拨因素,以及资产出售等。

3. 超额准备金的调节方式

商业银行在预测了超额准备金需要量的基础上,应当及时地进行头寸调度,以保证超额准备金规模的适度性。当未来的头寸需要量较大,现有的超额准备金不足以应付需要时,银行就应当设法补足头寸,增加超额准备金;而当未来头寸需要量减少,现有超额准备金剩余时,则应及时地将多余的超额准备金运用出去,寻求更好的盈利机会。

(1)同业拆借。商业银行灵活调度头寸最主要的渠道或方式是同业拆借。银行通过建立广泛的短期资金融通网络,在本行出现资金短缺时,及时地拆入资金;在本行资金暂时剩余时,及时将多余资金运用出去,以获得利润。

(2)短期证券回购及商业票据交易。短期证券和商业票据是商业银行的二级准备,也是银行头寸调度的重要渠道。当银行头寸不足时,可在市场上通过出售证券回购协议的方式补足头寸;相反,则可通过买入证券回购协议的方式调出资金。银行也可以通过短期商业票据的买卖调节现金头寸的余缺。

(3)通过中央银行融资。央行是金融体系的最后贷款人。当银行经营过程中出现暂时性资金头寸不足时,可通过再贷款或再贴现的方式向央行融资。央行再贷款和再贴现是货币政策的操作手段,能否获得央行贷款,取决于货币政策的需要和银行的经营状况。

(4)商业银行系统内的资金调度。分支行制的商业银行,为加强行内资金调度能力,都实行二级准备制度。各级银行在日常经营活动中如果出现头寸不足或剩余,可通过系统内资金调度调剂余缺。即某分行、支行头寸不足时,可向上级行要求调入资金;反之则上存资金。

(5) 出售其他资产。通过以上渠道或方式仍不能满足头寸调度需要时，还可以通过出售中长期证券、贷款甚至固定资产获得资金。中长期证券和贷款是商业银行盈利的主要来源，固定资产是商业银行经营的基本条件，仅从资金调度角度讲，只要银行通过其他渠道可以获得所需资金，一般不出售这些资产。

三、同业存款的管理

1. 同业存款的目的

除了库存现金和在中央银行的存款外，大多数商业银行还在其他金融机构保持一定数量的活期存款，即同业存款。

任何一家银行都不可能在其业务触及的每一个地方设立分支机构，在没有分支机构的地区就需要委托当地的银行等金融机构代理本行的业务。那些较大的银行一般都是双重角色：一方面作为其他银行的代理行而接受其他银行的存放同业款；另一方面，又是被代理行，将一部分资金以活期存款形式存放在代理行。这就形成了银行之间的代理行业务。银行之间开展代理业务，需要花费一定的成本，商业银行在其代理行保持一定数量的活期存款，主要目的就是为了支付代理行代办业务的手续费。

代理行可以将同业存款用于投资，并以投资的收入补偿成本，获得利润。由于这部分存款随时可以使用，与库存现金和在中央银行的超额准备金没有什么区别，因此成为商业银行现金资产的组成部分。

2. 同业存款需要量的测算

同业存款也应保持适当的量。过多，银行付出一定的机会成本；过少，又会影响银行委托他行代理业务的开展，甚至影响本行在同业市场上的声誉。因此，银行在同业存款的管理过程中，需要准确地预测同业存款的需要量。

商业银行在同业的存款余额需要量，主要取决于以下三个因素：使用代理行的服务数量和项目、代理行的收费标准和可投资余额的收益率。

(1) 使用代理行的服务数量和项目。由于银行将款项存放同业的主要目的是为了支付代理行代理本行业务的成本。因此，本行使用代理行服务的数量和项目，就成为影响同业存款需要量的最基本因素。如果使用代理行的数量和项目较多，同业存款需要量也较多；反之，同业存款的需要量较少。

(2) 代理行的收费标准。在使用代理行的服务数量和项目一定的情况下，代理行的收费标准就成为影响同业存款需要量的主要因素。收费标准越高，同业存款的需要量就越大。

(3) 可投资余额的收益率。通常情况下，代理行是通过对同业存款的投资获得收益来弥补其为他行代理业务支付的成本的，因此，同业存款中的可投资余额的收益率的高低，也直接影响着同业存款的需要量。如果同业存款中可投资余额的收益率较高，同业存款的需要量就少一些；否则，同业存款的需要量就较多。

【例5-1】 根据表5-1测算某银行同业存款需要量。

表 5-1 某银行同业存款需要量的测算

1. X月份代理行提供的服务	笔	每 笔	成本(元)
支票清算	10 540	0.045 元	474.3
电子转账	28 笔	1.50 元	42
证券保管	7 笔	3.00 元	21
数据处理及计算机软件服务			100
全月总成本			637.3
2. 代理行的收益			
计算机服务手续费			100
应从同业存款中获取的投资收益			537.3
3. 同业存款余额需要量			
投资收益＝投资收益率8％×30÷360(同业存款余额－托收未达款－应提准备金)			
同业存款需要量			99 767

该银行在本月中需要购买代理行的以下一些业务：支票清算 10 540 笔，每笔收费标准为 0.045 元；电子转账 28 笔，每笔收费标准是 1.50 元；证券保管 7 笔，每笔收费标准为 3.00 元；另外，代理行还为本行提供数据处理和软件服务，其获得本行手续费 100 元；如果代理行同业存款的准备金率为 12％，平均浮存(即托收未达款)为 7 200 元，可投资余额的年收益率为 8％。

在表 5-1 中代理行为本行提供的服务的总成本是 637.30 元，代理行已经通过现金方式收取了本行 100 元的计算机服务手续费，为达到收支平衡，代理行还需要从同业存款的投资中获得 537.30 的收益。但不是所有的同业存款代理行都可以用来投资，还需要扣除浮存和应提准备金，这样，带入公式：投资收益＝投资收益率8％×30÷360(同业存款余额－托收未达款－应提准备金)。通过计算，该银行需要在其代理行存放至少 99 767 元的存款。

第三节 商业银行的流动性管理

商业银行的流动性是指商业银行在经营过程中，能够随时应付客户提存的需要，满足客户合理的贷款需求。商业银行的流动性包括两个方面：一是资产的流动性，是指银行所持有的资产能够随时得到偿付或者在不损失价值的条件下确有销路，即变现能力；二是负债的流动性，是指银行能够轻易地以较低成本随时获得所需资金的能力，是指银行获得资金的负债能力，这是从流量的角看流动性。因此，银行变现能力和获得资金的负债能力是银行为保持充足的流动性所必须具备的两种能力。

一、商业银行流动性管理的必要性

任何商业银行的管理层,所面临的最重要的任务之一,是确保充足的流动性。一家银行,在其需要资金时,能以合理的成本得到可用资金,该银行就被认为具有"流动性"。这表明,一家具有流动性的银行,在需要资金时,或是拥有适当数量的可用现金,或是通过借款或售出证券,能迅速筹集资金。缺乏充足的流动性常常是一家银行处于财务困境的第一个信号。有问题的银行通常在一开始表现为存款减少,现金供给减少,该银行不得不出售其流动性较强的资产。如果没有额外的保证或较高的利率,其他银行不愿贷款给有问题的银行,这会导致问题银行的盈利进一步减少,甚至有可能使其破产。

许多商业银行认为,在需要资金的时候,它们能毫无限制地借入流动资金。因此,它们认为没有必要以易于售出、价格稳定的资产形式储存流动性。近年来,问题银行(如本章开始的北岩银行的案例)所经历的巨大的现金短缺证明,不能忽视流动性管理。

流动性被视为商业银行的生命线。流动性管理非常重要,因为如果银行不能保持一定的流动性,即使从技术上讲,该银行仍然有清偿力,它也会被关闭。如1991年美国的迈阿密东南银行(Southeast Bank of Miami)由于没有足够的流动性偿还美联储的借款,美联储强制关闭了这家资产规模为100亿美元的银行。

大多数商业银行面临其资产到期日和负债到期日之间的不匹配——期限不匹配问题。资产产生的现金流很少等于偿还负债而流出的现金。因此,商业银行必须随时准备满足即时的现金需求①。流动性问题还包括银行对利率变化的敏感性。当利率上升时,一些存款人会取回其存款,追求其他投资带来的高收益。许多贷款客户会推迟新贷款请求或者加快提取利率较低的信贷额度。这样,利率变动既影响客户对存款的需求,也影响客户对贷款的需求,两者都会对银行的流动性头寸产生巨大的影响。此外,利率变动影响银行为筹集额外的流动性而必须售出的资产的市值,并直接影响银行在货币市场的借款成本。

所以商业银行必须注重流动性管理,密切关注流动性需要。如果没有做到这一点,可能会极大地损害公众对银行的信心。商业银行流动性管理部门经理最重要的任务之一是与银行最大的存款户和大额未用信贷额度的持有人保持联系,以决定资金是否或什么时候会被取走,确保银行持有充足的资金。此外,商业银行保持流动性的能力,不仅直接决定着单个商业银行的安危存亡,对整个国家乃至全球经济的稳定都至关重要。1997年爆发的东南亚金融危机中,泰国、马来西亚、印尼、菲律宾等国家都发生了因客户挤兑而引发的流动性危机,并迫使大批商业银行清盘,以致引发了一场波及全球许多国家和地区的金融危机。

二、商业银行流动性的需求和供给

应在供需框架内考察银行的流动性(立即可用现金)需求。

---

① 有时这种需求很大,尤其是在周末、月初、一年的某个季度。

银行的流动性需求来自哪些方面呢？存在流动性需求时，银行依靠哪些渠道满足流动性需求呢？对于大多数银行来说，对现金的两个最主要需求是：(1) 客户提取存款；(2) 银行希望满足的客户的信用要求，如：新的贷款请求，到期贷款协议重续，对尚存贷款额度的提取。其他流动性需求包括偿还银行的借款，如银行从其他银行或中央银行取得的贷款。另外，定期支付所得税或向银行股东支付红利也需要现金（见表 5-2）。

表 5-2　银行流动性的需求来源和供给来源

流动性资金的供应来源	流动性资金的需求来源
新增的客户存款	客户提取存款
服务收入	合格贷款客户的信贷要求
客户偿还贷款	偿还除存款之外的负债
销售银行资产	生产、销售服务时产生的经营费用和赋税
从货币市场上借款	向股东发放现金红利

为满足商业银行前述的流动性需求，银行可以利用几种潜在的流动性供给来源。一般来说，最重要的来源是新增的客户存款，其中包括在新开账户和已开账户中存入新存款。由于在每个月月初支付工资，此时存款流入较多；由于到每月月中时支付票据和其他工薪，此时达到第二个高峰。银行流动性供给的另一个重要来源是客户偿还贷款，正如银行从银行的投资组合中销售资产——尤其是可销售证券一样，这为满足新的流动性需求提供了资金。银行的服务收入和从货币市场的借款也会增加流动性供给（见表 5-2）。

这些不同的流动性需求来源和流动性供给来源，共同决定了任一时刻每家银行的净流动性头寸。在某时刻的净流动性头寸如下：

银行的净流动性头寸(L) ＝流入银行的流动性供给 − 对银行流动性的需求

＝（新增存款＋非存款服务收入＋客户偿还的贷款＋银行资产的销售＋从货币市场的借款）−（存款提取＋已承诺的贷款请求＋银行借款的偿还＋其他经营费用＋向银行股东支付的红利）

当流动性的需求总额超过流动性供给总额时（即 $L<0$），管理层必须为流动性赤字做准备，决定在何时、何地筹集短缺的流动性资金。如果流动性供给总额超过所有的流动性需求时（即 $L>0$），管理层必须为如何安排流动性盈余作出决策，决定何时、何地把多余的流动性资金做有利可图的投资，直到需要这些资金来满足未来的流动性需求。

短期流动性需求有很强的时效性。有些银行的流动性需要是即时的。如大额存款单到期，客户已经表明提取这些存款，而不再续存。这时银行必须能够马上取得现金以满足这一流动性需求。

长期流动性需求受季节性、周期性和趋势性因素的影响。例如，在秋天和夏天，由于开学、放假和旅行,通常流动性需求较大,银行在预测到这些长期流动性需求后,利用可以利用的资金来源——如售出累积的流动性资产,积极为银行的存款服务和中介服务做广告、从其他银行借入长期借款等,来满足流动性需要。新增存款或者借款客户偿还贷款的时间非常接近需求现金的时间时,商业银行不必通过售出资产或借入新借款来满足全部的流动性需求。但是,时机选择对流动性管理是很重要的,银行必须仔细计划在何时、何地,怎样去筹集所需的流动性资金。

银行业的大多数流动性问题来源于银行外部,是客户经营活动的结果。事实上,是客户的流动性问题转移到了银行身上。例如,如果客户的流动性储备不足,就需要贷款或提取其存款,这会要求该公司的银行提供现金。1987年10月全球股市崩溃之后,从银行大量借款购买股票的投资者,被迫筹集额外的资金以偿还股票贷款,他们大量求助于银行,把资本市场的流动性危机转变成了银行的流动性危机。

三、商业银行的流动性管理

商业银行的流动性管理,可以从资产和负债两方面进行操作。从资产方面看,保持适度流动性的方法就是保持分层次的准备资产。准备资产是指银行所持有的现金资产和短期有价证券。从负债方面看,商业银行可以通过借入资金的安排来满足现金支付的需要。这是一种随着负债管理理论①而兴起的流动性管理操作实践,这一理论认为:银行保持流动性不需要完全靠建立多层次的流动性储备资产,一旦有资金需求就可以向外借款,只要能借款,就可通过增加贷款获利。

高效率的流动性管理是商业银行在事前有效防范系统性风险,在事后有效救助金融崩溃的根本手段②。

对于商业银行来说,流动性管理问题的本质可以概括如下。

(1)在任意特殊时点,银行的流动性需求很少等于流动性供给。银行必须不断地处理其流动性赤字或流动性盈余。

(2)在银行流动性和盈利性之间有一个平衡。在其他因素不变情况下,银行用于满足流动性需要的准备资源越多,预期的盈利越少。

所以,确保充足的流动性是银行管理的关键问题,对银行盈利具有重大意义。流动性管理决策不能与商业银行其他的服务领域和服务部门相隔离而单独作出。

此外,商业银行满足流动性需求会产生一定的成本。这些成本包括借入资金的利息成本,为找到充足的流动性资金要花费时间和资金等交易成本,当售出盈利资产时,必须放弃未来盈利的机会成本。

很明显,管理层必须在这些成本和满足流动性需要之间作出权衡。在任何时候,如果银行有多余的流动资金,管理层必须立即将这些多余的资金投资出去,以避免闲置资

---

① 负债管理理论是以负债为经营重点,即以借入资金的方式来保证流动性,以积极创造负债的方式来调整负债结构,从而增加资产和收益。

② 陆磊、杨骏:《流动性、一般均衡与金融稳定的"不可能三角"》,《金融研究》,2016年第1期。

金的机会损失,因为闲置资金不会为银行产生收入。

从风险-收益的角度来看,银行流动性管理易于遭受到利率变动的风险(利率风险)和银行不能按所需数量而获得流动性资金的风险(获得风险)。如果利率上升,银行为筹集资金而计划售出的金融资产(如政府债券)的价值将下降,这些资产将亏本售出。银行不仅从这些资产的售出中获得的流动性资金较少,而且遭受的损失会减少银行的盈利。此外,利率上升时通过借款筹集资金的成本也较高,银行也许不能获得借款。如果贷款人认为银行的风险比以前更大,银行就不得不支付较高的利率,一些贷款人则干脆拒绝提供流动性资金。

知识专栏 5-2

2013年6月我国银行系统的"钱荒"

2013年6月20日,这个疯狂的一天,足以载入中国银行间市场史册。当日,银行间隔夜回购利率最高达到史无前例的30%,7天回购利率最高达到28%。在近年来很长时间里,这两项利率往往不到3%。"钱荒"产生了。"钱荒"是指由于流通领域内货币相对不足而引发的一种金融危机。

银行间市场隔夜回购利率自2010年年底以来,第三次攀上如此高位,随着货币政策不断加大紧缩力度,"钱荒"从银行体系内萌生、在资本市场被放大,而利率市场"冰火两重天"的现状则直接影响实体经济的运行。钱荒,一面是资金"饥馑",一面是游资"过剩",中国式不对称"钱荒",折射出的是金融领域和实体经济发展的不平衡、不匹配。

此次"钱荒"出现有以下四点原因。

第一,资金外流。2013年5月3日,标准普尔指数首次突破1 600点,道琼斯工业平均指数也在16 000点的高位,一周后,美联社发布新闻称美联储官员正在筹划退出QE的策略。美联储一直以各种不同的口径向市场吹风:"量化宽松政策将逐步退出。"加上美国经济复苏数据的日益走强,美国对全世界资本的吸引力增强,造成新兴国家资金外流。中国也不例外。

第二,监管要求。国家外汇管理局2013年5月5日发布的《关于加强外汇资金流入管理有关问题的通知》在6月底即将实施,迫于外币纳入贷存比考核的压力,一些银行可能已经提前开始买入美元补充外汇头寸,以求达到监管标准,这是这一段时间美元买盘力量增大的主要原因,也在一定程度上加剧了银行间资金面紧张状况。

第三,银行加杠杆。2013年以来,随着杠杆率的不断放大,商业银行的人民币超额备付金在逐渐下降,3月末超额备付金率从2012年年底的3.51%降至2.58%,二季度,超储率继续下降,业内人士估计已经降到1.5%左右,银行体系流动性的边际承受力也因此大为下降。

第四,银行表外业务入表压力。2013年6月底之前,银监会将针对8号文的落实情况展开检查,迫使银行将表外非标资产转移至表内同业资产,直接挤压同业拆借额度。

上述各种因素都对金融市场的流动性产生了一定的收缩压力,而2013年6月上旬光大银行对兴业银行的违约门事件产生的蝴蝶效应,进一步强化了市场对资金紧缺的猜测和预期,放大了"钱荒"的恐慌效应。来自央行对市场流动性紧缺的态度和反应进一步强化了这种市场恐慌心理。在金融市场资金利率急速飙升的情况下,央行释放流动性的动作远远低于市场预期,由此透露出强制商业银行去杠杆的政策预期,这导致恐慌情绪越来越浓,市场利率越走越高。尽管银行体系流动性总体是适度的,银行也没有出现支付问题,但是在恐慌心理作用下,"钱荒"产生了。

四、商业银行流动性管理的策略

商业银行进行流动性管理可采取的主要策略有:(1)资产流动性管理——靠资产提供流动性;(2)负债流动性管理——依赖于借款满足现金需要;(3)平衡的(资产和负债)流动性管理。

(一)资产流动性管理(或资产转换)策略

满足商业银行流动性需要最老式的方法是资产流动性管理。最初,这种策略要求以持有流动性资产——主要是现金和可售有价证券的形式来储存流动性。当需要流动性时,售出流动性资产,回收现金,满足银行所有的现金需求。由于是通过把非现金资产转换成现金而筹集流动性资金,该策略通常称之为资产转换策略。

什么是流动性资产?流动性资产有三个特点:(1)流动性资产必须有易于变现的市场,以便它能立即变现。(2)流动性资产必须有合理稳定的价格。无论所售资产要求多快变现,也无论所售资产有多少,市场都能立即吸收这些资产且价格变动不大。(3)流动性资产必须是可逆的。卖方能在几乎没有损失风险的情况下,恢复其初始投资(本金)。

商业银行的持有的满足上述特点的流动资产的主要类型有:(1)短期国库券、政府债券;(2)同业贷出款——短期(常常为隔夜)银行储备贷款;(3)在回购①协议(RP)下购买流动性证券;(4)市政债券和票据——由州和地方政府发行的债务证券,到期日从几天到几年不等;(5)向其他银行存入往来存款——通过电话或电报进行,这些银行间存款能在几分钟内借入或贷出;(6)政府机构或特定企业发行的债券;(7)银行承兑票据——因商业银行给予客户信用而产生的对银行的请求权,通常在6个月内到期;(8)商业票据——由信用等级高的大公司发行的短期债务工具;(9)欧洲货币贷款——由特定货币本国之外的银行或银行分支机构接受的存款而贷出的资金,期限从几天到几个月等。

尽管银行能通过持有更富流动性的资产来保持其流动性头寸,但是,这种做法也未必使银行具有流动性。因为银行的流动性头寸也受流动性需要的影响。银行在需要流

---

① 回购指用高品质证券作为担保品从交易商或其他贷放机构处取得贷款。

动性资金时能以合理的成本获得它所需的流动性资金时,它才是流动性的。

小银行主要使用资产流动性管理,它们认为:比起依赖于借款来说,资产流动性管理是流动性管理中一种风险较小的方法。但是资产转换并非无成本的流动性管理方法。首先,售出资产意味着银行损失这些资产的投资收益。这样,以资产储存流动性且这些资产必须售出时,存在机会成本。当出售资产时,还要支付证券经纪人佣金(交易成本)。此外,资产价格可能下降,银行面临遭受巨大资本损失的风险。管理层必须通盘考虑,把获利潜力最小的资产售出,将所放弃的未来盈利的机会成本降至最低。售出资产来增加流动性会有损银行资产负债表的表面状况。因为所售出的资产通常是低风险的政府证券,而政府证券能给人这样的印象:即从财务角度看,银行是稳健的。另外,流动性资产通常在所有金融资产中收益最低。流动性资产过多,将放弃其他资产的高收益。

(二) 借入流动性(负债)管理策略

在20世纪60年代和70年代,在大银行的带领下,许多商业银行开始通过货币市场借款,筹集更多的流动性资金。这一借入流动性策略常常被称为购入流动性或负债管理策略,即借入足够的现金,以满足所需的流动性需求。

借入流动性资金有许多优势。一家银行只在它确实需要资金时,才选择去借款。这与以资产形式储存流动性不同。以资产形式储存流动性时,任何时候都需要保持一些流动性资产。由于这些流动性资产通常收益率很低,从而会降低银行潜在的收入。此外,如果银行对其现在所持的资产满意,使用借入资金策略不会改变商业银行的资产组合的大小和构成。相反,以售出资产来提供流动性的策略削减了银行的资产。另外,负债管理将借入资金的利率作为成本。如果借款银行需要更多的资金,它仅需提高其借入利率。如果所需资金较少,则可以降低借入利率。

通常,商业银行借入流动性管理策略的主要负债类型:(1) 同业拆借借款——从关系密切的银行或其他货币市场贷放人处借入储备。(2) 在回购协议①(RP)下,向有暂时性资金盈余的银行和其他机构售出流动性强、风险低的证券。(3) 发行大额(100 000美元以上)可转让存单——向大公司、大金融机构、政府单位、富有的个人发行,期限从几天到几个月不等,利率由发行银行和客户商定。(4) 欧洲货币市场借款——向跨国银行和其他公司发行欧洲货币存单或短期融资券,利率由这些短期国际存款的供给和需求共同决定。(5) 从中央银行的贴现窗口借入储备——如果银行手头有担保品(主要是政府证券),并与中央银行签署有借款授权的协议,那么,借款通常只需几分钟,大多数借款只延续几天。大银行常常应用负债管理技巧,借入接近全部的流动性需求。

由于货币市场利率易变及其引起贷款所需时间的变化,借入流动性是解决流动性问题时风险最大的方法。商业银行常常必须在它购入流动性最困难(从成本和获得难易性两方面考虑)的时候购入流动性。银行的借入成本不确定性增加了银行盈利的不确定性。此外,陷入财务困境的银行常常最需要借入流动性,这是因为银行陷

---

① 回购协议通常规定一个固定的利率和期限。但重续的回购协议仍然有效,除非借款人或贷款人某一方终止该贷款协议。

入困境的消息扩散后,存款人开始提现。同时,考虑到贷款风险,其他金融机构也不太愿意贷款给陷入困境的银行。这往往造成一些商业银行很难执行这种流动性管理策略。

(三)平衡的(资产和负债)流动性管理策略

鉴于依赖借入流动性的内在风险和以资产储存流动性的成本,大多数银行在选择其流动性管理策略时采取中庸之道,既实行资产管理也使用负债管理。平衡的流动性管理策略,指一些预期的流动性需要以资产储存(主要持有可销售证券和在其他银行持有存款),另一些预期的流动性需要由和往来银行及其他资金供应商预先安排信贷额度来支持。未预料到的现金需要主要由短期借款满足。对长期流动性需要作出预期,通过能滚动变成现金的中、短期贷款和证券满足流动性需要。

五、商业银行流动性头寸管理的准则

总结过往商业银行流动性管理的经验与教训,归纳总结出四条指导商业银行流动性管理部门经理的行为准则。

(1)流动性管理部门经理必须跟踪银行内所有资金使用部门和资金筹集部门的活动,并且协调这些部门与本部门的活动。例如,当贷款部门向客户授予新的信贷额度,流动性管理经理就必须为在额度内可能的取款做准备。如果根据定期账户和储蓄账户部预计,在接下来的几个营业日里会收到几笔大额存款,就必须将这一信息告知流动性管理部门经理。

(2)流动性管理部门经理必须预先知道,银行最大的信贷客户或存款客户在什么时候计划提现或增加其存款。这样就能提前计划,有效地处理突发的商业银行的流动性盈余或赤字。

(3)流动性管理部门经理和高层管理者及董事会合作,必须确保银行流动性管理的优先性和明确的目标。在分配资金时,常常优先考虑银行的流动性头寸。一般来说,银行很少或不能控制其资金来源(主要是存款)——资金来源由公众决定,但银行能控制其资金使用。此外,由于法律通常要求每家银行都在中央银行储存流动性资金以满足法定存款准备金要求,并且由于银行在任何时候都必须准备面对存款客户提现,所以,应优先考虑流动性管理及把充足的资产转入流动性资金。现如今,比起银行第一位要优先考虑的事情——向所有合格客户贷款并提供收费服务来说,流动性管理通常起着支柱作用。

(4)必须连续分析银行的流动性需要和流动性决策,以避免流动性头寸过量或不足。由于过量的流动性没有被再投资,会导致银行的收入受损失,而流动性不足则需迅速处理,以免陷入急急忙忙借款或售出资产的不利境地,给银行带来巨大的损失。

六、商业银行流动性需求的预测

流动性需求供给不相等是商业银行日常经营的常态,银行要不停地处理流动性不足或盈余的问题。商业银行流动性管理需要对今后一段时间内的流动性需求作出预测。预测商业银行流动性需要的方法有资金来源和运用法、资金结构法和流动性指标法等。每一种方法都有一些特定的假设，并只对任意给定时候的实际流动性需要作出近似的估算。所以，获得新信息时必须对银行流动性需要的估计作出调整。事实上，大多数商业银行的流动性储备既包括一个流动性预测所要求的储备，也包括一个保护性的附加额部分。保护性附加额部分可以或大或小，取决于商业银行管理层对风险的预测和态度。

（一）资金来源和运用法

先通过考察两个简单的事实来说明资金来源和运用法：(1)随着存款增加，贷款减少，银行的流动性上升。(2)当存款下降，贷款上升时，银行的流动性下降。

当流动性来源与运用不匹配时，银行就有流动性缺口。缺口大小以资金来源和运用之间总差额的大小来衡量。当流动性来源(即增加的存款或减少的贷款)超过流动性运用(即减少的存款或增加的贷款)时，银行将有正的流动性缺口，多余的流动性资金可以被迅速地投资于盈利资产，直到需要它们来满足未来的现金需要。同时，当流动性运用超过流动性来源时，银行面临流动性赤字，或负的流动性缺口。这时，银行必须从最便宜、最及时的资金来源筹集资金。

资金来源和资金运用法的关键步骤如下。

(1) 必须在一个给定的流动性计划期预测贷款和存款的数额。

(2) 计算出同一计划期间贷款和存款的增减额。

(3) 通过比较预期的贷款变化和存款变化，流动性经理必须预计该期间银行的净流动性资金、盈余或不足。

银行使用大量的统计方法及管理层的判断和经验，预测存贷款，例如，银行的经济部或银行的流动性经理可能作出下述预测模型。

预测下期总贷款的变化主要受该国预期的经济增长率(GDP或销售增长率)、公司预期的季度盈利、当前国家货币供给的增长率、银行预期的基本贷款利率减商业票据利率、预期的通货膨胀率等因素的影响。

估计下期总存款的变化是该国预期的个人收入的增长率、当前国家货币供给的增长率、预期零售增长率、预期货币市场的存款收益率、预期的通货膨胀率等因素的函数。

应用前述模型可得出对存款和贷款的预测。不考虑存款准备金政策的影响，商业银行通过下述计算，能估计出银行对流动性的需要。

$$\text{预期下期的流动性赤字}(-)\text{或盈余}(+) = \text{预期总存款变化} - \text{预期总贷款变化}$$

预期未来存贷款较简单的方法是把对未来存贷款增长的预测分为三个主要组成部分：

(1) 趋势部分。至少用过去10年里(或用其他时间，但这段时间长度要足够预测变动趋势或长期平均增长率的基期)年末、季度或月度存款总额作为参考点，做一条趋势线(增长率固定线)，银行以此能估计出趋势部分。

(2)季节部分。它衡量在任一给定的周或月份里,预计存款和贷款怎样因季节性因素而变化,并以此和最近年末的存贷款水平做比较。

(3)周期性部分。它代表与预期的总存款和贷款正向或负向的偏离(用趋势部分和季节性部分的总额衡量)。它取决于当前年份中经济的强弱。

(二)资金结构法

预测银行流动性需求的另一种方法是资金结构法。首先,基于所预测的银行存款和其他资金来源被提取并因此游离银行之外的可能性,把它们分类。作为示范,我们可以把银行的存款和非存款负债分成三类。

(1)"热钱"负债:对利率非常敏感或管理层确信会在当期提取的存款及其他借入资金。

(2)敏感性负债:在当期的某个时候,很大一部分(可能为25%或30%)资金可能会从银行提走的客户存款。

(3)稳定性负债:(常称为核心存款或核心负债)——管理层认为最不可能从银行移走的资金(除了一小部分外)。

其次,根据适当的经营规则,为上述三种资金储存流动性资金。为所有"热钱"资金(减去银行为热钱资金所持有的法定(存款)准备金)建立95%的流动性储备。该流动性储备可以由在往来行持有的存款、短期国库券和能在几分钟或几小时内收回资金的回购协议组成。对于敏感性存款和非存款负债,一个共同的经验法则是持有总额一定百分比(如30%)的流动性储备。对于稳定性资金来源,银行可以将其总额的一小部分(15%或更少)作为储备形式。这样,银行为其全部存款和非存款负债所安排的流动性储备如下:

$$
\begin{aligned}
负债流动性储备 = & 0.95 \times (热钱存款和非存款资金 - 所持法定准备金) \\
& + 0.30 \times (敏感性存款和非存款资金 - 所持法定准备金) \\
& + 0.15 \times (稳定性存款和非存款资金 - 所持法定准备金)
\end{aligned}
$$

从贷款角度看,银行必须在任何时候都准备贷出高质量的贷款,也就是说,银行必须满足那些符合银行贷款质量标准的客户所提出的合法、合理的信贷要求。由于贷款一旦作出,借款客户通常会在数小时或数天内支取该款项,而且这些资金将流到其他银行,所以银行必须有充足的流动性储备。银行不会拒绝任何高质量的贷款要求,因为贷款客户带来了新存款,同时,贷款客户通常是银行利息收入和费用收入的主要来源。

目前,许多银行认为,银行应该贷出所有高质量的贷款。如果必要的话,借入流动性资金满足所有紧急的现金需要。这就是客户关系准则——管理层必须努力去满足所有质量高的贷款申请,以建立持久的客户关系。这将持续不断地在将来带来存款和贷款。关系银行业是指,一旦发放贷款给客户,银行就能继续向客户提供其他的银行服务,带来额外的费用收入,增加客户对银行依赖性(即忠诚度)的多维关系。所以,商业银行管理层必须尽力预测出最大的总贷款数额,以流动性储备或借款能力持有实际未清偿贷款额和预测总贷款额之间的所有差额部分(即100%)。

结合贷款和存款的流动性要求,商业银行的总流动性要求如下。

银行的总流动性需求＝存款和非存款负债流动性需求和贷款流动性需求
$$= 0.95 \times (热钱存款和非存款资金 - 所持法定准备金)$$
$$+ 0.30 \times (敏感性存款和非存款资金 - 所持法定准备金)$$
$$+ 0.15 \times (稳定性存款和非存款资金 - 所持法定准备金)$$
$$+ 1.00 \times (潜在的未清偿贷款 - 实际的未清偿贷款)$$

应注意的是,上述方程中存款和贷款的流动性需求是主观估计的,主要取决于银行管理人员对风险的判断、经验和态度。

【例5-2】 资金结构法应用举例。某银行把其存款和非存款负债分解成热钱、敏感性资金和稳定性(核心)资金三部分,总额分别为2 500万元、2 400万元和1亿元。该银行贷款总额通常为1.35亿元,但最近却高达1.4亿元,预计贷款按10%的年率增长,即下一年银行总贷款将达1.54亿元,比现在高1 900万元。银行的管理层想为其热钱存款(减去10%要求的法定准备金)和非存款负债保持95%的储备,为其敏感性存款和借入款(减去3%法定准备金)保持30%的储备,为其核心存款和非存款资金(减去3%法定准备金)保持15%的流动性储备。银行准备在任何时候都满足达到贷款质量标准的贷款请求。

依据资金结构法预测,银行的总流动性需求如下。

该银行的总流动性需求＝$0.95 \times (2\,500 - 0.10 \times 2\,500) + 0.30 \times (2\,400 - 0.03 \times 2\,400) + 0.15 \times (10\,000 - 0.03 \times 10\,000) + (14\,000 \times 0.10 + 14\,000 - 13\,500) = 2\,137.5 + 698 + 1\,455 + 1\,900 = 6\,190.5$(万元)。

即,该银行需6 190.5万元以上的总流动性,它由流动资产和借款能力组成。

(三) 改良的资金结构法

许多银行喜欢用概率法来估算为其存贷款持有多少流动性。使用这种改良的资金结构法,需要预测银行最好的流动性头寸和最坏的流动性头寸,并把概率尽可能地分派到这些情况。

(1) 银行最坏的流动性头寸。假设存款增长远远低于银行管理层的预测,实际的存款总额低于银行历史最低存款记录。另外,假设合格信贷客户的贷款请求大大高于管理层的预期,导致贷款要求高于银行贷款增长记录的最高点。在这种情况下,由于存款增长不可能为客户所需资金融资,银行流动储备的压力达到最大。银行将不得不为较大的流动性赤字做准备,并确定筹集大额流动性资金的计划。

(2) 银行最好的流动性头寸。假设存款增长大大高于管理层的预期,达到银行存款增长记录的最高点。另外,假设贷款需求大大低于管理层的预期,贷款需求沿着最低路径增长,达到银行贷款增长记录的最低点。在这种情况下,银行面临流动性储备的压力最小,因为存款增长可能差不多能为所有提出申请的合格贷款融资。在这种最好的情况下,流动性盈余极有可能会增加。流动性经理必须作出计划,把这些盈余资金投资出去以使银行的收益最大化。

当然,对于存贷款增长来说,最好和最坏的结果都不大可能发生,最可能的结果是位于两个极端之间。银行基于其分配给不同结果的概率,计算出其期望的流动性要求。

【例5-3】 假设某商业银行下周的流动性情况可能为下述三种情况之一。

下周可能的流动性结果	管理层给每种结果分配的概率(%)	估计下周平均的存款额(百万元)	估计下周平均可接受的贷款额(百万元)	估计下周的流动性盈余或赤字(百万元)
最好的流动性头寸(存款最多,贷款最小)	15	170	110	+60
发生概率最高的流动性头寸	60	150	140	+10
最坏的流动性头寸(存款最小,贷款最多)	25	130	150	−20

所以,该银行下周最坏的情况是,流动性赤字为2 000万元,但这最不受欢迎的结果仅有25%的概率。类似地,最好结果是流动性盈余6 000万元,银行将把它们投资于有利可图的贷款和证券,但这一结果只有15%的发生概率。最可能发生的是流动性盈余1 000万元,预计的概率为60%。那么,银行预期的流动性要求是多少?

这可以用下述公式找到答案。

$$\text{银行预期的流动性需求} = \text{A情况的概率} \times \text{A情况下的预期流动性盈余/赤字} + \text{B情况的概率} \times \text{B情况下的预期流动性盈余/赤字} + \cdots +$$

上述公式中所有概率之和为1。

使用该公式,算出:

$$\text{该银行预期的流动性需求} = 0.15 \times (+6\,000) + 0.60 \times (+1\,000) + 0.25 \times (-2\,000)$$
$$= +1\,000(\text{万元})$$

该银行必须为下周1 000万元的流动性盈余作出安排,从现在开始就要考查能把这些预期盈余投资出去的选择。当然,银行管理层为防止最坏结果发生,也必须有备用的应急计划。

(四) 流动性指标法

流动性指标体系反映银行整体的流动性状况,银行可通过对比分析自身的流动性指标与同行业的平均指标估算流动性需求。

许多银行根据经验和行业平均数估计其流动性需要。这常常意味着使用某些前导性的财务比率或流动性指标,常用的财务比率或流动性指标有以下十二个。

(1) 现金头寸比率。

$$\text{现金比率} = \frac{\text{现金} + \text{存放同业}}{\text{总资产}}$$

较大的现金比例意指银行流动性强。

(2) 流动性证券比率。

$$流动性证券比率 = \frac{政府证券}{总资产}$$

把银行持有的最易售出的证券和其资产组合总额做比较。政府证券比率越大,银行头寸越具流动性。

(3) 无风险资产比率。

$$无风险资产比率 = \frac{现金 + 同业存款 + 政府证券}{总资产}$$

(4) 流动资产比率。

$$流动资产比率 = \frac{现金 + 同业存款 + 政府证券 + 同业拆借净值}{总资产}$$

(5) 同业拆借净值率。

$$同业拆借净值率 = \frac{同业拆出 - 同业拆入}{总资产}$$

它衡量隔夜贷款(同业拆出资金)对隔夜借入储备(同业拆入资金)的相对重要性。比率上升,流动性增加。

(6) 能力比率。

$$能力比率 = \frac{贷款 + 租赁净值}{总资产}$$

它实际上是反向的流动性指标,因为贷款和租赁是商业银行资产中流动性最小的资产。

(7) 担保证券比率。

$$担保证券比率 = \frac{担保证券}{所持证券总额}$$

它也是反向的流动性指标,因为用作担保的证券的比例越大,当商业银行流动性需要上升时,可售出的证券越少。

(8) 热钱比率。

$$热钱比率 = \frac{货币市场资产}{货币市场负债} = \frac{现金 + 短期政府证券 + 同业拆出 + 反向回购协议}{大额存单 + 欧洲货币存款 + 同业拆入 + 回购协议}$$

回购协议是指商业银行暂时售出证券的借款,而反向回购协议是指银行暂时购入证券贷出资金。该比率表明,银行是否用货币市场的资产来平衡其在货币市场的借款。货币市场的这些资产能迅速售出以弥补货币市场的负债。

(9) 短期投资对敏感性负债比率。

$$短期投资对敏感性负债比率 = \frac{短期投资}{敏感性负债}$$

短期投资包括持有在其他银行的短期存款、同业拆出资金、所持的短期证券。敏感性负债是指对利率变化敏感的负债，包括大额存单、可变利率存单、货币市场存款、回购协议下售出的证券等。它们都是银行的资金来源，对利率高度敏感，容易失去，流入其他银行。该比率上升，表明银行的流动性较强。

（10）核心存款比率。

$$核心存款比率 = \frac{核心存款}{总资产}$$

与商业银行其他来源资金相比，核心存款具有成本较低、对利率变化不太敏感、长期稳定的优点，是每一个商业银行都积极努力获取的资金来源方式。如果商业银行的核心存款较多，则它具有更强的市场风险抵抗能力，可以更为灵活地运用其获得的资金以获得更多的盈利。这一比率反映了银行流动性大小，该比率上升，表明银行的流动性较强。

（11）存款构成比率。

$$存款构成比率 = \frac{活期存款}{定期存款}$$

活期存款指易于通过签署支票而立即取走的存款。定期存款则有固定的到期日，提前支取要受罚、遭受利息损失。该比率衡量每个银行拥有的融资基础的稳定性。该比率下降表明存款稳定性较大，对流动性的需要少。

（12）交易性存款率。

$$交易性存款率 = \frac{交易性存款}{非交易性存款}$$

交易性存款是指具有签发类似支票权的各种交易账户，如可转让支付命令账户、货币市场账户等。非交易性存款是以储蓄为目的的各种存款，它们相对稳定，故仅需较少的流动性资金。

上面所讨论的前七个流动性指标主要衡量资产或储存的流动性。后五个则主要衡量银行的负债或是购入的流动性。每一个流动性指标都需要与规模相同的当地银行的平均值做比较。这些指标对季节和经济周期高度敏感。在经济繁荣期，由于贷款需求较旺，流动性指标常常下降。只在经济衰退中才再度上升。因此，行业范围的平均数常常是误导的。每一银行的流动性头寸，必须与规模相同、在相似市场环境中经营的竞争者来做比较，此外，银行经理常常关注流动性指标的变化，而不是每一指标的大小；要关注的是流动性的升降及为什么升降。

（五）中国的流动性监管指标

在中国，为加强商业银行流动性风险管理，维护银行体系安全稳健运行，中国银行监督管理委员会（简称中国银监会）于2014年1月出台了《商业银行流动性风险管理办法（试行）》，基于风险视角规定的四个流动性监管指标。

（1）存贷比。

$$存贷比 = \frac{客户贷款}{客户存款} \times 100\%$$

存贷比是一个静态指标,规定的上限为 75%。银行的存贷比越高,贷出去的资金就越多,银行面对的流动性风险可能也就越高;同样,存贷比越低,贷出去的资金就相对较少,银行面对的流动性风险也相对较低,但是资金的利用效率也会相对较低。

存贷比指标只涵盖了银行的存款放贷业务,计量十分简单,可以很容易统计出来;其所包括的内容很多,反应的是一个总体的情况;同时,存贷比还反映银行的资金利用情况。所以存贷比是一个较为多面的指标。但是,存贷比只反映了存款和贷款在数量上的关系,并没有描述这些贷款、存款的性质。存贷款的期限结构、贷款的信用程度等特别重要的信息没有细分出来。如果存款、贷款的期限结构匹配得较好,那么就算贷存比数值较高,银行的流动性也是较好的。反之,哪怕存贷比较低,如果存贷款的期限结构不匹配,还是会有流动性风险。如果贷款的信用程度较高,那么就算存贷比数值较高,银行到期的贷款资产还是可以提供预期的流动性来支付匹配的银行负债。反之,如果贷款的信用程度低,即便存贷比较低,发生违约的话,银行还是会有流动性风险。所以,贷存比所表征的流动性情况很笼统。此外,存贷比忽略了银行存存贷款业务之外的其他的资产业务,是不全面的。比如,银行可能还在货币市场上开展同业拆借业务和债券的买卖、回购业务。这些业务资产的流动性也要计入分析。

(2) 流动性比例。

$$流动性比例 = \frac{流动性资产}{流动性负债} \times 100\%$$

流动性资产包括:现金、黄金、超额准备金存款、一个月内到期的同业往来款项轧差后资产方净额、一个月内到期的应收利息及其他应收款、一个月内到期的合格贷款、一个月内到期的债券投资、在国内外二级市场上可随时变现的债券投资、其他一个月内到期的可变现资产(剔除其中的不良资产);流动性负债包括:活期存款、一个月内到期的定期存款(不含财政性存款)、一个月内到期的同业往来款项轧差后负债方净额、一个月内到期的已发行的债券、一个月内到期的应付利息及其他各项应付款、一个月内到期的央行借款、其他借款。

流动性比例也是一个静态指标,规定的下限为不低于 25%。流动性比例越高,流动性资产就越多,将流动性资产变现以支付流动性负债的能力也就越好,或者说拓展新的资产业务的能力越好;反之,支付流动性负债的能力就较低,拓展新的资产业务的能力也越低。表 5-3 是近年中国银行业金融机构流动性比例的情况。

表 5-3　中国银行业金融机构流动性比例情况(2007—2015 年)　　单位:百分比

机构/年份	2007	2008	2009	2010	2011	2012	2013	2014	2015
银行业金融机构	40.3	49.8	45.7	43.7	44.7	47.8	46.0	48.4	49.3
其中:商业银行	37.7	46.1	42.4	42.2	43.2	45.8	44.0	46.4	48.0

流动性比例的优点有:直接分析流动性供给储备和流动性需求,在偿还能力的层面上作出评估会更有针对性;撇开了中长期负债和资产的干扰。但有下述缺陷:不同

流动性负债的期限存在差异,流动性负债并没有评估未来某一时间段的现金流出情况,而这恰好是我们关注的;流动性资产是以当前的市场价格估算而来的,但是未来的资产价格会因为市场变化有所不同,所以变现能力可能要打折扣,实际的流动性比例要偏低。

(3) 流动性覆盖率。

$$流动性覆盖率 = \frac{优质流动性资产储备}{未来30日的现金流出量} \times 100\%$$

流动性覆盖率(liquidity covered ratio,LCR)是一个动态指标,规定的下限为不低于100%。该指标旨在确保商业银行在设定的严重流动性压力情景下,能够保持充足的、无变现障碍的优质流动性资产,并通过变现这些资产来满足未来30日的流动性需求;是个更加具体、更加严格的指标。流动性覆盖率越高,银行的流动性风险就越小;反之,流动性风险就越大。

其优点在于:该指标更具体,直接考虑了银行未来30天的流动性需求满足能力,这是银行正常经营的根本关注点;该指标更严格,流动性供给从一般的流动性资产变为了优质流动性资产储备,要求变现的无障碍和低损失。但这种严格会降低银行资金的利率效率。此外,该指标没有考虑借入流动性管理对流动性需求的供给作用。

这三种流动性指标都着眼于不同方面反映了流动性情况。但最严格和精确的应该是流动性覆盖率。它更具体地要求未来某一确定时间的流动性需求和流动性供给的平衡。其次是流动性比率,这个指标是流动性分析中的一个总体静态指标,反映了流动性的总体供需状况,所以该指标的要求也较低。最后是贷存比,这个指标只能说是一个参考,并没有很准确地反应流动性的情况。

就所表征的流动性具体程度和有效程度而言,流动性覆盖率要好过流动性比例;流动性比例要好过贷存比。但三者没有绝对的好坏之分,他们都描述了流动性不同的方面。

此外,《商业银行流动性风险管理办法(试行)》还引入了净稳定融资比例指标,它与流动性覆盖率两个指标都是在2010年达成的《巴塞尔协议Ⅲ》中首次提出,是国际监管层面针对危机中银行流动性问题反思的最新成果,中国银监会将它们引入中国的流动性监管指标体系之中。

(4) 净稳定资金比率。

$$净稳定资金比率 = \frac{可用的稳定资金}{业务所需的稳定资金} \times 100\%$$

净稳定资金比率(net stable funding ratio,NSFR)也是一个动态指标,监管当局要求商业银行的净稳定融资比例应当不低于100%。净稳定融资比例旨在引导商业银行减少资金运用与资金来源的期限错配,增加长期稳定资金来源,满足各类表内外业务对稳定资金的需求。流动性覆盖率主要监控的是银行短期的流动性风险,而净稳定融资比例则关注长期流动性风险。

银行在进行指标比较时,应注意选择相同环境下同类银行指标的平均值作参考才具有可比性。同时,分析时应注意所有流动性指标的变化,而不是单个指标的变化,据此全面掌握银行流动性状况,确定银行是否需要补充流动性。

本 章 小 结

1. 银行的库存现金越多、流动性越强,而盈利性则越差。要保证在必要流动性的条件下实现更多的盈利,就需将库存现金压缩到最低程度。

2. 银行必须准确测算库存现金的需要量,及时调节存量,并加强各项管理措施,确保库存现金的安全。

3. 商业银行对中央银行的法定存款准备金要求必须无条件服从。对法定存款准备金的管理,主要是准确计算其需要量和及时上缴应缴的准备金。

4. 超额准备金是商业银行在中央银行存款账户上超过法定存款准备金的那部分存款,是商业银行最重要的可用头寸,是用来进行贷款、投资、清偿债务和提取业务周转金的准备资产。对超额准备金的管理重点,就是要在准确测算其需要量的前提下,适当控制其规模,以尽量减少持有超额准备金的机会成本,增加银行盈利收入。

5. 商业银行对同业存款的管理,要准确地预测其需要量,使之能保持一个适度的量。因为同业存款过多,会使银行付出一定的机会成本;而同业存款过少,又会影响委托他行代理业务的展开,甚至影响本行在同业之间的信誉等。

关 键 词

库存现金(cash holdings)、法定存款准备金(legal requirements on deposit)、超额存款准备金(excess deposit reserve)、现金头寸(cash position)、可用头寸(available positions)、可贷头寸(loanable positions)、流动性管理(liquidity management)、流动性需求(liquidity demand)、流动性供给(liquidity supply)、流动性管理策略(liquidity management strategy)

复习思考题

1. 商业银行的现金资产包括哪些形式?银行保留各种形式现金资产的目的是什么?

2. 法定存款准备金的计算方法有哪些?银行应该如何进行法定存款准备金的管理?

3. 影响超额准备金的因素是什么?银行应该进行超额准备金管理吗?

4. 法定存款准备金与超额存款准备金的关系是什么?为什么它和法定存款准备金的管理目标不一样?

5. 什么是流动性需求?银行的流动性需求有哪些种类?

6. 商业银行在什么情况下会产生流动性需求?如何来预测流动性需求?

7. 结合流动性管理的原则分析银行是如何来满足流动性需求的?

8. 管理银行的流动性头寸时,管理层必须牢记哪些准则?

9. 资产管理、负债管理和平衡的流动性管理之间的主要区别是什么?

10. 假设下周某商业银行面临下述的现金流入和现金流出：(1) 预期存款提现总额为 3 300 万元；(2) 预期客户偿还贷款总额为 1.08 亿元；(3) 经营费用约需支付现金 5 100 万元；(4) 承诺的新贷款请求达 2.94 亿元；(5) 银行销售资产获资预计为 1 800 万元；(6) 新存款总计为 6.7 亿元；(7) 预计从货币市场借款 4 300 万元；(8) 服务收入将达 2 700 元；(9) 预计偿还先前的银行借款总计 2 300 万元；(10) 计划向银行股东支付红利 1.4 亿元。求该银行下周的净流动性头寸。

第六章 商业银行的贷款管理

> **本章导入**
>
> **银行不良贷款的形成**
>
> 张某某、高某、刘某在黑龙江省某市注册成立 ABC 公司。公司成立后,为尽快获取 XY 银行某支行的准政策性粮食收购贷款,高某联系广东一家粮库签订了 3 份虚假的玉米购销合同,使之符合银行贷款要求。当 XY 银行营业部高级主管富某与 XY 支行副行长姜某来到张某某所在的担保企业融资进行核保时,发现该担保企业不符合要求。为顺利取得贷款,担保企业出具了虚假的审计报告以及合并报表。
>
> 三个月后,XY 分行营业部同意为 ABC 公司提供粮食收购贷款 2 亿元。
>
> 贷款发放后,刘某在高某指示下,将 3 700 万元贷款转付给 F 公司,F 公司并未用其购买粮食,而是将其中 3 300 万元用于偿还粮款和借款,400 万元用于日常开销。高某为此安排人员起草了各种假手续来应付检查。
>
> 次年年末,ABC 公司 2 亿元贷款即将到期,尚有 1.85 多亿元贷款没有归还,姜某、富某明知 ABC 公司不符合办理展期条件,仍决定为其申请办理展期,致使 ABC 公司贷款展期半年。可等到贷款展期届满,ABC 公司、高某等人仅归还银行贷款本金 2 988 万元,致使 1.701 2 亿元贷款不能收回。最终被 XY 银行认定为不良贷款,处于坏账状态。

贷款是商业银行的主要业务,商业银行通过贷款业务达到促进闲置资金再投资的效果。然而在贷款业务中,商业银行面临较大的信贷风险和利率风险。一旦贷款无法偿还,可能给商业银行造成巨大的损失。贷款的管理是商业银行经营管理的重要内容,商业银行应当遵照监管管理规定及制度,谨慎审核放款,提高利润,降低经营风险。

第一节 商业银行贷款概述

一、商业银行贷款的意义

贷款是银行最主要的经济功能之一。商业银行通过发放贷款将资金从盈余单元

(lend-savers)传递到短缺单元(borrow-spenders),从而使得资金得到流转,达到增加可投资资金,促进经济发展的作用。同时,在部分准备金制度下,商业银行通过发放贷款创造流动性,是货币当局宏观调控中的重要角色。目前,大多数国家为银行主导的金融体系(bank-oriented system),即全国大部分融资主要通过银行类金融机构来完成,商业银行贷款对金融经济的作用和影响相当巨大。

贷款业务是银行的主要资产业务,在资产负债表上占银行总资产的一半以上,带来的收益约占银行总收入的50%—70%。同时,信贷风险也是银行最大的风险之一,高比例的坏账率很容易导致一家银行遇到严重的资金困难。因此贷款的质量和结构也是监管方重点关注的对象。监管机构通常对巨额贷款的文件和抵押仔细调查分析、对小额贷款抽样审核,以及对银行的信贷政策进行评估,确保信贷政策是健全与谨慎的,保障公众的资金利益。

二、商业银行贷款的种类

按照不同的分类标准贷款有以下五种划分:一是按贷款期限划分,可分为活期贷款、定期贷款和透支贷款三类。二是按照贷款的保障条件分类,可分为信用放款、担保放款和票据贴现。三是按贷款的偿还方式划分,可分为一次性偿还和分期偿还。四是按贷款质量划分有正常贷款、关注贷款、次级贷款、可疑贷款和损失贷款等。五是按贷款用途划分,非常复杂,若按行业划分有工业贷款、商业贷款、金融机构贷款、农业贷款、科技贷款和个人消费贷款;按具体用途划分又有流动资金贷款和固定资金贷款。商业银行贷款可以满足客户各种各样的用途,如购买汽车、置办家具、假日旅行,或者是借款用于接受高等教育、建造住宅或写字楼等。

长期以来,不论是理论界还是从事实际业务的部门,甚至每个商业银行对贷款种类划分的标准都是不一样的,其结果对中央银行的监管造成诸多不便,也使贷款人难以具体掌握。根据我国金融理论界对贷款种类的划分方法和实际工作中的习惯并参考了国际上习惯的划分方法,《贷款通则》按不同标准对贷款进行了分类。

(一)自营贷款、委托贷款和特定贷款

按照发放贷款时是否承担本息收回的责任及责任大小,可以将贷款划分为自营贷款、委托贷款和特定贷款。

自营贷款是指贷款人以合法的方式筹集的资金自主发放的贷款,其风险由贷款人承担,并由贷款人收回贷款本金和利息。自营贷款是我国贷款人发放的数量最多、比重最大的贷款。它具有以下特点:一是发放贷款的资金是以合法方式自筹的,目前有自有资本金、吸收的存款、借入的资金等;二是贷款由贷款人自主发放、风险自担;三是收益归贷款人。

委托贷款是指政府部门、企事业单位及个人等委托人提供资金,由贷款人(即受托人)根据委托人确定的贷款对象、用途、金额、期限、利率等代为发放、监督使用,并协助收回的贷款。贷款人只收手续费,不承担贷款风险。委托贷款具有以下特点:一是受托人按照委托人的意志发放和管理贷款;二是受托人以自己的名义为委托人发放和管理贷款;三是委托贷款的收益全部归属于委托人;四是委托贷款关系因委托贷款的收回或委托人取消委托而结束。根据中国人民银行的规定,只有信托投资公司具有受托人资格,可以接受委托发放委托贷款。

特定贷款是指经国务院批准并对贷款可能造成的损失采取相应补救措施后责成国有独资商业银行发放的贷款。特定贷款具有以下特点(这里讲的特点,只是《贷款通则》从概念上给予的界定):一是贷款的批准人是国务院,除此之外任何部门、个人都不得批准特定贷款,贷款的用途和期限、利率也是国务院规定的;二是在发放贷款前就知道它可能会造成损失,或一定造成损失,并对这种损失采取相应的补救措施,如对贷款的损失采取减息、挂账、财政补贴的方式补偿等(因为贷款的使用对国民经济发展关系重大);三是特定贷款只能由国有独资商业银行发放,其他金融机构不得发放。国有独资商业银行是指中国工商银行、中国农业银行、中国建设银行和中国银行,它们与其他商业银行之所以不同,是因为它们是国家投资设立的金融机构。国务院在领导和管理全国经济工作中,有权指定国有独资商业银行对其批准的项目发放贷款,以满足某些对全国或区域经济发展有特殊意义的特殊项目对资金的需要。但是,若有可能造成损失,国务院必须采取相应的补救措施。

(二) 短期贷款、中期贷款和长期贷款

按照贷款使用期限,可以将贷款划分为短期贷款、中期贷款和长期贷款。

短期贷款是指期限在1年以内(含1年)的贷款;中期贷款是指期限在1年以上(不含1年)5年以下(含5年)的贷款;长期贷款是指期限在5年(不含5年)以上的贷款。

从我国目前金融机构的具体做法看,我国主要有3个月、6个月、9个月、一年等类型的短期贷款。短期贷款主要是流动资金贷款,是贷款人对社会生产流通领域的短期资金需要发放的贷款。短期贷款是我国商业银行最主要的业务之一,不论是在银行信贷资金的分配上,还是在整个贷款业务中占的比重都很大。从我国商业银行业务实际来看,短期贷款又可分为工业流动资金贷款、商业流动资金贷款、建筑业流动资金贷款、农业流动资金贷款、外贸流动资金贷款等,而且,在不同的行业中,具体的贷款种类也不完全相同。

对中期贷款和长期贷款而言,主要是商业银行针对借款人在购建固定资产时资金不足而发放的贷款,或是满足基本建设的资金需要,或是满足更新改造的资金需要。由于中、长期贷款具有投资量大、周期长、周转速度缓慢的特点,因此,其运行规律、操作规范均不同于短期贷款:第一,对中、长期贷款投放总量实行双重控制,既要受商业银行信贷计划的控制,还要受国家固定资产投资计划的控制;第二,中、长期贷款对产业结构的影响重大,贷款结构受国家产业政策的制约;第三,贷款项目必须事先进行评估,包括对项目建设的必要性、技术可行性和合理性的分析论证;第四,资金使用实行项目管理,必须关注建设过程中的每个阶段、每个环节及每道工序的质量,以保证贷款项目的经济效益。

(三) 信用贷款、担保贷款和贴现

按照贷款有无担保和担保的方式不同,可以将贷款划分为信用贷款、担保贷款和票据贴现。

信用贷款是指以借款人的信誉发放的贷款。这种贷款的最大特点是不需要担保,仅凭借款人的信用就可以取得贷款,因而风险较大。

担保贷款是指保证贷款、抵押贷款、质押贷款。保证贷款是指按《中华人民共和国担保法》规定的保证方式以第三人承诺在借款人不能偿还贷款时,按约定承担一般保证责任或者连带责任而发放的贷款;抵押贷款是指按《中华人民共和国担保法》规定的抵押方式以借款人或第三人的财产作为抵押物发放的贷款;质押贷款是指按《中华人民共和国担保法》规定的质押方式以借款人或第三人的动产或权利作为质物发放的贷款。从理论上讲,担保贷款的风险要小于信用贷款,但这并不意味着担保贷款一定就能够偿还。贷款到期能否偿还关键取决于借款人的还款意愿和还款能力,并不取决于贷款的方式。当然,在担保贷款情况下,若借款人到期不能偿还贷款本息,商业银行可依法向保证人追索或处置抵(质)押品,这无疑增加了贷款按期偿还的一道屏障。

票据贴现是商业银行(包括其他金融机构)以购买借款人未到期商业票据方式发放的贷款。票据贴现作为一种特殊形式的贷款,与一般贷款业务区别在于:第一,利息收取的方式不同。一般贷款的利息是到期收或按国家的规定定期收取;票据贴现的利息则在贴现时予以扣除,属于提前收取。第二,资金融通的期限不同。贷款期限有长短之分,或1年以内,或5年以上;票据贴现期限最长不超过6个月。第三,业务活动中当事人的关系不同。在贷款业务中,当银行对借款人发放了贷款之后,它们之间的债权债务关系才开始存在;在票据贴现过程中,一旦银行将持票人的票据予以贴现,则贴现银行与持票人一般不存在债权债务关系了,贴现银行在票据到期后向票据的付款人索要票据款项。

三、商业银行的贷款方式

商业银行的贷款方式根据贷款安全保证程度来划分有信用贷款、保证贷款、抵押贷款、质押贷款等不同的贷款方式,它们在贷款的风险管理上各有所侧重,因此,需要分别了解各种贷款方式的要点。

(一)信用贷款方式

信用贷款方式,是完全凭借借款人的信誉而发放贷款的形式。我国商业银行过去基本上是以发放信用贷款为主,随着市场经济的发展,贷款正逐步从信用贷款向担保贷款转变,而信用贷款今后仅向信誉卓著的借款人发放。因此,这种贷款方式的成败在很大程度上取决于对借款人或借款项目的信用分析是否科学可靠。

(二)保证贷款方式

保证贷款方式的要点包括以下三个方面:保证人的资格、保证的方式和保证期间。

1. 保证人的资格

不同的保证人,由于信用等级不同,对贷款风险的影响程度不同。我国《担保法》规定:"具有代为清偿能力的法人、其他组织或者公民,可以作保证人。"可见,保证人可以是法人、公民,也可以是其他组织。从我国现行的法律规定看,下列组织不能担任保证人:第一,国家机关。由于国家机关属于国家和社会事务的管理机构,不具有直接从事经济活动的职能,其活动经费源于国家预算拨款,而保证行为是一种经济行为,因此,国家机关不得为保证人,否则,既有悖于国家机关的性质,干扰国家的经济秩序,也影响国家机关管理职能的行使。第二,企业法人的分支机构、职能部门。法人的分支机构、职能部门是法人的组成部分,不具有独立的主体资格,只能在法人授权范围内从事经营活动。当然,"企业法人的分支机构有法人书面授权的,可以在授权范围内提供保证""企业法人的分支机构未经法人书面授权或者超出授权范围与债权人订立保证合同的,该合同无效或者超出授权范围的部分无效"。第三,以公益为目的的事业单位、社会团体。因为这些单位从事的是公益事业,而不是以经营活动为主要目的,而保证行为属于经营活动,并且这些单位的活动经费主要来自国家的预算拨款或者捐助,所以不具备从事保证的行为能力。

2. 保证的方式

保证方式是指保证人承担责任的方式,依《担保法》的规定,保证方式有两种:一般保证和连带责任保证。一般保证是当事人在保证合同中约定,债务人不能履行债务时,由保证人承担保证责任的,为一般保证。一般保证的保证人在主合同(借款合同)纠纷未经审判或者仲裁,并就债务人财产依法强制执行仍不能履行债务前,对债权人可以拒绝承担保证责任。因此,在一般保证中,保证人享有先诉抗辩权,仅在债务人的财产不足以完全清偿债权的情况下,才负担保责任。即一般保证的债权人请求保证人承担保证责任的,不仅须证明债务人不履行债务的事实,而且须证明已就主债务的财产依法强制执行后仍不能完全受偿。当然,在下列情况下,一般保证的保证人不得行使先诉抗辩权:一是债务人住所变更,致使债权人要求其履行债务发生重大困难的;二是人民法院受理破产案件,中止执行程序的;保证人以书面形式放弃先诉抗辩权的。连带责任保证是当事人在保证合同中约定保证人与债务人对债务承担连带责任的,为连带责任保证。在连带责任保证下,保证人不享有先诉抗辩权,只要有债务人履行期届满不履行债务的事实,保证人的保证责任即发生效力。连带责任保证的债权人请求保证人承担保证责任的,只需要证明债务人有届时不履行债务的事实即可,而不论债权人是否已就债务人的财产强制执行,保证人均应依保证合同的约定承担保证责任。

3. 保证期间

保证期间即保证人承担保证责任的起止时间,保证人在该期间承担保证责任,过了该期间,即使债务人未履行债务,保证人也不承担保证责任,由此可将保证期间分为两种:约定保证期间和法定保证期间。前者是指债权人与保证人在合同中约定的保证期间,后者是指在当事人没有约定的情况下由法律直接规定的保证期间。无论是一般保证还是连带责任保证,约定保证期间都优先于法定保证期间,而且只有在没有约定保证期间的情况下才适用法定保证期间。

一般保证的保证人与债权人未约定保证期间的,保证期间为主债务履行期届满之日起6个月。在合同约定的保证期间和法定保证期间,债权人未对债务人提起诉讼或者申请仲裁的,保证人免除保证责任;债权人已提起诉讼或者申请仲裁的,保证期间适用诉讼时效中断的规定。连带责任保证的保证人与债权人未约定保证期间的,债权人有权自主履行债务期届满之日起6个月内要求保证人承担保证责任。在合同约定的保证期间和法定保证期间,债权人未要求保证人承担保证责任的,保证人免除保证责任。值得注意的是,在连带责任保证中,一旦债权人在保证期间内依法要求保证人承担保证责任,保证期间即行终止,此后,债权人对保证人的请求权直接适用诉讼时效的规定。

(三) 抵押贷款方式

抵押贷款是指债务人以不转移对特定财产的占有而将该财产作为债权的担保向银行取得的贷款。抵押贷款要掌握抵押物的条件和抵押物的登记。

1. 抵押物的条件

一般来讲,抵押物应具备以下条件:抵押物应是抵押人享有处分权的财产;抵押物应是可让与物,即法律规定可流通的财产;抵押物须为非消耗物,即抵押物应不因继续使用、收益而毁损其本来的价值及形态;抵押物应是法律规定可以抵押的财产,凡是法律规定禁止抵押的财产,不得成为抵押物;作为抵押物的财产应是可以公示的财产;为保护第三人的利益,抵押的设定应进行公示;抵押物的价值不得低于被担保的债权的价值。

2. 抵押物的登记

抵押物的登记就是法律规定的主管部门依法对抵押物进行审查和登记的行政法律行为。它是公示、公信原则的运用,它对于发挥担保功能,维护交易秩序,保护债权人和第三人利益,具有非常重要的意义:使抵押权生效,这是抵押登记的最主要的效力;防止虚假抵押,即通过登记机关审查,防止将他人财产、没有处分权的财产、使用寿命已过的财产、禁止抵押的财产进行抵押,也可防止抵押价值明显偏高偏低的现象;防止重复抵押,即防止将已抵押的抵押物在没有余额的情况下再次抵押;保证抵押权的实现。建立抵押物登记制度,既有利于国家从宏观上对合同的监督管理,防止或减少利用抵押合同进行违法行为,又有利于保障抵押权人对抵押权的实现。

根据我国《担保法》的规定,应当办理登记的抵押物为:土地使用权;城市房地产或乡、村企业的厂房等建筑物;林木、航空器、船舶、车辆;企业的设备和其他动产。除此以外的其他财产,是否登记,由当事人自主决定。以土地上定着物的土地使用权抵押的,登记部门为核发土地使用权证书的土地管理部门;以城市房地产或乡、村企业的厂房等建筑物抵押的,登记部门是县级以上地方政府规定的部门;以林木抵押的,登记部门为县级以上林木主管部门;以航空器、船舶、车辆抵押的,登记部门为运输工具的管理部门;以企业的设备和其他动产抵押的,登记部门为财产所在地的工商行政管理部门;当事人以其他财产抵押的,可以自愿办理抵押物登记,登记部门为抵押人所在地的公证部门。

(四) 质押贷款方式

质押贷款分为动产质押贷款和权利质押贷款两种。

1. 动产质押贷款

动产质押贷款是指商业银行以获得债务人或第三人移交的动产为条件而发放的贷

款。与抵押贷款一样，商业银行为了保证贷款的安全，也必须重点审查质押物是否符合商业银行的要求(包括质押物的合法性、质押的数量和质量)，特别是要注意动产的易保管性和流动性。因为，在动产质押贷款中，质物是由发放贷款的商业银行保管，是以占有来进行公示的，不需要登记，因此，为了保证银行债权收回价值的最大化，质物必须是容易保管、不易变质的动产。

2. 权利质押贷款

根据我国《担保法》的规定，可作为质物的财产权利包括：第一，汇票、支票、本票、债券、存款单、仓单、提单；第二，依法可以转让的股份、股票；第三，依法可以转让的商标专用权、专利权、著作权中财产权；第四，依法可以质押的其他权利。借款人以权利质押的方式向商业银行申请贷款，除了审查权利的真实性和有效性外，若是以汇票、支票、本票、债券、存款单、仓单、提单出质的，应当在合同约定的期限内将权利凭证交付给商业银行，商业银行可在债务履行期届满后兑现或者提货，质押合同自权利凭证交付之日起生效；以依法可转让的股票出质的，商业银行与借款人应当订立书面合同，并向证券登记机构办理出质登记，质押合同自登记之日起生效；以有限责任公司的股份出质的，适用《公司法》股份转让的有关规定；以依法可以转让的商标权专用权、专利权、著作权中财产权出质的，商业银行与借款人也应当订立书面合同，并向权利管理部门办理出质登记，出质合同自登记之日起生效。

(五) 票据贴现方式

票据贴现是票据的持有者以未到期的票据向银行融通资金的行为，银行扣除自贴现日至到期日的利息后，将票面余额支付给贴现申请人。从我国目前的规定看，银行可以贴现的票据仅局限于商业承兑汇票和银行承兑汇票。在票据贴现过程中，商业银行除了要遵从贷款业务审查的一般内容(例如，是否符合当前国家的产业政策和商业银行的信贷政策，是否符合商业银行资产负债管理的有关要求等)外，重点是对票据的审查。第一，票据的商业性。审查供货合同、发票和运单，核实票据是否以真实的商品交易为基础。第二，票据的要式和要件是否合法。根据我国《票据法》的规定，商业承兑汇票和银行承兑汇票都有其必须记载的事项，若必须记载的事项没有记载，则票据无效。第三，票据付款人和承兑人的资信状况。银行为保证贴现款项的安全收回，应当贴现具有优良信誉的企业和银行作为付款人和承兑人的票据。第四，票据期限的长短。商业上买卖赊账的付款期限都有一定的时间限制，由此产生的票据也应当有时间的限制。我国《商业银行法》规定，票据贴现的期限最长不超过6个月。第五，贴现的额度。贴现额度一般不超过贴现申请人的付款能力。因为，贴现票据的偿付虽以付款人最为重要，但贴现申请人也有责任，当付款人拒付时，银行需要向贴现申请人追偿。如果贴现申请人没有足够的财力，银行贴现将面临风险。

四、商业银行贷款管理的目标

存、贷、汇三大业务是现代商业银行经营活动的重要组成部分。其中，吸收存款是手段，办理结算是纽带，发放贷款取得收入是目的。商业银行的生存与发展，必须以利润的取得和积累为前提。在我国现阶段,对银行利润起决定作用的是贷款利息收入。因此,要提高银行的利润水平,就必须重视贷款业务的经营管理,明确贷款业务经营管理的目标。

1. 贷款规模适度

一个银行在一定时期能发放多少贷款,通常由银行根据负债资金来源情况及其稳定性状况、中央银行规定的存款准备金比率、银行自身流动性准备比率、银行经营的环境、贷款需求情况等因素来决定。对一家银行来说,适度的贷款规模,既要满足商业银行稳健经营的需要,保持较强的流动性和安全性,又要最大限度地满足客户的贷款需求,争取更多的盈利。只有这样,才能做到既不违反国家政策,又能使有限的资金加以运用,获取最佳的经济效益。

2. 贷款结构均衡

贷款结构的均衡包含三个层次:一是贷款余额在一段时间内的各个时点上增减幅度基本上平衡,没有大起大落;二是贷款余额与存款余额的增加或减少,在时间和幅度上大体吻合,保持资金来源与资金运用的动态平衡;三是贷款的到期日及其金额均匀地分布在一定时期内的各个时点上,提高贷款业务的流动性。只有这样,才能避免或因一时大量放贷而产生头寸不足、因短贷长占而产生长期资金来源不足、因资金使用不当而造成高成本存款闲置等问题。

3. 防御风险

对任何一家商业银行来讲,都衷心希望所发放的任何一笔贷款到期均能按期收回。但贷款能否收回,不取决于银行良好的愿望,关键是由借款的信用和借款人对贷款的使用来决定。也就是说,贷款的风险是不可能完全避免的,而风险一旦发生,必然会给银行带来损失。所以,银行为了减少损失,就有必要加强对贷款风险的管理,尽量避免或减少贷款损失的发生。

4. 盘活存量

贷款的存量是指银行贷款在行业、企业之间的分布状况或组合方式。它有三种表现形式:一是信贷资金的部门分布结构;二是信贷资金的企业分布结构;三是信贷资金在流动资金贷款和固定资金贷款上的分布结构。盘活存量,就是要克服信贷资金在部门之间、企业之间、流动资金和固定资金之间的不合理分布,从而使信贷资金按其运动规律和要求运转,提高资金使用效益,解决信贷资金供求不平衡的矛盾。

第二节　商业银行的贷款政策与程序

一、商业银行的贷款政策

(一) 商业银行贷款政策含义

商业银行贷款政策是指商业银行指导和规范贷款业务,管理和控制信用风险的各项方针、措施和程序的总称。贷款政策是一种信用诺言。通过明确的贷款政策建立的信用诺言是商业银行共同的信用文化发展的基础。计划经济向市场经济转轨的过程中,贷款政策主要来自货币管理当局。但随着政府金融管制的放松,商业银行必须制定自己的贷款政策。贷款政策的科学性、合理性及实施状况,必然会影响到商业银行的经营绩效。

(二) 商业银行贷款政策的目的与依据

1. 商业银行贷款政策的目的

首先,是为了保证其业务经营活动的协调一致。贷款政策是指导每一项贷款决策的总原则,理想的贷款政策可以支持银行作出正确的贷款决策,对银行的经营作出贡献。其次,是为了保证银行贷款的质量。正确的信贷政策能够使银行的信贷管理保持理想的水平,避免风险过大,并能够恰当地选择业务机会。

2. 商业银行制定贷款政策的依据

商业银行制定贷款政策的主要依据如下。

(1) 所在国的金融法律、法规、政策的财政政策和中央银行的货币政策。

(2) 银行的资金来源及其结构,即资本状况及负债结构。

(3) 本国经济发展的状况。

(4) 银行工作人员的能力和经验。

(三) 商业银行贷款政策的内容

商业银行的贷款政策主要包括以下十四个方面的内容。

1. 贷款业务发展战略

由于商业银行属于高风险行业。因此。多数商业银行都将安全性和稳健性作为发展战略的核心主导思想。在安全性、稳健性原则的指导下。根据自身市场定位的不同。制定具体的发展战略。

2. 贷款审批的分级授权

贷款审批的分级授权是商业银行信贷管理的一个重要方面。授权的安排由董事会提出统一原则,由商业银行的最高管理层负责具体操作并将贷款审批分级授权的安排报董事会批准。

贷款审批的授权是根据信贷部门的层次,每一层次信贷部门信贷人员的职务、工作能力、工作经验和工作业绩以及所负责的具体贷款业务的特点,决定每个信贷部门层次和每位信贷人员的贷款审批品种和贷款审批权限。

商业银行的贷款审批通常由三个层次组成。最高层次是商业银行董事会的贷款审批权。董事会一般对金额特别大、期限特别长的贷款和一些特别的贷款进行审批。第二层为银行信贷委员会的贷款审批权。信贷委员会一般对金额大和期限长的贷款进行审批。第三层为一般信贷人员的贷款审批权。一般信贷人员通常对大量的日常贷款进行独立或集体审批。

3. 贷款的期限结构和品种结构

商业银行贷款的期限结构是指短期贷款、中长期贷款和长期贷款在商业银行贷款总额中的比重。商业银行贷款期限结构的确定,主要受资金来源的期限构成以及借款人的生产周期两个因素影响。贷款的品种结构是指各类贷款在商业银行贷款总额中的比重。贷款的品种结构主要取决于商业银行的市场定位。

4. 关系人贷款政策

银行关系人是指商业银行的董事、监事、高级管理人员、信贷人员及其近亲属,以及上述人员投资或担任高级管理职务的公司、企业或其他经济组织。《中华人民共和国商业银行法》第40条明确规定:"商业银行不得向关系人发放信用贷款;向关系人发放担保贷款的条件不得优于其他借款人同类贷款的条件。"商业银行应在金融监管当局关系人贷款管理规定的基础上,制定具体的关系人贷款政策,防止银行关系人以权谋私,损害银行利益。

5. 信贷集中风险管理政策

信贷集中风险是指商业银行的贷款过分集中于一个或一组关系密切、风险特点相同的借款人给商业银行带来的额外风险。商业银行的信贷集中风险主要表现为:贷款集中于一个借款人或一组相互关联的借款人;贷款的抵押品单一;贷款集中于某一行业。例如,《中华人民共和国商业银行法》第39条规定:"商业银行对同一借款人的贷款余额与商业银行资本余额的比例不得超过10%。"商业银行应当在监管当局有关防范信贷集中风险规定的基础上,制定本行具体的风险管理政策。

6. 贷款定价政策

商业银行贷款定价政策主要由贷款定价方法和贷款定价策略两部分构成。商业银行在长期的经营实践中,形成了多种多样的贷款定价方法。主要有成本相加定价法、价格领导模型定价法和客户账户盈利分析定价法等。商业银行贷款的定价策略主要有高定价策略、渗透性定价策略、竞争性定价策略、竞争性定价策略、亏损性定价策略和差别定价策略等。商业银行制定贷款定价政策的目的是将贷款定价的方法与策略结合起来,以指导一定时期内商业银行对各类贷款的定价工作。

7. 贷款的担保政策

商业银行为防范信贷风险,在办理信贷业务时,通常要求借款人提供相应的担保。商业银行担保政策主要包括以下内容:商业银行对每类贷款可以接受的担保形式;抵押品的价值评估方法和程序;每类抵押品的最高抵押率;担保人的资格等。《中华人民共和国商业银行法》第36条规定:"经商业银行审查、评估、确认借款人资信良好,确能偿还贷款的可以不提供担保。"

8. 贷款的审批程序和审批政策

贷款审批程序是指商业银行从接到借款人的贷款申请书到决定是否贷款之间的整个过程。贷款的审批政策与贷款的分级授权相联系,是指当基层信贷员接到信贷请求时,应遵循的贷款的审批程序、审批标准等方面的政策。

9. 贷款的分类政策

贷款的分类方法有很多种。不同国家、不同商业银行对贷款的分类方法也不完全相同。目前在贷款管理中,比较流行的分类方法就是按照贷款的风险程度不同对贷款进行分类。我国2001年公布的《商业银行贷款风险分类指导原则》中明确说明商业银行贷款风险分类的具体方法,即将商业银行的贷款具体分为正常、关注、次级、可疑和损失五类。

10. 贷款的日常管理和催收政策

高效的贷款日常管理和贷款到期前的积极催收工作是保证贷款安全的基本前提。贷款发放以后,信贷人员应与借款人保持密切联系,了解借款人的业务经营情况和财务状况,定期进行信贷分析,及时发现影响贷款偿还的潜在不利因素,采取措施最大限度地保证贷款本息的及时收回。对于即将到期的贷款,商业银行应制定有效的贷款催收政策,保证贷款本息的安全。

11. 不良贷款的管理政策

商业银行在经营过程中力争保证所发放贷款的及时收回。但由于受各种因素的影响,总有一定比例的贷款逾期无法安全收回。因此,不良贷款也就构成商业银行贷款的必然组成部分。商业银行不良贷款管理政策是商业银行贷款管理政策的一个重要组成部分。商业银行的不良贷款管理政策主要由不良贷款的认定政策、不良贷款形成原因分析和不良贷款的处理措施等构成。严格按照《中华人民共和国商业银行法》以及《商业银行不良资产监测和考核暂行办法》的规定,制定相应的管理政策来对不良资产进行管理。

12. 贷款呆账准备金的提取和损失类贷款的核销政策

遵循稳健性原则。商业银行在经营过程中,应计提一定比例的贷款呆账准备金,以防核销已发生的贷款呆账时,影响到商业银行经营结果的真实性。商业银行应制定严格的损失类贷款核销标准、核销程序和核销的审批制度,以保证商业银行及利益相关者的利益不受损失。

13. 贷款规模控制政策

商业银行贷款规模是受其资金来源情况限制的。如果贷款规模过大,超过其资金来源能力所限,虽然盈利性会相应提高,但其风险也会相应加大。因此,商业银行应根据资金来源情况制定贷款的规模控制政策。金融监管当局通常通过贷存比和资本充足率两个指标来控制贷款规模。《中华人民共和国商业银行法》规定:"商业银行贷款余额与存款余额之比不得超过75%。"由于金融监管当局对贷款类资产赋予较高的风险权重,商业银行增加贷款,必然降低资本充足率。因此,商业银行为了维持必要的资本充足率,就必然限制贷款的规模。

14. 贷款档案管理政策

贷款档案是商业银行贷款发放、管理和收回过程的详细记录,是商业银行信贷管理水平和信贷人员个人素质的综合反映。贷款档案管理政策主要包括贷款档案的管理内容,贷款档案的存档、借阅和检查制度,以及贷款档案的保管制度。

二、商业银行的贷款程序

商业银行的贷款程序是指从贷款申请人向商业银行提出贷款申请,银行对借款人的信用等级评估、发放贷款、回收贷款的本金和利息的整个过程。假如贷款无法按期收回,则还需要对此类贷款作出处理。这一系列的过程被称为贷款的程序。

对于任何一笔贷款,都必须遵循以下基本程序,即贷款申请、贷款调查、对借款人的信用评估、贷款审批、借款合同的签订和担保、贷款发放、贷后检查、贷款收回。

(一) 贷款申请

贷款申请是贷款流程的第一步骤,借款人需要贷款,应当向商业银行提出申请。贷款申请人应当填写包括借款金额、借款用途、偿还能力及还款方式等主要内容的《借款申请书》并提供以下资料。

(1) 借款人及保证人基本情况。

(2) 财政部门或会计(审计)事务所核准的上年度财务报告,以及申请借款前一期的财务报告。

(3) 原有不合理占用的贷款的纠正情况。

(4) 抵押物、质物清单和有处分权人的同意抵押、质押的证明及保证人拟同意保证的有关证明文件。

(5) 项目建议书和可行性报告。

(6) 贷款人认为需要提供的其他有关资料。

(二) 贷款调查

贷款人受理借款人申请后,在签订合同前,商业银行应当对借款人的信用等级以及借款的合法性、安全性、盈利性等情况进行调查,核实抵押物、质物、保证人情况,具体测定贷款的风险度,对其是否符合贷款条件和可发放的贷款额度作出初步判断。

(三) 对贷款申请人的信用等级评估

商业银行应根据贷款申请人的素质、经济实力、资金结构、履约情况、经营效益和发展前景等因素,评定借款人的信用等级。信用等级的评估通常遵循"6C"原则来进行。商业银行通常派出信贷人员对企业进行资料的搜集和实地的考察,并在需要的时候请相关专家对企业的价值、抵押品的价值等因素作出评估和判断,从而明确贷款申请人的风险,作为决定是否对其放款的基础资料。

对于个人贷款申请人,商业银行常用评分法来评估其信用,即使用一张调查表,按照表格中所载的内容按计分标准参照贷款申请人的情况逐项计分。假如高于某一分值,则一定发放贷款;若低于某一分值,则一定不发放贷款;介于两者之间,则由信贷人员自行衡量是否发放贷款。

(四) 贷款审批

商业银行通常建立审贷分离的制度,实行分级审批的贷款管理制度。审查人员应当对调查人员提供的资料进行核实、评定,复测贷款风险度,提出意见,按规定权限报批。部分外资银行等银行实施信贷员责任制,由信贷专员决定是否在一定额度内发放贷款。

(五) 借款合同的签订和担保

假设商业银行决定发放贷款,则商业银行与贷款人签订借款合同。借款合同应当约定借款种类、借款用途、金额、利率、借款期限、还款方式、借、贷双方的权利、义务,违约责任和双方认为需要约定的其他事项。为了防范风险,商业银行的贷款合约通常有许多具体复杂的条款,以约定包括但不限于如上事项。

假如贷款为保证贷款,则应当由保证人与贷款人签订保证合同,或保证人在借款合同上载明与贷款人协商一致的保证条款,加盖保证人的法人公章,并由保证人的法定代表人或其授权代理人签署姓名。若是抵押贷款、质押贷款应当由抵押人、出质人与贷款人签订抵押合同、质押合同,需要办理登记的,应依法办理登记。

（六）贷款发放

签订贷款合约后,商业银行就应当按照合约的规定按期发放贷款。借款人应当按照合约中约定的用途谨慎使用贷款。短期贷款多为一次性发放,大额贷款一次性发放的风险较大,为了控制贷款风险,可以在合约中约定,由商业银行分次分批发放贷款,这样可以在一定程度上更好地追踪借款人对于资金的使用,一旦发生对方违约可以立即暂停贷款的发放并作出相应的处理。

（七）贷后检查

贷款发放后,商业银行并不是就可以坐等借款人到期偿还本息。为了更好地控制风险,商业银行应当定期对借款人执行借款合同情况及借款人的经营情况进行追踪调查和检查。包括了解借款人的现金流状况、产品销售状况、存货的情况、抵押品是否很好的保有价值等,对于借款人的经营和财务状况有良好的理解,才能在发生风险时及时作出反应和应对措施,尽量减少损失。

（八）贷款收回

一旦贷款到期,商业银行应当督促借款人按时偿还本金和利息,以免发生逾期的风险。假如出现风险,借款人无法及时偿还本金和利息的部分或全部,商业银行应当对该类问题贷款进行处理。处理的方式包括适当的展期,要求处置抵押品和清偿、冲销坏账等。假如确认贷款损失,则从贷款损失准备金中冲销。

案例 6-1

银行贷款审查不严致使房贷逾期

经营一家小影楼的胡小姐在 2016 年 7 月份她准备贷款买一套房子时发现自己名下曾在 2009 年 5 月份贷款 15.7 万元,用于购买个人住房,分 240 期归还,一直要还到 2029 年。因为在还贷过程中,曾 50 多次出现逾期还款情况,因此上了银行的信用黑名单而不能获得银行的贷款。胡小姐说,自己根本没买过房,不可能有还房贷的问题,更不可能"多次逾期"。

她根据买房时间回想到身份证被彭某借用过一段时间,找到彭某质问,彭某承认曾将胡小姐的身份证转借给了一个朋友韩某,房子是韩某买的,但现在韩某已经失去联系。让胡小姐疑惑的是,在她本人不知情、没出面签字的情况下,银行是如何放的贷款。具体办理房贷的银行相关负责人表示,发放贷款确实需要本人签字,当时胡小姐到底有没有亲自来签字,需要向上级银行申请查阅资料。

胡小姐名下的房贷发放是否违规了呢?

对于胡小姐的情况,律师黄某表示,彭某和银行需要承担责任。根据我国《居民

商业银行管理学

身份证条例》《关于规范居民身份证使用管理的公告》等系列法规、条款,彭某私自将他人的身份证转借给别人是违法的,并且是用于贷款这样的用途,还给当事人造成了实际的影响,彭某需要承担一定的责任。银行发放贷款给贷款人,有审核贷款人身份的义务,需要审核贷款人与证件信息是否一致。如果是其他人持着胡小姐的身份证,到银行贷出了款,银行没有尽到审核义务,并且造成了身份证实际所有人产生不良信用记录,影响实际生活,银行需要承担相应的责任。胡小姐如果通过协商不能解决问题,可以通过司法途径诉讼维权。(资料来源:新浪新闻,"身份证外借致逾期50次进黑名单、女子买房成难题",http://news.sina.com.cn。)

第三节 商业银行贷款的信用分析

商业银行中的信贷部门负责对大多数的贷款申请进行分析并提出建议。经验证明,对于每一笔贷款,信贷部门都必须为以下三个问题给出令人满意的答案:(1)借款人的资信状况是否良好,以及了解的途径。(2)贷款协定是否经过正确的策划并形成文件,从而对银行和存款人带来足够的保护,同时客户也可获得较高的盈利,不会遭受过高的还贷压力。(3)银行是否能在客户违约的时候,对客户的资产和收入具有完全的请求权,这样银行资金就会以较低的成本和较低的风险得到补偿。以上三个主要问题,商业银行对每个贷款申请都必须作出"是"或"否"的回答。

一、对借款人的信用评价——资信状况是否良好

信用评价主要是分析影响借款者偿还贷款的因素,从而评定贷款按期偿还的可能性。也就是说,当贷款到期偿还时,客户可以清偿款项,并且在经营出现差错的情况下也能有足够的还款能力。要做到这一点,就需要在处理贷款申请时,仔细研究以下六个方面的情况("6C"),即品德(character)、资本(capital)、抵押(collateral)、能力(capacity)、条件(condition)和控制(control)。从贷方角度来说,要使贷款成功,所有这些方面都必须得到满足。

(一)借款人的品德(character)

银行必须确信,该客户向银行申请贷款有明确的目的,而且对偿还贷款有严肃的态度,如果银行对于客户为什么申请贷款不是很了解,那么就应要求客户向银行澄清该目的直到银行满意。一旦知晓目的,银行必须确认该笔贷款是否与银行现在的信贷政策相一致。即使客户的贷款目的正确,银行还必须确认借款者对于使用借入资金持有负责的态度,如实回答银行提出的问题并对所欠贷款尽力归还。借款人所谓的品质是由责任感、真实严肃的贷款目的和归还所欠贷款的认真意图组成。如果银行认为客户对于使用贷款以及按协议偿还贷款并无诚意,就不能发放这笔贷款,因为这很可能成为银

行的一笔问题贷款。

(二) 借款人的资本(capital)

资本是指借款人的资本金,即总资产减掉总负债的净值。它表示借款人的财富积累和经济实力。资本金多,信用风险小,贷款安全;资本金少,信用风险大,贷款不安全。分析借款人资本金多少一般采用相对数,主要用资本金与总资产、资本金与总负债、资本金结构等比率。同时要注意账面价值与市场价值的差异,以准确掌握借款人资本金净值。

(三) 借款人的抵押(collateral)

在评价贷款申请抵押时,信贷员必须问借款者是否有足够的净值或足够有质量的资产为贷款提供支持。信贷员对于借款者资产寿命、状况和资产的专业化程度都非常敏感。在这里技术也起了重要作用,如果借款者资产在技术上是陈旧的,那么该资产作为抵押品的价值就有限,因为一旦借款者收入不稳定,就很难为这些资产找到买主。

(四) 借款人的经营能力(capacity)

借款人的经营能力包括两个方面:一是从法律意义上讲,即借款人能否承担借款的法律义务(即借款者是否具有法人代表资格),借款人的主体资格是否合法。二是从经济意义上讲,即借款人能否按期清偿债务,包括借款人实现收入的能力,所提供的服务和产品的质量、成本、劳动力、原材料的供应、竞争能力、广告效果、企业的地理位置等。

(五) 借款人的条件(condition)

银行的信用分析人员必须密切注意借款者或行业的近期趋势、变化的经济状况如何影响该笔贷款,法律、法规的改变是否对借款者有不利影响,贷款申请是否达到银行和监管当局对贷款质量的标准等。一笔贷款从表面上看很好,但是在衰退时期销售收入的降低或者由通货膨胀引起的高利率都有可能降低价值。为了评价行业和经营环境,多数银行都保存着关于银行主要借款者的行业信息档案——简报、杂志文章、研究报告及国家对该行业的政策法规等。

(六) 控制(control)

评价借款人资信状况的最后一个因素是控制,主要集中在以下问题上:法律和规章制度上的变化是否会对借款人带来不利的影响?贷款申请是否能够达到银行和有关管理当局为保证贷款质量的种种标准?例如,政府突然对企业经营利润加税,这使得许多公司的当期现金流量的相当大的部分被税赋所吸收,从而影响借款人的资信状况和贷款申请。

因上述六个方面因素的英文首字母均为"C",所以这种信用分析被称为"6C"原则。"6C"原则是商业银行广泛使用的信用标准,其他的如"5P"分析法、"5W"分析法等,其分析要点与"6C"法大同小异,在此不做叙述。

▶ 二、贷款协定是否正确地策划并形成文件

贷款的"6C"基本原则,可以帮助信贷员和银行的信用分析人员回答这个范围广泛的问题:借款人是否具有可靠的信用?这个问题回答之后,他们又会马上遇到下一个

问题:能否通过对建议中的贷款协议进行合理的策划和制作,以满足借款人和银行双方的需要?因为信贷员既要对客户又要对银行的存款人和股东负责,所以必须致力于满足各方的需求。

首先,起草贷款协定时要满足借款人使用资金的需要,并提供给客户适合的还贷安排。借款人必须能够从容地处理有关贷款偿还事宜,因为银行的成功运作,最根本要依靠它的客户经营顺利。如果主要客户因为不能还贷,而遇到麻烦,银行会发觉自身也陷入困境。对客户正确的处理方法包括:借贷的金额略多于或少于客户的要求(因为许多客户并不能真正了解自己的财务状况),贷款期限也可以比客户的申请略长或略短。这样银行的信贷员除了要起到贷款申请的传递作用,还得充当客户的财务顾问。

其次,经过正确策划的贷款协定必须通过对借款人的行为设立各种限制(covenant),以保护银行和银行所代表的各方(主要是存款人和股东)的利益,防止他们的行为威胁到银行按时收回资金。银行收回资金的过程——即银行在何时何地,采取行动取回贷款,也必须在贷款协议中仔细注明。

三、银行是否对客户作为抵押的收入和其他资产具有完全的请求权

尽管大公司和其他在信誉等级划分中无懈可击的借款人可以不必设立抵押而得到贷款,在其贷款的背后除了良好的信誉和取得收益的能力之外,并没有具体的抵押物来支持贷款,但是,对于大多数借款人来说,他们一般会在某个时候被要求提供抵押物以保证以后能够顺利还款。要求借款人为还贷提供某种资产形式的抵押物,实际上满足了贷方银行两方面的目的:首先,如果借款人不能偿还贷款,银行可以依据抵押权取得并变卖设定为抵押物的资产,从而使用所得的资金弥补借款人所欠的款项。其次,对贷款设定抵押,可以使银行从心理上对借款人进行控制。这是因为,如果借款人感受到可能会失去某种特定的资产,他就会有压力,从而更加努力地工作以偿还贷款,避免丧失有价值的资产所有权。这样,许多信贷申请所面临的第三个重要问题就是:银行能否对客户作为抵押的收入和其他资产拥有完全的请求权?

银行设立抵押的目标在于明确地规定在借款人不能履行还贷义务时,银行可以取得并变卖借款人的何种资产以及以文件的形式向其他债权人说明银行对这些财产拥有法律上的请求权。如果某银行对借款人资产的请求权先于其他债权人的请求权,并且也优先于借款人自身所声称的权利,那么我们就认为该银行对抵押物的请求权是完全的。

作为商业银行贷款抵押物的资产通常可在法律上设立抵押权,用以保障贷款的偿还。银行要在他人的资产上设立完全的抵押权,由于作为抵押物的资产性质不同以及资产所在地的国家和地方的法律上的差异,所采取的步骤措施也不一样。比方说,由银行实际占有作为抵押物的资产(如借款人已经存放在银行的存款或者借款人让银行占有其一部分股票和债券)和由借款人占有抵押物(如汽车),这两种情况下,银行要完善其抵押权所需采取的手段和步骤是存在很大差别的。但是,如果抵押的资产是房地

产——土地及房屋建筑,那么就得采取另外措施了。

为了保障公司贷款,银行通常要求将股票、存款和其他公司主要股东和所有者的个人财产作为抵押。如果银行要向小型的企业或者困难时期的公司提供贷款,它往往会要求提供担保。这同样需要该公司企业的所有者提供个人财产作为抵押,以确保该所有者能够致力于使公司经营好转,成功地返还贷款。

给客户的贷款设立抵押,只是商业银行为保证贷款足够安全,在贷出资金周围设立的众多安全防护区之一。大多数银行都倾向于在贷给客户的风险资金周围环绕至少两层防护区域,更加理想的情况是三层。最基本的安全区域是收入和现金流量——银行希望客户能从这些来源偿还贷款。第二层包括客户资产负债表所反映的财务实力,即可用作抵押的资产,或者可以出售换现、弥补客户现金流量缺口的流动性资产。最后,最外层的安全防护区域包括公司企业的所有者为支持企业使用贷款而作出的保证,或者作为第三方的共同签字人以其个人的资产为抵押,保证他人申请贷款。

四、对借款者财务报表的分析

贷款信用分析是商业银行为确保贷款的安全性和盈利性,在对客户进行分析的基础上,最后作出是否发放贷款和发放多少贷款的决策。信用分析主要是考察借款客户的守约能力和意愿。若借款人能按期偿还债务,不但具有还款意愿,而且具有还款努力,就说明借款人信用好;反之则为不佳。良好的贷款的先决条件还需要考察借款人的财务报表、分析财务比率。借款者的财务报表是银行信贷人员取得信贷资料的最主要来源之一。分析比较借款者的财务报表能帮助信贷人员确定借款者的信用,决定是否发放贷款。商业银行对企业财务报表的分析,主要集中于资产负债表、利润表和现金流量表。

(一) 资产负债表的分析

资产负债表是最重要的财务报表之一,从资产负债表可以看出资金的来源和资金的使用状况,并可通过对比不同期间资产负债表来观察资产负债结构的变化、现金流的变化以及企业的状态。从商业银行的角度讲,分析借款人的资产负债表,目的是剔除资产负债中存在的水分,摸清家底,避免贷款的风险。就资产来看,主要是分析应收账款、存货和固定资产的状况。对应收账款的分析,要了解应收账款的数量、期限结构、数量结构及对象结构,防止过期账款、虚假账款以及抵押出去的账款。对存货的分析,主要是考察存货的周转时间、规模是否合理,变现能力如何。如果用存货抵押时,要剔除存货中的变质商品,了解存货是否投保。对固定资产的分析,应了解企业是否按规定提足固定资产折旧,固定资产是否全额投保;固定资产的用途是否广泛(易售性);固定资产是否已用于其他抵押。就负债来看,应了解负债的规模和结构,重点审查负债的到期日和企业的偿还能力。就资本来看,重点了解企业的资本结构,其中是否存在虚假成分。

(二) 利润表的分析

利润表又叫损益表,从中直接表现税后利润的规模及其构成。商业银行可以从借款人的利润表中了解企业的盈利能力,确定还款的可能性。评价利润表一般的方法,是将各个项目与销售收入对比,前期和本期对比,以及本企业和其他企业对比,明确企业的销售状况、成本费用和收入的变化,以及利润的水平。利润良好的利润表意味着借款人未来可能有充足的现金流进行本息的偿还。

(三) 现金流量表的分析

现金流量表是财务报表的三个基本报告之一,所表达的是在一个固定期间(通常是每月或每季)内,公司的现金(包含银行存款)的增减变动情形。现金流量表主要是要反映出资产负债表中各个项目对现金流量的影响,并根据其用途划分为经营、投资及融资三个活动分类。现金流量表可用于分析贷款申请人在短期内有没有足够现金去应付开销、偿还本息。因为,贷款能否按期偿还,除了借款人的还款意愿外,商业银行还必须关注借款人是否有能力获得足够的现金以偿还贷款。

一般而言,借款者偿还贷款主要依赖三种来源:第一,从销售收入或其他收入中产生的现金流量;第二,资产的出售或变现;第三,通过发行债券或股票筹集资金。在这三种资金来源中,任何一种来源都能提供足够的现金以偿还贷款,但是商业银行倾向于以销售收入获得的现金流量作为还款的主要来源,因为出售资产可能减少借款者的利润而使银行作为贷款人的安全性降低,发行债券筹资会加重借款人的债务负担,发行股票筹资则会受到很多方面的限制。同时,若是从现金流量表中观察到如销售活动中现金流量的减少,也是企业走下坡路(出现销售下滑或者产品销量下降)和贷款质量下降的指示器。

五、对借款人基本财务比率的分析

在财务报表分析的基础上,通常商业银行还使用财务指标的分析来进一步判断借款企业的信用状况如何,是否具有充足的支付或清偿能力。商业银行经常采用的财务指标有偿债能力指标、营运能力指标、财务杠杆指标、盈利能力指标等。

(一) 偿债能力指标

包括短期偿债能力指标和长期偿债能力指标,衡量指标主要有流动比率、速动比率和现金比率,以及资本周转率、清算价值比率和利息保障倍数等。

1. 流动比率

$$流动比率 = 流动资产/流动负债$$

流动比率表示每1元流动负债有多少流动资产作为偿还的保证。它反映公司流动资产对流动负债的保障程度。

流动资产一般包括现金、有价证券、应收账款和存货;流动负债则包括应付款项、短期应付票据、近期即将到期的长期票据、递延所得税款和其他应计费用等。一般情况下,该指标越大,表明公司短期偿债能力强。通常,一般生产类企业的流动比率大约为2较好。流动比率表明了借款企业能以很快转换成现金而不带来损失的资产满足债权人要求的程度。一般来说,适当的高的流动比率的数值,说明其短期债权人提供的安全性就越大。具体判断流动性比率应当结合企业的类型、所处的行业和公司的盈利模式来判断。

2. 速动比率

$$速动比率=(流动资产-存货)/流动负债$$

速动比率表示每1元流动负债有多少速动资产作为偿还的保证，进一步反映流动负债的保障程度。

一般情况下，该指标越大，表明公司短期偿债能力越强，通常该指标在100%左右较好。在运用该指标分析公司短期偿债能力时，应结合应收账款的规模、周转速度和其他应收款的规模，以及它们的变现能力进行综合分析。如果某公司速动比率虽然很高，但应收账款周转速度慢，且它与其他应收款的规模大、变现能力差，那么该公司较为真实的短期偿债能力要比该指标反映得差。

分子项所包括的都是现金、可销售的证券、应收账款等可迅速流动的资产，这样，对存货质量或流动性的担心就可消除。对那些存货价值有怀疑的企业来说，速动比率比流动比率更可靠。一般用来评价一家企业不依赖出售存货而能偿付短期债务的能力。由于预付账款、待摊费用、其他流动资产等指标的变现能力差或无法变现，所以，如果这些指标规模过大，那么在运用流动比率和速动比率分析公司短期偿债能力时，还应扣除这些项目的影响。

此外，银行还可利用现金比率来衡量企业的流动性。

3. 现金比率

$$现金比率=(现金+现金等价物)/流动负债$$

现金比率表示每1元流动负债有多少现金及现金等价物作为偿还的保证，反映公司可用现金及变现方式清偿流动负债的能力。

现金等价物包括银行存款和短期证券等。该指标能真实地反映公司实际的短期偿债能力，该指标值越大，反映公司的短期偿债能力越强。但如果这个比率过高，可能意味着企业拥有过多的盈利能力较低的现金类资产，企业的资产未能得到有效的运用。

4. 资本周转率

$$资本周转率=(货币资金+短期投资+应收票据)/长期负债合计$$

资本周转率，表示可变现的流动资产与长期负债的比例，反映公司清偿长期债务的能力。

一般情况下，该指标值越大，表明公司的长期偿债能力越强，债权的安全性越好。由于长期负债的偿还期限长，所以，在运用该指标分析公司的长期偿债能力时，还应充分考虑公司未来的现金流入量、经营获利能力和盈利规模的大小。如果公司的资本周转率很高，但未来的发展前景不乐观，即未来可能的现金流入量少，经营获利能力弱，且盈利规模小，那么公司实际的长期偿债能力将变弱。

5. 清算价值比率

$$清算价值比率=(资产总计-无形及递延资产合计)/负债合计$$

清算价值比率,表示企业有形资产与负债的比例,反映公司清偿全部债务的能力。

一般情况下,该指标值越大,表明公司的综合偿债能力越强。由于有形资产的变现能力和变现价值受外部环境的影响较大且很难确定,所以运用该指标分析公司的综合偿债能力时,还需充分考虑有形资产的质量及市场需求情况。如果公司有形资产的变现能力差、变现价值低,那么公司的综合偿债能力就会受到影响。

6. 利息保障倍数

利息保障倍数＝税息前利润/利息费用＝(利润总额＋利息费用)/利息费用

其中,"利润总额",包括税后利润和所得税;"利息费用"是支付给债权人的全部利息,包括财务费用中的利息,也包括计入固定资产成本的资本化利息。

利息保障倍数是指企业一定时期息税前利润与利息支出的比率,反映获利能力对债务利息偿付的保障程度。企业生产经营所获得的息税前利润与利息费用相比,倍数越大,说明企业支付利息费用的能力越强。其中,息税前利润总额指利润总额与利息支出的合计数,利息支出指实际支出的借款利息、债券利息等。

一般情况下,该指标值越大,表明公司偿付借款利息的能力越强,负债经营的财务风险就小。一般地,已获利息倍数至少应该等于1,这项指标越大,说明支付利息的能力越强、企业长期偿债能力越强。国际上通常认为,该指标为3时较为适当。

(二)营运能力指标

该比率是用来衡量企业管理人员在销售产品创造利润中利用资产的效率,说明企业账表上各项资产总额是否合理和利用率的高低,表明在达到一定销售水平时各种资产的利用强度。营运能力指标主要包括应收账款周转率、存货周转率、总资产周转率、固定资产周转率、现金周转率等。

1. 应收账款周转率

应收账款周转率＝销售收入/平均应收账款

应收账款周转天数＝360天/应收账款周转率

应收账款周转率反映了企业应收账款的质量和收回赊销货款的效率。商业银行还应当结合企业应收账款的期限安排来看该指标。如果企业的应收账款是按比例将期限错开安排、相互衔接,则在应收账款的收回期限相当短的情况下其流动性更高。

2. 存货周转率

存货周转率＝销货净成本/平均存货额

这一比率也称为存货利用率,它是以销售成本除以存货而得出,反映企业存货的适销性和管理存货的效率。通常企业存货的周转率越高越好,说明企业的存货周转快,用在存货上的资金少;而存货周转率低则说明企业存货可能有积压的情况,资金占用情况不佳,并可能在未来因为降价处理给企业带来损失。

3. 总资产周转率

总资产周转率＝销售净额/平均资产总额

这一比率是以销售额除以资产总额而得出,可用来衡量一家企业的营业额是否与其资产规模相匹配。它说明每1元资产可以产生多少销售额。总资产周转率越高说明资产的利用率越高,比率低则说明资产的利用率低。

4. 固定资产周转率

$$固定资产周转率＝销售净额/固定资产净值$$

这一比率也就是固定资产周转率,以企业销售额除以固定资产而得出,用以评价企业是否充分利用厂房、机器设备等固定资产来产生利润。通常固定资产周转率低说明企业未能充分发挥生产能力,而比率高则反映企业充分利用了生产能力。但由于固定资产折旧政策的不同、物价变化等因素均可能影响这一比率,因此该比率的使用应当考虑到当时的价值情况以及企业所使用的会计制度等因素。

5. 现金周转率

$$现金周转率＝主营业务收入/现金平均余额$$

其中,现金包括库存现金和可随时支取的银行存款。

$$现金平均余额＝(期初现金＋期末现金)/2$$

这一比率是用来衡量流动资金的周转率,表现为1元流动资金经过生产至销售后再回到现金形式所需要的天数。较高的现金周转率意味着企业对现金的利用效率较好,但并不说明这一比率越高越好,应当充分考虑企业的行业性质和业务性质来作出判断。

(三) 财务杠杆指标

该类指标用来衡量企业所使用的债务数量或财务杠杆和支付债务利息的范围,说明了企业通过增加负债来扩大总资产规模,从而在相对固定的资产回报率水平上增强其收益能力的情况。商业银行主要使用资产负债率、收入利息费用比率、收入固定费用比率、利息保障倍数等财务杠杆指标。

1. 资产负债率

$$资产负债率＝负债总额/资产总额$$

该比率是以负债除以总资产得出,是杠杆(EM)指标的倒数。一般说,资产负债率越高,说明企业利用债权人提供资金进行经营活动的能力越强,资产负债率说明负债在企业总资金来源中所占的比率,可用于衡量企业的财务风险。对债权人来说,资产负债率越低,风险就越小,因为说明企业其他负债相对较少,自有资本金更多,具备更良好的清偿能力,而债权人发放贷款的安全程度越低。

2. 收入利息费用比率

$$收入利息费用比率＝税前收入加利息之和/利息费用$$

它可向债权人表明企业收入能否支付利息费用情况。通常,这一比率越高,企业支付利息费用的能力就越大。

3. 带息负债比率

$$带息负债比率=带息负债总额/负债总额\times100\%$$
$$带息负债总额=短期借款+一年内到期的长期负债$$
$$+长期借款+应付债券+应付利息$$

带息负债比率,是指企业某一时点的带息负债总额与负债总额的比率,反映企业负债中带息负债的比重,在一定程度上体现了企业未来的偿债(尤其是偿还利息)压力。

4. 或有负债比率

$$或有负债总额=已贴现商业承兑汇票金额+对外担保金额+未决诉讼、未决仲裁$$
$$金额(除贴现与担保引起的诉讼或仲裁)+其他或有负债金额$$

或有负债比率是指企业或有负债总额对所有者权益总额的比率,反映企业所有者权益应对可能发生的或有负债的保障程度。

(四) 盈利能力指标

盈利能力指标是衡量企业获得收入和利润的指标,反映了企业的经济效益和经营成果。这类指标常用的有销售利润率、资产收益率和资本收益率三种。

1. 销售利润率

$$销售毛利率=(销售收入净额-销售成本)/销售收入净额$$
$$销售利润率=销售利润/销售收入净额$$

这类比率用来衡量每元销售额的利润数,反映企业成本管理和定价政策的效果,说明企业产成品销售状况的好坏。该指标越高,说明企业的盈利能力越好。

2. 资产收益率

$$资产收益率=税后净利润/总资产$$

该指标由税后净利润除以资产总额而得出,所得的数字即为每元资产可以产生的净利润,它表明企业的管理效率以及其使用各种可利用资金的效率。

3. 资本收益率

$$资本收益率=税后净利润/实收资本$$

资本收益率又叫股本回报率、净资产收益率。该指标反映的是每一股股东的财富创造利润的能力,反映企业利用股东资金和财务杠杆的效率。

以上指标从企业的销售情况、周转能力、负债杠杆、盈利能力考察企业的经营状况、资金情况以及获得现金流偿还债务的能力;使商业银行能够通过对企业的经营状况、获利能力、负债程度、产品销售、资本周转及营运状况的审查,对企业信用及偿付能力情况作出正确的评价和预测,为贷款的选择决策提供可靠的依据。商业银行结合信用分析、财务报表分析及指标分析,全方位多角度的判断贷款申请人的信用情况,作为决定是否对其发放贷款,利率如何,用何种形式发放贷款,贷后如何管理等决策的基础。

知识专栏 6-1

互联网金融对商业银行贷款的影响

互联网金融的发展，便利了信息的传播和交易的进行，倘若互联网金融可以完全取代商业银行，就是相当于替储蓄者和借贷者省了钱，相当于节约了社会资源，当然是改善社会福祉的好事。传统商业银行最主要的业务是吸收存款和发放贷款，吸收存款的关键在于储户的信任商业银行到期能还本付息。现代银行制度加上存款保险制度，再加上中央银行的监管与保障。其实，吸收存款是一个没有技术含量的活，只要有充足的抵押就可以。但是，发放贷款就不同了。储蓄者把钱贷给谁，区别很大。找对了借款人，本金能回收，还能赚利息；找错了则本金和利息将全部或部分损失了。所以，存贷款业务的关键是贷款质量，是通过信用分析选择正确、合适的借款者。银行信贷经理们做的就是这个事情。互联网能取代他们吗？答案是否定的。互联网是信息传播手段，而不是信息识别、分析手段，信用分析还是需要人来做的，不管是用传统的面对面交流、分析决策法，还是借助新的技术、模型手段来决策，都离不开人，离不开雇佣这些人的金融机构。因此，互联网金融不会取代商业银行。随着互联网技术的进步，商业银行金融中介的形态会发生变化，其资产转换者的间接金融中介将向市场经纪人角色的直接金融中介发展。

第四节　商业银行贷款定价

商业银行贷款的定价指的是商业银行的贷款利率的制定。贷款的定价决定了商业银行的利润，故而商业银行应当考虑市场情况、一般利率水平、竞争以及客户关系等因素，选取合适的定价理论给贷款定价。

一、贷款定价的一般原理

贷款是银行的主要盈利资产，贷款利润的高低与贷款价格有直接联系。在贷款总量相对稳定的情况下，贷款利率越高，贷款产生的利润可能越多；相反，如果利率定的较低，赚取利润的可能就会偏小。因此，商业银行管理者通常有提高贷款价格的内在驱动力，即追求利润最大化。然而，贷款作为一种商品，能否以高价卖出还取决于需求方者的选择。贷款利率越低则需求越大。银行家对贷款的供给随价格的提高而增加，顾客对贷款的需求随价格的增加而减少。用数学语言表述就是：贷款供给曲线是价格的增函数，贷款需求曲线是价格的减函数。当贷款供给曲线和需求曲线一定时，贷款供给曲线与需求曲线的交点就决定了贷款价格，同时也决定了贷款最佳量。

同时，贷款作为一种特殊的产品，是工商企业的投资以及居民消费周转的资金来源。从经济的角度来说,如果贷款价格过高,则会妨碍资本流入生产领域,降低贷款需求,对经济发展不利;而如果贷款价格过低,则容易造成盲目投资,有可能加剧经济结构不佳的情况。而且,无论贷款价格过高或过低,都有增加商业银行遭遇道德风险的可能。所以贷款的适度定价的非常重要的内容。

二、贷款价格的内容

贷款价格的内容指的是贷款价格的构成,主要包括:贷款利率、承诺费、补偿余额和隐含价格等。

(一) 贷款利率

贷款利率是银行向借款人收取的利息率。贷款利率的高低,既要受市场资金供求状况和金融机构之间竞争的影响,也要受中央银行货币政策和有关法律、法规的制约。商业银行的贷款利率通常围绕基本利率水平上下浮动。

从利润的角度来说,银行收取的贷款利率必须足以包括贷出资金的成本、发放或提供贷款的费用、今后可能发生亏损因素的成本和银行预期的利润率。

(二) 承诺费

承诺费是指在贷款承诺中商业银行对已经承诺的信贷额度中没有被实际使用的那部分收取的费用。承诺费的收取是因为商业银行要为贷款承诺准备不一定会使用的流动性,属于客户获得流动性便利付出的代价。之所以银行要收取承诺费,是为了保证将来对已承诺的信贷额度发放贷款,银行必须保持经营的高流动性,这就需要银行相应放弃其他投资,可能会使银行丧失获利机会,需要借款人提供一定的费用作为补偿。

(三) 补偿余额

补偿余额指借款人应发贷行要求而保留在发贷行的一定数量的存款,可能是活期存款或低利率的定期存款,它是作为银行同意提供贷款的一个条件,通常要写进贷款协议中。银行之所以要求借款人提供补偿余额的理由是:顾客不仅是资金的使用者,还应当是资金的提供者。特别是在贷款利率受到限制的情况下,采用补偿余额对贷款进行定价,既提高了贷款的实际收益,又没有违反国家的金融法律、法规。

(四) 隐含价格

隐含价格是指贷款定价中的一些非货币性内容,如对贷款担保品的要求、贷款期限的限制和特殊契约条款等。这些内容本身不直接给银行带来货币收入,也不直接形成借款人的货币支付,但它们可以改变银行贷款的风险,影响借款人的实际成本,因而构成贷款价格的一部分。例如,增加担保品的数量,缩短贷款期限、贷款本金分次、分期发放等,可以降低银行的贷款风险,提高借款人的实际成本;相反,若减少担保品数量,延长贷款期限,取消部分条款等则增加了银行贷款风险,降低了借款人的实际成本,降低了贷款价格。

三、影响贷款价格的主要因素

一般地,贷款价格包含四部分构成:资金成本、风险成本、贷款费用和期望的利润率。因此,影响贷款价格的主要因素可以归纳如下。

(一) 资金成本

资金成本是贷款价格的最主要构成,指的是商业银行融得资金的成本率,贷款价格至少要比资金成本高。资金成本包括利息成本和非利息成本两部分。利息成本指的是商业银行获得资金支付的利率或红利,非利息成本指的是分摊到每一元筹到资金上的管理费用。

(二) 贷款的风险溢价

贷款的风险溢价跟随贷款者的信用和风险程度调整。贷款人的风险等级越低,风险程度越高,则风险溢价上升,贷款价格也相应增加;反之亦然。

(三) 贷款的费用

贷款的费用指的是发生在银行信贷工作中的非利息费用。例如,进行信用调查和评估,对担保品进行鉴定、估价、管理等产生的费用,这些费用都应在贷款价格中得到补偿。

(四) 借款人与银行的关系

商业银行对于业务往来密切的客户往往提供优惠利率,对于商业银行需要吸引的大客户通常也提供较优惠的利率。

四、贷款定价的方法

商业银行对于贷款的定价时,既要考虑到贷款资金的成本,也要考虑银行的预期利润率;同时还需要尽量避免利率波动所带来的风险,以及其他相关因素。

贷款的定价主要参考以下三种方法。

(一) 成本相加贷款定价法

在商业银行贷款价格的制定中,银行管理人员必须考虑到筹集可用资金的成本以及银行的管理费用,这就意味着银行通常在计算资金成本,并在此基础上对贷款制定出有利可图的价格。

$$贷款价格 = 筹集放贷资金的成本 + 非资金性银行经营成本 + 预计补偿违约风险的成本 + 银行预计利润水平$$

【例 6-1】 某商业银行为 A 公司发放了一笔本金为 1 000 万元的贷款,其中,股本比例 5%,预期股本收益率 9%,银行所得税率 30%,非资金性经营成本是贷款数额的 2%,贷款违约风险溢价是贷款额度的 0.5%,筹集放贷资金的成本是 5.9%,试确定该笔贷款的价格。

$$1\,000 \times 5\% \times 9\% \div (1-30\%) + 1\,000 \times 2\% + 1\,000 \times 0.5\%$$
$$+ (1\,000 - 1\,000 \times 5\%) \times 5.9\%$$
$$= 6.43 + 20 + 5 + 56.05 = 87.48 (万元)$$
$$87.48 \div 1\,000 \times 100\% = 8.75\%$$

由计算可得,该笔贷款的利率应当为 8.75%。

（二）价格领导模型

成本相加定价类型的一个缺点是它假设银行精确地了解其成本，事实上并非如此，银行是复合型产品企业，与大多数复合型产品企业一样，银行很难准确地将其经营成本摊给银行经营的各种业务。而且，成本相加模型认为银行可以不顾及其他银行的竞争而制定贷款价格，对当今的大多数贷款而言并非如此，这些缺陷也就导致了价格领导模型的形成。

在银行实际操作中，价格领导模型又采取了两种形式：优惠加数与优惠乘数法和交叉利率计算法。

优惠加数是在优惠利率基础上加若干百分点而形成的利率；优惠乘数则是在优惠利率基础上乘以一个系数而形成的利率。当优惠利率随市场利率变动而变动时，优惠乘数利率变动的幅度大于优惠加数法。

交叉利率计算法的特点也是以一定的利率为基础，加上某数作为贷款利率，但借款人有选择的权利，并且在借款期间利率可以变化。采用这种方法，要求借款人的借款额要超过某一最低限额，否则，不能采用。在西方，用这种方法确定利率时，最通行的基础利率是国库券、定期大额存单利率或伦敦同业拆借利率。借款人可以从银行认可的利率表中选择基础利率和到期日，银行可以根据借款人选择的基础利率，再加上一定数额，确定贷款利率。到期以后，借款人可以再选择基础利率。

（三）成本-收益贷款定价

成本-收益贷款定价主要有三个简单的步骤组成：第一，综合估算贷款将产生的所有收入；第二，估算银行必须对借款人交付的可贷放资金净额（减去借款人承诺在银行保有的存款和准备金要求后的余额）；第三，用估算的贷款收入除以借款人实际使用的可贷放资金净额估算出贷款的税前收入。

第五节 商业银行贷款的评价与问题贷款的处理

银行贷出的款项能否按时收回是银行信贷人员最关心的问题。尽管我们上面讨论的所有问题都与此有关，但仍无法准确评价出每一笔贷款质量状况是否优良，前面对贷款的信用分析为我们对贷款质量进行评价提供了一种方法。为了便于管理贷款，对于贷款的质量或风险状况商业银行使用分类管理的方式来进行。世界各国的银行经过长期实践，总结出现在较为通用的贷款五级分类法，它是银行信贷风险管理的重要组成部分。

1998年以前，中国的商业银行一直按照财政部1988年《金融保险企业财务制度》的要求，把贷款划分为正常、逾期、呆滞、呆账，其中的"逾期、呆滞、呆账"三类，即"一逾两呆"合称为不良贷款。从2004年起，国有独资商业银行、股份制商业银行两类银行遵循国际标准，取消原来并行的贷款四级分类制度，全面推行五级分类制度。

一、贷款四级分类法的主要内容及其评价

传统的贷款分类制度也称为"贷款四级分类制度"，其主要关注的是已经发生

偿付性风险的贷款,缺乏对于可能发生偿付风险但尚未发生偿付性风险的贷款的管理。

四级分类中不良资产界定的标准为:贷款本息拖欠超过180天以上的为"逾期",贷款利息拖欠逾期3年为"呆滞",贷款人走死逃亡或经国务院批准的为"呆账"。呆账的核销要经财政当局批准,仅需提取普通呆账准备金(不到贷款总量的1%)。

传统四级分类法属于根据贷款期限而进行的事后监督管理方法。过于依赖贷款到期时间来考核贷款质量,则商业银行容易使用借新还旧来降低名义上的不良贷款率,就是把即将到期的旧贷款用新的贷款来代替。借新还旧可以将一笔本来即将成为不良的贷款变为正常贷款,但其偿付风险并没有被消除。

"一逾两呆"方法和"五级分类"方法的基本区别是:"一逾两呆"方法强调按贷款的期限划分正常贷款和不良贷款,注重贷款形式和手续完备情况的考核;而"五级分类"方法强调按贷款的质量划分正常贷款和不良贷款,注重于对贷款第一还款来源的考虑。贷款四级分类制度把贷款划分为正常、逾期、呆滞、呆账。贷款五级分类制度是根据内在风险程度将商业贷款划分为正常、关注、次级、可疑、损失五类。

二、五级分类法的主要内容及其评价

五级分类是国际金融业对银行贷款质量的公认的标准,这种方法是建立在动态监测的基础上,通过对借款人现金流量、财务实力、抵押品价值等因素的连续监测和分析,判断贷款的风险。也就是说,五级分类不再单纯地根据期限来判断贷款质量,能更准确地反映贷款的偿付风险,从而提高银行抵御风险的能力。

中国人民银行在1998年下发的《贷款风险分类指导原则(试行)》中根据贷款的风险度以文字表述的形式把贷款分为正常、关注、次级、可疑和损失五类,后三类合称为不良贷款。五类贷款的定义分别如下。

(1) 正常:借款人能够履行合同,没有足够理由怀疑借款人不能按时足额偿还信贷资产本息。

(2) 关注:尽管借款人目前有能力偿还贷款本息,但存在一些可能对偿还产生不利影响的因素。

(3) 次级:借款人的还款能力出现明显问题,依靠其正常经营收入已无法保证足额偿还本息。

(4) 可疑:借款人无法足额偿还本息,即使执行抵押或担保,也肯定要造成一部分损失。

(5) 损失:在采取所有可能的措施和一切必要的法律程序之后,本息仍然无法收回,或只能收回极少部分。

我国银监会实施的贷款五级分类中对于不良资产的界定提出以下标准。

(1) 本金或利息逾期90天以上的贷款,一般应划为次级类。

(2) 逾期180天以上的贷款,一般应划为可疑类。

(3) 逾期 360 天以上的贷款,一般应划为损失类。

贷款五级分类法是商业银行对贷款进行更科学、全过程的管理方法,具体讲有以下三个特点。

1. 五级分类方法更能真实地反映贷款的质量

五级分类法考查的是借款人偿还债务的实际能力。根据人民银行的规定,贷款到期未还,即转入逾期,逾期 180 天即转入呆滞,形成不良贷款,进入不良贷款就预示着风险和损失。然而,在实际情况中并不能简单地以逾期来断定贷款有巨大风险,也不能完全表明借款人的还款能力发生了根本性的变化,需要根据具体的情况来判断;同样,未逾期的贷款也不能说明就没有风险,如有的贷款尽管表面上没有逾期,但事实上借款人已经丧失还款能力,或银行用变相展期的方法使其维持在正常范围内。

2. 五级分类是一个对贷款进行全程动态管理的过程

与"一逾两呆"法相比较,五级分类方法的另一个突出的优点是对贷款全过程的动态性管理,而"一逾两呆"法则仅仅是反应到期未偿还的贷款的状况,是一种事后监督的管理方法。五级分类法通常每个季度整理一次借款企业的材料,以当期的企业情况、贷款情况同上期进行比较,根据变化评估贷款的风险情况,同时五级分类法的分类材料的涵盖面较贷后管理要广,其内容更加具体、更有综合效果。

3. 五级分类是较"一逾两呆"更科学的考核方法

人民银行曾经对商业银行是以"一逾两呆"口径进行考核的,在这个考核过程中,由于"一逾两呆"以逾期时间进行分类的局限性,使商业银行可以在时间上做文章。如用转贷、展期等手段降低不良贷款余额和不良贷款比率,这是"一逾两呆"方法仅以定量分析所产生的弊病。五级分类方法在定量分析的基础上加入定性分析,无实际回收成果地降低不良贷款余额和不良贷款比率的手段,在五级分类考核中无法生效。

商业银行贷款五级分类是贷款风险分类的最低要求,各商业银行可根据自身实际制定贷款分类制度,细化分类方法,但不得低于五级分类的要求,并与五级类方法具有明确的对应和转换关系。国际银行业的贷款分类统计数据表明,将正常类贷款细分为 5—9 级的银行占 36%,10—14 级的占 25%,15—19 级的占 17.2%,20—24 级的占 7.3%,小于 5 级的占 14.5%。

目前国内已有多家银行实行了贷款风险多级分类,2003 年年底,工商银行开始了贷款质量 12 级(即把五级分类中的正常贷款细分为 4 级、关注贷款细分为 3 级、次级贷款和可疑贷款各分为 2 级、损失贷款分为 1 级)并利用先进的信息技术研究开发了信贷资产质量 12 级分类系统。这个系统采用"客户评价＋债项调整"的二维评价方法,以数理分析和逻辑控制为基础构建了较为科学的定量分析模型,并在系统控制中实现了参数化管理,使得认定标准更为清晰明确,分类准确度明显提高,有效降低了贷款分类偏离度;中国建设银行与中国工商银行的分类一样(见表 6-1)。中国银行实行的是"5、2、2、2、1"的十二级分类,即正常贷款细分为 5 级、关注贷款细分为 2 级、次级贷款和可疑贷款各分为 2 级、损失贷款分为 1 级;交通银行实行的是"5、2、1、1、1"的十级分类,正常贷款细分为 5 级、关注贷款细分为 2 级、次级贷款和可疑贷款各分为 1 级、损失贷款分为 1 级。

表 6-1　商业银行贷款质量 12 级级别与五级类别的对应关系

级别名称	核 心 定 义	级别码	对应五级类	大类
正常一级	借款人还款能力极强,有极充分的证据表明信贷资产本息能够按时足额偿还	A1	正常类	优良贷款
正常二级	借款人还款能力很强,有足够证据表明信贷资产本息能够按时足额偿还	A2		
正常三级	借款人还款能力强,没有理由怀疑信贷资产本息不能按时足额偿还	A3		
正常四级	借款人还款能力较强,没有足够理由怀疑信贷资产本息不能按时足额偿还	A4		
关注一级	虽出现可能对偿还产生不利影响的因素,但风险缓释效果很好,预计信贷资产本息到期或在到期后较短时间内能够被足额偿还	B1	关注类	
关注二级	虽存在对偿还产生明显不利影响的因素,但风险缓释效果较好,预计信贷资产本息在到期后的合理时间内能够被足额偿还	B2		
关注三级	虽存在一些对偿还产生较大不利影响的因素,但目前仍有证据表明通过减少投资、处置非核心资产等其他手段能够在到期后的合理时间内足额收回信贷资产本息	B3		
次级一级	借款人的还款能力出现明显问题,完全依靠其正常收入无法足额偿还债务,信贷资产通过执行担保或动用其他还款来源后,即使可能发生损失但损失极少	C1	次级类	不良贷款
次级二级	借款人的还款能力出现明显问题,完全依靠其正常收入无法偿还大部分债务,信贷资产通过执行担保或动用其他还款来源后,预计仍会形成一定损失	C2		
可疑一级	借款人无法足额偿还债务,信贷资产即使执行担保或动用其他还款来源,也肯定要形成部分损失	D1	可疑类	
可疑二级	借款人无法足额偿还债务,信贷资产即使执行担保或动用其他还款来源,也肯定要形成较大损失	D2		
损失级	在采取所有可能的措施或一切必要的法律程序之后,信贷资产本息仍然无法收回,或只能收回极少部分。损失类信贷资产即为损失级信贷资产	E	损失类	

注：按照风险程度大小,中国建设银行的信贷资产划分为 12 个级别,前 7 个级别合称优良信贷资产,后 5 个级别合称不良信贷资产。

巴塞尔新资本协议的内部评级法也要求银行对正常贷款至少要有6—9个等级的划分。按照这一标准衡量，我国多数银行的五级分类水平还处在初级阶段。

三、基于五级分类法贷款损失准备金制度

大多数国家基本上都是以风险分析为依据，按银行所承受的风险大小将贷款划分为正常、关注、次级、可疑、损失五类，即贷款五级分类法，并针对各类贷款提取贷款损失准备金。一旦出现贷款损失，则用贷款损失准备金冲销坏账。基于对贷款的五级分类，国际上一般对正常、关注、次级、可疑、损失类贷款分别提取的贷款损失准备金分别为1％、5％、25％、50％、100％。

中国人民银行2002发布的《银行贷款损失准备计提指引》中规定，贷款损失准备包括一般准备、专项准备和特种准备。一般准备是根据全部贷款余额的一定比例计提的、用于弥补尚未识别的可能性损失的准备；专项准备是指根据《贷款风险分类指导原则》，对贷款进行风险分类后，按每笔贷款损失的程度计提的用于弥补专项损失的准备；特种准备指针对某一国家、地区、行业或某一类贷款风险计提的准备。

银行应按季计提一般准备，一般准备年末余额应不低于年末贷款余额的1％。其中一般准备金可以按规定计为附属资本，而专项和特殊准备金不能作为附属资本。

对于有风险的贷款，我国银行可参照以下比例按季计提专项准备金：对于关注类贷款，计提比例为2％；对于次级类贷款，计提比例为25％；对于可疑类贷款，计提比例为50％；对于损失类贷款，计提比例为100％。其中，次级和可疑类贷款的损失准备，计提比例可以上下浮动20％。特种准备由银行根据不同类别（如国别、行业）贷款的特殊风险情况、风险损失概率及历史经验，自行确定按季计提比例。

贷款损失准备金的计算。贷款即使属于正常类，仍存在损失的可能，因此同样需要计提一般损失准备金。其方法为：

贷款一般准备金＝（贷款总额－专项准备金）×规定的比例

贷款准备金总量＝专项准备金＋一般准备金

根据财政部于2012年3月修订的《金融企业准备金计提管理办法》（自2012年7月1日起施行），金融企业采用内部模型法计提风险准备金的，应将内部模型及详细说明报同级财政部门备案。金融企业不采用内部模型法的，应当根据标准法计算潜在风险估计值，按潜在风险估计值与资产减值准备①的差额，对风险资产计提一般准备②。

---

① 资产减值准备是指金融企业对债权、股权等金融资产（不包括以公允价值计量并且其变动计入当期损益的金融资产）进行合理估计和判断，对其预计未来现金流量现值低于账面价值部分计提的，计入金融企业成本的，用于弥补资产损失的准备金。

② 一般准备是指金融企业运用动态拨备原理，采用内部模型法或标准法计算风险资产的潜在风险估计值后，扣减已计提的资产减值准备，从净利润中计提的、用于部分弥补尚未识别的可能性损失的准备金。动态拨备是金融企业根据宏观经济形势变化，采取的逆周期计提拨备的方法，即在宏观经济上行周期、风险资产违约率相对较低时多计提拨备，增强财务缓冲能力；在宏观经济下行周期、风险资产违约率相对较高时少计提拨备，并动用积累的拨备吸收资产损失的做法。

其中,信贷资产根据金融监管部门的有关规定进行风险分类,标准风险系数暂定为:正常类 1.5%,关注类 3%,次级类 30%,可疑类 60%,损失类 100%。一般准备余额原则上不得低于风险资产期末余额的 1.5%。

四、商业银行问题贷款的处理

尽管大多数银行在贷款计划中作出种种安全措施,但在银行账目上,一些贷款会不可避免地要成为坏账。这通常是由于借款人没有偿付一笔或几笔欠款,或者作为贷款抵押的资产价值出现大幅度滑落。虽然每一笔出现问题的贷款情况都各不相同,但是银行家们应当注意多数情况中反映出的一些共同性问题,警惕贷款中可能隐藏的问题(见表 6-2)。

表 6-2 不良贷款和较差的银行信贷政策的征兆

不可靠或出现问题的贷款的信号	不足或者较差的银行信贷政策的信号
还款时间不规律或者拖欠款项 贷款条件频繁改变 不良的贷款续借记录(每次续借时,本金数额极少降低) 少见的高贷款利率(或许试图借此对银行的高风险贷款作出补偿) 借款客户对应收账款和/或存货进行异常或意外的增加 提高负债与净值的比率(杠杆比率) 文件丢失(尤其是客户财务报表丢失) 抵押物质量较差 借款客户依靠对资产的再评估来增加公司净值 没有现金流量报表和预算表 借款客户依靠不能增殖的基金来源满足贷款清偿的要求(例如,出售建筑物或设备)	在借款客户之间选择了不良的风险组合 贷款由于将来可能的事件会发生临时变动(如出现企业兼并) 贷款的原因是因为贷款客户许诺要存入大笔资金 未能就每笔贷款的清偿具体作出一份计划 大比例的贷款发放给银行业务范围之外的借款人 信贷档案不完整 较多的自身信贷交易(向内部人士——雇员、董事或股东发放贷款) 倾向于对竞争采取过激的措施(为了使客户不向其他银行借款,因而发放较差信贷) 贷款支持客户的投机性购买 对市场环境的变化缺乏足够的灵敏度

资料来源:[美]彼得·S.罗斯,[美]西尔维娅·C.赫金斯著,刘园译注,《商业银行管理(英文版.原书第 7 版)》,机械工业出版社,2008 年。

(1)银行收到客户许诺提供的财务报告和还款以及客户与银行人员联系的时间,出现了异常的或不能解释的延迟。

(2)对企业贷款来说,借款公司在折旧入账、养老金缴费计划、存货计价、税赋和收入入账等工作方法上出现任何突然的变化。

(3)对企业贷款来说,对未清偿的债务进行调整或取消分红,或者客户的信用等级评定发生变化。

(4)借款客户公司的股票价格出现不利的变动。

(5)一年或几年净收入出现亏损,特别是以借款人的资产回报率(ROA)、资本回报率(ROE)、或息税前收入(EBIT)计算出现的亏损。

(6)借款人的资产结构(资产/负债率)、流动性(流动比率)和作业水平(例如,销售与存货的比率)等出现了不利的变动。

(7) 实际销售和现金流动的情况与要求贷款时的预测发生了偏离。

(8) 客户的存款余额发生突然、意外并且不能解释的变动。

商业银行在贷款遇到问题时应采取什么措施从出问题的贷款情况中回收银行贷出资金呢？一些研究解决不良贷款的专家对此给出的建议如下。

(1) 时刻牢记解决不良贷款的目的所在：在最大程度上，争取使银行能够完全收回资金。

(2) 能够迅速地发现并报告任何贷款中存在的问题是工作的关键，延误通常只会使贷款问题变得更糟。

(3) 使解决不良贷款的机制与借贷机制相分离，以防止信贷官员可能存在的利益冲突。

(4) 银行解决不良贷款的专家，应当与遇到问题的客户就其他可能的方面尽快进行商谈，特别是对削减开支、促进资金流动、改善管理等方面交换意见。在会谈之前，应当对存在的问题和可能的原因进行初步分析，注意任何特别需要解决的问题(包括竞争者的情况)。在对银行的风险经营和贷款文件的充分性(尤其是关于未由银行占有的客户抵押物的请求权的文件)作出判断之后，制订一份初步的行动计划。

(5) 估计可以从哪些来源回收出问题的贷款资金(包括资产和存款估计的清算价值)。

(6) 解决不良贷款的人员应进行税务和诉讼调查，以发现是否借款人还有其他未清偿的债务。

(7) 对于企业借款人来说，银行的信贷人员必须对其当前管理层的素质、能力和诚信的程度作出评价，并通过现场参观评估借款人的资产和经营。

(8) 银行解决不良贷款的专家们必须考虑使用所有可能的方法来清理坏账，如果贷款中的问题只是短期的，可以制订新的临时性协议，或者帮助借款人寻求方法加强资金流动(如包括减少开支、开发新市场等)，或者再向企业注入新的资金。另外还有其他的可能性，包括寻求另外的抵押，取得保证或担保，对公司进行重组、兼并或清算，或者出具破产请求书，启动企业破产程序。

本 章 小 结

1. 贷款是商业银行利润的主要来源之一，是商业银行的主要盈利资产。贷款业务是商业银行的核心业务。同时，贷款也是商业银行信贷风险和利率风险的主要来源，因此对于贷款的管理是商业银行经营的重点。

2. 商业银行的贷款涉及的范围广泛，对经济的影响大，接触面广。对于贷款的分类管理利于商业银行提高经营效率。

3. 商业银行的贷款主要有四种模式：信用贷款、保证担保贷款、抵押贷款和质押贷款。

4. 贷款的定价直接关系到商业银行的利润及商业银行的竞争力。商业银行应当综合成本利润法和价格领导模型，达到扩大市场规模、提高利润率的目的。

5. 信用分析是商业银行贷款管理的重点，应当结合"6C"分析法从信用分析和财务分析出发，对贷款的风险作出判断。

6. 贷款五级分类法指的是银行贷款划分为正常、关注、次级、可疑、损失五类贷款。

7. 贷款的风险必须重视防范。贷前需要做好审查，贷中应当跟踪掌握，贷后应当做好贷款的收回工作。

关 键 词

信用贷款(fiduciary loan)；担保贷款(secured loan)；抵押贷款(mortgage loan)；质押贷款(pledge loan)；消费贷款(consumption loan)；工商企业贷款(industrial and commercial enterprise loan)；住房抵押贷款(residential mortgage loan)；信用分析(credit analysis)；贷款价格(loan price)；贷款承诺费(loan commitment fees)；补偿余额(compensatory balance)；价格领导模型(price leadership model)；关注类贷款(special-mentioned loan)；次级贷款(subprime mortgage loan)；可疑贷款(doubtful loan)；损失贷款(loss loan)；贷款损失准备金(loan loss reserves)；贷款审核(loan review)

复习思考题

1. 商业银行的贷款主要有哪些分类方式？
2. 商业银行贷款的原则是什么？
3. 什么是信用分析，信用分析主要要注意哪些方面的内容？
4. 贷款的价格包含哪些内容？
5. 什么是贷款的流程？
6. 为什么银行的贷款行为要受到监管部门的严格监管？
7. 商业银行的贷款政策应包含哪些内容？
8. 贷款协议的主要部分有哪些？每部分是用来说明什么问题的？
9. 贷款损失准备金的概念是什么？它有哪些类别？
10. 为什么说贷款五级分类制度更利于贷款的管理？
11. 假设某企业借款人今年预计可以取得2 100万元的净利润，而上年的净利润为2 700万元；且今年预计的折旧和其他非现金支出将达到700万元，上年该数字为600万元。公司期望应付账户金额从年初的2 420万元降至年底的2 090万元，并且同时存货和应收账款金额分别从上年年底的780万元增至今年年底的840万元，以及上年的1 680万元增至今年的2 010万元。那么，该企业今年的现金流量是多少？该企业的现金流量是增加还是减少？这对银行考虑对该企业提供贷款有什么启示？

第七章 商业银行证券投资业务管理

本章导入

金融危机对我国商业银行的海外证券投资的冲击

自2007年4月美国新世纪金融公司申请破产保护、次贷危机正式爆发以来,世界银行业遭到了重创。与此相对照的是,中国银行业依然保持着良好的运行状态与经营绩效。在此次百年一遇的国际金融危机中,我国银行业之所以在此次金融危机中受到的直接冲击比较小,首先是因为中资银行参与国际市场的广度与深度还很有限。近几年中资银行海外机构总资产占全部资产总额的比重还不到4%,远低于欧美大型银行40%左右的水平。而且业务范围有限、客户基础薄弱,还没有充分融入当地市场成为主流银行。与此同时,中资银行在国际金融市场上的债券交易规模也比较小。

美国投行雷曼兄弟破产事件爆发时,工商银行、招商银行、中国银行、兴业银行等中国7家上市银行持有雷曼债券资产的风险敞口约为7.22亿美元,所占份额极其有限,雷曼兄弟公司的破产事件不会对中资银行产生实质性影响。但就对外证券投资而言,中国银行为外币债券投资付出了沉重的代价。中国银行2008年三季报显示,截至9月末出现了高达167.85亿元的证券投资减值损失,集团资产减值损失263.13亿元,其中,贷款减值损失94.32亿元,证券投资减值损失167.85亿元。

证券投资是商业银行重要资产业务,不仅是银行获利的来源之一,也为银行在流动性管理、资产优化配置及合理避税等方面发挥积极作用。20世纪80年代初到90年代,美国受联邦存款保险公司承保的银行,其资产有20%左右分布在各种证券上,90年代以来伴随金融自由化的趋势,各种金融创新屡屡冲破各国法规限制,使商业银行证券业务不断发展,各国政府也纷纷放宽对商业银行证券投资的管制。本章介绍了商业银行证券投资的功能、种类、证券投资策略以及证券投资的风险管理等。

第一节 商业银行证券投资的功能与种类

一、商业银行证券投资的目的和功能

商业银行证券投资是指为了获取一定收益而承担一定风险,对有一定期限的资本

证券的购买行为。它包含收益、风险和期限三个要素,其中收益与风险呈正相关,期限则影响投资收益率与风险的大小。银行证券投资的基本目的是在一定风险水平下使投资收益最大化。围绕这一基本目标,商业银行证券投资具有以下四项主要功能。

1. 获取收益

从证券投资中获取收益是商业银行投资业务的基本功能。商业银行证券投资由两部分组成:一是利息收益,包括债券利息、股票红利等;二是资本利得收益,即证券的市场价格发生变动所带来的收益。

2. 保持流动性

商业银行保持一定比例的高流动性资产是保证其资产业务安全的重要前提。尽管现金资产具有高流动性,在流动性管理中具有重要作用,但现金资产无利息收入,为保持流动性而持有过多的现金资产会增加银行的机会成本,降低盈利性。变现能力很强的证券投资是商业银行理想的高流动性资产,特别是短期证券,既可以随时变现,又能够获得一定收益,是银行流动性管理中不可或缺的第二级准备金。

3. 分散风险

降低风险的一个基本做法是实行资产分散化。证券投资为银行资产分散化提供了一种选择,而且证券投资风险比贷款风险小,形式比较灵活,可以根据需要在市场上随时买卖,有利于资金运用。

4. 合理避税

商业银行投资的证券多数集中在国债和地方政府债券上,政府债券往往具有税收优惠,银行可以利用证券组合投资达到合理避税的目的,增加银行的收益。

除此之外,证券投资的某些证券可以作为向中央银行借款的抵押品,证券投资还是银行管理资产利率敏感性和期限结构的重要手段。总之,银行从事证券投资是兼顾资产流动性、盈利性和安全性三者统一的有效手段。

二、商业银行证券投资的主要类别

在1929—1933年资本主义世界经济大危机以前,西方国家在法律上对商业银行证券投资的对象没有明确限制。大危机后,经济学家认为这场资本主义社会的空前经济危机与商业银行大量从事股票承销和投资密切相关。为了恢复公众对银行体系的信心,西方国家纷纷立法对商业银行证券投资业务予以规范,其中最有影响的是美国1933年颁布的《格拉斯-斯蒂格尔法》,它严格禁止美国商业银行从事股票的承销和投资,但允许商业银行投资国库券、中长期国债、政府机构债券、市政债券和具有一定信用评级等级的公司债券。美国对商业银行证券投资的限定有理论和法律的支持,在世界各国具有广泛影响。除了德国全能型模式下的商业银行可以从事股票投资外,大多数国家禁止商业银行参与股票业务。20世纪80年代以来,随着来自非银行金融机构的竞争压力增大,以及金融工具和交易方式的创新,西方商业银行努力扩展证券投资的业务范围,商业银行兼营投资银行业务已成为一种趋势。1993年1月正式实施的欧盟"第二号银行指令",规定欧盟成员国银行间采取相互承认的原则,即欧盟内相互承认的商业银行可直接或通过子公司经营包括证券承销与买卖、衍生金融工具交易等13类业务。1998年4月,美国花旗银行与擅长证券承诺、企业并购策划的旅行者公司宣布组成花旗集团。然而,这些仅仅表现为一种趋势,在分业经营的国家里,商业银行从事投资银行业务还有许多法律和监管冲突没有解决。因此,商业银行证券投资仍以各类债券,特别是国家债券为主。

(一) 政府债券

政府债券通常有三种类型:中央政府债券、政府机构债券和地方政府债券。

1. 中央政府债券

中央政府债券,又称国家债券,是指由中央政府的财政部发行的借款凭证。国家债券是银行证券投资的主要种类,原因有以下三点:一是安全性高。二是流动性强。三是抵押代用率高。按其发行对象可以分为公开销售债券和指定销售债券。公开销售债券向社会公众销售,可以自由交易。指定销售债券向指定机构销售,不能自由交易和转移。商业银行投资的政府债券一般是公开销售债券。

国家债券按照期限长短可分为短期和中长期国家债券。短期国家债券通常称为国库券,中长期国家债券通常称为公债。

国库券,通常期限为1年以内,一般有1个月、3个月、6个月、9个月、12个月等不同期限。所筹资金主要用于弥补中央财政预算临时性收支不平衡。国库券期限短、风险低、流动性高,是商业银行证券投资最主要的组成部分和流动性管理的重要工具。国库券一般为不含息票,发行以贴息方式、交易以贴现方式进行。所谓贴息方式发行是指债券票面不标明收益率,而是按低于票面的价格出售给投资者,到期由财政部按面值收回债券,销售和收回的价格差异即为投资者收益。

中长期国债是政府发行的中长期债务凭证,2—10年为中期国债,10年以上为长期国债,所筹集资金用于弥补中央财政预算赤字。中长期债券多为含息票证券,一般在票面标明价格和收益率,购买时按票面价格支付款项,财政部定期付息,到期归还本金。中长期债券由于期限长,收益率比国库券高。银行进行证券投资时一般首选国家债券,因为它与其他证券相比具有安全性高、流动性强、抵押代用率高的特点,素有金边证券之称。

2. 政府机构债券

政府机构债券是中央财政部以外的其他政府机构所发行的债券,如中央银行发行的融资债券、国家政策性银行发行的债券等。政府机构债券的特点与中央政府债券相似,违约风险较小,故在二级市场上交易十分活跃。

政府机构债券通常以中长期债券为主,流动性不如国库券,但收益率较高。它虽然不是政府的直接债务,但通常也会受到政府担保,因此债券信誉较高,风险较低。政府机构债券利息收入通常要缴纳中央所得税,不用缴纳地方所得税,税后收益较高。

3. 地方政府债券

地方政府债券,又称市政债券,是由中央政府以下各级地方政府发行的债券,所筹资金多用于地方基础设施建设和公益事业发展。

地方政府债券就其偿还的保障可以分为两类:第一类称"普通债券",一般用于提供基本的政府服务如教育等,其本息偿还由地方政府征税能力做保证;第二类称"收益债券",用于政府所属企业或公益事业单位的项目,其本息偿还以所筹资金投资项目的未来收益做保证,安全性不如普通债券。

地方政府债券的发行和流通市场不如国家债券活跃,除了一些信用较高的地方政府发行的债券可以在全国范围内发行并流通外,大部分都集中在本地,流动性不强。地方政府债券通常按面值出售,由于投资地方政府债券可以免缴投资收益的中央所得税和地方所得税,因此地方政府债券的税后收益率比较高。在西方国家,商业银行成为地方政府债券的最大买主。

（二）公司债券

公司债券是企业对外筹集资金而发行的一种债务凭证,发行债券的公司向债券持有者作出承诺,在指定的时间按票面金额还本付息。优级公司债是规模、业绩、经营管理等各方面较好的公司发行的债券。

公司债券可分为两类:一类是抵押债券,公司以不动产或动产作为抵押而发行的债券;另一类是信用债券,公司仅凭其信用发行,通常只有信誉卓著的大公司才有资格发行此类债券。

商业银行对公司债券的投资较为有限,主要原因是:(1) 公司债券要缴纳中央和地方两级所得税,税后收益有时比其他债券低;(2) 由于公司经营状况差异很大,且市场变化无常,故公司债券违约风险较大;(3) 公司债券在二级市场上的流动性不如政府债券。为保障商业银行投资的安全,许多国家在银行法中规定,仅允许商业银行购买信用等级在投资级别以上的公司债券,且投资级别的信用等级各国规定也有一定差别。

债券评级标准及划分依据,如表7-1所示。

表7-1 债券评级标准及划分依据

	穆迪	标准普尔	费奇	金融世界	评级标准
投资等级	Aaa	AAA	AAA	A+	质量最高,风险最小
	Aa	AA	AA	A	质量高,财务状况比上面略弱
	A	A	A		财务能力较强,易受经济条件变化的影响
	Baa	BBB	BBB	B+	当期财务状况较强,缺乏优异的投资特征
投机等级	Ba	BB	BB	B	具有投机特征,当期尚能支付利息,但未来不确定
	B	B	B	C+	较高投机性,对本利的偿还不确定
	Caa—	CCC	CCC	C——D+	高度投机,违约可能性很大
	Ca	CC	DDD	D	已经违约

（三）银行承兑票据

银行承兑票据是银行对从事进出口等业务的客户提供的一种信用担保,银行承诺在任何条件下都会偿付其客户的债务，银行从中收取费用。由银行承兑的票据是一种安全的投资工具，有较大的市场规模，信誉好的银行承兑票据还可以申请获得中央银行的贴现。银行承兑票据的交易可以增加银行的流动性资产和获得投资收益。

（四）股票

股票是股份公司发行的证明股东在公司中投资入股并据此获得股息的所有权证书，它表明投资者拥有公司一定份额的资产和权利。由于工商企业股票的风险比较大，因而大多数西方国家在法律上都禁止商业银行投资工商企业股票，只有德国、奥地利、瑞士等少数国家允许。但是，随着政府管制的放松和商业银行业务综合化的发展，股票作为商业银行的投资对象已成为必然趋势。

（五）创新的金融工具

20世纪70年代以来，由于金融创新的加快，金融衍生工具的交易也成为银行投资的新选择，包括远期合约、货币互换、金融期货与期权等。这些金融衍生工具的交易量在有些西方发达国家的银行已超过原生金融工具的交易规模。它们为银行开辟了新的投资渠道，也为银行增加了新的投资风险。

除了以上投资工具之外，商业银行还可以投资货币市场、资本市场上的短期债券、票据、可交易资产等，随着各国金融管制的放松，商业银行证券投资范围逐渐扩大。

按照我国《商业银行法》的规定，商业银行的证券投资仅限于信用可靠、安全性、流动性强的政府债券（如国库券）和金融债券，禁止从事企业债券、股票投资。按照规定，我国商业银行不得向以下五个方面投资：不得从事信托投资；不得从事证券经营业务；不得投资于非自用不动产；不得向非银行机构投资；不得向企业投资，但国家另有规定的除外，这为今后业务的拓展和扩大经营范围留有了余地。

第二节 证券投资的策略选择

商业银行证券投资的主要目的是获取收益、分散风险和增强流动性。银行综合考虑自身的投资目的、流动性需要、税收利益以及法规限制等各方面因素，选择合适的投资策略。由于商业银行持有证券范围有限，证券投资的违约风险相对较小，而主要是市场利率风险或期限控制风险，因而银行证券投资策略的目标强调在控制利率风险前提下实现证券投资流动性和收益的高效组合。

一、利率环境

（一）利率与商业周期

债券的收益主要依赖于利率环境的变化，而利率变化又与商业周期的变化息息相关。在经济扩张时期，企业和消费者会借入更多的资金，对资金的需求增加将推动利率上升和债券价格的下降。在经济衰退时期，企业与消费者将变得更谨慎，会减少借款和增加储蓄，以预防可能的失业与收入的损失，这时利率通常会下跌，而债券价格将上升。

伴随着经济的周期发展,利率变化也呈现出一定的周期性。

(二) 债券组合与利率的周期变动

利率伴随商业周期的变动为银行的证券投资提供了一种利率周期期限决策方法(cyclical maturity determination approach)。在经济周期进入波谷,即将恢复扩张时,银行的证券投资组合应当更多地持有短期证券,减少长期证券;在经济周期进入波峰,利率处于上升周期转折点并逐步下降时,银行应当将其证券组合大部分转换成长期证券;当利率再次降低到下降周期的转折点时,银行应再次将其证券组合转换成以短期证券为主。这种投资策略将利率与商业周期的变动联系起来,在长期中被认为是最大限度地利用了利率波动。因为当利率上升时,到期证券的现金流将按不断上升的利率进行再投资,银行投资组合的收益率自然得到了提高。当利率达到上升周期阶段最高点时,银行将证券组合逐步调整到长期证券占较高比重的状态,等待下一轮利率下降周期的出现。

但周期投资策略也存在一定的局限性,它只适用于利率环境呈现出有规律周期波动的情况,因此只是在长期中可以运用,对日常频繁变动的市场利率,该方法不具有可操作性。在股份制商业银行组织结构下,由于银行投资管理人员与股东集团对投资获利方式和时机的选择往往存在差异,容易使得该投资策略的实施效果大打折扣。例如,在经济复苏的初期阶段,银行信贷需求疲软,利率相对较低,银行证券投资管理人员会受到来自股东集团的压力,要求其在证券投资上增加当期盈利。由于这段时间利率曲线向上倾斜,这种压力意味着银行会延长投资证券的期限。这样一来,银行实际上把投资的证券锁定在相对于转折点而言较低的利率上,并使银行在其证券组合急需调整时降低了自身的流动性。

(三) 久期与免疫投资组合

如果市场利率的未来变动很难预测和把握,银行应当选择被动的证券组合管理,也就是使得投资组合处于不受利率变化影响的"免疫"(immunization)状态。市场利率变化对银行的证券投资带来两种风险:利率风险和再投资风险。前者是利率升高导致证券价格下降的风险;后者恰恰相反,是利率降低使得从证券所收到的现金流必须以越来越低的利率再投资的风险。这两种风险恰好呈现反向运动,我们可以利用久期的概念来使投资组合获得免疫。

证券的久期是从现金流动的角度考虑证券投资的本金与利息的实际回收时间,它表现为投资者真正收到该投资所产生的所有现金流量的加权平均时间。如果我们使得单个证券或证券组合的久期等于银行计划持有该证券或证券组合的期间长度,银行的投资组合就获得了免疫性。可以用以下公式来表示:

$$D = -\frac{\Delta P/P}{\Delta i/(1+i)}$$

其中,D 为证券组合计划到期期限;P 为证券价格;i 为市场利率。当证券的久期等于银行计划持有期时,证券面临的上述两种风险将相互冲抵。如果购买证券后利率上升,证券的市价将会下降,但银行能把这些证券产生的现金流以较高的市场利率进行再投资。类似地,如果利率下降,银行将被迫把证券所产生的现金流以较低的利率再投资,但相应地,这些证券的价格将上升。例如,因为当前的贷款需求弱,一家银行现在想购入美国中期国债和长期国债,但它担心明年此时贷款需求恢复时,不得不售出这些证券以便为其顾客融通资金。面对这样的前景,为使利率风险最小化,投资经理可以选择那些有效期限为一年的国债。这样,不论利率走向如何,所购买的证券均可免于收入损失。

二、证券投资的期限选择策略

商业银行证券投资策略的目标应是在控制利率风险条件下实现证券投资流动性和收益的有效组合。银行选择持有证券类型后,还存在所持有的这些证券在一段时间内怎样分配的问题,也就是其投资组合中短期证券和长期证券的比重问题。下面介绍五种不同的期限组合策略,每一策略都有其自身特有的优势和劣势。各个银行基于对利率波动预测能力的差异,可以采取相对稳健或相对积极的投资策略。

(一) 梯形期限策略

梯形期限策略是相对稳健的投资方法,该方法要求银行把全部的证券投资资金平均投入不同期限的证券上,使银行持有的各种期限的证券数量都相等,当期限最短的证券到期后,银行用收回的资金再次购买期限最长的证券,如此循环往复,使银行持有的各种期限的证券总是保持相等的数额,从而可以获得各种证券的平均收益率。虽然不会使投资收益最大化,但由于投资分散使得违约风险减少,收益较为稳定。因为这种投资方法用图形表示很像阶梯形状,就被称为梯形期限策略(见图 7-1)。

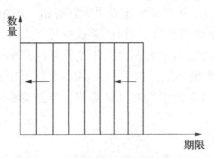

图 7-1 梯形(矩形)期限策略

梯形期限策略是中小银行在证券投资中较多采用的,其优点在于:一是管理方便,容易掌握。银行只需要将资金在期限上作均匀分布,并定期进行再投资安排即可。二是银行不必对市场利率走势进行预测,也不必频繁地进行证券交易。三是这种投资组合可以保障银行在避免因利率波动出现投资损失的同时,使银行获取至少是平均收益的投资回报。但梯形期限策略也有其缺陷:一是过于僵硬,缺少灵活性,当有利的投资机会出现时,特别是当短期利率提高较快时,不能利用新的投资组合来扩大利润;二是流动性不高,该方法中的短期证券持有量较少,当银行面临较高的流动性需求时出售中长期证券有可能出现投资损失。

为了避免梯形期限法的缺陷,一些银行采用更为灵活的方法。当市场上短期利率上升、短期证券价格下降时,银行用到期证券收回的资金购买短期证券而不是长期证券。当短期利率下降、短期证券价格上升时,再出售短期证券,购买长期证券。在这个循环后,银行持有的证券仍然是梯形的。

(二) 前置期限策略

前置期限策略是指在银行面临高度流动性需求的情况下且银行认为一段时间内短

期利率将趋于下跌,银行将绝大部分证券投资资金投放在短期证券上,很少或几乎不购买其他期限的证券。如银行投资经理把1 000万美元资金中的990万美元投资于2年或2年期以下的证券,10万美元投资于2年期以上的证券,如图7-2所示。

这一策略使证券组合具有高度的流动性,强调投资组合主要作为流动性来源而非收入来源。当银行需要资金时,可以迅速地把短期证券卖出。但是,这种投资策略的收益要取决于证券市场上利率变动的情况。如果银行购买证券后市场上短期利率下降,短期证券的价格就会上涨,银行就会获得资本收入;反之,如果市场短期利率上升,短期证券价格下降,银行就会遭到较大的损失。

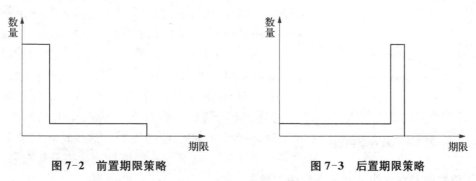

图7-2　前置期限策略　　　　　图7-3　后置期限策略

(三) 后置期限策略

后置期限策略与前置期限策略恰恰相反,它把绝大部分资金投资于长期证券上,几乎不持有任何其他期限的证券。例如,银行投资经理把1 000万美元资金中的990万美元投资于9—10年期限范围的证券,如图7-3所示。

这种方法强调把投资组合作为收入来源。由于长期利率的变化并不频繁,从而长期证券的价格波动不大,银行投资的资本收入和损失不明显,而且长期证券票面收益率比其他期限的票面收益率都要高,所以这种策略可以使银行获得较高的收益。但是该策略缺乏流动性,银行在需要现金时难以转手长期证券,或者在证券转让时可能遭到较大的损失,这样该银行可能严重依赖于从货币市场上借款以帮助满足其流动性需要。

(四) 杠铃期限策略

杠铃期限策略是前置期限策略和后置期限策略的一种组合方法,即银行把大部分资金投资于具有高度流动性的短期证券和较高收益率的长期证券,不投或只投少量资金用于购买中期证券。因为这种投资方法用图形表示很像杠铃形状,于是被称为杠铃期限策略。例如,银行投资经理把1 000万美元资金中的490万美元投资于9—10年期限范围的证券,另外490万美元投资于2年或2年期以下的证券,余下20万投资于3—8年期等中期证券,如图7-4所示。

杠铃期限策略具有两个优势:一是比较灵活,银行可以根据市场利率的变动对其投资进行调整。当银行预期长期市场利率下降,长期证券

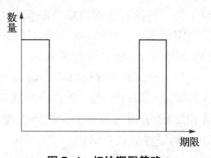

图7-4　杠铃期限策略

价格将上升时,银行可以出售部分短期证券,用所得资金购入长期证券;等到长期利率确实下降,长期证券价格已经上涨到一定幅度时,银行再将这部分证券售出,购入短期证券,银行可以多获得一部分收益。当银行预测短期市场利率将下降,短期证券价格将上涨时,银行可以出售部分长期证券购入短期证券;等到短期利率确实下降,短期证券价格已经上涨到一定幅度时,银行再将这部分证券售出,购入长期证券,银行可以多获得一部分收益。二是可以使得银行的投资活动在保持较高收益的同时兼顾较好的流动性。但是,该方法对银行证券转换能力、交易能力和投资经验要求较高,风险也较高。

(五) 收益率曲线策略

收益率曲线是描绘市场利率因贷款和证券的到期时间不同而变化的图形。一般来说,收益率曲线是向上倾斜的,如图 7-5 所示,但少数情况下收益率曲线可能发生变异,向下倾斜或者保持水平。例如,在 20 世纪 80 年代初,美国为了反通货膨胀,将短期利率提高至 20% 以上的高水平,同时,减少了长期国债的发行。这使得短期债券收益率急剧上升,而中长期债券收益率升幅有限,导致了债券收益率曲线是略向下弯曲的形态。

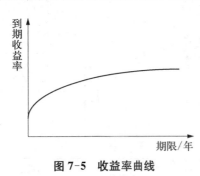

图 7-5 收益率曲线

事实上收益率曲线反映了投资者对未来利率变化的隐含预期和债券资产风险补偿因素。向上倾斜的收益率曲线反映了市场平均预测未来的短期利率将比现在高。更重要的是,债券期限越长,流动性风险越高,基于风险补偿原理,期限越长的债券往往收益率越高。收益率曲线对于银行证券投资管理人员的投资决策具有重要意义。

(1) 收益率曲线的形状是银行证券投资管理人员决定持有哪种期限证券的重要参考依据。例如,在宏观经济处于升息周期,债券收益率曲线一般会更加陡峭地向上倾斜。这意味着长期债券的价格下跌幅度高于中期债券,而中期债券的下跌幅度又高于短期债券。那么遵从利率预测法,银行将倾向于避免购买长期证券而重点投资短期证券,因为预期长期证券市场价格将因利率的升高而下降,从而给银行带来损失。反之,如果在降息周期,银行将可能考虑增持长期证券,因为利率下降将为长期证券提供巨大的资本盈利机会。

(2) 短期内,收益率曲线为银行证券投资管理人员提供了有关证券定价过高或定价不足的线索。由于收益率曲线表明每一期限证券的各种收益率是多少,因此,收益率位于某一特殊时点的收益率曲线之上的证券,其收益率暂时来说过高,价格也就过低,适合银行买入。同时,收益率位于收益率曲线之下的证券,其收益率暂时来说过低,价格也就过高,不适合银行买入。

(3) 收益率曲线还可以告诉银行证券投资管理人员如何在追求更大收益和接受更大风险之间取得平衡。收益率曲线的形状决定了通过将长期证券替换为短期证券(或者相反)能为银行赢得多少额外收益。例如,向上倾斜的收益率曲线上的 5 年期债券和 10 年期债券的收益率相差 150 个基本点,这意味着,银行证券投资管理人员可以通过把 5 年期债券转化为 10 年期的债券来获取 1.5% 的额外收益。但是,10 年期债券通常比 5 年期债券的风险更大,因为 10 年期的债券不但流动性较差,而且更容易受到利率变动的影响。因此,银行在作出证券期限转换之前,必须对其所能带来的收益和风险进行详细比较。

(4) 根据收益率曲线,银行还可以对证券投资的持有期限进行研究,使银行获得更大的收益率。银行对债券的持有期不同,所能获得的收益率也不同。在收益率曲线向上倾斜且预期市场利率在今后一段时间内保持稳定不变或稳步下调的状况下,购入中长期债券并持有一段时间后出售,其边际收益率不仅高于债券的短期收益率,也会高于债券的长期收益率。

显然,收益率曲线策略需要大量市场预测的技能,风险相当大。银行对收益率曲线的预测必须正确,如果发生错误,银行所遭受的损失将十分惨重。由于这一原因,在证券投资管理中不应当过分强调收益率曲线策略,而应与一种或多种其他投资策略一起使用。

三、债券投资的避税组合策略

应税证券与免税证券在税负上的差异使得银行可以利用应税债券与免税债券的组合,使银行证券投资的收益率进一步提高。基于避税目标的证券投资组合的基本原则是:在投资组合中尽量利用税前收益率高的应税证券,使其利息收入抵补融资成本,并使剩余资金全部投资于税后收益率最高的免税证券上,从而提高证券投资盈利水平。

四、证券互换策略

证券互换是通过对收益率进行预测,将证券进行置换以便主动管理证券资产。在进行互换时,证券投资经理用价格低估的证券来替换价格高估的证券。互换分类有很多标准,一般分为以下五类。因为商业银行的特殊地位,各国对其证券投资的对象都有严格的规定,多以债券为主。因此,下面将以债券为例进行介绍。

(1) 替代互换(substitution swap)。如果两种债券在面值、到期期限等方面相同,仅在价格方面存在短期差别,那么,当其中的一种证券已在投资组合中时,银行用投资组合中的低收入证券与组合之外的高收入证券进行交换可以提高投资组合的收益。

(2) 场间价差互换(inter-market spread swap)。利用现行市场各部分收益率的不平衡,从市场的一部分转移到另一部分以赚取差价。在不同市场上的两种证券,若各个方面的特征基本相似,但收益有所差别,银行交换这两种证券,可以改善投资组合的收益。

(3) 避税互换(tax swap)。通过把税款支付从当前年份推迟到未来的纳税年份而从中赚取收益。

(4) 利率预测互换(rate anticipation swap)。这种互换是利用对市场利率总体运动趋势的预测来获取利益。

(5) 纯收益率选择互换(pure yield pickup swap)。这种互换主要是基于从长期来看收益率的改善方面。它很少注意市场各部分间以及市场整体的短期价格变动。

第三节 证券投资的收益与风险

一、证券投资的收益

收益和风险是证券投资中不可分割的两个方面。一般而言,收益越高,风险越大。银行在进行证券投资时,应当在承担既定风险的条件下使得收益最大化。

(一) 收益的一般特点

证券投资的收益由两部分组成:一是利息类收益,包括债券利息、股票红利等;一是资本利得收益,即证券的市场价格发生变动所带来的收益。由于债券的收益是固定的,只要将其持有至到期日,就不会发生资本收益上的损失。但如果在到期日前就将债券出售,则有可能因为市场利率和供求关系的变动而遭受收益损失。股票的收益是非固定的,且无到期日,除了获得股利外,股票投资的回收只有通过将股票出售才能实现,而只要出售就有可能获利或受损,因此股票的收益不如债券稳定。

(二) 证券收益率的种类

1. 票面收益率

票面收益率是发行证券时,证券发行人同意支付的协定利率。如一张面值为1 000元的债券,票面上标有年利率8%,则8%就是该债券的票面收益率,债券持有人每年可以获得80元利息收入。因为债券的价格随市场状况而波动,正好按面值交易的情况极少,所以票面收益率不是债券收益率的一个合适的衡量标准。

2. 当期收益率

当期收益率是债券的票面利息与当期债券市场价格的比率。例如,银行以94元的价格购入面值为100元、票面收益率为8%的债券,那么该债券的现实收益率则为8÷94×100%=8.51%,通常金融报刊上公布的股票与债券的收益率都是当期收益率。当期收益率考虑了证券市场的价格变化,比票面收益率更接近实际;但它只考虑了债券的利息收入,而没有考虑债券的资本收益或损失,因而不能完全反映出投资者的收益。

3. 到期收益率

到期收益率是使证券的购买价格等于其预期年净现金流的现值的收益率,它是被广泛接受的证券收益率的衡量标准。到期收益率考虑了货币的时间价值,因而比上述两种方法更为精确和全面。其计算公式为:

$$P = \sum_{t=1}^{n} \frac{C_t}{(1+YTM)^t} + \frac{B}{(1+YTM)^n}$$

式中,P 为债券的当前市场价格;YTM 为债券的到期收益率;C_t 为第 t 期的收入,B 为债券的本金,n 为债券距到期所剩的时间。

假设投资者正在考虑购买一种债券,期限 20 年,票面利息率 10%,以当前市场价格 850 美元买入。如果该债券的面值是 1 000 美元,到期时向投资者进行支付,那么,其到期收益率 y 可以通过解下列方程得到:

$$850 = \sum_{t=1}^{20} \frac{100}{(1+YTM)^t} + \frac{1\,000}{(1+YTM)^{20}}$$

可得 YTM 为 12%,高于 10% 的票面利息率,这是因为该债券现在是以低于面值的价格折价出售。

到期收益率对大多数股票而言并不是一种合适的衡量标准,因为股票是永久性投资工具。到期收益率甚至也不能用来衡量某些债券,因为如果投资者在债券的到期日前卖出债券,或债券每年支付可变的收益,则到期收益率不好计算。同时,到期收益率也没有考虑利息的再投资风险,而是假设流向投资者的所有现金可以按照计算的到期收益率进行再投资。

4. 持有期收益率

持有期收益率是对到期收益率的修正,这种衡量标准适合于投资者只持有证券一段时间并在到期日前把它卖出的情况。其计算公式为:

$$P = \sum_{t=1}^{m} \frac{C_t}{(1+HPY)^t} + \frac{P_s}{(1+HPY)^m}$$

式中,HPY 为持有期收益率,P_s 为出售时的价格,C_t 为第 t 期的收入,m 为债券的持有期年数。持有期收益率是使一种证券的市场价格 P 等于从该证券的购买日到卖出日的全部净现金流的折现率。如果证券被持有至到期,它的持有期收益率就等于其到期收益率。

二、证券投资风险的一般特点

对证券投资而言,风险指的是投资人由于未来的不确定性而带来的投入本金和预期收益发生损失的可能性。

(一) 证券投资风险的分类

一般来说,证券投资风险根据能否通过投资组合来消除,可以分为系统性风险和非系统性风险。系统性风险是对市场上所有证券带来风险的可能性。这种风险的影响是全局性的,对于投资者来说无法消除,其来源可能是经济周期、通货膨胀、战争等因素,不能通过投资组合抵消或削弱,又称为不可分散风险。非系统风险是指某种特定因素对某一个或某一类证券带来损失的可能性,它可以是某个企业的生产经营状况、市场条件等发生变化引起的,可通过投资组合的方法降低风险或消除,也称为可分散风险。

(二) 商业银行证券投资的风险

商业银行证券投资主要面临以下五种风险:货币风险、经营风险、财务风险、信用风险和变现能力风险。

1. 货币风险

商业银行证券投资的货币风险主要是指市场利率的变化对证券持有人造成损失的可能性。货币风险又可分为利率风险和通货膨胀风险两种。

(1) 利率风险。利率风险是指市场利率的变动影响了证券的市场价格,从而给证券投资人带来损失的可能性。一般来说,证券价格与市场利率呈反向运动。市场利率下降时,证券价格上升;反之,则证券价格下降。从长期来看,不同的市场利率都趋向于一起上升或下降,这些利率变化对所有证券都有一定程度的影响,而且影响的方式是一致的。随着利率的变化,长期证券价格的变化大于短期证券价格的变化,长期证券面临着更大的利率风险。

例如,长期债券利率为8.5%,短期债券利率6.8%,为减少利率风险而购买短期债券。但在短期债券到期收回现金时,如果利率降低到4.5%,就不容易找到高于4.5%的投资机会,还不如当期投资于长期债券,仍可以获得8.5%的收益,所以利率风险也是再投资风险问题。

对此种风险,应采取的防范措施是分散债券的期限,长短期配合。如果利率上升,短期投资可迅速找到高收益投资机会;若利率下降,长期债券却能保持高收益。也就是说,要分散投资,以分散风险,并使一些风险能够相互抵消。总之,不要把所有的鸡蛋放在同一个篮子里。

(2) 通货膨胀风险。所谓通货膨胀风险是指由于物价上涨出现通货膨胀、货币贬值,使得投资的本金和投资收益所代表的实际购买力的下降,从而对商业银行实际收入所带来的损害。债券和其他固定收入的证券很容易受到购买力风险的影响。通货膨胀期间,投资者实际利率应该是票面利率扣除通货膨胀率。若债券利率为10%,通货膨胀率为8%,则实际的收益率只有2%,购买力风险是债券投资中最常出现的一种风险。

一般来说,通货膨胀风险与证券到期时间的长短呈同向运动。对于购买力风险,最好的规避方法就是分散投资,以分散风险,使购买力下降带来的风险能为某些收益较高的投资收益所弥补。通常采用的方法是将一部分资金投资于收益较高的投资品种上,如股票、期货等,但带来的风险也随之增加。

2. 经营风险

经营风险是指发行债券的单位管理与决策人员在其经营管理过程中发生失误,引起收入现金流的不确定性而使债券投资者遭受损失。运营收入变化越大,经营风险就越大,债务违约的可能性也就越大;运营收入变化越小,经营风险越小。经营风险包括内部和外部两种。内部经营风险与公司内部能控制的运营条件联系在一起,它通过公司的运营效率得以体现。外部风险与公司所处的政治环境和经济环境等客观的运营环境联系在一起。政府债券不存在经营风险,高质量的公司债券也仅在一个有限程度上存在经营风险,只有低质量债券更多地面临这种风险。

为了防范经营风险,选择债券时一定要对公司进行调查,通过对其报表进行分析,了解其盈利能力和偿债能力、信誉等。

3. 财务风险

财务风险是企业收入不足以支付自身债务的可能性。有负债的公司的普通股会面临这种风险,而且负债在资本结构中比重越大,这种风险越大。这一风险也可反映在有沉重债务负担的公司债券上:负债越多,债券的质量越低。承担负债数额较小的公司的高等级债券,只在有限的程度上存在这一风险,而政府债券不存在这一风险。

4. 信用风险

信用风险也称违约风险,是指证券发行人在证券到期时不能向投资者偿还本金的可能性。信用风险主要受证券发行人的经营能力和资金实力等因素的影响。银行证券投资主要集中于政府证券,这类证券多以财政税收作为偿付本息保障,故违约风险不高。银行证券投资中还有一部分是公司债和外国债券,这部分债券存在着真实违约的可能性。在市场经济发达的国家里,银行在进行投资分析时,除了直接了解和调查债务人的信用状况外,更多地依据社会上权威信用评级机构对债券所进行的评级分类:投资级证券和投机级证券,以此为标准对证券进行选择和投资决策。前者是银行投资的主要对象。

违约风险一般是由于发行债券的公司经营状况不佳或信誉不高带来的风险,所以在选择债券时,一定要仔细了解公司的情况,包括公司的经营状况和公司的以往债券支付情况,尽量避免投资经营状况不佳或信誉不好的公司债券。在持有债券期间,应尽可能对公司经营状况进行了解,以便及时作出债券交易的选择。同时,由于国债的投资风险较低,保守的投资者应尽量选择投资风险低的国债。金融监管部门鼓励银行购买投资级证券,有些国家甚至不允许银行购买投机级证券,以保障银行投资组合的质量。

5. 变现能力风险

变现能力风险是指投资者在短期内无法以合理的价格卖掉债券的风险。如果投资者遇到一个更好的投资机会,他想出售现有债券,但短期内找不到愿意出合理价格的买主,要把价格降得很低或者很长时间才能找到买主,那么,他不是遭受降价的损失,就是丧失新的投资机会。

针对变现能力风险,投资者应尽量选择交易活跃的债券,如国债等,便于得到其他人的认同,信用评级低的债券最好不要购买。在投资债券之前也应准备一定的现金以备不时之需,毕竟债券的中途转让不会给债券持有人带来好的回报。

(三) 证券投资风险的测量

证券投资一般运用标准差法和 β 系数法来表示风险的大小。

1. 标准差法

标准差法就是将证券已得收益进行平均后,与预期收益做比较,计算出偏差幅度,计算公式为:

$$\sigma = \sqrt{\frac{\sum (X - \bar{X})^2}{N}}$$

式中,X 为该证券在某一时期内的收益率,$\bar{X}$ 为该证券的平均收益率;N 为选取的时期总数。求出的 σ 越小,表明收益率偏离的幅度越小,收益越稳定,风险越小;σ 越大,表明收益率偏离的幅度越大,收益越不稳定,风险越大。

2. β系数法

β系数法主要衡量某种证券的收益相对于整个证券市场收益水平的变化情况。

$$\beta = \frac{某种证券的预期收益 - 该期收益中无风险部分}{整个市场的证券组合预期收益 - 该收益的无风险部分}$$

如果 $\beta>1$，说明该种证券风险水平大于整个证券市场的风险水平；如果 $\beta<1$，说明该种证券风险水平小于整个证券市场的风险水平。

三、证券投资组合的管理

（一）投资目标与投资政策的制定

商业银行进行证券投资主要有三个目的：获取收益、分散风险和增强流动性。因此，银行投资目标是在证券投资组合单位风险状况下实现收益最大化。这一投资目标应适合特定的银行环境，体现全面性和连续性，还必须具备可操作性和可测评性。

只有当银行根据投资目标制定自己的投资政策，投资经理才可以做出与银行总体目标相一致的决策。投资政策应当有足够的灵活性，使银行在经济环境发生变化以及竞争对手出现新动向时可以及时进行调整；投资政策必须形成书面文件，使之成为投资管理者明确责任、确定投资目标和评估组合业绩的指导原则。投资政策的制定至少应当注意以下六个方面。

1. 协调银行投资安排与流动性计划

银行投资政策应当使银行投资安排与流动性计划相统一。银行的流动性要求必须得到满足，因此在进行证券投资时必须考虑其变现能力。各种证券的到期期限必须与银行计划资金需求相吻合，从而满足银行的流动性需求。

2. 估计存款保障需求

在西方国家，政府机构在银行的存款一般都要求银行持有各种证券中风险程度最低、流动性最强的国库券作为抵押。显然，银行必须投资于相当数量的国库券以满足这一要求。

3. 估计当前风险状况

银行还应明确在证券投资中可以承担的适当风险。首先，银行要确定在贷款组合及其他资产上的风险总量。如果银行处于贷款需求旺盛的经济环境，要满足较大的贷款需求就应当使得投资风险不宜过大。其次，银行要考察相对于总资产的资本状况，检查其对贷款和其他风险资产的资本供给是否超额。如果存在资本超额，银行增加证券投资份额的行为就不会面临过大风险。

4. 分析应税状况

银行在进行证券投资时需要考虑税后收益率的高低，尽量把资金投向税后收益率较高的证券，使整个证券投资组合收益最大化。

5. 估计分散度需求

银行需根据贷款及证券投资在行业和地域上的分布，努力避免在高集中度的地区及行业上增加投资。

6. 估计利率敏感性需求

银行进行证券投资还应分析其非证券资产和负债的利率敏感性，来估计证券组合的利率敏感性需求。银行必须在优化资产负债总体状况的基础上确定证券投资的利率敏感性。

（二）证券投资组合的管理

根据银行证券投资政策的要求，可以确定证券投资组合的规模、类型和期限。

1. 证券组合规模

证券组合规模取决于三个方面的要求：满足流动性需求和合理贷款需求后的剩余资金；需用作担保的证券投资量；证券投资盈利能力。这三方面分别考虑了银行流动性需求保障和贷款政策及需求的满足；银行所在地法律要求及银行争取资金来源的方式和力度；银行证券组合与其他资金运用的收益率差别。银行证券组合规模管理的一项有效措施是将银行证券组合满足所有流动性需求后的剩余部分定义为核心组合。这样，这些核心组合中的证券将不会因为银行的流动性问题而被强制在不适当的时机出售，银行可以在核心组合的证券类型、期限等安排上采取更为积极的策略。

2. 证券类型和质量

第一，存款保障要求的规模及可接受形式影响证券投资的类型和质量，存款保障要求银行必须持有一定数量以上的国债和地方政府债券。如果满足存款保障要求可以在多种类型证券中进行选择，其决策还需结合银行的风险状况和税收状况。第二，银行风险状况在较大程度上影响证券投资类型和质量。对于那些承担大量贷款风险以及缺乏证券组合管理专业技能和人才的银行，只能投资 AAA 级或 AA 级政府及公司债券；对于那些能够在证券投资上承担风险以及拥有证券投资组合管理专业技能和人才的银行，可以适当购买高收益的风险债券。第三，银行税收状况影响银行是否持有免税证券及免税证券的数量调整。只要存在边际应税收益，增加免税证券投资将增加银行总体盈利。第四，银行流动性状况也会对证券类型及质量选择产生影响。如果银行为了满足流动性需求需要大量即将到期的证券资产，证券投资组合管理就需要提供相应的高质量、高流动性证券。第五，银行证券组合管理的内在要求可能需要扩大证券类型在行业和地域上的分散度。

3. 证券投资组合到期期限

证券投资组合到期期限的要求表现在两个方面：证券投资所能允许的最长期限以及证券投资组合中不同期限的配合。银行制定证券组合中证券最长期限限制取决于两项关键的风险因素：一是债券质量变化带来的风险。缺乏证券组合管理专门技能及人才的银行可以制定较短的证券最长期限限制来降低这类风险。二是利率变动带来的风险。如果利率上升，长期债券价格下降将超过短期债券价格下降；如果利率下降，长期债券价格上升将快于短期债券价格上升。通常来讲，银行如果不具备较好的专业管理技能和人才，应确定较短的证券最长期限限制；银行如果拥有证券组合管理能力并能够接受某些可能的损失，为了追求长期债券的较高收益可以不规定证券最长期限限制。

本 章 小 结

1. 商业银行证券投资业务是指商业银行买卖有价证券的业务。这项业务虽然给商业银行带来了风险,但是也带来了可观的利润。

2. 商业银行的证券投资主要目的有:获取收益、保持流动性、分散风险和合理避税等。

3. 银行综合考虑自身的投资目的、流动性需要、税收利益以及法规限制等各方面因素,选择合适的投资策略。

4. 商业银行证券投资策略的目标应是在控制利率风险条件下实现证券投资流动性和收益的有效组合。

5. 商业银行证券投资的期限组合策略:梯形期限策略、杠铃投资策略、后置期限策略、杠铃期限策略以及收益率曲线策略。

6. 收益和风险是证券投资中不可分割的两个方面。一般而言,收益越高,风险越大。银行在进行证券投资时,应当在承担既定风险的条件下使得收益最大化。

7. 银行证券投资的收益率有:票面收益率、当期收益率、到期收益率和持有期收益率多种收益度量方法。

8. 商业银行证券投资主要面临:货币风险、经营风险、财务风险、信用风险和变现能力风险等。证券投资风险的大小一般运用标准差法和 β 系数法来衡量。

关 键 词

证券投资(investment in securities);证券投资组合(securities portfolio);投资收益(investment income);投资风险(investment risk);投资策略(investment strategy);合理避税(tax avoidance)

复习思考题

1. 商业银行为什么要开展证券投资业务?
2. 商业银行证券投资选择的投资对象有哪些?它们与银行经营特点是否有关?
3. 银行进行证券投资可以采用哪些策略?它们的优势和劣势是什么?
4. 怎样衡量商业银行证券投资的收益?
5. 商业银行证券投资业务面临哪些风险?如何评价这些风险?
6. 商业银行如何规避证券投资面临的风险?

第八章 商业银行表外业务管理

> **本章导入**
>
> **对银行表外业务监管要与时俱进**
>
> 中国人民银行发布的《中国金融稳定报告》显示,截至 2011 年年末,银行业金融机构表外业务(含委托贷款和委托投资)余额为 39.16 万亿元,为表内总资产的 35.1%,同比增加 5.96 万亿元,增长 17.98%。到 2015 年年末,银行业金融机构表外业务(含委托贷款)余额 82.36 万亿元,比上年末增长 24.48%,表外资产规模相当于表内总资产规模的 42.41%,比上年末提高 3.07 个百分点。在此背景下,监管就更需要与时俱进。2016 年 11 月 23 日,中国银监会发布《商业银行表外业务风险管理指引(修订征求意见稿)》(以下简称《指引》),以适应新形势下商业银行表外业务发展出现的新变化和新趋势,进一步加强商业银行表外业务管理。监管者对表外业务的关注度以及规范意图可见一斑。《指引》和很多现有规则的原则、逻辑是一脉相承的,也与会计准则、《巴塞尔协议Ⅲ》是一致的。《指引》强调商业银行开展表外业务,应遵守全覆盖、分类管理、实质重于形式、内控优先、信息透明"五大原则"。

第一节 银行表外业务概述

在 20 世纪 50—60 年代,西方商业银行的表外业务处于从属于资产负债业务的地位,表外业务量占全部业务总量的比重仅为 5%左右。20 世纪 80 年代以来,伴随着金融创新的浪潮,西方发达国家商业银行的表外业务发展迅速。

首先,表外业务规模迅速发展。以美国银行业为例,1985 年该国花旗银行、美洲银行等五大银行集团的表外业务活动量近 6 000 亿美元,而同期表内业务总资产为 5 300 亿美元,总资本为 250 亿美元,表外业务量已经超过表内业务总资产,表外业务与其总资本之比为 24∶1;到 1988 年美国这五大银行集团表外业务总量已达 2.2 万亿美元,而同期它们的资产负债表项下资产总和为 7 800 亿美元,资本总和为 450 亿美元,表外业务分别是表内资产和资本总和的 3 倍和 49 倍;年均表外业务增长速度年平均高达 54.2%,而同期表内资产年均增长仅为 9%,资本总额年均增长 21.6%。另外,日本商业银行从 20 世纪 80 年代中期开展表外业务以来,表外业务每年以 40%左右的速度增长。

其次,表外业务收入占银行净收入迅速增长。20世纪80年代末90年代初,西方发达国家商业银行从表外业务获得的收入已成为银行收入的主要来源,基本与表内业务收入持平,有的甚至超过了表内业务收入[①]。

由此可见,表外业务不仅已成为国际性大商业银行与表内业务同等重要的业务,是银行收入的重要来源,而且已成为现代商业银行金融业务发展的趋势之一。

一、表外业务的含义

商业银行的表外业务(off-balance sheet items, OFSI),是指商业银行从事的无法在资产负债表内充分反映的业务,它本身往往并不形成新的资产或负债,不改变资产与负债的现状,但这种业务一般具有不确定性,即形成"或有项目"。商业银行开展表外业务不需要运用自有资金,而仅仅依靠银行的信誉,依靠付出一定的人力、物力和承担一定的经济责任来收取手续费和佣金,以改变当期损益和营运成本,提高银行盈利水平。

表外业务是一种与传统的资产负债业务相互联系又有差别的业务,它与资产业务、负债业务共同构成现代商业的银行的三大支柱产业。

二、商业银行表外业务迅猛发展的动因及特点

(一)商业银行表外业务迅速发展的原因

1. 内因:商业银行内在本质所产生的追求利润的动力

现代商品经济迅猛发展,生产力高度发达,交换关系和金融关系日益复杂并已渗透于全部经济生活。一方面导致银行从传统的资产业务中获取的收入日益减少,迫使银行开发新的金融产品和服务;另一方面却使商业银行表外业务创新有了肥沃的土壤和广阔的空间。特别是经济货币化向金融化发展之后,许多新的表外业务需求随着金融化程度的提高而不断产生,这对商业银行是一种难得的发展机遇,因为每一种新的需求都意味着有潜在的市场或客户,都存在着盈利来源。

商业银行通过新的表外业务发展可获得较高的规模经济报酬。银行开办表外业务的"生产"成本低,利润丰厚。因为表外业务具有"或有的"性质,很多情况下,银行无须动用营运资金而获得承诺费、担保费、期权费等收益。例如,在承诺类表外业务中,如果客户最终没有向银行提出借款的要求,那么银行无须动用营运资金而获得承诺费。在担保类业务中,如果买主不爽约,或者在金融衍生工具类表外业务中,如果汇率、利率的变动在有利银行的范围内,结果也是如此。因此,对于承诺、担保类,银行能否以尽可能低的成本提供表外业务,关键在于银行能否最低限度地保留应付或有负债所需的备付金,从而把机会成本降至最低。这取决于银行预测客户将来需求状况或违约的概率

---

① 据有关资料介绍,1992—1993年,瑞士银行表外业务盈利占其利润的60%—70%;1992年,德国银行表外业务收入为302亿马克,占总利润的62%;法国银行表外业务收入是总利润的77%。

的能力。对于金融衍生工具类表外业务,则取决于银行预测未来利率、汇率水平的能力。更进一步地说,关键在于银行管理流动性风险、利率风险、汇率风险、信用风险的水平,包括风险的预测、风险资产的定价、风险的规避与控制。

2. 外因:来自外部经营环境及其竞争的压力

商业银行表外业务迅猛发展的主要有以下四个方面。

(1) 银行客户对表外业务的需求剧增。20世纪70年代以来,西方发达国家利率、汇率变动加剧,波幅增大,人们渴求能规避转移利率风险、汇率风险的金融工具。于是,金融期货与互换等金融衍生工具应运而生,金融衍生工具类的表外业务有了广阔的市场。首先,从承诺类表外业务的需求看,随着西方发达国家企业之间生存发展的竞争加剧,生产经营的不确定性日益增加,资金需求的额度、时间也难以预知,企业面临着巨大的流动性风险;在利率市场化条件下,企业如果不为不确定的生产经营活动预先筹资而事后筹资,必将面临利率风险,导致筹资成本增加。为避免流动性风险和利率风险可能造成的损失,客户迫切要求银行向其提供贷款承诺。其次,从对担保类业务的需求看,随着企业经营的综合化、多角化和国际化的加深,交易双方关系的复杂多变性、信息不充分性和非对称性成了现代市场经济的常态,商品卖主远远比不上银行更能洞悉其客户(买主)的资信状况,尤其是在国际贸易中。因此,客户迫切需要通过银行提供的担保业务来消除日益增长的信用风险。存在开展表外业务金融的内在驱动力。

(2) 非银行机构间的竞争加剧。第二次世界大战以后,西方各国对商业银行经营的限制较严,而对非银行金融机构的限制却放松,使得各种非银行金融机构大量出现。非银行金融机构利用对其利率限制相对于商业银行较松的优势,以变相提高利率的手段从商业银行夺走了大量存款。通货膨胀和旺盛的资金需求又使得美国联邦基金市场和欧洲货币市场的利率不断上升,加上货币市场相互基金等金融工具的出现使得小额存款者也有了间接投资货币市场的机会,从而商业银行的存款又大量地流向了货币市场。金融市场趋向完善发达大大降低了交易成本,筹资者便乐于绕过银行,直接从金融市场以较低成本融资。其结果是银行的存贷业务日渐缩小(所谓"脱媒"现象)。这种不公平的竞争使商业银行的存款大量流失,严重地影响了贷款业务的开展,商业银行传统的利润来源——借贷利差也大为降低。

(3) 银行同业间的竞争。随着传统的存贷款、资产负债业务发展的空间越来越有限,为求得生存和发展,西方各国商业银行开始调整其经营目标和发展战略,开始在更高的层次上展开竞争。由以往注重外延式发展的战略转变为注重内涵式发展的战略;由以往以贷款等资产规模扩大作为增加盈利的主要手段,转变为资产、负债业务与表外中间业务并举,不断提高表外业务收入占比,获取规模经营效益的目标。不仅重视运用货币资金资源,开展传统的存贷业务,而且充分挖掘和利用机构网络、专业人才、科技知识、先进设备、市场信息、商誉信用等经营要素之潜能,拓展新兴的表外业务,以达到边际利润最大化。另外,由于融资方式多元化,金融市场上直接融资比重上升,公司、企业和私人客户客观上也需要银行扩展、延伸中介职能,为其提供多功能的服务。商业银行进行表外业务创新不仅符合这一趋势,满足客户需求,而且拓展了业务经营空间和盈利渠道,符合集约化经营战略目标。

(4) 金融监管的强化。金融监管从两个方面促进了银行表外业务的发展：一方面，各国金融当局对银行都有一系列的严格的监督制度，特别是近年来，国际上普遍适用的管制措施也不断出现，如《巴塞尔协议》中对商业银行资本充足率和资产风险系数管理的规定，这就限制了银行扩大业务的能力，因此银行势必要千方百计在遵守管制的前提下，不增加资本以扩大业务，提高资本收益率；另一方面，因表外业务发展太快，金融当局尚来不及准确评价其风险及可能产生的影响，因而尚无明确的管理方针和措施，宽松的环境孕育了表外业务。当然，随着表外业务的发展和表外业务风险的加大，对表外业务的国际金融监管也迅速发展。例如，在 1987 年 12 月，西方 10 国的中央银行、巴塞尔委员会就开始探索对表外业务进行有效监管。实践证明表外业务监管能保证银行机构的稳定，从而使银行表外业务健康快速发展。

（二）商业银行表外业务的发展特点

下面我们将从业务内容、科技含量、专业人才、风险监管等方面，对西方发达国家商业银行表外业务进行考察和分析，可以概括出如下走势与特点。

1. 表外业务内容异彩纷呈

最有代表性的就是金融衍生产品的广泛应用。传统的金融产品主要有三类：债务或利率、外汇或汇率、股票或股价指数；金融衍生产品也可概括为三大类：期货（futures）、期权（options）和掉期（swap），但是金融工程师却可以在这些基础上，通过各种派生技术进行组合设计，构造出品种繁多、特性各异的金融衍生产品。

首先，衍生产品与传统基础工具组合，例如，期权衍生产品与基础工具可以衍生出货币期权（currency options）、利率期权（interest rate options）、指数期权（index options）等亚品种衍生物，而像指数期权这一门类，在美国就又有石油指数期权、金银指数期权、标准普尔 500 种股票指数期权等形形色色、数不胜数的品种。

其次，衍生产品之间再组合，构造出"再衍生工具"，例如，期货和期权组合构造出"期货期权"（future options），掉期与期权组合构造出"掉期期权"（swaption）。

最后，金融衍生产品自身也可以通过设定一些附加行使条件，改变个别参数和性质，衍生出许多再衍生产品，比如"两面取消期权"（binary double barrier knock out option）、"走廊式期权"（corridor option）、"彩虹期权"（rainbow option）等，这些不但使业外人士如坠云里雾中，就是专业人士也经常看不懂。

2. 表外业务科技含量高

以电子计算机等高科技成果的开发和广泛运用为标志的当代新科技革命，不仅改变了金融观念和金融运作，而且直接推动了表外业务创新，掀起了一场商业银行功能革命，使金融发展进入一个更高层次和阶段。

西方商业银行电子化经过了几个阶段：最初是以电子计算机代替手工操作，大批量、高速度地处理统计、记账、转账、支票等业务，使资金转移和业务处理实现了电子化；紧接着是对银行的资产、负债、表外业务实行联机作业，各银行通过通信线路将主机、分级和终端机连为一体，对存款、贷款、票据、汇兑、结算、代理、信托等业务进行综合营运，使银行经营管理实现了电子化；而后是实现银行各管理部门的电脑自动化服务；近年建立电脑自动转账网络和金融信息高速公路，通过全国性和世界性的银行电脑网络,把银行、企业、家庭、市场连为一体,完成各种金融业务和金融交易,实现了金融活动的电子网络化。西方新技术革命为商业银行表外业务创新开辟了一个全新的领域,使银行业务功能发生了巨大的变革。它改变了传统的业务处理手段和程序,存、贷、汇、取、证券买卖、市场分析、行情预测均通过计算机处理,电子化资金转移系统、电子化清算系统、自动付款系统等金融电子系统的创建,形成了国内外纵横交错的电子化网络,资金的调拨、转账、清算、支付和金融、经济信息的传递、储存、记录、分析等都可通过电脑完成。

新科技成果的运用,大大降低了表外业务创新的平均成本,有利于发挥创新的规模效益优势;新科技成果的运用,不仅可以使银行迅速提高经营效率和业务处理能力,还能开辟新的资金来源或业务机会,创造出新的市场,给银行家提供寻求新的潜在收益的机会和途径。因此,西方商业银行十分重视并大力推广运用高新科技。

3. 表外业务专业人才出类拔萃

由于大部分表外业务,尤其是融投资中介和金融衍生工具等业务,均具有高科技、高智力、高风险的性质,必须涉及专深的业务知识和丰富的操作经验,因此,西方商业银行都很重视培养和拥有一大批高层次的专门人才。例如,蜚声国际的摩根·斯坦利(Morgan Stanley)和西蒙兄弟(Salmon Brother)等西方国家投资顾问公司,主要任务是寻求公司并购机会、定价和融资,公司改组和资本结构的改变等,其所提供的咨询服务是一种创造性思维成果,因而,必须具备强烈的现代人才观,把高素质人才视为商业银行业的立足之本,对员工的素质要求近乎苛求和完满。其专业人才结构包括以下五类。

(1) 开拓型人才。主要从事收购机会确认、目标企业评估、收购战术策划、交易成本拟定等全面的收购战略研究,促使企业资产重组,社会可支配资源向高效企业集中,企业经营向新方向开拓进取。

(2) 分析型人才。主要从事业务组合和市场一般战略分析;作为战略选择的收购分析;不同收购类型的价值创造分析和收购的价值链分析;跨国收购的障碍分析等,从而对收购的目标公司作出审慎分析和评价。

(3) 创造性人才。主要从事融资方式创新和并购产品创新,通过科学的创造性思维,对研究对象提出具有突破性、超前性和预见性的认识。

(4) 工程型人才。主要工作是正确运用金融组织、金融工具和金融工艺方法,创造性地解决公司理财、金融交易、风险管理等金融工程应用中融投资服务问题。

(5) 复合型人才。主要从事各种经济金融现象之间相互依存关系的研究。必须具备全面深厚的经济理论素养、哲学素养和文化素养。西方国家商业银行所拥有的一大批出类拔萃的专门人才在金融领域的创造性思维劳动,将商业银行表外业务创新推进到一个崭新的时代。

4. 表外业务风险监管毫不松懈

西方国家商业银行在积极开拓表外业务的过程中,逐步认识并注重该项业务的风险性及强化管理的重要性。表外业务曾被视为不形成资产负债的安全性业务,但是现在其风险性逐步显露出来。在表外业务创新中涌现出许多新型表外业务,如借款承诺、借款担保、备用信用证、备用信贷安排、期货、期权、掉期等衍生金融交易，这类业务因收益可观、灵活性强、管制相对宽松等优势，在商业银行业务中的比重日渐提高。

表外业务虽不列入资产负债表中，但其随时都可转化为真实负债或资产，所以，同样存在清偿风险、市场风险、信用风险、结算风险和流动性风险。近年来迅速发展的担保、承诺和金融衍生工具等涉及或有负债、或有资产，以及与利率、汇率相关的或有项目，在表外业务中占据很大比例。这类创新型表外业务出现的本意主要是减少或回避金融风险，但大量的过度投机使之成为新的风险滋生地。其风险的最大特点是潜伏性、杠杆性强，一般不反映在表内，但这些潜在风险因交易量倍增而累积，随时可能转化为现实风险，一旦爆发出来就会给金融业造成巨大损失甚至致命打击。1995年巴林银行倒闭等金融风波，为各国商业银行和监管当局敲响了警钟：防范表外业务的风险不可存在丝毫侥幸和懈怠。

为了有效地控制和管理表外业务风险，1988年6月的《巴塞尔协议》对各种表外资产统一规定了风险转换系数，从而在性质上将表外资产转换成与表内资产一致的资产。西方各国在依据《巴塞尔协议》调整自身资本充足率的同时，亦纷纷提出根据其他性质的风险而作出的资本标准。对表外(表外)业务的风险监管日趋于严密和严格。

三、表外业务的分类

通行的做法是根据其对银行资产负债的影响将众多的表外业务划分为四类。

1. 传统中间业务

最典型的就是银行结算业务，另外还包括投资银行业务，如证券承销、投资咨询、信托、租赁、委托存贷款、代理等业务，这类业务是商业银行利用其物质技术和丰富的信息资源提供金融辅助性业务，从而带来手续费收入。

2. 担保类(guarantees)

就是银行担负起为被担保方偿付债务的责任。一旦被担保方违约，银行必须代为履约，可能因此遭受损失，而更多的情况是转化为银行对被担保方的一种追索权。担保类业务主要有：带追索权的资产出售、银行担保、履约担保、还款担保以及备用信用证等。

3. 承诺类(commitments)

就是银行向客户承诺在未来某个时候，当客户需要资金时保证向其贷款，从而建立一种潜在的借贷关系。即使客户没有向银行实际借款，银行也收取承诺费。承诺类业务主要有备用透支、贷款额度、票据发行便利、回购协议、循环包销便利、普通跟单信用证、贷款抵押等，这类业务形成商业银行的或有资产。

4. 交易类(transactions)

此类表外业务是指与汇率、利率有关的协议，几乎覆盖了全部的金融衍生工具，主要有：金融期货、期权、货币与利率互换、股票指数交易等，这类业务本身只改变资产结构而不改变资产总量，但其损益最终要反映到资产负债表上来。

第二节 担保业务

担保业务即银行根据交易中一方的申请,为申请人向交易的另一方出具履约保证,承诺当申请人不能履约时,由银行按照约定履行债务或承担责任的行为。担保业务虽不占用银行的资金,但形成银行的或有负债,即当申请人(被担保人)不能履约时,银行就必须代为履行付款责任,银行为此要收取一定费用。银行提供担保业务时要承担违约风险、汇率风险和国家风险等,是风险较大的表外业务。

银行开办的担保类业务主要有保函、信用证、备用信用证、票据承兑等形式。

一、银行保函

国际贸易中,跟单信用证为买方向卖方提供了银行信用作为付款保证,但不适用于需要为卖方向买方做担保的场合,也不适用于国际经济合作中货物买卖以外的其他各种交易方式。然而在国际经济交易中,合同当事人为了维护自己的经济利益,往往需要对可能发生的风险采取相应的保障措施,银行保函和备用信用证,就是以银行信用的形式所提供的保障措施。

(一)银行保函含义

银行保函也称银行担保书(letter of guarantee,L/G),是银行应申请人或委托人的请求,为其向受益人保证履行某项义务,并承诺在申请人违约时由银行按保函规定的条件承担经济赔偿责任而出具的书面担保。

银行保函是由银行开立的承担付款责任的一种担保凭证,银行根据保函的规定承担绝对付款责任。银行保函大多属于"见索即付"(无条件保函),是不可撤销的文件。银行保函的当事人有委托人(要求银行开立保证书的一方)、受益人(收到保证书并凭此向银行索偿的一方)和担保人(保函的开立人)。

国际商会于 1992 年出版了《见索即付保函统一规则》,其中规定:索偿时,受益人只需提供书面请求和保函中所规定的单据,担保人付款的唯一依据是单据,而不能是某一事实。担保人与保函所可能依据的合约无关,也不受其约束。

以上规定表明,担保人所承担的责任是第一性的、直接的付款责任。

(二)银行保函主要内容

根据国际商会第 458 号出版物《UGD458》规定银行保函的主要内容:(1)有关当事人(名称与地址);(2)开立保函的依据;(3)担保金额和金额递减条款;(4)要求付款的条件。

银行保函的内容根据交易的不同而有所不同,但通常包括以下内容。

(1)基本栏目。包括:中联银融资担保保函的编号,开立日期,各当事人的名称、地址,有关交易或项目的名称,有关合同或标书的编号和订约或签发日期等。

(2)责任条款。即开立保函的银行或其他金融机构在保函中承诺的责任条款,这是构成银行保函的主体。

(3) 保证金额。是开立保函的银行或其他金融机构所承担责任的最高金额，可以是一个具体的金额，也可以是合同有关金额的某个百分率。如果担保人可以按委托人履行合同的程度减免责任，则必须作出具体说明。

(4) 有效期。即最迟的索赔日期，或称到期日(expiry date)，它既可以是一个具体的日期，也可以是在某一行为或某一事件发生后的一个时期到期。例如，在交货后三个月或六个月、工程结束后 30 天等。

(5) 索赔方式。即索赔条件，是指受益人在任何情况下可向开立保函的银行提出索赔。对此，国际上有两种不同的处理方法：一种是无条件的或称"见索赔偿"保函(first demand guarantee)；另一种是有条件的保函(accessary guarantee)。索赔形式一般为见索即赔。

(三) 银行保函的分类

(1) 根据保函与基础交易合同的关系，可分为从属性保函和独立性保函。

从属性保函(letter of accessory guarantee)。从属性保函是指其效力依附于基础交易合同的银行保函。是基础交易合同的附属性合同，其法律效力会随着基础合同的存在而存在，随着基础合同的变化或灭失而发生变化或灭失。担保人承担的付款责任是否成立，只能以基础合约的条款及背景交易的实际情况来加以确定。

独立性保函(letter of independence guarantee)。独立性保函即见索即付银行保函，是指根据基础交易开立，但一经开立后其本身的效力并不依附于基础交易合同，其付款责任依据保函自身的条款为准的银行保函。独立性保函中银行仅负有对保函规定的单证在表面上进行谨慎审查的义务，对受益人的赔偿请求负有通知义务。

(2) 根据保函索赔条件的不同，有无条件保函和有条件保函之分。

无条件保函(unconditional L/G)。无条件保函主要是指"见索即付"保函。在这类保函项下，担保行在受益人的简单书面索赔面前承担了无条件的支付义务，不论基础交易合同的执行情况如何，也不论受益人本身是否履行了合同中规定的义务，只要担保行在保函的有效期内收到了受益人所提交的符合保函条款规定的书面索赔，就应该立即付款。在这种保函项下，申请人及担保行所承担的风险很大，有时可能会在受益人的无理索赔面前陷入极其被动的境地。不过，从目前国际银行保函业务来看，无条件保函占到了较大的比例。

有条件保函(conditional L/G)。有条件保函是指担保人在保函的条文中对索赔的发生与受理设定了若干的限制条件，或规定了若干能客观反映某种事实发生、条件落实的单据提供；只有保函所规定的这些条件得到满足后，或所规定的能反映客观事实的单据提交给担保行后，担保行才会履行其支付义务。这种保函有利于保护申请人的利益，防止受益人的无理索赔和欺诈。但是，对受益人来说，往往是难以接受的。

(3) 根据保函的履约责任不同，可将保函划分为第一性责任保函和第二性责任保函。

第一性责任保函。是指那些已由担保人在保函中明白无误地作出将其承担首先付款责任之承诺的、只要索赔本身能满足保函中规定的条件，则既无须受益人先行向申请人索要，也无须理会申请人是否愿意支付，担保行将在受益人首次索要后立即予以支付的保函。

第二性责任保函。第二性责任保函是指那些在保函项下明文规定了担保行只有在受益人提出索赔而申请人拒绝支付时方予付款的保函。在这类保函项下，受益人应首先向申请人要求赔付或支付，只有在申请人未付或拒付时才能向担保行提出索赔。

（4）根据保函功能和用途不同。银行保函有贸易、工程项下的投标保函、履约保函、还款保函、质量及维修保函、一年期以内的付款保函及其他非融资类保函等。

投标保函。是指在以招标方式成交的购买或承建项目中，招标方为了达到制约各投标人行为之目的而要求投标人通过其银行所出具的一种书面付款保证文件，凭此文件担保银行向招标作出保证，保证投标人在其报价的有效期内不撤标、不改标、不更改原报价条件，一旦中标后，将按照招标文件的规定在一定时间内与招标方签订合同并提交履约保函。如果投标人日后违反以上条件，担保银行将立即向招标人赔付一定金额的款项作为补偿，该金额通常为投标人报价总额的1%—5%。

履约保函。是指担保银行应供货方或劳务承包方的请求而向买方或业主方所作出的一种履约保证承诺，履约保函要担保供货方、劳务承包方诚信、善意、及时地履行合约，倘若这些履约责任者日后未能按合约的规定及时发运货物、提供劳务或完成所承建的工程，以及未能履行合约项下的其他义务，则担保行将向买方或业主支付一笔不超过保函金额的罚款（通常相当于合约总金额的5%—10%），作为对其损害的补偿及作为对供货方或劳务承包方的惩罚。

还款保函。又称预付款保函，在买卖合同中还可称为定金保函。在大额交易中，买方或业主方常需在合约签订后的一定时间内向供货方或劳务承包方支付一笔相当于合同价款一定比例的预付款项，作为合约的启动资金或动员费用。由于这笔款项系对履约责任者在履约之前所预作的支付，买方或业主为了避免日后由于这些履约责任者拒绝履约或无法履约却又不予退款而无端遭受损失，常常会要求供货方或劳务承包方在买主或业主实施支付之前的若干时日内通过其银行开出这种还款保函，由担保银行凭此承诺，一旦申请人未能履约，或未能全部履约（无论这种行为是有意或无意造成的），担保行将在收到买方或业主提出的索赔后向其返还这笔与预付金额等值的款项，或相当于合约尚未履行部分相应比例预付金的款项（在某些情况下，加上自买方或业主支付预付金至担保行退还款项这一期间所发生的利息），以使买方或业主的预付金额能得以收回。

质量及维修保函。是指担保银行就合同标的物的质量所出具的一种担保，凭以保证供货方所提供的货物或承包方所承建的工程项目在一定时间（即保修期或称维修期）内符合合同所规定的规格和质量标准。如果在这一时间内发现货物或工程的质量发生与合同规定不符的情况，而供货方或承建方又不愿或不予进行修理、更换或维修，则买方或业主有权在这类保函项下向担保行索取一笔款项，使其所受的损失在某种程度上得到补偿。

质量保函通常应用在买卖合同项下，尤其是在大型机电产品、成套设备、船舶的买卖中使用较多，它是对货物质量的一种担保形式。维修保函通常在有关工程建设的合同中使用,它是对工程项目的质量所作的担保。这两种保函都是对履约责任者在合同标的物的质量保证期内合同义务之履行的制约和担保,其数额通常也与履约保函的金额相同,为合同总价的5%—10%。

付款保函。是对合同某一方在合同项下的付款责任所作出的担保。它是由买方或业主通过其银行向卖方或承包方所作出的一种旨在保证货款支付或承包工程进度款支付的付款保证。付款保函的作用是保证买方或业主履行其对合同价款的支付义务。付款保函与其他担保不同,就在于它是对合同价款的支付保证,而不是一般的违约赔偿金的支付承诺。

其他非融资类保函。非融资类保函是指为保函申请人的非融资行为承担担保责任的保函。主要包括:海事保函、即期付款保函、关税保付保函、诉讼保函、补偿贸易保函、来料加工保函、技术引进保函、融资租赁保函、借款保函等。

二、商业信用证

(一) 信用证的含义

国际贸易中,往往遇到买卖双方互不信任的问题,在买方不愿先交款,卖方不愿先发货的情况下,需要一个第三者作为中间人兼担保人,这个中间人就是银行,工具就是信用证(letter of credit,L/C)。

信用证是银行应买方的要求,开给卖方的一种支付货款的凭证,只要卖方履行合同并提交单据证明,银行就保证如数付款,即银行以其自己的信誉来代替买方的信誉,向卖方承担有条件付款的承诺。

从银行角度来看,商业信用证业务是一种重要的表外业务,是银行获取收益的一条重要途径。

(二) 信用证的种类

以信用证项下的汇票是否附有货运单据划分,信用证可分为跟单信用证和光票信用证。

(1) 跟单信用证(documentary L/C)。跟单信用证是开证行凭跟单汇票或仅凭单据付款的信用证。单据是指代表货物或证明货物已交运的单据而言。前者指提单,后者指铁路运单、航空运单、邮包收据等。国际贸易所使用的信用证大部分是跟单信用证。

(2) 光票信用证(clean L/C)。光票信用证是指开证行凭不附单据的汇票付款的信用证。有的信用证要求汇票附有非货运单据,如发票、垫款清单等,也属光票信用证。在采用信用证方式预付货款时,通常是用光票信用证。

以开证行所负的责任为标准,信用证可以分为不可撤销信用证和可撤销信用证。

(1) 不可撤销信用证(irrevocable L/C)。不可撤销信用证是指信用证一经开出,在有效期内,未经受益人及有关当事人的同意,开证行不得片面修改和撤销,只要受益人提交的单据符合信用证规定,开证行必须履行付款义务。这种信用证对受益人较有保障,在国际贸易中,使用最为广泛。凡是不可撤销信用证,在信用证中应注明"不可撤销"(irrevocable)字样,并载有开证行保证付款的文句。

(2)可撤销信用证(revocable L/C)可撤销信用证是指开证行对所开信用证不必征得受益人或有关当事人的同意有权随时撤销或修改的信用证。凡是可撤销信用证,应在信用证上注明"可撤销"(revocable)字样,以资识别。这种信用证对出口人极为不利,因此出口人一般不接受这种信用证。需要指出的是,开证银行撤销或修改可撤销信用证的权利,并非漫无限制。按《UCP 500》规定,只要受益人依信用证条款规定已得到了议付、承兑或延期付款保证时,该信用证即不能被撤销或修改。也就是说,只要可撤销信用证已先被受益人利用,则开证银行撤销或修改通知即不发生效力。鉴于国际上开立的信用证,绝大部分都是不可撤销的,因此,在《UCP 500》中规定,如信用证中未注明"不可撤销"或"可撤销"的字样,应视为不可撤销信用证。

把跟单信用证与保函相比,当事人的权利和义务基本相同,所不同的是跟单信用证要求受益人提交的单据是包括运输单据在内的商业单据,而保函要求的单据实际上是受益人出具的关于委托人违约的声明或证明。这一区别,使两者适用范围有了很大的不同,保函可适用于各种经济交易中,为契约的一方向另一方提供担保。另外,如果委托人没有违约,保函的担保人就不必为承担赔偿责任而付款,而信用证的开证行则必须先行付款。

三、备用信用证

(一)备用信用证的定义

备用信用证(standby letter of credit, SCL),又称商业票据信用证(commercial paper letter of credit)、担保信用证(guaranteed letter of credit),是指开证行根据开证申请人的请求,对申请人开立的承诺承担某种义务的凭证。即开证行在开证申请人未能履行其应履行的义务时,受益人只要凭备用信用证的规定向开证行开具汇票(或不开汇票)并提交开证申请人未履行义务的声明或证明文件,即可获得开证行无追索权的偿付,其实质是将开证人的个人信用转化为银行信用,提高开证人信用水平。

备用信用证既用于商业交易(如大型工程结算,特别是国际性招标项目),也用于金融交易(如企业发行商业票据和债券的担保)。备用信用证涉及的金额往往较大,所以银行会很慎重,仅对信誉好的客户提供。

备用信用证是一种特殊形式的光票信用证,是银行出具的保函性质的支付承诺。以保证申请人履行某种合约规定的义务。在申请人没有履行该义务时,凭受益人在信用证有效期间内所提交的与信用证条款相符的文件或单据,向受益人支付一定金额的款项。

金融保证意义上的备用信用证,主要指开证行应借款人的要求,以放款人作为信用证的受益人,并向借款人(申请人)收取一定佣金而开立的一种特殊信用证。其实质是对借款人的一种担保行为,保证在借款人破产或不能及时履行义务的情况下,由开证行向受益人及时支付本利。备用信用证与跟单信用证相比,适用范围受到的限制较少,付款条件比较宽,银行承担的是第二性的付款义务,但是两者都遵循国际商会跟单信用证的统一惯例,同属银行信用。

备用信用证在性质上与银行保函类同,在形式上与商业信用证相似。备用信用证并不在开证人或受益人的资产负债表上列示。

一般来讲,备用信用证涉及三方当事人:(1) 开证人(issuer,通常是一家银行或保险公司);(2) 申请人(account party,即借款人);(3) 受益人(beneficiary,放款人或其他投资者)。

(二) 备用信用证的作用

对于借款人来说,利用备用信用证可使其由较低的信用等级上升到一个较高的信用等级,在融资中处于一个有利的地位,可以较低的成本获得资金。

对于开证行而言:(1) 备用信用证业务的成本较低;(2) 备用信用证可给银行带来较高的盈利。

对受益人来说,备用信用证使受益人获得很高的安全性,特别是在交易双方不很熟悉时,更显示出这种安全性的重要。

(三) 备用信用证的交易程序

备用信用证的交易程序为:订立合同;申请开证;开证与通知;审核与修改;执行合同;支付和求偿。

表 8-1 列出了银行保函、备用信用证和跟单信用证的比较。

表 8-1 银行保函、备用信用证和跟单信用证的比较

	银行保函	备用信用证	跟单信用证
是否是自足性文件	从属性保函:否 独立性保函:是	是	是
银行处理的对象	单据,非不履约的事实	单据,非不履约的事实	单据,非货物
何时使用	委托人不履行义务的情况下付款	申请人不履行义务的情况下付款	受益人履行义务的情况下付款
银行的付款特性	或然性(备用性)	或然性(备用性)	必然性
银行的付款责任	第二付款责任(从属保函) 第一付款责任(独立保函)	第一付款责任	第一付款责任
遵循的国际惯例	从属性保函:URCG325 独立性保函:URDG458	ISP98	UCP600

四、票据承兑

(一) 票据承兑的含义

票据承兑是一种传统的银行担保业务。票据承兑是指汇票的付款人承诺负担票据债务的行为。承兑为汇票所独有。汇票的发票人和付款人之间是一种委托关系,发票

人签发汇票,并不等于付款人就一定付款,持票人为确定汇票到期时能得到付款,在汇票到期前向付款人进行承兑提示。如果付款人签字承兑,那么他就对汇票的到期付款承担责任,否则持票人有权对其提起诉讼。票据承兑是商业汇票的承兑人在汇票上记载一定事项承诺到期支付票款的票据行为。商业汇票一经银行承兑,承兑银行必须承担到期无条件付款的责任。

银行在汇票上签章,承诺在汇票到期日支付汇票金额。向银行申请办理汇票承兑的是商业汇票的出票人,经过银行承兑的商业汇票就成为银行承兑汇票,其付款人为承兑人。银行对汇票的付款责任以自己的名义进行担保,以银行信用取代了商业信用,因此,票据承兑属于银行的一项授信业务。故应向出票人(承兑申请人)按票面金额收取手续费。

客户在商品交易过程中因购货现款不足,需要取得银行信用支持,可向银行申请办理票据承兑。经银行承兑的商业汇票较之商业承兑汇票具有更为可靠的银行信用保证,流通范围广、变现能力强,既减少了企业的资金占用,又节省了资金使用的成本,是备受广大客户欢迎的一项银行业务。

(二) 票据承兑的功能

票据(承兑)之所以需要承兑是因为汇票是一种支付委托,即由发票人委托付款人于指定日期无条件支付一定金额给收款人或执票人。票面上虽有付款人的姓名或公司名称,但仅是发票单方面记载,不是付款的承诺。因此,在付款人没有正式承诺之前,存款人对于票据所载不负任何责任。

发票人为票据主要债务人、票据受托人或执票人,若要确定票据所载权利,查明付款委托是否真实,以到期取得票面的所载款项,就必须在票据到期以前得到付款人的正式承诺。付款人承诺付款以后,就成为票据主要债务人,从而确定了受款人或执票人的权利。

所以票据承兑有三个主要功能。

(1) 确认债权债务关系。

(2) 确定付款日期。见票后定期付款的汇票票据到期日应从承兑日算起,因此,为确定票据到期日就需要先行承兑。

(3) 减轻和明确发票人或背书人的权利。西方国家票据法一般作出这样的规定:除见票即付的即期汇票外,发票人或背书人需在汇票上作出请求承兑的记载,并确定请求承兑时间。执票人若在规定时间内提请求付款人承兑或超过规定时间才提请承兑,在遭到拒绝时,发票人或背书人往往要求执票人提请承兑。如果在规定时间内付款人拒绝承兑,发票人或背书人可以早做准备,如果付款人进行了承兑、就可以减轻发票人或背书人的责任。

第三节 承诺业务

承诺业务是指银行向客户允诺在未来按照事前约定的条件向客户提供约定信用的

业务。虽然承诺交易不反映在资产负债表上,但银行可能在未来某一时间因满足客户的融资需求形成银行的或有资产。银行开办的承诺业务有贷款承诺、票据发行便利、透支额度等品种。

一、贷款承诺

(一)贷款承诺的含义

贷款承诺(loan commitment)是商业银行承诺客户在未来一定的时期内,按照双方事先确定的条件,应客户的要求,随时提供不超过一定限额的贷款。这里所说的"事先确定的条件"通常包括贷款利率的计算方式、贷款的期限以及贷款的使用方向等。银行按承诺额收取一定的承诺费(一般不超过 1%),利息按实际借款额计算。

在贷款承诺下,银行为客户提供了一种保证,使其在未来一段时间内肯定可以获得所需要的贷款,银行则收取一定的费用作为提供这种保证的补偿。

贷款承诺是典型的含有期权的表外业务。

(二)贷款承诺的种类

承诺分为可撤销承诺和不可撤销承诺。

可撤销承诺(revocable commitment)附有客户在取得贷款前必须履行的特定条款,一旦在银行承诺期间及实际贷款期间发生客户信用等级降低的情况,或客户没有履行特定条款,则银行可以撤销该项承诺。有些可撤销承诺的协议对双方不具有法律上的约束力。

不可撤销承诺(irrevocable commitment)则是银行不经客户同意不得私自撤销的承诺,是具有法律效力的。但即使是不可撤销承诺,其协议中也有可能有条款允许银行在特定条件下终止协议,这种条款称为实质反向改变(material adverse change)条款。

(三)贷款承诺的主要业务方式

贷款承诺主要以以下三种方式提供给客户。

1. 信用额度(open line of credit)

信用额度是最常见的贷款承诺之一,一般是客户与银行之间达成的非正式协议,银行同意在一定时期内以规定的利率及其他条件向客户提供不超过额度范围的贷款。

2. 备用信用额度(standby line of credit)

备用信用额度是银行和客户之间达成的不可撤销的正式协议,协议详细规定了银行提供信贷便利的额度、时间、贷款利率及贷款的清算等。

3. 循环信用额度(revolving line of credit)

循环信用额度是银行和客户之间达成的不可撤销的正式协议,协议条款列明了最高贷款额、协议期限、贷款利率等条款,银行在约定的时间向客户提供贷款,客户可在协议期限内多次使用贷款。

二、票据发行便利

(一) 票据发行便利的含义

票据发行便利(note issuance facilities,NIFs)是一种中期的(一般期限为 5—7 年)具有法律约束力的循环融资承诺。根据这种承诺,客户(借款人)可以在协议期限内用自己的名义以不高于预定利率的水平发行短期票据筹集资金,银行承诺购买客户未能在市场上出售的票据或向客户提供等额银行贷款。票据发行便利实质上是一种直接融资,是借款人(银行客户)与投资者(票据购买人)之间的直接信用关系,银行充当的是包销商的角色。

属于短期信用形式,多为 3 个月或 6 个月以上。

(二) 票据发行便利的形式

票据发行便利有多种形式,有循环包销便利、购买票据便利、可转让循环包销便利、非包销票据发行便利等。但对于银行而言,有意义的是包销票据发行便利和非包销票据发行便利之分。

(三) 票据发行便利起源及发展

一般认为,票据发行便利起源于辛迪加贷款,同时又是近年来国际金融市场商证券化浪潮的结果。

票据发行便利是商业银行适应国际金融市场上的证券化趋势而进行的一项成功的金融创新业务。它把本属于表内业务的银团贷款,成功地转化为表外业务,减轻了对资本充足率要求的压力,同时使银行与企业建立了一个更广泛的合作,适应了融资发展的需要。

(四) 票据发行便利种类

票据发行便利根据有无包销可分为两大类:包销的票据发行便利和无包销的票据发行便利。

包销的票据发行便利又可分为循环包销便利、可转让循环包销便利和多元票据发行便利。

1. 循环包销便利

循环包销便利(revolving underwriting facility)是最早形式的票据发行便利。在这种形式下,包销的银行有责任承包摊销当期发行的短期票据。如果借款人的某期短期票据推销不出去,承包银行就有责任自行提供给借款人所需资金(其金额等于未如期售出部分的金额)。

2. 可转让循环包销便利

可转让循环包销便利(transferable revolving underwriting facility)是指包销人在协议有效期内,随时可以将其包销承诺的所有权利和义务转让给另一家机构。

3. 多元票据发行便利

多元票据发行便利(multiple component facility)这种票据发行便利方式允许借款人以更多、更灵活的方式提取资金,它集中了短期预支条款、摆动信贷、银行承兑票据等提款方式于一身,是借款人无论在选择在提取资金的期限上,还是在选择提取何种货币方面都获得了更大的灵活性。

4. 无包销的票据发行便利

无包销的票据发行便利(non-underwriting facility)是指没有"包销不能售出的票据"承诺的票据发行便利。无包销的票据发行便利的具体内容通常很粗略。一般采用总承诺的形式,通过安排银行为借款人出售票据,而不是实际上可能提取的便利。

(五) 票据发行便利业务程序

(1) 借款人选定组织银行。
(2) 借款人委托包销银团及投标小组成员。
(3) 借款人与包销团和投标小组之间签订一系列协议。
(4) 投标及付款。

三、透支额度

银行预先对客户确定一个透支额度,客户就可以按照自己的需要随时支取贷款。银行既然已经作出透支限额的承诺,就必须预留相应的资金头寸以备客户支用,因此透支利息一般较高,其中包含了银行的承诺费。

信用卡和活期存款的透支额度最具代表性。

"信用卡透支",英文名称"overdraft of credit card"。通常生活中信用卡透支是指信用卡发卡机构给予持卡人在持卡购物消费时规定限额内的短期透支。

对于贷记信用卡,允许"先消费,后还款",允许透支是重要的特征。对于借记信用卡,应"先存款,后消费",但在经审核确定属于善意透支并且还款有保证的前提下,也允许持卡人在急需用款时在较短时限内透支适量金额。透支利息一般比同期银行贷款高得多,发卡机构还有一整套措施防范和追索透支风险损失。

第四节 金融衍生品交易业务

一、概念

所谓的金融衍生产品,通常是指从原生资产派生出来的金融工具,它是一种金融合约,其价值取决于一种或多种基础资产或指数,合约的基本种类包括远期、期货、掉期(互换)和期权。由于许多金融衍生产品交易在资产负债表上没有相应科目,因而也被称为"资产负债表外交易"(简称"表外交易")。国际上金融衍生产品的种类繁多,活跃的金融创新活动接连不断地推出新的衍生产品。衍生产品还包括具有远期、期货、掉期(互换)和期权中一种或多种特征的结构化金融工具,目前市场上令人眼花缭乱的针对机构和个人的外汇理财产品,其背后实质上都是银行利用衍生产品交易进行资产负债管理，降低银行潜在的利率、汇率风险，帮助客户提高预期收益率。

二、金融期货

（一）金融期货

所谓金融期货交易（financial futures）是指以某种金融工具或金融产品（如外汇、债券、存款证、股票指数等）作为标的物的期货交易方式。一般情况下，金融期货交易是以脱离了实物形态的货币汇率、借贷利率、各种股票指数等作为交易对象的期货交易。

世界上第一张金融期货合约是 1972 年 5 月 16 日由美国芝加哥商业交易所设立的国际货币市场（IMM）所推出的外汇期货合约。它是由于外汇风险的急剧增加等原因导致的结果。其标的货币最初有七种，分别为英镑、加拿大元、西德马克、日元、瑞士法郎、墨西哥比索和意大利里拉，之后又增加了荷兰盾、法国法郎、澳大利亚元，与此同时停止了意大利里拉和墨西哥比索的交易。

（二）金融期货的种类

商业银行经营的金融期货交易主要有三种：货币期货、利率期货和股票指数期货。

1. 货币期货

货币期货（currency futures）又称为外汇期货或外币期货，是指在集中性的交易市场以公开竞价的方式进行的外汇期货合约的交易。外汇期货合约是指由交易双方订立的，约定在未来某日期以成交时所确定的汇率交收一定数量的某种外汇的标准化契约。

2. 利率期货

利率期货（interest rate futures）是指交易双方在集中性的市场以公开竞价的方式所进行的利率期货合约的交易。利率期货合约是指由交易双方订立的，约定在未来某日期以成交时确定的价格交收一定数量的某种利率相关商品（即各种债务凭证）的标准化契约。利率期货以各种利率的载体作为合约的标的物，实际上利率期货就是附有利率的债券期货。

3. 股票指数期货

股票指数期货（stock index futures），全称为股票价格指数期货，又可简称为股指期货或期指，是指以股票市场的价格指数作为标的物的标准化期货合约的交易。最早出现的股票指数期货是美国堪萨斯市期货交易所于 1982 年 2 月 24 日推出的价值线综合指数期货合约。目前被作为股指期货合约标的物的股票指数主要有如下几种：道琼斯股价平均指数、标准普尔综合股价指数、纽约证券交易所综合股价指数、日经 225 股指、恒生指数等。

三、金融期权

（一）金融期权

金融期权是一种能够在合约到期日之前（或在到期日当天）买入或卖出一定数量的基础金融产品的权利。通常买方可以执行合约，也可以放弃执行该合约，而卖方只有执行的义务而无放弃的权利。

（二）金融期权的分类

根据金融期权合同和期权交易行为的不同，可把金融期权交易分为四种：买入看涨期权、卖出看涨期权、买入看跌期权、卖出看跌期权。

（三）商业银行从事的期权交易

商业银行主要在三个层次上参与期权交易。

1. 场外期权交易

商业银行通过电话或路透交易系统直接与客户进行交易，这种交易既包括面向非银行客户的零售市场，又包括面向金融机构的批发市场。由于场外交易市场具有保密性好，交易成本低，可以根据客户特别需要制定期权等特点，其交易规模已远远超过了交易所中的期权交易量。

2. 交易所期权交易

在这种交易中，商业银行通常以获得交易席位的方式来成为交易所的做市者。参与标准化程度高的交易所期权交易，可以使商业银行从忙于促成交易中解脱出来，致力于期权交易战略策划上来。

3. 隐含型期权交易

隐含型期权交易主要是把期权经营思想与商业银行日常业务融合而产生的创新。如可转换债券、货币保证书和包销协议等。这些由期权与其他金融工具相融合创新出的金融产品大大地拓宽了商业银行的期权经营领域。

四、互换业务

（一）互换

互换（swap）是指两个或两个以上的交易对手方根据预先制定的规则，在一段时期内交换一系列款项的支付活动。这些款项有本金、利息、收益和价格支付流等，可以是一项，也可以是多项，以达到多方互利的目的。通常，互换的最低交易单位是 1 000 万美元，美元以外的货币经换算后，要相当于这一金额；互换中使用较多的货币是美元、欧元、瑞士法郎、英镑、日元；期限较多的是 5—7 年，超过 10 年的也时而有之；一般都是以市场利率、汇率或其他价格为基础，由双方协商决定价格条件；同时，有多种多样的资金流向安排可供协商选择，如到期一次偿还、分期偿还、本利均等偿还等。

（二）商业银行从事的互换交易类型

互换的种类有利率互换、货币互换、商品互换和股权互换等，商业银行经常进行的互换交易主要是利率互换和货币互换。

1. 利率互换

利率互换（interest swap）是指两笔债务以利率方式相互互换，一般在一笔象征性本金数额的基础上互相交换具有不同特点的一系列利息款项支付。在利率互换中，本金只是象征性地起计息作用，双方之间只有定期的利息支付流，并且这种利息支付流表现为净差额支付。利率互换是交易量最大的一类互换，它的类型主要有三种：息票利率互换,即从固定利率到浮动利率的互换;基础利率互换,即从以一种参考利率为基础的浮动利率到以另一种参考利率为基础的浮动利率的互换;交叉货币利率互换,即从一种货币的固定利率到另一种货币浮动利率的互换。

2. 货币互换

货币互换(currency swap)是指双方按约定汇率在期初交换不同货币的本金,然后根据预先规定的日期,按即期汇率分期交换利息,到期再按原来的汇率交换回原来货币的本金,其中利息的互换可按即期汇率折算为一种货币而只作出差额支付。货币互换实际上是利率互换,即不同货币的利率互换。

第五节 资产证券化业务

一、资产证券化的概念

资产证券化(asset-backed securitization,ABS)指通过发行以金融资产为基础支持的证券,从而对资产进行处置的过程。相对同类和同质的贷款是资产证券化的主要基础资产。资产证券化实质是将缺乏流动性的、非标准化的贷款转换成为可转让的、标准化的证券,并转售于市场投资者的过程;是指银行将具有共同特征的、流动性较差的盈利资产,如贷款、应收款等集中起来,以此为基础发售具有投资特征的证券的行为。

资产证券化是20世纪最重要的金融创新之一,最早起源于美国。婴儿潮成年引发住房贷款需求急剧上升,促使银行转向资本市场,通过资产证券化转嫁利率风险,获得更多的资金来源。1968年,美国信贷资产证券化启动,推出了最早的住房抵押贷款证券(MBS),最初只为缓解美国购房融资的资金短缺问题。1981年起,住房抵押贷款证券化速度大幅加快,主要目的从应对资金短缺转变为帮助各类储蓄机构管理风险和改善财务困境。1980年开始的利率市场化改革导致美国银行业负债成本急剧上升,存贷款期限不匹配等问题严重威胁储蓄机构的生存。美国政府的三家信用机构,联邦国民抵押贷款协会(Fannie Mae)、联邦住房抵押贷款公司(Freddie Mac)、政府抵押贷款协会(Ginnie Mae)纷纷收购银行住房抵押贷款进行重组并发行证券,来帮助储蓄机构盘活低流动性资产。1985年之后,除住房抵押贷款之外的其他资产支持证券(ABS)开始出现。随着MBS逐步完善并初具市场规模,1983年出现了对资产池现金流进行分层组合的新型MBS——抵押担保证券(CMO);1985年,基于信用卡、汽车贷款、学生贷款、厂房设备贷款、房屋权益贷款等其他各类贷款的资产支持证券(ABS)也开始不断涌现;1993年又出现了以MBS和ABS现金流为抵押品的再证券化产品——抵押债券凭证(collateralized debt obligation,CDO)。资产证券化产品的发展为美国金融市场注入了新的活力。截至2007年年末,MBS和ABS余额11万亿美元,约占美国债券市场总额的34%,为资本市场的第一大产品。

在20世纪80年代,随着商业票据市场的波动以及资产证券化技术的发展,资产支持商业票据(asset-backed commercial paper,ABCP)开始出现,ABCP 是一种具有资产证券化性质的商业票据,它是由大型企业、金融机构或多个中小企业把自身拥有的、将来能够产生稳定现金流的资产(如应收账款、分期付款等)出售给受托机构,由受托机构将这些资产作为支持基础发行商业票据,并向投资者出售以换取所需资金的一种结构安排。

知识专栏 8-1

四种主要资产证券化产品的比较

过去四十年以来,美国金融市场上涌现出各种各样的证券化产品。具有代表性的四种证券化品种包括 ABS、MBS、CDO 和 ABCP(asset-backed commercial paper,资产抵押商业票据)(见表 8-2)。

1. ABS

狭义的资产支持证券是指除 MBS、CDO 和 ABCP 以外的资产支持证券。ABS 的基础资产主要包括汽车贷款、信用卡贷款、学生贷款、设备租赁款、贸易应收款和税收留置权等。

2. MBS

抵押贷款支持证券是指以住房抵押贷款为基础资产的资产支持证券,包括居民住房抵押贷款支持证券(residential mortgage-backed security,RMBS)和商业住房抵押贷款支持证券(commercial mortgage-backed security,CMBS)。住房抵押贷款证券化是美国起步最早、规模最大的资产证券化业务。

抵押贷款证券化一般有两条路径:一是通过 GSE 进行的证券化;二是通过私人 SPV(special purpose vehicle,特殊目的机构)进行的证券化。信贷质量较高的小额居民住房抵押贷款(non-jumbo loan)主要走第一条路径;而大额居民住房抵押贷款(jumbo-loan)、次级抵押贷款和商业住房抵押贷款主要走第二条路径。

ABS 和 MBS 构造简单,信息透明度较高,期限错配程度低。其潜在风险主要集中在基础资产本身,利率上升、房屋价格下跌以及经济不景气等因素都会对基础资产现金流产生负面影响。例如,次贷危机中,MBS 价格显著下跌,就是因次级抵押贷款违约率上升、基础资产恶化所致。

3. CDO

目前,对 CDO 尚缺乏一个广泛认可的权威定义。总体来说,CDO 主要是指以一系列信贷资产或债券为基础资产的证券化形式(张明,2008)。早期 CDO 的基础资产主要包括企业债券、新兴市场债券和银行贷款,后来逐渐将抵押贷款、MBS 和 ABS 等证券包括进去。

4. ABCP

典型的 ABCP 的发行过程与其他资产证券化过程类似,即发起人成立一家特殊目的工具(special purpose vehicles,SPV),通过真实销售将应收账款、银行贷款、信用卡应收款等资产出售给 SPV,再由 SPV 以这些资产作为支持发行票据,并在票据市场上公开出售。从事 ABCP 发行业务的 SPV 称为 ABCP 管道(ABCP conduits)。

ABCP 有着不同于其他证券化的特征。首先,它往往以循环的方式进行,这样进入证券化程序后可以循环融资。因为拥有大量应收款项的企业,其应收款往往是不断发生的。这类企业可以不断利用这种方式进行滚动融资。其次,ABCP 的资产池既可按单一模式进行,也可以把不同公司的应收款纳入其中,使规模偏小(其适合证券化的资产池也往往较小)的公司得以参与这个市场,解决了这种公司的融资问题。

表 8-2 四种资产证券化主要产品的比较

类型	基础资产	期限	资金管理方式	是否滚动发行
ABS	除住房抵押贷款而外的信贷资产,如汽车贷款、学生贷款、信用卡贷款应收款、设备租赁贷款等	中长期	静态型	否
MBS	居民住房抵押贷款、商业住房抵押贷款	中长期	静态型	否
CDO	杠杆贷款、高收益债券、保险或再保险合同、ABS、MBS 等	中长期	静态型和管理型	否
ABCP	ABS、MBS、信用卡应收款、汽车贷款、学生贷款、抵押贷款、贸易应收款、设备租赁贷款等	短期和超短期	管理型	是

资产证券化已经继股票、债券之外,成为国际资本市场上发展最快、最具活力的一种金融产品。20 世纪 80 年代以来,资产证券化的内涵、品种和方式发生了巨大的变化,它不仅仅作为商业银行解决流动性不足的手段,并成为在金融市场投资者和筹资者有效联结、促进社会资源配置效率提高的有力工具,进而在更重要意义上逐渐成为一种内容丰富的金融理财观念和方式。

通常,资产证券化指的是将缺乏流动性但预期能够产生稳定现金流的资产,通过重新组合,转变为可以在资本市场上转让和流通的证券,进而提高金融资源(主要是信贷资源)的配置效率。

二、资产证券化业务流程

资产证券化的过程较为复杂,涉及多个参与主体:发起人、特别目的载体(SPV)、信用评级机构、投资者等,可归为交易者和辅助机构两类。

1. 发起人(originator)

资产证券化的发起人是资产证券化的起点,是基础资产的原始权益人,也是基础资产的卖方。发起人的作用首先是发起贷款等基础资产,这是资产证券化的基础和来源。

发起人的作用其次在于组建资产池,将其转移给SPV并实现破产隔离。

2. 特别目的载体(special purpose vehicle,SPV)

特别目的载体是以资产证券化为目的而特别组建的独立法律主体,其资产是发起人转移的基础资产,负债则是发行的资产支持证券。SPV介于发起人和投资者之间,是资产支持证券的真正发行人。SPV是一个法律上的实体,可以采取信托、公司或者有限合伙的形式。

3. 信用增级机构(credit enhancer)

信用增级机构对SPV发行的证券提供额外信用支持,即信用增级。信用增级可以通过内部增级和外部增级两种方式,对应这两种方式,信用增级机构分别是发起人和独立的第三方。第三方信用增级机构包括:政府机构、保险公司、金融担保公司、银行、大型企业的财务公司等。国外资产证券化发展初期政府机构的担保占据主要地位,后来非政府担保逐渐发展起来,包括银行信用证、保险公司保函等,以后又产生了金融担保公司。

4. 信用评级机构(rating agency)

信用评级机构对SPV发行的证券进行信用评级。现在世界上规模最大、最具权威性、最具影响力的三大信用评级机构为:标准普尔、穆迪公司和惠誉公司。有相当部分的资产证券化操作会同时选用两家评级机构来对资产支持证券进行评级,以增强投资者的信心。

5. 承销商(underwriter)

承销商为证券的发行进行促销,以帮助证券成功发行。在证券设计阶段,作为承销商的投资银行还扮演融资顾问的角色,运用其经验和技能形成一个既保护发起人的利益又能为投资者接受的融资方案。

6. 服务商(servicer)

服务商对基础资产及其所产生的现金流进行监理和保管:负责收取这些资产到期的本金和利息,将其交付给受托人;对过期欠账服务商进行催收,确保资金及时、足额到位;定期向受托管理人和投资者提供有关特定资产组合的财务报告。服务商通常由发起人担任,根据上述服务收费。

7. 受托人(trustee)

受托人托管基础资产以及与之相关的一切权利,代表投资者行使如下职能:把服务商存入SPV账户中的现金流转付给投资者;对没有立即转付的款项进行再投资;监督证券化中交易各方的行为,定期审查有关资产组合情况的信息,确认服务商提供的各种报告的真实性,并向投资者披露;公布违约事宜,并采取保护投资者利益的法律行为;当服务商不能履行其职责时,代替服务人担当其职责。

三、贷款证券化的流程

贷款证券化的过程大致如图8-1所示。

作为一个过程,资产证券化通常要经历以下主要环节。

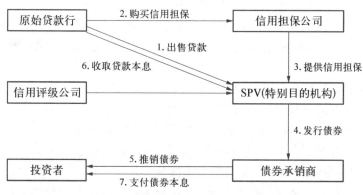

图 8-1 贷款证券化的基本运作流程

1. 确定资产证券化目标，组成资产池

按资产证券化融资的目的，采用清理、估算、信用考核等程序决定资产，综合考虑违约概率后，将预计能够产生稳定现金流的资产进行组合，根据证券化目标确定资产总数，最后将这些资产汇集形成一个资产池。

2. 组建特设信托机构（SPV），实现真实出售

特设信托机构是一个以资产证券化为唯一目的、独立的信托实体，注册后的特设信托机构的活动必须受法律的严格限制，其资金全部来源于发行证券的收入。SPV 主要是起到"防火墙"的作用。所谓"防火墙"是指发起人将资产池中的资产出售给 SPV。这一交易必须是法律意义上的真实出售，即所出售的资产在发起人破产时不作为法定财产参与清算，资产池不列入清算范围，从而达到"破产隔离"的目的，使得资产池的质量不受发起人自身信用水平的影响，从而保护投资者无须承担发起人的信用风险。

具体出售方式有三种：其一是债务更新（novation），即首先终止发起人与原贷款债务人间的贷款合约，再由特设机构 SPV（special purpose vehicle）与借款人（债务人）之间按原合约条件订立一份新合约，替换原来的贷款合约，从而将发起人与借款人间的债权债务关系转换为 SPV 与借款人间的债权债务关系。其二是债务转让（assignment），即无须更改或终止原合同，发起人将贷款合同项下的债权转让给 SPV，但需要有原合同的条款支持。其三是从属参与（sub-participation）。发起人与债务人间的原贷款合约继续有效，SPV 与债务人间无合同关系，发起人也不必将贷款合同中的法定权利正式转让给 SPV，只是部分地转让了收取贷款本息的权利。SPV 对借款人无直接要求权，须依靠发起银行收取本息，仅当原始贷款合同条款出现重大变动时，贷款参与权的购买者才能对贷款合同施加影响。

3. 完善交易结构，进行信用增级

因为资产债务人的违约、拖欠或债务偿还期与 SPV 安排的偿付期不相配合会给投资者带来损失，所以为了吸引更多的投资者，常常需要改善发行条件，提高资产支持证券的信用等级，使投资者的利益能得到有效的保护和实现。

证券发行人购买贷款后，可以将与贷款偿还有关的服务事项委托给服务人。服务人的职责主要是负责贷款到期本息的收取，并追收逾期的贷款本息。发起银行多在出

售贷款后继续提供贷款服务,发行人也可委托其他专业公司担任服务人。此外,发行人还要与投资银行达成证券承销协议,并共同设计证券化承销方案。此时投资银行纷纷介入,帮助设计并运用各种信用增级方案和技巧,成为资产证券化成功与否的关键之一。

发行人需利用信用提高技术使证券获得投资级的级别,以改善发行条件、节约融资成本。信用提高方式可分为内部信用提高和外部信用提高。内部信用提高的形式有以下三种:一是超额抵押,即贷款支持证券的基础资产池必须是本金大于证券面值。二是直接追索。证券投资者保留向贷款卖方追索的权利,若借款人未能按时偿还贷款本息,投资者可以从贷款发起银行获得全部或部分支付。三是"优先—从属"结构。投资者权益分为优先债券和从属债券两部分,只有当优先债券持有人得到完全支付的情况下,从属债券持有人才能得到支付。外部信用提高是指由第三方提供信用担保或保险(银行、保险公司、担保公司)。

4. 资产证券化的评级

资产支持证券需要进行正式评级。资产支持证券评级的目的是为投资者提供证券选择的依据,它与一般债券评级相似,但有自身特点。信用评级由专门评级机构应资产证券发起人或投资银行的请求进行。评级考虑因素不包括由利率变动等因素导致的市场风险,而主要考虑资产的信用风险。不仅要考察基础贷款的信用质量,还要评价贷款证券化交易结构的可靠性(如基础资产是否真实出售、是否实现与发起人的破产实行隔离等),以及信用提高的强度等,以确定在贷款违约时,投资者是否能及时收回利息和本金。由于采用信用增级,通常意义上资产支持证券的信用级别会高于发起人的信用级别。资产证券的评级较好地保证了证券的安全度,这是资产证券化比较有吸引力的一个重要因素。

5. 安排证券销售,向发起人支付购买价格

在信用提高和评级结果向投资者公布之后,由投资银行负责向投资者销售资产支持证券,销售的方式可采用包销或代销、公募或私募,发行对象主要是机构投资者。特设信用机构从投资银行处获取证券发行收入,再按资产买卖合同中规定的购买价格,把发行收入的大部分支付给发起人。

6. 证券挂牌上市交易,资产售后管理和服务

资产支持证券发行完毕后到证券交易所申请挂牌上市,从而真正实现了资产流动性的目的。但资产证券化工程并没有全部完成。SPV 要指定一个资产池受托管理机构(国内目前均采用委托发起人为受托管理机构)负责收取、记录由资产池产生的现金收入,并将这些收入全部存入 SPV 的收款专户,以便到期时对投资者还本付息。待资产支持证券到期后,还要向聘用的各类机构支付专业服务费。由资产池产生的收入在还本付息、支付各项服务费之后,若有剩余,按协议规定在发起人和 SPV 之间进行分配,整个资产证券化过程即告结束。

<h1 style="text-align:center">本 章 小 结</h1>

1. 为了规避资本管制,增加盈利来源,转移和分散风险,并适应客户对银行服务多

样化的要求,商业银行利用其自身的优势和高新技术大力发展表外业务。这是在金融国际化、金融自由化和金融证券化条件下,商业银行追求发展的一种选择。

2. 表外业务是指商业银行从事的,按通行的会计准则不列入资产负债表内、不影响其资产负债总额,但能影响银行当前损益、改变银行资产报酬率的经营活动。狭义的表外业务一般是指有风险的经营活动,应当在会计报表的附注中予以提示。广义的表外业务除了包括狭义的表外业务,还包括传统的无风险的中间业务。

3. 银行提供担保业务的主要方式有银行保函、商业信用证、备用信用证和票据承兑。银行保函是银行应申请人或委托人的请求,为其向受益人保证履行某项义务,并承诺在申请人违约时由银行按保函规定的条件承担经济赔偿责任而出具的书面担保。商业信用证是银行应买方的要求,开给卖方的一种支付货款的凭证,只要卖方履行合同并提交单据证明,银行就保证如数付款。备用信用证是指开证行根据开证申请人的请求,对申请人开立的承诺承担某种义务的凭证,其实质是将开证人的个人信用转化为银行信用,提高开证人信用水平。票据承兑是指汇票的付款人承诺负担票据债务的行为。

4. 承诺业务是指银行向客户允诺在未来按照事前约定的条件向客户提供约定信用的业务。贷款承诺是商业银行承诺客户在未来一定的时期内,按照双方事先确定的条件,应客户的要求,随时提供不超过一定限额的贷款。票据发行便利是一种具有法律约束力的中期票据融资承诺,这是金融证券化的结果。票据发行便利可分为包销的票据发行便利和无包销的票据发行便利。银行预先是指对客户确定一个透支额度,客户就可以按照自己的需要随时支取贷款。

5. 金融衍生产品,通常是指从原生资产派生出来的金融工具,它是一种金融合约,其价值取决于一种或多种基础资产或指数,合约的基本种类包括期货、期权和掉期(互换)。金融期货交易是指以某种金融工具或金融产品作为标的物的期货交易方式。金融期权是一种能够在合约到期日之前(或在到期日当天)买入或卖出一定数量的基础金融产品的权利。互换是交易各方根据预先制定的原则,在一段时间内交换一系列款项的支付活动。

6. 资产证券化(ABS)指通过发行以金融资产为基础支持的证券,从而对资产进行处置的过程。相对同类和同质的贷款是资产证券化的主要基础资产。

关 键 词

表外业务(off-balance-sheet activities);银行保函(bank guarantee);商业信用证(commercial letter of credit);备用信用证(stand-by letter of credit);票据承兑(bill acceptance);贷款承诺(loan commitment);票据发行便利(note issuance facilities);透支额度(overdraftlimit);金融期货(financial futures);金融期权(financial option);互换(swap transaction);资产证券化(asset securitization)

复习思考题

1. 什么是商业银行的表外业务?
2. 表外业务的种类如何划分?

3. 各类表外业务的特点是什么?
4. 商业银行为什么要发展表外业务?
5. 票据发行便利有哪些种类? 我国是否应当开展票据发行便利业务? 为什么?
6. 金融期货和期权为什么会受到国际商业银行的普遍重视而迅速发展?
7. 简述互换业务的交易程序及其特点。
8. 贷款承诺有哪些类型? 商业银行从事贷款承诺业务有何意义?
9. 资产证券化有哪些类型? 商业银行为何要从事资产证券化业务?
10. 为何要对表外业务活动加强监管? 如何加强对表外业务活动的监管?

第九章 商业银行其他业务管理

> **本章导入**
>
> **美国道富银行靠服务收费盈利**
>
> 　　总部设在波士顿的道富银行是世界上最著名的靠费用盈利的银行之一。数年前,该银行逐渐停止了其传统的借贷业务,转而以收费服务作为其主要收入来源。目前,道富银行的办事机构遍布全球20多个国家。
>
> 　　道富银行提供的服务包括:资产管理(包括为其他银行、养老金计划和共同基金提供资产管理)、保管人服务(跟踪记录证券所有者、向证券所有者递送财务报告和股利)、代表大的企业客户进行外汇交易和风险管理。这些仅仅是道富银行提供的多种金融服务中的几种。在收入方面,由于道富银行将业务重点放在了费用收入业务上,而不像大多数其他银行那样将业务重点放在利率敏感的贷款业务上,因而它成为世界上能够持续盈利的银行之一。道富银行不断地在国际前沿扩展业务,例如,近来它宣布收购德意志银行的保管人业务,使得道富银行成为全球最大的为机构投资者提供记录保管及其他服务的机构。
>
> 　　道富银行不断在国际前沿扩展业务,包括对投资者信托银行和德意志银行托管业务的收购,这使得它成为为机构投资者保管和服务的全球领先者。

　　商业银行其他业务是指介于银行信用业务(负债业务与资产业务)与银行中间业务(表外业务)之间的银行业务。主要包括个人理财业务、租赁业务、信托业务、代理融通业务和保付代理业务。

　　这类业务既不是银行信用业务,因为它不涉及或者不直接涉及债权债务关系;也不是单纯的银行中间业务(技术性服务业务),因为它通常是与融资活动联系在一起的;又不是银行表外业务(经营性服务业务),因为它直接涉及银行的融资行为或者资金运动而不是所谓的"或有"资产业务与"或有"负债业务。正因为此,通常把这类业务称作商业银行的附属业务。

第一节　个人理财业务

　　随着居民的个人可支配资产快速增长,居民金融需求多样化和个人金融资产多元化的格局逐步形成,这使得广大居民对个人理财的需求日渐强烈,个人理财市场前景广阔。早在20世纪70年代,发达国家商业银行个人理财业务获得了快速发展,其业务以批量大、风险低、业务范围广、经营收益稳定等优势,在商业银行业务发展中占据重要位置。

一、个人理财的性质

(一) 个人理财的定义

美国理财师资格鉴定协会认为个人理财是指通过收集整理个人客户的资产状况,听取客户的目标,从而为客户制定投资组合,最终目的是为应付各不同人生阶段的财务需要。根据牛津大学出版社出版的《财务和银行词典》的定义:个人理财策划是以当前的财务状况为依据,制定一套理财策略,包括财务管理、投资计划、储蓄计划、抵押计划、住房计划、子女教育计划、人寿保险计划、遗产计划和税务计划等。

根据我国《商业银行理财业务监督管理暂行办法》的相关规定,个人理财业务是为客户提供财务分析、投资顾问、财务规划、资产管理等相关资产的活动,一般理解为专家根据客户的资产状况,为客户提供专业的个人投资建议,并且将客户的资产用于投资之中,从而实现价值增值。在理财业务中,需要针对客户的个人资产状况、个人需求以及个人喜好进行理财方案的选择,在现有的理财基础上,通过客户的综合情况以及银行的理财服务,进行金融组织规划,从而确保对客户的综合型理财服务,商业银行的个人理财业务是一种个性化与创新化的金融服务模式。

对商业银行而言,就是针对目标客户不同层次的金融需求,在客户寿命期内为保障客户资金的保值增值性或为满足客户个人财产的流动性、安全性和盈利性,量身设计的一系列个人财务规划和理财金融服务,为其提高盈利、提升竞争实力提供新的突破口。对客户而言,是根据个人实际情况确定自己的阶段性生活及财富增值目标,根据自己的资产分配情况及风险承受能力在专家的建议下调整资产分配及投资策略,并及时了解自己的账户回报及相关信息,达到最高的增值目标。

(二) 个人理财的性质

个人理财业务的核心主要是根据客户的资产状况与风险偏好来实现客户的需求与目标,不同于个人金融业务。个人金融业务一般包括面向个人的存款、贷款、代理、外汇、保管箱、银行卡、手机银行、网上银行等具体的金融产品和服务。个人理财业务是对这些具体的金融产品和服务进行整合、集成和创新,为客户提供综合性个性化的理财方案。个人理财业务是建立在个人金融业务基础之上,以个人金融业务为原料和工具,属于咨询的范畴,个人理财业务整合并促进了传统个人金融业务,是个人金融业务发展的高级阶段和逻辑延伸。

二、个人理财业务的特点

(一) 以客户为中心的经营理念

对银行来说,开展个人理财业务就是用服务去满足客户的需求,帮助客户实现长期的生活目标和财务目标,在为客户财富保值增值的同时,从中获得回报。树立以"客户为中心"的经营理念,同时贯穿稳健收益、成长的思想,通过"客户关系管理"系统全面掌握客户的个人情况及需求,协助维系客户关系和开拓新业务。如,汇丰的"卓越理财"、恒生的"优越理财"和渣打的"优先理财"等,都有特定的客户经理负责照顾客户财务及投资需求,并设有"24小时理财热线"随时为客户效劳。境外商行个人理财业务充分体现了以"客户为中心"的经营理念。

（二）业务手段向多样化

以互联网为代表的信息技术广泛应用于银行理财业务。银行与目标客户沟通和交易的方式向多样化、立体化发展。除了传统的营业网点、ATM等自助设备外,客户还可以借助互联网、电子邮件、电话、手机、无线接入设备等多种渠道办理账户查询、转账、证券买卖等理财业务,实现了不受时间及地理等条件限制的全天候服务。同时,商业银行借助于客户关系管理系统(CRM)对客户信息进行全面管理和深度分析,使得为客户提供量身定制的个性化理财方案成为可能。可见,信息技术在金融领域的广泛运用推动了银行个人理财业务不断深化发展,使金融产品从批发向零售转变。

（三）业务种类丰富,范围广泛

个人理财产品种类繁多,从一般的银行业务、借贷业务到证券经纪、共同基金、投资管理、个人信托、个人税务等业务都有涉及。目前境外商业银行已经推出一系列涵盖个人投融资、咨询、代理等各领域的个人金融业务；从最初的简单理财方式到综合性理财方式,由单一网点服务走向立体化网络服务。各大银行纷纷推出自己理财产品,针对不同收入的客户提供不同的服务,使得个人理财业务逐步走向成熟。个人理财已向专业化、综合化、个性化、品牌化服务方向全面发展。

三、个人理财业务的经济意义

个人理财业务已经成为国内外金融业竞相追逐的新利润增长点。尤其近年来资本市场迅速发展,企业融资渠道不断增加,利率逐步实行市场化后,商业银行存贷款利差将大幅下降,增加个人理财业务这一利润来源更成为银行业务发展的重点。

一方面,个人财富的快速增长和金融市场的发展,使个人产生了巨大的理财需求；另一方面,随着各银行之间金融产品的趋同化使银行突出其服务优势的策略显得越来越重要。银行必须向客户提供更全面的服务,提供更简便、更有针对性的投资工具和组合。在这种背景下,个人理财服务作为一项新的银行业务应运而生。

个人理财业务现在已成为世界各大银行的一项重要业务。在过去的几年里,美国的银行业个人理财业务年平均利润率高达35%,年平均盈利增长率约为12%—15%。从发达国家银行个人理财业务的发展趋势看,个人理财业务具有批量大、风险低、业务范围广、经营收益稳定等优势,在商业银行业务发展中占据着重要位置。在西方发达国家,个人理财业务几乎深入每一个家庭,其业务收入已占到银行总收入的30%以上。在中国香港,贴身的个人理财服务也成为近年来银行业竞争的主要焦点,不但中小银行积极拓展客户群,汇丰、渣打、恒生、东亚等大银行也不甘示弱加入个人理财业务的竞争中,并针对不同收入的客户提供不同的理财服务,推动个人理财业务整体服务水平不断提升。总之,在当今的商业银行业务中,个人理财业务的地位越来越突出,成为商业银行之间竞争成败的关键因素之一,也是一家商业银行高盈利性业务的重要组成部分,受到国际上各家商业银行的推崇。

从国内情况来看,随着中国经济的不断发展,零售银行业务目前呈现良好的市场前景。人们的生活水平日益提高,个人对各种金融服务、资本增值的市场需求逐渐增强;以企业为服务对象的批发业务市场经过多年的发展已经趋于成熟和饱和,利润呈持续下降趋势,而以个人家庭和私人业主为服务对象的个人理财服务正成为现代商业银行占领市场、增长效益的有效手段。目前,外资银行陆续进入我国市场,由于具备完善的服务体系、先进的技术手段、管理体制以及雄厚的资本实力,它们进入国内市场的战略无疑是争夺国内银行的市场份额。在竞争日趋激烈的生存环境中,各家银行不得不寻求新的利润来源。在我国居民个人存款已占存款总量六成以上的今天,谁能在个人金融理财业务上抢得先机,谁就能占据银行业竞争的有利地位。因此,个人理财也逐渐成为我国银行产品和服务竞争创新的主要领域之一。

(一)发展个人理财业务是商业银行生存和发展的内在要求

商业银行是以利润为其主要经营目标的,随着金融竞争的加剧,商业银行通过大力发展个人理财业务,可增加服务项目,对个人客户产生更大的吸引力,从而起到优化资产、负债业务的作用。因此,发展个人理财业务,既是生存的需要,又是提高竞争能力、谋求更大发展的手段。

(二)发展个人理财业务是我国银行业市场化、商业化的重要途径

目前,许多大型制造企业以及高风险行业已经逐步转向资本市场直接融资,作为金融中介的银行信贷业务,逐步开始向中小服务行业和个人消费业务转移。从自身角度看,商业银行根据客户需求为客户提供个人金融资产组合和投资,实现资产增值和提高消费效用水平的同时,既可以降低贷款风险,又可以吸引大量的优质个人客户,取得良好的经济效益。

(三)大力发展个人理财业务可防范化解经营风险

从我国银行业的现状看,社会信用风险过于集中于银行业,银行业务主要集中在对公批发业务上,零售业务所占比例较小,使我国银行业面临较大的经营风险。包括多种中间业务和表外业务在内的个人理财业务,不仅经营风险较小,而且能带来可观的经济效益,有利于商业银行防范化解经营风险。但是,受金融法律制度、金融管理体制和金融市场发育程度等方面的制约,在国内发展理财业务不可避免地会遇到许多新的问题。目前中国理财市场处于从无序竞争向规范化发展的转折时期,发展过程中出现的盲目和恶性竞争也给商业银行带来了新的风险隐患,研究如何妥善地处理好理财业务发展中的问题,完善商业银行理财业务风险管理体系,提高商业银行对理财业务风险的管理水平,加强对理财业务的监管,是保证商业银行理财业务健康、有序、规范发展的基础,对促进理财业务在规范中快速发展具有重大的现实意义。

四、个人理财业务的分类

按照管理运作方式的不同,商业银行个人理财业务可以分为理财顾问服务和综合理财服务两大类。

(一) 理财顾问服务

理财顾问服务是指商业银行向客户提供的财务分析与规划、投资建议、个人投资产品推介等专业化服务。由于理财顾问服务是一种针对个人客户的专业化服务,因此它区别于那些商业银行为销售储蓄存款产品、信贷产品等进行的产品介绍、宣传推介等一般性业务咨询活动。虽然理财人员向个人客户提供理财顾问服务,但是需要客户根据商业银行和理财人员提供的理财顾问服务自行管理和运用资金,并承担由此产生的收益和风险。

(二) 综合理财服务

综合理财服务是指商业银行在向客户提供理财顾问服务的基础上,接受客户的委托和授权,按照与客户事先约定的投资计划和方式进行投资和资产管理的业务活动。综合理财服务与理财顾问服务的一个重要区别是:在综合理财服务活动中,客户授权银行代表客户按照合同约定的投资方向和方式进行投资和资产管理,投资收益和风险由客户或客户与银行按照约定方式承担。与理财顾问服务相比,综合理财服务更加强调个性化服务。由此,综合理财服务又可进一步划分为私人银行业务和理财计划两类。其中私人银行业务的服务对象主要是富人及其家庭,涉及的业务范围非常广泛;而理财计划则是商业银行针对特定目标客户群体进行的个人理财服务,与私人银行业务相比,个性化服务的特色相对弱一些。

1. 私人银行业务

私人银行业务是一种向富人和其家庭提供的系统理财业务,它并不限于提供投资理财产品,还包括替客户进行个人理财、利用信托、保险、基金等一切金融工具维护客户在收益、风险和流动性之间的精准平衡,同时也包括与个人理财相关的一系列法律、财务、税务、财产继承、子女教育等专业顾问服务,它是商业银行业务金字塔的塔尖,其目的是通过全球性的财务咨询及投资顾问,达到保存财富、创造财富的目标。

2. 理财计划

理财计划是指商业银行在对潜在目标客户群体分析研究的基础上,针对特定目标客户群开发、设计并销售的资金投资和管理计划。按照客户获取收益的方式不同,理财计划可分为保证收益理财计划和非保证收益理财计划。其中,非保证收益理财计划又可进一步分为保本浮动收益理财计划和非保本浮动收益理财计划。

此外,按照产品的设计结构,可以将理财产品分为普通型产品和结构型产品。普通型产品条款简单,如共同基金、货币市场账户、投资连接保险等。结构型产品相对复杂,其中嵌入了各种衍生品,目的在于为客户提供量身定制的投资品种。按发行人是否明确指定产品的本息收益同某个或某些基础资产价格的表现相连接,银行理财产品分为挂钩产品和非挂钩产品。挂钩产品是指产品的本息收益以某种方式明确地同某资产价格(指数)相连接的产品,这类产品通常嵌入了衍生品,结构复杂,收益较高,但收益的不确定性较大。非挂钩产品的本息收益没有明确指定连接资产的方式,这类产品中也可能会有衍生品(如提前赎回/售回权利),结构相对简单,收益不高,但比较稳定。从满足客户需求的角度看,挂钩产品的发行数量和结构设计体现了银行为客户"量身定制"金融产品的能力,而非挂钩产品则类似于货币市场基金和债券市场基金。

就挂钩产品来说,可根据其挂钩的基础资产种类进一步分为利率挂钩、股票挂钩、商品挂钩、汇率挂钩、信用挂钩、保险挂钩和混合挂钩等。这里需要说明的是,挂钩产品—非挂钩产品和结构型产品—普通产品并非一一对应的关系:挂钩产品一般都嵌入了衍生品,因而也是结构型产品;而非挂钩产品则未必都是普通产品,因为许多非挂钩产品也嵌入了衍生品,如发行人或投资者享有的提前赎回/售回权利。

还可以按币种将银行理财产品分为人民币、外币两大类,后者包括美元、港币、英镑、澳元等。按发行期限分,国内的银行理财产品期限从一月到数年的都有。按发行银行分,主要分为四大国有银行发行、中小银行发行和外资银行发行等。

商业银行个人理财的分类,如图 9-1 所示。

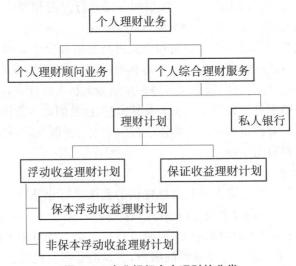

图 9-1　商业银行个人理财的分类

五、个人理财业务程序管理

个人理财业务是指商业银行利用多年积累的网点优势、个人客户服务经验和行业优势,依靠高科技、现代化的服务手段,通过对金融产品、服务方式、服务网络、服务价格的有效整合和创新,帮助客户实现其理财目标的一系列活动。为了达到这个目的,通常分以下六个步骤。

第一步是建立和界定与客户的关系。个人财务规划非常重视与客户的交流和沟通,因为这种服务要求以客户的利益为导向,从客户的角度出发帮助客户作出合理的财务决策,而个人财务规划师所作出的任何分析判断和提出的综合性个人财务计划都是基于从客户所获得的各种信息。因此,与客户关系界定得是否清晰、建立客户关系表现得好坏等因素直接决定了以后各步工作的质量和效率。

第二步是收集客户数据并分析其理财目标或期望。这包括获取客户财务资源、个人债务以及个人生活状况的各种定量信息,这些信息可以直接从客户处获取,也可通过客户访问、调查问卷、客户记录等途径获取。与此同时,要与客户共同定义其生活、财务目标,生活、财务需求以及各种目标和需求的优先顺序。

第三步是分析客户当前的财务状况。执业者可以运用客户指定的、双方共同确定的和(或)其他合理的假设来进行客户财务状况分析以及实现特定目标的可能性评估。在这个阶段,至少要考虑到(但不限于)以下方面的预测:有关个人的预测,如退休年龄、寿命长短(平均寿命)、收入需求、与个人相关的风险因素、时间范围、特殊时期的特定需求等;有关经济环境的预测,如通货膨胀、个人收入所得税税率、投资回报等。

第四步是整合个人财务规划策略并提出综合个人财务计划。这是个人理财规划标准流程的核心环节,因为在这一环节中,执业者要运用其专业技术和从业经验为客户量身定制一套可以实现其生活、财务目标和需求的综合理财规划提案。这一步骤由三个不同但存在内在联系的活动或任务组成。一是回答"可选方案有哪些"的问题;二是回答"提供的专业提案是什么"的问题;三是完成"如何向客户展示提案"的任务。

第五步是执行综合个人财务计划。在这一步中,执业者要和客户共同就执行计划的双方义务达成一致,而这种义务分配与双方共同确定的雇佣关系中责任、风险和费用的划分是一致的。在此基础上,执业者应运用专业判断选择与客户目标、需求及其优先顺序相一致的、合适的金融产品和服务。不同的执业者选择的产品和服务可能不同,这体现了人们在进行专业判断时存在的主观性,但每一个执业者在选择时都应该拥有一个合理的基础以相信这些产品和服务能够适合客户。

第六步是监控综合个人财务计划的实施。这一环节的具体任务有:回顾客户的理财目标和要求、评估财务与投资策略、评估当前投资组合的资产价值和业绩、评判当前投资组合的优劣、调整投资组合、及时与客户沟通并获得客户授权、检查策略是否合理和与客户产生争端时的解决方式等。

案例 9-1

交通银行之沃德财富服务

随着国内个人理财市场的起步和发展,各家商业银行都纷纷推出了独具特色的理财服务,交通银行于2006年推出了沃德财富服务。它以一对一、面对面、团队协作为服务方式,以全球视野和国际化智囊团队为支撑,以服务引领理财,实现客户资产保值增值的个人理财服务。

与其他商业银行推出的银行理财服务相比,沃德财富服务最突出的特点是具有专业的理财经理,这是个人理财业务最核心的部分。其每位理财经理都持有金融理财师(AFP或CFP)证书,具有扎实的专业知识。并且大都有在国内外知名金融机构的工作经验,这就给具有加强复杂性的高端客户资产提供了更为保障的保值增值服务。他们能够根据客户的财务状况、资产状况,运用各种金融产品,制订出理财计划,为客户的资产进行保值增值。

出于对客户流动性和安全性的基本要求,沃德财富服务为高端客户提供基本的存贷款、结算和保险服务。同样出于对客户资产收益性的需求,为他们提供债券、基金、股票、黄金、集合理财计划、信托及各种金融衍生品,提供理财顾问服务和综合理财服务,实现财富积累、财富保有及财富转移等的财富全面管理。

第二节 租赁业务

一、租赁业务的性质

（一）租赁的定义

出租人运用自有资金或者借入资金向特定厂商购进或者租借承租人所需的物品并出租给承租人使用,同时出租人凭借其对租赁物品的所有权与业已签订的租赁合同向承租人收取租金;承租人在租赁期内拥有租赁物品的使用权,承租人在租赁期满以后则拥有"退租""续租"或者"留购"租赁物品的选择权。

（二）租赁的基本特征

租赁有如下四个基本特征。

（1）租赁物品的所有权与使用权必须分离,而分离的形式是使用价值的单方面转移,分离的条件是有租金(使用租赁物品的代价)。在出租期间,设备的所有权归出租人,而设备的使用权归承租人。租赁期满之后,出租人可以回收设备或是继续租借,亦可将设备以一个优惠的价格卖给承租人。

（2）租赁实际上是一种"融资"与"融物"相结合的间接融资方式,客观上具备信用与贸易的双重性质。承租企业无须支付购买设备的资金即可获得设备的使用权,为企业的经营节省资金。

（3）租赁是承租人提高资金运用效率与物品供应商提高商品销售率的有效途径,它能够充分满足市场需求的发展变化。

（4）租赁的时间一般较长,承租必须按照合同要求按时交付租金,在租赁期间,不得随意解除合同。

（三）租赁性质

从形式上看,银行经营的租赁业务是银行的中间业务,因为它只是在财产所有者与财产使用者之间充当中介者。

从实际上看,银行经营的租赁业务涉及银行的资金运用或者资金融通,因此可以将租赁业务看成是"信用业务"。但由于银行的这种"信用业务"必须与"融物"相结合,同时出租人收取的是租金而不是利息,所以对银行而言,租赁业务应该归属于银行的附属业务。

二、银行经营租赁业务的经济意义

(一) 对于供应商而言

第一,供应商可以利用出租人对租赁物品的采购或者定购来提高商品的销售率与推广新产品的成功率。

第二,供应商可以通过对租赁物品提供系列服务来保持与产品用户(承租人)的密切联系,从而实现争取并稳固产品市场份额的经营目标。

(二) 对于承租人而言

第一,有利于提高企业的资金利用率。因为采用租赁方式,承租人只需要分期支付租金,而其余资金可以保持流动状态或者用于其他资产项目,进而实现避免资金沉淀并加速资金周转。

第二,有利于扩大企业的投资能力。因为采用租赁方式,只要投资项目能够产生良好的经济效益并具备可靠的偿还能力,承租人就可以获得100%的融资率。

第三,有利于加速企业的设备更新与技术改造。因为采用租赁方式,承租人不必先行投入巨额资金而只需要分期支付租金就可以实现其设备更新与技术改造的目的,从而保证企业在不断减少固定资产占用的条件下保持生产手段的先进性与高效率。

第四,有利于提高企业的设备利用率。因为利润不是通过占有设备产生的,利润是通过使用设备而产生的。企业在"使用设备理念"推动下,可以优化配置各种生产设备并充分运用租赁物品的使用权,从而保证获取更佳的经济效益。

第五,有利于企业获取其他利益。例如:企业可以减少因通货膨胀而造成的经济损失,因为承租人在租赁期内所支付的租金是事先固定的;企业可以相应降低税收负担,因为租金可以在税前作为开支扣除;企业可以简化或者免除生产设备的管理事务,因为供应商能够提供系列服务。

(三) 对于出租人而言

第一,租赁业务为银行开辟了一个新的业务空间与服务空间。

第二,租赁业务使银行能够充分利用其本身所拥有的各种资源并不断优化资源配置。

第三,租赁业务不涉及所有权交易的特点能够有效地保证银行资产的安全性。

第四,租赁业务是银行盈利的基本来源,因为银行可以通过收取租金来回收全部投资并同时获得利息收入与其他收入。

三、租赁业务分类管理

(一) 经营租赁

1. 定义

经营租赁又称管理租赁或者操作租赁,它是指出租人(银行)根据租赁市场的实际需要采购通用设备并提供给承租人选择租用的短期租赁业务。

2. 业务操作过程

出租人(银行)与承租人签订租赁合同并提供租用设备；出租人在租赁期内(通常是几天或者几星期或者几个月)负责租用设备的保养、维修与管理，同时承担租用设备老化、承租人中断租约或者不再续约的经营风险；承租人在租赁期内可以充分利用或者使用租用设备并按照租赁合同规定支付租金。

3. 基本特点

第一，租赁关系比较简单。租赁的时间较短，出租人和承租人之间只需签订一份租赁合同即可。

第二，承租人拥有比较多的选择权。承租人在出租人已拥有的设备中选择自己需要的租赁物品。

第三，租金比较高并且投资回收具有不完全性。由于承租人一般只需临时或是短期使用设备，或是设备技术更新时间较短，为避免过时的风险，出租人须收取较高的租金。且每次出租，出租人只能收回部分投资，因此投资收回必须依靠多次反复租赁才能实现。

第四，经营租赁业务涉及的租用设备一般仅限于技术设备更新周期比较短、服务性比较强或者利用率比较低，但设备通用性比较大的机械设备，如电子计算机、工程机械与运输车辆等。

(二) 融资租赁

1. 定义

融资租赁又称金融租赁或者资本租赁，它是银行经营的最主要的租赁业务，同时也是现代租赁市场上最主要的租赁业务。所谓融资租赁是指出租人(银行)与承租人签订租赁合同并提供租用设备；承租人在租赁期内拥有租用设备的使用权并按照租赁合同规定支付租金，租金的总额应该相当于租用设备的价款、贷款的利息与业务手续费的总和；承租人在租赁期满后可以象征性地付款来取得租用设备的所有权的租赁业务。

2. 业务操作过程

承租人自己或者委托出租人先在设备供应商之处选择好租用设备并谈妥包括设备规格、价格与交货条件在内的相关条款；承租人向出租人提出购买租用设备与租用设备的请求或者要求；出租人与承租人签订租赁合同并提供其所购买的租用设备；承租人在租赁期内拥有租用设备的使用权并按照租赁合同规定支付租金。

3. 基本特点

第一，租赁关系相对比较复杂。融资租赁是三方当事人(出租人、承租人、厂商)之间用两份合同(购买合同、租赁合同)确定当事人的权利和义务关系。承租人自己选择所需要的设备，再由出租人代理购买后交付给承租人使用；设备在租赁期内所有权属于出租人，承租人只拥有使用权并按期支付租赁费。

第二，承租人拥有的选择权与经营租赁不完全相同。对承租人而言，租赁的设备是承租人根据其自身需要而自行选定的，因此，承租人不能以退还设备为条件而提前中止合同。对出租人而言，因设备为已购进商品，也不能以市场涨价为由而在租期内提高租金。总之,一般情况下,租期内租赁双方无权中止合同。

第三,租金分期支付而且比较低,但投资回收具有完全性。即出租人在基本租期内只将设备出租给一个特定的用户,出租人从该用户收取的租金总额应等于该项租赁交易的全部投资及利润,或根据出租人所在国关于融资租赁的标准,等于投资总额的一定的比例,如80%。换言之,出租人在此交易中就能收回全部或大部分该项交易的投资。

第四,融资租赁业务涉及的租用设备一般是属于资本密集性的设备,如飞机、轮船、输油管道、钻井平台与卫星系统等。

4. 基本类型

(1) 直接租赁(自营租赁),它是融资租赁的基本形式。是指由承租人选择需要购买的租赁物件,出租人通过对租赁项目风险评估后出租租赁物件给承租人使用。在整个租赁期间承租人没有所有权但享有使用权,并负责维修和保养租赁物件。适用于固定资产、大型设备购置;企业技术改造和设备升级。

(2) 杠杆租赁(平衡租赁或者借贷租赁),它是租赁市场上比较流行的融资租赁形式,同时它也是融资租赁的派生形式。杠杆租赁适用于金额巨大、使用期长的资本密集型物件的长期租赁。面对如此金额巨大的项目,出租人往往没有能力单独支付货款,因此,他自筹资金20%—40%,享有物件的所有权,其他资金通过银行等金融机构提供无追索权的贷款,但同时需要出租人以租赁物件作为抵押、以转让赁合同作为担保。在杠杆租赁中,出租人可仅就自己筹措的60%—80%部分的资金纳税。

(3) 转租赁(再租赁),它在国际租赁市场上比较流行。指以同一物件为标的物的融资租赁业务。在转租赁业务中,上一租赁合同的承租人同时亦是下一租赁合同的出租人,称为转租人。转租人从其他出租人处租入租赁物件再转租给第三人,转租人以收取租金差为目的,租赁物的所有权归第一出租方。转租至少涉及四个当事人:设备供应商、第一出租人、第二出租人(第一承租人)、第二承租人。转租至少涉及三份合同:购货合同、租赁合同、转让租赁合同。

(4) 售后回租,它是指财产所有人(企业)先将自己现有设备出售给租赁公司(银行),然后再以承租人的身份与银行(出租人)签订租赁合同,同时将已经出售的原设备从银行租回来继续使用并根据租赁合同规定按期支付租金的租赁业务。

(5) 综合租赁主要是指两种特殊的租赁形式——企业租赁与混合租赁。企业租赁(corporate leasing)是指出租人(一般为企业主管单位)代表国家将整个企业出租给承租者(个人或集体),承租者按合同规定取得对企业的经营权并固定地向出租人支付租金的一种信用活动。是承租者以获得部分企业经营收益为目的,企业以提高资产整体经营效益为目的而进行的一种经营合作;是承租者以支付租金为条件,取得企业财产使用权的行为。支付的方式一般为现金。混合租赁是经营性租赁与融资性租赁的混合。

四、租赁业务经营程序管理

银行融资租赁业务经营的一般程序包括以下九个基本环节。

第一,银行业务部门应该向社会公布其租赁业务经营的政策内容。

第二,银行业务部门根据租赁政策的规定与要求来接受客户租赁申请并辅导客户认真填写规范的租赁申请书。同时银行向承租人索要与租赁业务相关的各种文件与资料。

第三,银行业务部门必须对租赁项目进行实地调查与项目评估,并在此基础上形成项目评估报告与租赁建议书后按照权限划分上报审批。同时银行业务部门要与承租人签订租赁意向书。

第四,银行业务部门根据租赁项目审批结果与承租人商谈租赁条件与租赁合同涉及的相关条款。同时银行业务部门还要根据本身的要求与承租人的意向,主持召开由设备供应商、承租人(也可以是其委托机构)与出租人等参加的商务谈判并协商购货合同涉及的相关条款。

第五,银行业务部门根据租赁项目审批结果、租赁合同谈判结果与购货合同谈判结果,召集相关各方法人代表正式签订购货合同及其相关附属文件与租赁合同及其相关附属文件。同时银行业务部门应该将各种具有法律效应的合同文本及其相关附属文件及时移交银行其他相关部门存档保管。

第六,银行业务部门执行购货合同与租赁合同。

第七,银行业务部门必须对租赁项目的使用、建设与经营进行有计划的监督与管理,保证租赁项目或者租用设备的正常运行。同时银行业务部门还必须督促承租人按期、及时地支付租金。

第八,银行业务部门在租赁期满时应该根据租赁合同规定条款与承租人共同确认全部租金已经收回,同时再根据租赁合同规定条款办理租赁设备"退租""续租"或者"留购"的手续以及相关物权的转移手续。

第九,银行业务部门撰写规范的租赁业务总结报告并上报主管行长批准,再交由银行档案管理部门保管。

五、租赁合同管理

(一)租赁合同的性质

1. 定义

所谓租赁合同是指出租人与承租人为租赁一定财产物品而确定相关各方合法权益关系所达成的并受法律保护的书面协议,它一般由租赁合同文本及其相关附属文件构成。

2. 租赁合同的原则

出租人与承租人签订租赁合同必须坚持以下基本原则:当事人自愿的原则;当事人平等的原则;当事人遵循诚实、信用与公平的原则;租赁财产物品必须等价有偿的原则;租赁合同符合法律规范的原则。

(二)租赁合同一般性条款内容

第一,租赁合同涉及的基本当事人及其法人地位、名称、地址或者住所。租赁合同涉及的基本当事人的权利义务及其确认。

第二，租赁合同涉及的租赁设备的名称、规格、数量、质量与技术性能及其交货地点。出租人与承租人对购货合同的复核与对租赁设备的验收。租赁合同相关附属文件（租赁设备验收证书与租赁设备收据）的出具与确认。

第三，租赁合同涉及的租赁设备的设置与使用地点。租赁合同涉及的租赁设备所有权与使用权的转移与确认。

第四，租赁合同涉及的租赁期限以及租赁期间的"起租日"与"讫租日"。通常选择租用设备运抵其设置场地之日为"起租日"，而"讫租日"一般以租赁期限为限。

第五，租赁合同涉及的租金条款。基本条款包括租赁设备的租金总额及其构成；出租人与承租人共同确定的租金的计算方法及其支付方式、时间、地点、次数与金额；出租人与承租人共同确定的租金支付货币种类与汇率风险承担；承租人预付租金与拖延支付租金的规定条款。

第六，租赁合同涉及的基本当事人违约责任与经济纠纷处理。租赁合同中应该明确规定当事人违约现象或者违约行为的认定与确认条款；当事人违约责任的承担与追究条款；当事人经济纠纷的协商、处理与仲裁条款；追究当事人违约责任的适用法律。

第七，租赁合同涉及的租赁设备的保险与租赁合同的担保。租赁设备的保险一般包括财产保险与责任保险。

第八，租赁合同涉及的租赁设备的安装、保养与维修条款。租赁合同中必须明确规定租赁设备的安装、保养与维修的费用由承租人承担。

第九，租赁合同涉及的租赁设备在租赁期满后的处理条款。租赁合同中必须明确规定承租人在租赁期满后对租赁设备所拥有的"退租""续租"与"留购"的选择权。

（三）租赁合同的签订管理

银行在租赁合同的签订与管理过程中必须重视并妥善处理下列各种问题。

第一，妥善处理租赁合同与购货合同的关系。

第二，坚持在租赁合同中列入禁止相关当事人在租赁期满前因主观原因或者单方面原因中途终止合同的刚性条款，为出租人避免或者降低由购货合同、租赁合同与贷款合同而产生的违约风险、经营风险与信用风险提供基本保障。

第三，在租赁合同中必须明确规定其适用法律（这是依法保护自身基本权益的关键所在），尤其是在国际租赁业务经营中更应该强调这一点。银行租赁业务涉及的法律主要包括民法、经济合同法、投资法、保险法、税法、仲裁法与外汇管理条例等。

第四，在租赁合同中必须明确规定出租人的免责条款与承租人的保障条款。

第五，在租赁合同中必须明确规定租赁设备的所有权与使用权的保障条款。

第六，在租赁合同中必须明确规定防止或者排除因履行合同而涉及第三方权益的条款。

第七，在租赁合同中必须明确规定出租人进行租赁设备所有权或者债权的转移不得影响或者损害承租人在租赁合同中享有的各种合法权益。

第八，在租赁合同中必须明确规定必须由承租人负担危险责任。

六、租赁租金管理

(一) 租赁租金的基本构成要素

现代租赁租金的基本构成要素主要包括以下五个方面：第一，租赁设备的价款或者成本，出租购置设备的资金要从租金中得到补偿。第二，租赁设备的估计残值，在租赁合同期满，承租人要向出租人支付设备的估计残值，以便获得设备的使用权。第三，贷款利率或者利息，出租人购买设备的资金，无论是自有资金还是外部资金，都需要支付利息费用。第四，租赁手续费用，出租人在办理租赁业务中所产生的费用。第五，租赁期限，租赁期限与租金正相关，租赁时间越长，租金越高；反之相反。

现代租赁租金的构成要素除了上述基本要素以外，还包括一些其他要素。不过，它们能否成为租赁租金的组成部分需要根据租赁合同的规定条款来决定。如果租赁合同中规定由出租人来负责提供专利发明、专用技术、设备维修与人员培训等，那么由此产生的费用就成为租赁租金的构成要素。

(二) 租赁租金的计算方式

融资租赁业务经营中常用的租金计算方式主要有以下三种。

1. 附加率法

附加率法是指在租赁设备概算成本的基础上再附加一个特定比率来计算租赁租金的方法。租赁设备概算成本一般包括租赁设备的价款、运输费、保险费与其他租赁费用。特定比率通常由出租人根据租赁手续费用来确定。

附加率法的计算公式是：

$$S = [q(1 + n \times I)/n] + q \times r$$

在公式中：S 为每期租金；q 为概算成本；n 为分期数；I 为每期费率；r 为附加率；S_t 为租金总额。

例如：设 q 为 100 万元；n 为 6 期；I 为 4%；r 为 5.5%；求租赁的每期租金额与租金总额。

$$S = [100(1 + 6 \times 4\%)/6] + 100 \times 5.5\% = 26.17(万元)$$
$$S_t = S \times n = 26.17 \times 6 = 157.02(万元)$$

2. "息随本减"计算法

"息随本减"计算法是指出租人与承租人在签订租赁合同时就确定租金支付的分期数与每期租金定额；承租人每期支付的租金定额中包括部分本金与相应的利息；随着逐期尚欠本金的不断减少，相应的利息也随之减少；直至承租人支付最后一期的租金定额正好等于尚欠本金加相应的利息；在承租人支付最后一期租金定额后，其应付租金余额等于零。

该计算法没有统一的计算公式，每期租金定额由出租人与承租人事先确定。各期租金定额可以是等额的、等差的或者等比的，也可以是任意的。

3. 平息计算法

平息计算法是指出租人与承租人在签订租赁合同时就确定租金支付的分期数与每期均等租金定额;承租人每期支付的租金定额中包括部分本金与相应的利息;随着逐期尚欠本金的不断减少,相应的利息额与第一期利息额保持一样,即每期利息额均等。该计算法的特点是简便易行,但有可能造成承租人多支付租金或者利息。

平息计算法的计算公式是:

$$S = q/n + q \times I$$

在公式中:S 为每期租金;q 为概算成本;n 为分期数;I 为每期费率。

除了上述常用的租金计算方式以外,比较常见的租金计算方式还有以下三种。

第一,年金计算法。它是指按照一定的比率将租赁设备在未来各期收取的租金换算成为租赁设备现值,同时使租赁设备现值的总值等于租赁设备概算成本的租赁租金计算法。年金计算法一般还可以进一步划分为定额年金计算法与"变额"年金计算法。

第二,不规则租金计算法。它是指带有租金支付宽限期的租金计算法。承租人在宽限期内可以暂时不支付租金,但租赁设备必须计算利息并计入租赁设备概算成本。

第三,浮动利率租金计算法。它是指在租赁期内采用浮动利率计算租金的租金计算法。浮动利率通常是采取在伦敦银行同业间拆借利率(LIBOR)的基础上再加上一定的"利差"来加以确定。

(三) 租赁租金管理

为了保证出租人与承租人各自的经济利益,交易双方除了需要详细讨论与协商租金的构成要素与租金的计算方式以外,他们还必须妥善处理下列基本问题:第一,租金支付间隔期;第二,租金支付方式;第三,保证金数量及其扣除方式;第四,"计息日"[①]与"起租日"[②];第五,支付货币与外汇风险。

第三节 信托业务管理

一、银行信托业务概述

(一) 信托定义

从委托人的角度来看,信托是指财产所有者在对受托人(银行或者金融机构)信任的基础上,委托或者授权受托人按事先约定的要求经营管理其财产并为指定人(受益人)谋取利益的经济行为。

从受托人角度来看,信托是指受托人(银行或者金融机构)凭借自身的信用与经营

[①] 所谓"计息日"是指出租人为租赁项目所投入的资金或者所支出的各种费用开始计息的日期。

[②] 所谓"起租日"是指租赁合同中所规定的开始计算租赁租金的法定生效日期。

管理资财的能力,受他人委托或者授权而代为经营管理其资财并为指定人(受益人)谋取利益的经济行为。由于银行在信托业务经营中通常是作为受托人而出现的,因此银行一般是从受托人的角度来为信托定性的。

(二)信托的性质

虽然信托必须以信用为基础,而且银行在业务经营中也直接或者间接地涉及资金融通,但实际上信托只是一种有条件的授权而并不直接涉及债权债务关系。对比银行信用业务,银行信托业务具有财产权的转移性、资产核算的特殊性与收益分配的实绩性。从这个意义上说,银行信托业务应该归类为银行的附属业务。

(三)银行信托业务界定

银行信托业务有广义与狭义之分。广义的银行信托业务一般包括银行的代理业务,而狭义的银行信托业务则不包括银行的代理业务。狭义银行信托业务与银行代理业务的区别在于财产权(包括占用权、管理权、营运权与处分权)是否转移。如果财产权从委托人转移到受托人,这种信托就是狭义的信托或者通常所说的真正意义上的信托。

(四)信托行为构成要素

信托行为必须具备以下基本要素:必须以受托人的信用为基础;委托人具有特定的经济目的;以财产所有者委托的资财为标的或者主体;能够为委托人指定的受益人谋取利益。

信托行为一旦被确认则立即产生信托关系。这种经济关系涉及的基本当事人包括委托人、受托人与受益人。

(五)银行从事信托业务的经济意义

商业银行开展信托业务的意义在于通过有效地组合资产,投资资本市场、货币市场与实业投资领域,拓宽业务经营与产品范围,为本行客户提供更丰富的金融产品以及服务,商业银行在促进产业发展的同时,积极参与、融入多元化的金融市场发展进程,可以有效提高银行的盈利能力,分散了银行的经营风险。

在市场经济发达国家,不管政府是采取金融混业经营管理体制,还是采取分业经营管理体制,商业银行都已成为信托业务发展的重要组成部分。商业银行作为市场中经营能力最强和社会信誉最高的金融机构,是信托业务的主要承载者,这在很大程度上说明市场竞争的发展结果需要商业银行承担经济社会中的受托人角色。

二、银行信托业务管理基本原则

商业银行为了保持自身活力开始进行必要的业务转型,从发展代理资金信托计划资金的收付,到合作发行各类以信托业务为平台的理财产品,再到通过合法的投资渠道收购信托公司,更重要的是通过进行这些活动商业银行已经了解信托业务运作的核心要求,并积累了大量办理信托业务的有益经验。银行要想规范地开展信托业务,必须坚持以下四个原则。

(1) 坚持法律契约原则,即建立信托关系与经营信托业务必须以委托人、受托人与受益人之间具有明确法律规范的契约为前提。

(2) 忠实责任条款原则,即银行作为受托人必须绝对忠实于委托人的委托或者授权并忠实地执行信托合同条款。

(3) 审慎管理原则,即在按照信托合同条款规定能够对受托资财的经营管理进行独立决策、相机处置与灵活运用的条件下,银行作为受托人必须坚持审慎、稳健与有效的管理原则或者政策。

(4) 信托资金独立原则,即必须严格区分银行信托资金的来源及运用与银行表内业务和表外业务的资金来源及运用。

三、银行信托业务基本类型

按照委托人的不同身份划分,银行信托业务一般可以划分为个人信托业务、公司信托业务与社会公共团体信托业务。

按照委托人委托的不同资财划分,银行信托业务一般可以划分为货币信托业务与非货币信托业务。

按照委托人所选择的不同信托方式划分,银行信托业务一般可以划分为公益信托业务、财产信托业务、职工福利信托业务、投资信托业务与融资信托业务。

银行在其信托业务分类管理中通常选择采用信托方式标准进行分类。

四、银行信托投资业务管理

(一) 银行信托投资的性质

1. 定义

所谓信托投资是指受托人(银行)以基金的形式将委托人(包括个人、企业或者单位)的各种投资资金集中起来,信托银行根据信托合同条款并以投资者的身份运用信托投资基金而参与各种投资活动,信托银行在信托合同到期时将投资收益与本金返还给信托合同规定的受益人,同时信托银行根据信托合同条款以手续费或者佣金的形式获取一定的收益。

2. 信托投资的基本特征

信托投资基本特征包括三点:第一,信托投资的资金来源比较特殊;第二,信托投资实际上是一种风险投资;第三,委托人独立的享受投资盈利与承担投资风险。

(二) 信托投资分类管理

1. 间接信托投资业务管理

间接信托投资业务即将货币资金用于有价证券投资。间接信托投资业务的具体操作过程是:有价证券投资者(实际委托人)以申请费为代价,选择某一信托投资委托公司为委托人与信托银行(受托人)签订信托投资合同并交付信托款项;信托银行通过信托投资委托公司将证券投资受益权证书交给有价证券投资者;信托银行根据信托投资合同条款与委托人的指示经营管理信托款项;在信托投资合同到期时,信托银行将证券投资受益权证书上存在的所得收益与本金返还给信托投资合同规定的受益人,同时按照信托投资合同规定条款收取手续费或者佣金。

2. 直接信托投资业务管理

（1）直接信托投资业务包括以下四个基本类型。

第一，股权式投资。信托银行以投资者的身份或者所有者的身份与其他两个或者两个以上的投资者共同组成一个具有独立法人资格的股权式企业，同时各方按照股权式企业章程共同经营、共担风险与共享盈利。

第二，契约式投资。信托银行以投资者的身份或者所有者的身份与企业签订契约式合同，信托银行按照合同规定条款与其他投资者组成合营企业或者合营项目并参与企业或者项目的经营管理。在合营有效期内，投资各方都要按照合同规定的比率与方式出资。在企业或者项目的建设期间，投资各方按照优惠利率收取利息；在企业或者项目投产以后按照合同规定条款分期归还本金与定期分红；在投资企业或者项目的收益水平达到国际市场利率水平时，投资各方可以按照合同规定条款退出合营企业或者合营项目而撤出资金。

第三，贷款式投资。信托银行以投资者的身份或者所有者的身份与企业签订投资合同，信托银行按照合同规定条款并以贷款的形式向企业提供投资款项，企业在实际使用投资款项以后应该按照合同规定条款先按期支付利息、再归还贷款本金、后偿付投资分红。这是一种比较特殊的投资方式，即投资的回收需要同时采取还本、付息与分红等方式，而且投资者对于利息与分红的要求不能低于国际市场利率水平。

第四，委托式投资。资金所有者（委托人）与信托银行（受托人）签订信托投资合同并交付信托款项；在资金所有者承担一切可能的经营风险的条件下，信托银行按照合同规定条款与委托人指示或者规定的资金用途运用信托款项进行投资活动；信托银行按照合同规定条款并以受托人的身份代委托人对所投资项目的建设、经营、利润分配与投资回收等方面进行监管。

（2）直接信托投资业务操作过程如下。

第一，项目审查阶段。信托银行在该阶段的主要工作是立项审查与项目可行性报告审查。

第二，项目批准阶段。信托银行在该阶段的主要工作是以受托人的身份与相关各方进行关于投资项目或者企业的条件、权益、条款与合同协商或者谈判，并在各方达成一致意见的前提下正式签订信托投资合同及其相关文件。

第三，项目投资阶段。信托银行在该阶段的主要工作是根据信托投资合同相关条款、信托投资规定用途与项目建设或者经营的用款计划拨付信托款项，同时根据委托人的授权对信托款项的具体使用进行监管。

第四，项目管理阶段。信托银行在该阶段的主要工作首先是严格执行信托投资合同条款。

（3）信托银行具体操作要求如下。

第一，信托投资额度一般不能超过所投项目总投资额度的 50% 为宜。

第二，信托投资项目的经济效益或者其内含报酬率通常应该高于所投项目投产以后能够达到的利润率水平。

第三,信托投资的期限应该加以必要控制。在一般情况下,信托投资的本金与利息的回收期限应该控制在 3—5 年,如果加上分红也不能超过 10 年。

第四,用于偿还信托投资项目的资金来源只能是该项目投产以后能够产生的利润及其折旧基金。

第五,如果运用外汇进行信托投资,则必须考虑信托投资项目的出口创汇能力与外汇偿还能力。

五、银行融资信托业务管理

(一) 银行融资信托的性质

所谓融资信托是指信托银行以吸收信托存款的形式来筹集信托资金,同时以发放信托贷款的形式来运用信托资金。对于信托银行而言,信托贷款业务就是融资信托业务。

(二) 银行融资信托业务操作过程

委托人(企业、单位或者个人)与信托银行(受托人)协商或者谈判关于信托存款的条件、期限、权益、条款与合同;在各方达成一致意见的前提下正式签订信托存款合同及其相关文件并交付信托款项;信托银行按照信托存款合同相关条款代为经营管理信托资金;信托银行根据委托人的授权自主决定信托资金运用与信托贷款业务经营;信托银行在信托存款合同到期时再按照信托存款合同相关条款向委托人归还本金并支付利息。

(三) 信托银行的收益及获取收益的方式

信托银行的收益及获取收益的方式通常由信托存款合同的相关条款规定,但可以分为以下两种情况。

第一,信托银行按照事先规定的固定利率向委托人支付利息,而信托贷款业务经营所得收益以手续费或者经营管理费的形式全部归信托银行所有,但信托银行必须承担信托贷款风险。

第二,信托银行按照事先规定的费率向委托人收取手续费或者经营管理费,而信托贷款业务经营所得收益全部归委托人或者受益人所有,但信托银行不承担信托贷款风险。

(四) 信托贷款分类

第一,按照信托资金的币种不同,信托贷款一般可以划分为本币信托贷款与外币信托贷款。

第二,按照信托资金的用途不同,信托贷款一般可以划分为基础建设信托贷款、技术改造信托贷款与贸易融资信托贷款。

第三,按照信托资金的流动性不同,信托贷款一般可以划分为股本资金信托贷款、固定资金信托贷款与流动资金信托贷款。

六、委托放款业务管理

(一) 委托放款的定义

委托放款是指委托人(企业、单位或者个人)与信托银行(受托人)签订委托贷款合同及其相关文件并交付贷款基金;信托银行根据委托贷款合同相关条款与委托人的指示定向或者不定向发放的贷款。

(二)委托放款的性质

该项业务实际上属于银行的中间业务。因为根据委托贷款合同,银行只负责联系贷款人与借款人,同时受贷款人的委托负责监督贷款的审查、发放、使用与回收。银行办理委托贷款业务只收取手续费,而贷款的全部收益与风险都属于委托人。

(三)委托贷款业务的具体操作过程

第一,委托人向信托银行提出委托贷款书面申请。

第二,信托银行对委托贷款申请进行必要审查。

第三,委托人与信托银行签订委托贷款受理协议并交付贷款基金。

第四,信托银行联系洽谈借款人;同时在各方(委托人、受托人与借款人)达成一致意见的前提下正式签订委托贷款合同及其相关文件。

第五,信托银行按照委托贷款合同相关条款与借款人用款计划发放贷款。

第六,信托银行按照委托贷款合同责任条款负责监督贷款的使用与回收,同时按照委托贷款合同规定的费率收取手续费。

(四)委托贷款基本类型

第一,甲种委托贷款。信托银行在甲种委托贷款业务经营中不能自主动用甲种委托贷款基金。

第二,乙种委托贷款。如果委托人不能完全确定委托贷款具体事宜,信托银行可以自主动用乙种委托贷款基金来发放贷款,但信托银行必须承担由此产生的经营风险。

第三,专项委托贷款。在专项委托贷款经营中,信托银行必须根据委托人的授权负责监督专项委托贷款基金的审查、发放、使用与回收。

第四节 代理融通业务管理

一、代理融通的定义

所谓代理融通业务又称收买应收账款业务,它是指银行接受客户的委托并以代理人的身份为客户收取应收账款,同时银行又以收买应收账款的方式向客户提供资金融通的银行业务。

二、代理融通的性质

从形式上看,银行经营的代理融通业务只是一种技术性服务,它应该属于银行的代理业务或者银行的中间业务,因为它只是在赊销商品的企业与赊买商品的企业之间充当中介者。但从实际上看,银行经营的代理融通业务是涉及企业应收账款综合性管理的业务。因为它不仅涉及企业的信用调查、企业应收账款的"代收"与"催收",而且还涉及企业债权的管理、企业应收账款的收买并提供相应的资金融通。

因此对银行而言,代理融通业务实际上是一种介于银行中间业务与其信用业务之间的银行其他业务。从这个意义上说,银行代理融通业务应该归类为银行的附属业务。

三、代理融通业务的经济意义

(一) 对于赊销商品企业来说

赊销商品企业利用银行代理融通服务能够得到的基本好处有:第一,可以在实际上提前获得资金(商品销售款),有利于企业加速资金周转并提高资金利用率;第二,可以利用银行的各种资源来为赊销商品提供安全保障,尽量避免或者减少应收账款转化为呆账而造成企业资产损失;第三,可以大量节省企业用于管理赊销商品与应收账款方面的人力、物力与财力的开支;第四,如果赊销商品涉及对外贸易,还可以避免或者减少外汇风险,因为银行已经提供了资金融通。

(二) 对于商业银行来说

商业银行提供代理融通服务能够得到的基本好处有:第一,可以有效地扩大业务经营范围;第二,可以进一步密切或者加强银行与企业的经济联系;第三,可以有效地增加业务收入。因为银行提供代理融通服务可以按照代理融通合同规定条款收取代理费用、服务费用(例如会计服务费用)与资金融通利息,而且银行垫付赊欠货款的利率比银行一般贷款的利率通常要高出2%—3%的幅度;第四,可以有效地降低资金运用的风险性。

(三) 对于赊买商品企业来说

银行提供代理融通服务在客观上能够保证或者维持商业信用关系的正常化,从而使它能够更好或者更多地利用商业信用为其生产经营服务,同时它也可以利用银行代理融通服务来解决或者克服因建立商业信用关系而产生的企业之间的"三角债"问题。

四、代理融通业务分类管理

根据银行提供资金融通的方式不同,银行代理融通业务一般可以划分为定期融通业务与付现融通业务。

根据银行在代理融通业务经营过程中收取应收账款的方式不同,银行代理融通业务一般可以划分为公开融通业务与幕后融通业务。

根据银行在代理融通业务经营过程中对赊销商品企业是否拥有最终债务追索权的不同,银行代理融通业务一般可以划分为权益转让融通与权益授予融通。

五、代理融通业务经营程序管理

代理融通业务经营的一般程序包括以下六个基本环节。

（1）受理申请。
（2）调查与评估。
（3）代理融通协商。
（4）业务审批。
（5）签订合同。
（6）执行合同。

第五节　商业银行的国际业务管理

一、商业银行业务的国际化

（一）商业银行国际业务

商业银行国际业务又称国际银行业务，是指商业银行所有以外国货币为载体开展的业务或针对外国居民开展的业务。商业银行的国际业务主要有国际结算业务、外汇交易业务、国际信贷与投资业务。

商业银行国际业务是国际贸易的延伸。国家间进行贸易和非贸易往来而发生的债权债务，要用货币收付，在一定的形式和条件下结清，这样就产生了国际结算业务。国际银行间的电子支付系统、欧洲金融市场和国际银行间市场的发展为商业银行业务的国际化发展提供了强大的支撑平台和发展助力。

（二）商业银行国际业务的组织机构

1. 国际业务部

商业银行的国际业务部通常设在总行，负责经营和管理银行所有国际业务，包括国际结算、国际借贷、外汇买卖等。国际业务部是总行的一个重要业务部门，并不是设在国外的分支机构。

2. 代表处

代表处是商业银行在国外组建机构的最初形式，当进入外国市场时，都要先成立代表处，作为业务会谈和进行联络的场所。代表处不是一个业务经营机构。

3. 代理行

商业银行在国外没有或无法建立自己分支机构的情况下，往往通过与国外银行的合作，办理国外款项的收付和其他相关的国际业务，由此建立起来的长期的、固定的业务代理关系的国外银行就是代理行。

4. 国外分行

商业银行分行是商业银行在国外设立的从属于总行的经营性分支机构。国外分行可以在当地法律许可的范围内从事各种银行业务。

5. 附属机构

附属机构在法律上独立于总行，但直接或间接受总行的控制。包括全资子公司和合资公司两种形式。商业银行在国外的附属机构可以经营全面的银行业务。

二、国际结算业务

(一) 国际结算

1. 国际结算的含义

国际结算(international settlements)是指各国间由于政治、经济、文化、外交、军事等方面的交往或联系而发生的以货币表示债权债务的清偿行为或资金转移行为。

依据发生债权债务关系的原因,国际结算分为贸易结算和非贸易结算。有形贸易引起的国际结算为国际贸易结算;无形贸易引起的国际结算为非贸易结算。贸易结算主要包括票据——资金单据、汇款方式、托收、信用证、保函、保付代理、福费廷等业务。非贸易结算主要包括非贸易汇款、非贸易信用证、旅行支票、非贸易票据的买入与托收、信用卡和外币兑换等。

2. 国际结算支付工具

使用的支付工具主要有票据,票据是出票人签发的无条件约定自己或要求其他人支付一定金额,经背书可以转让的书面支付凭证。票据一般包括汇票、本票和支票。

(1) 汇票是国际结算的主要支付工具,是一个人向另一个人签发的要求对方于见票时或将来某一时间,对某人或持票人无条件支付一定金额的书面支付命令。汇票本质是债权人提供信用时开出的债权凭证。其流通使用要经过出票、背书、提示、承兑、付款等法定程序,若遭拒付,可依法行使追索权。

汇票可分为四类:按出票人不同可分为银行汇票和商业汇票。银行汇票的出票人和付款人都是银行;商业汇票的签发者为企业或个人。按付款时间不同可分为即期汇票和远期汇票。即期汇票在提示时或见票即付;远期汇票是特定期限或特定日期付款的汇票。按有无附单据分为光票和跟单汇票。光票不附单据;而跟单汇票附货运单据。按承兑人不同分为银行承兑汇票和商业承兑汇票。前者是由银行承兑远期的汇票;后者是由企业或个人承兑的远期汇票。

(2) 本票指一个人向另一个人签发的保证于见票时或于一定时间向收款人或持票人无条件支付一定金额的书面凭证。当事人只有出票人和收款人。

(3) 支票是银行存款户对银行签发的,授权其见票对某人或指定人或持票人即期无条件支付一定金额的书面支付命令。

(4) 结算中的单据,分为基本单据和附属单据。基本单据指出口方向进口方提供的单据,有商业发票、运输单据、保险单据。附属单据出口方为符合进口方政府法规或其他远期而提供的特殊单据。

3. 国际结算方式

国际结算方式是指以一定的条件实现国际货币收付的方式。一般而言,国际结算方式应包括以下内容:(1) 按照买卖双方议定具体的交单与付款方式办理单据和货款的对流;(2) 结算过程中,银行充当中介人和保证人,正确结清买卖双方债权和债务;(3) 买卖双方可以向银行提出给予资金融通的申请;(4) 结算方式必须订明具体类别、付款时间、使用货币、所需单据和凭证。

依据付款时间的先后不同,国际结算方式存在预先付款(payment in advance)、装运时付款(payment at time of shipment)和装运后付款(payment after shipment)三种付款时间。由于银行依据的装运时间是以海运提单日期为准,所以银行的付款时间有:(1)交单前预付;(2)交单时付款,又称即期付款;(3)交单后付款,又称远期付款。

国际结算使用的货币,应是可兑换的货币(convertible currency),它可以是出口国货币,也可以是进口国货币,还可以是国际通用的第三国货币。美元、英镑、欧元、日元等货币是主要的世界通用货币,对于卖方和买方来说,使用世界通用货币结算易被双方接受;至于使用出口国货币或进口国货币,须经买卖双方磋商决定。

国际结算方式主要包括汇款、托收、信用证和银行保函等。

4. 国际结算方式的基本要素

在分析各种结算方式的利弊时,主要考虑以下五个基本要素。

(1)支付方式。支付方式的确定是货物买卖合同的首要问题,不同的支付方式就基本决定了买卖双方的风险、责任和资金融通的划分。

(2)支付条件。支付条件是指各种支付方式的货币条件、时间条件和空间条件。货币条件是指选择什么样的计价和支付货币(汇率风险);时间条件是指收汇和付汇的时间(汇率风险、资金占用);空间条件是指收汇和付汇的地点(当事人的责任、义务及法律选择问题)。

(3)支付程序。支付程序是指其业务程序,这涉及所使用的支付工具以及各当事人在支付中的权利和义务,严格按程序收付汇是使支付方式得以实现的基础。

(4)有关当事人的权利和义务。选用不同的支付方式,各当事人的权利和义务不同,应明确各当事人在支付中的地位,严格履行其义务,应用自己的权利保护自己的利益。

(5)各种支付方式的资金融通。资金融通对于买卖双方来说都是重要问题,在不同的支付形式下可以从对方获得资金融通,也可以从银行或金融公司及贴现公司获得资金融通。

(二)国际汇款

1. 汇款结算的定义

汇款(settlement for remittance)是由汇款人委托银行将款项交给收款人的一种结算方式。

汇款业务涉及的当事人有四个:汇款人、收款人、汇出行及汇入行。

汇款结算方式的一般业务程序是由汇款人先向汇出行递交"汇出汇款申请书",委托该银行办理款项汇出业务,汇出行按申请书的要求,使用某种结算工具通知汇入行,汇入行则按照双方银行既有的代理合约规定,向收款人解付汇款。

2. 汇款结算方式

汇款结算方式按照所使用的结算工具不同,可分为电汇、信汇和票汇三种。

(1)电汇。电汇是汇出行应汇款人的申请,用拍发或电传方式通知其国外汇入行,要求其解付一定金额给国外收款人的一种汇款方式。汇出行拍发电报,需加注密押,电报发出后,汇出行要以航空函件发出"电报证实书"寄给汇入行以备查对。汇入行核对密押无误后,即通知收款人凭收据和适当证明来银行取款。然后汇入行将付讫借记通知书邮寄给汇出行,以使双方的债权债务得以结算。

电汇是收款最快、费用最高的一种汇款方式。电报费用由汇款人负担,所以,电汇方式只有金额较大的汇款,或通过国际金融电讯协会结算或国际银行间款项汇划时采用。

(2) 信汇。信汇是汇出行应汇款人的申请,将信汇委托书或支付委托书邮寄给汇入行,委托其解付一定金额给国外指定收款人的一种汇款方式。信汇业务与电汇业务的不同之处在于通知汇入行的方式不同,信汇是由汇出行根据信汇申请书的要求,以信汇委托书或支付委托书为结算工具,邮寄给汇入行;而电汇则以拍发电报或电传通知汇入行。信汇业务的费用比电汇低,但邮寄时间较长,收款时间较慢。

(3) 票汇。票汇是汇出行应汇款人的申请,代汇款人开立以其分行或代理行为解付行的银行即期汇票,支付一定金额给收款人的一种汇款方式。汇出行开出银行汇票交给汇款人,再将汇票通知书或票根核对无误后,将票款付给收款人,并将付讫借记通知书寄给汇出行。票汇与电汇、信汇的不同之处在于,票汇的汇入行无须通知收款人前来取款,而由收款人持票登门取款。汇票经收款人背书后,可流通转让,而信汇委托书则不能。票汇的汇票由银行签发,信用度高,很受汇款人的欢迎而被广泛采用。

3. 汇款结算方式的特点

(1) 简单、迅速、费用低。汇款结算手续简单,灵活、迅速、费用低廉。如果贸易双方相互比较信任,汇款结算是十分理想的支付或结算方式。

(2) 风险较大。汇款的结算基础是商业信用,卖方在发货后能否顺利收回货款,买方在预付货款后能否顺利收到符合合同规定的货物都分别取决于对方,即卖方或买方的信誉。银行在汇款方式中处于简单受委托的地位,只需按常规汇款业务即可,并且只对汇款的技术性负责,不对货物买卖和货款收付的风险承担任何责任。

(3) 资金负担不平衡。如果是货到付款,则资金完全由出口商负担;如果是预付全部货款,则资金完全由进口商承担。并且在结算过程中,进出口商无法从银行得到贸易融资。

(三) 托收结算

1. 托收结算的定义

托收(settlement for collection)是出口商在发运货物后签发汇票,委托当地银行通过其国外往来行向进口商收取货款的结算方式。

托收的当事人主要有四个:出票人(委托人)、托收行(出口方银行)、代收行(进口方银行)及付款人。

在托收业务下,委托人首先填写"托收申请书"交托收行,银行一经接受,双方就构成了委托和受托的契约关系。托收行与代收行之间事先有互为代理的合约,代收行根据托收行寄来的"托收委托书"办理托收业务。

委托人与托收行、托收行与代收行之间都是委托代理关系,所以托收行与代收行对托收的货款能否付款不负责任。托收结算方式包括光票托收和跟单托收两种。

2. 托收结算方式的特点

（1）比较安全。在跟单托收时，由于是交单或承兑付款，对于进口商来说，就不会像货到付款时，要冒"财物两空"的风险。对进口商来说，托收比预付货款更为安全。

（2）费用较高，手续较多。银行的托收手续费比汇款手续费略高些，托收要通过银行交单，自然手续也比汇款多，但以此来换得比汇款安全的优点，还是比较合算的。

（3）仍以商业信用为基础。在使用托收方式时，是否付款完全由进口商决定，银行只是转手交单的代理人，对付款不负责任，因此托收是对进口商有利的支付方式。进口商的风险主要来源于在货到后发现货物和合同不符，因此在做托收业务时，进口商必须了解出口商。

（4）可以获得融资。托收时出口商的资金负担较重，但是因为有单据，有些银行愿意做押汇，出口商因此能获得融资。

（四）信用证结算

1. 信用证的概念与功能

信用证（letter of credit，L/C）是银行根据买方要求向卖方开立、在一定期限内凭符合信用证条款的单据即期或在一个可以确定的将来日期支付一定金额的书面承诺。

信用证业务的当事人有开证申请人、开证行、受益人、通知行（指接受开证行的委托，将信用证通知转给出口商的银行）、议付行（指凭信用证买入或贴现受益人交来的跟单汇票银行）、付款行（指信用证上指定的付款银行）。另外，信用证业务有时还有保兑行和偿付行。保兑行是根据开证行的请求在信用证上加具保兑的银行，偿付行指代开证行偿还议付行垫款的银行。

信用证结算方式（settlement for L/C）以银行信用代替商业信用，使出口商收取货款有了保障，并且凭信用证可以向银行取得资金融通；进口商可以在收到货物后再付款，减少了资金占用；开证行通过开立信用证获取手续费收入；出口方银行通过向出口方提供资金融通，又可收取利息收入。因此，信用证结算对进出口商双方及银行都有利，从而有力地推动国际贸易的发展，它已成为当前国际贸易结算的主要方式。

2. 信用证的内容

信用证的内容和项目，主要包括以下六项：

（1）信用证起首，如开证行名称、地址、开证日期、信用证号码、受益人、信用证种类、信用证金额等。

（2）汇票，如出票、付款人、汇票期限、金额等。

（3）基本单据，如发票、提单、运单等。

（4）附属单据，如货物名称、数量、单价、贸易条件等。

（5）运输规定，如装货港、卸货港、装船期限等。

（6）其他事项。

3. 信用证结算方式的特点

（1）开证行负有第一性的付款责任。信用证结算方式下，只要受益人提交的单据完全符合信用证的要求，开证行必须对其或其指定人付款，而不是等进口商付款后再转交款项。可见，与汇款、托收方式不同，信用证方式依靠的是银行信用，是由开证行而不是进口商负第一性的付款责任。

(2) 信用证是一项独立于贸易合同之外的有效文件,信用证项下的当事人只受信用证条款的约束,不受合同条款的约束。虽然信用证以买卖合同为基础,但一经开出,就成为独立于买卖合同之外的另一种契约,各当事人的责任与权利均以信用证为准。买卖合同只能约束进出口双方,而与信用证业务的其他当事人无关。因此,开证行只对信用证负责,只凭完全符合信用证条款的单据付款,而且一旦付款,开证行就丧失了对受益人的追索权。

(3) 信用证业务是一种纯粹的单据业务。在信用证方式下,银行付款的依据是单证一致、单单一致,而不管货物是否与单证一致。银行处理信用证业务只凭单据,对货物的好坏、是否确实装船、有无遗失等不负责。信用证把国际货物交易转变成了单据交易。

(4) 开证银行代进口商开立信用证,提供的是信用,而不是资金。信用证结算方式以银行信用代替商业信用,解决了进出口商之间缺乏了解和信任的问题;银行在结算过程中一边收单、一边付款,便利了进出口商的资金融通。所有这些都促进了国际贸易的发展,也反映了银行对国际贸易领域的介入和影响在不断加深。

(五) 银行保函

银行保函是依据商务合同开出的,但又不依附于商务合同,是具有独立法律效力的法律文件。当受益人在保函项下合理索赔时,担保行就必须承担付款责任,而不论申请人是否同意付款,也不管合同履行的实际事实,即保函是独立的承诺并且基本上是单证化的交易业务。

三、外汇交易业务

商业银行的国际业务中,外汇交易业务是很重要的一部分,它包括:即期外汇买卖、远期外汇买卖、期货交易、期权交易、套汇与套利以及投机等。

(一) 即期外汇交易

即期外汇交易(spot exchange transaction),又称现汇交易,是在外汇买卖成交以后,原则上两天以内办理交割(deliver)的外汇业务。

交割就是买卖双方办理实际收付的行为。交割日或称起息日就是外汇交易合同的到期日,在该日买卖双方互相交换货币。在这种交易中所买卖的外汇称为即期外汇,或称现汇。

即期外汇又分为电汇(telegraphic transfer,T/T)、信汇(mail transfer,M/T)和票汇(demand draft,D/D)。

电汇是付款人向当地外汇银行交付本国货币,由该行用电报或电传通知国外分行或代理行立即付出外币。在浮动汇率制度下,由于汇率不稳,经常大幅度波动,而电汇收付外汇的时间较短,一定程度上可减少汇率波动的风险,因此,出口商在贸易合同中常要求进口商以电汇汇款。实践中,出口商常要求进口商开出带有电报索汇条款的信用证。即开证行允许议付行在议付后,以电报通告开证行,说明各种单证与信用证要求相符;开证行在接到上述电报后有义务立即将货款用电汇划汇给议付行。由于电报或电传比邮寄快,因此附带电报索汇条款为信用证能使出口商尽快收回货款,加速其资金周转,减少外汇风险,这就是电汇在出口结算中的具体运用。此外,商业银行在平衡外汇买卖、调拨外汇时,投机者在进行外汇投机时,也都使用电汇。电汇的凭证就是外汇银行开出的具有密押(test key)的电报付款委托书。在电汇方式下,银行在国内收进本国货币,在国外付出外汇的时间相隔不过一两日。由于银行不能利用顾客的汇款,而国际电汇费用较贵,所以电汇汇率最高。

信汇是指汇款人向当地银行交付本国货币,由银行开具付款委托书,用航邮寄交国外代理行,办理付出外汇业务。信汇凭证是信汇付款委托书,其内容与电汇委托书内容相同,只是汇出行在信汇委托书上不加注密押,而以负责人签字代替。

票汇是指汇出行应汇款人的申请,开立以汇入行为付款人的汇票,列明收款人的姓名、汇款金额等,交由汇款人自行寄送给收款人或亲自携带出国,以凭票取款的一种汇款方式,票汇的凭证即银行汇票。票汇的特点之一是汇入行无须通知收款人取款,而由收款人上门自取;特点之二是收款人通过背书可以转让汇票,到银行领取汇款的,很可能不是汇票上列明的收款人本人,而是其他人。因此,票汇牵涉的当事人可能较多。国际贸易实务中,进出口商的佣金、回扣、寄售货款、小型样品与样机、展品出售和索赔等款项的支付,常采取票汇方式汇付。

采用信汇和票汇业务时,银行收到顾客交来的款项以后,经过两国间邮程所需要的时间,才在国外付出外汇,在此期间,银行利用顾客的汇款,有利息收益。因此,信汇和票汇的利率低于电汇汇率,差额大致相当于邮程期间的利息。当前,国际邮件多用航邮和快件,邮程时间大大缩短,因而信汇、票汇汇率和电汇汇率的差额也已缩小。

即期外汇交易可以满足客户临时性的支付需要,也可以帮助客户调整手中外币的币种结构;即期外汇买卖还是外汇投机的重要工具,如进行套汇等到投机业务。

(二) 远期外汇交易

远期外汇交易(forward exchange transaction)又称期汇交易,是指交易双方在成交后并不立即办理交割,而是事先约定币种、金额、汇率、交割时间等交易条件,到期才进行实际交割的交易。

远期外汇交易是有效的外汇市场中不可以缺少的组成部分,它与即期外汇交易的根本区别在于交割日不同。凡是交割日在成交两个营业日以后的外汇交易均属于远期外汇交易。

最常见的远期外汇交易交割期限一般有1个月、2个月、3个月、6个月、12个月。若期限再长则被称为超远期交易。远期外汇交易的作用是避险保值。

远期外汇买卖根据交割日是否固定,分为以下两种类型。

一是固定交割日的远期外汇买卖(fixed forward transaction),即事先具体规定交割时间的远期买卖。其目的在于避免一段时间内汇价变动造成的风险。固定方式的交割期以星期和月份为单位,如1星期、2个月(60天)、6个月(180天)等,这是实际中较常用的远期外汇交易形式。

二是选择交割日的远期外汇买卖(optional forward transaction),又称择期远期外汇买卖,指交易的一方可在成交日的第三天起至约定的期限内的任何一个营业日,要求交易的另一方,按照双方约定的远期汇率进行交割的交易。

其特点是:(1) 交割日期随客观形势与主观判断而转移,并不固定,它意味着客户可以在择期的第一天,也可在最后一天履行交割手续;(2) 银行不给这类业务活动以优惠汇率。

因为交割日期固定就缺乏灵活性和机动性,难以满足进出口商的需要,所以择期远期交易在外汇买卖当中发展迅速。确定择期远期交易的方法有两种:(1) 事先把交割期限固定在两个具体日期之间。如某一出口商在2016年9月25日成交一笔出口交易,预期3个月内收到货款。这样,该出口商马上在外汇市场上卖出一笔3个月的远期外汇,并约定择期日期为9月29日至12月29日。这就意味着该出口商在这段时间内,随时可以将收到的外汇卖给银行。(2) 事先把交割期限固定在不同月份之间。如上例中,出口商可视其需要,将交割期限规定为第一个月、第二个月和第三个月这3个月中的任意2个月,或择期3个月。

远期外汇买卖产生的主要原因在于企业、银行、投资者规避风险之所需,具体包括以下三个方面。

1. 进出口商预先买进或卖出期汇,以避免汇率变动风险

汇率变动是经常性的,在商品贸易往来中,时间越长,由汇率变动所带来的风险也就越大,而进出口商从签订买卖合同到交货、付款又往往需要相当长时间(通常达30—90天,有的更长),因此,有可能因汇率变动而遭受损失。进出口商为避免汇率波动所带来的风险,就想尽办法在收取或支付款项时,按成交时的汇率办理交割。

2. 外汇银行为平衡远期外汇持有额

远期外汇持有额就是外汇头寸(foreign exchange position)。进出口商为避免外汇风险而进行期汇交易,实质上就是把汇率变动的风险转嫁给外汇银行。外汇银行之所以有风险,是因为它在与客户进行了多种交易以后,会产生一天的外汇"综合持有额"或总头寸(overall position),在这当中难免会出现期汇和现汇的超买或超卖现象。这样,外汇银行就处于汇率变动的风险之中。为此,外汇银行就设法把它的外汇头寸予以平衡,即要对不同期限不同货币头寸的余缺进行抛售或补进,由此求得期汇头寸的平衡。

3. 短期投资者或定期债务投资者预约买卖期汇以规避风险

在没有外汇管制的情况下,如果一国的利率低于他国,该国的资金就会流往他国以谋求高息。

(三) 外汇期货交易

外汇期货交易(forex futures trading)是指在期货交易所内,交易双方通过公开竞价达成在将来规定的日期、地点、价格,买进或卖出规定数量外汇的合约交易。

外汇期货交易具有以下四个特点。

1. 外汇期货交易是一种设计化的期货合约

外汇期货交易的交易币种、交易数量等都是设计化的。设计化表现在:一是交易币种的设计,设定了可以交易的货币种类。二是合同金额的设计化。不同外汇期货合约的交易金额有特殊规定,如一份期货合同英镑为 25 000、日元为 12 500 000、瑞士法郎为 125 000、加拿大元为 100 000 等。三是交割期限和交割日期固定化。交割期一般与日历月份相同,多为每年的 3 月份、6 月份、9 月份和 12 月份。一年中其他月份可以购买但不交割。交割日一般是到期月份的第三个星期的星期三。

2. 外汇期货价格与现货价格相关

期货价格与现货价格变动的方向相同,变动幅度也大体一致,而且随着期货交割日的临近,期货合同所代表的汇率与现汇市场上的该种货币汇率日益缩小,在交割日两种汇率重合。

3. 外汇期货交易实行保证金制度

在期货市场上,买卖双方在开立账户进行交易时,都必须缴纳一定数量的保证金。缴纳保证金的目的是为了确保买卖双方能履行义务。清算所为保证其会员有能力应付交易需要,要求会员开立保证金账户,储存一定数量的货币,同时会员也向他的客户收取一定数量的保证金。保证金分为初始保证金和维持保证金。初始保证金是订立合同时必须缴存的,一般为合同价值的 3%—10%,根据交易币种汇率的易变程度来确定。维持保证金指开立合同后,如果发生亏损,致使保证金的数额下降,直到客户必须补进保证金时的最低保证金限额。一旦保证金账户余额降到维持水平线以下,客户必须再交纳保证金,并将保证金恢复到初始水平。

4. 外汇期货交易实行每日清算制度

当每个营业日结束时,清算所要对每笔交易进行清算,即清算所根据清算价对每笔交易结清,盈利的一方可提取利润,亏损一方则需补足头寸。由于实行每日清算,客户的账面余额每天都会发生变化,每个交易者都十分清楚自己在市场中所处的地位。如果想退出市场,则可做相反方向的交易来对冲。

外汇期货交易与远期外汇交易都是载明在将来某一特定日期,以事先约定的价格付款和交割某种特定标准数量外币的交易。但外汇期货交易与远期外汇交易不同。

1. 交易者不同

外汇期货交易,只要按规定缴纳保证金,任何投资者均可通过外汇期货经纪商从事交易,对委托人的限制不如远期外汇交易,因为在远期外汇交易中,参与者大多为专业化的证券交易商或与银行有良好业务关系的大厂商,没有从银行取得信用额度的个人投资者和中小企业极难有机会参与远期外汇交易。

2. 交易保证金

外汇期货交易双方均须缴纳保证金,并通过期货交易所逐日清算,逐日计算盈亏,而补交或退回多余的保证金。远期外汇交易是否缴纳保证金,视银行与客户的关系而定,通常不需要缴纳保证金,远期外汇交易盈亏要到合约到期日才结清。

3. 交易方式不同

外汇期货交易是以在期货交易所公开喊价的方式进行的。交易双方互不接触,而各自以清算所结算中间人,承担信用风险。期货合约对交易货币品种、交割期、交易单位及价位变动均有限制。货币局限在少数几个主要币种。远期外汇交易是在场外交易的,交易以电话或传真方式,由买卖双方互为对手进行的,而且无币种限制,对于交易金额和到期日,均由买卖双方自由决定。这在经济不景气时,对方违约风险增大,在交易时间、地点、价位及行情揭示方面均无特别的限制。

4. 整体交易

在外汇期货交易中,通常以本国货币作为代价买卖外汇,如在美国市场仅以美元报价,因此,除美元外的其他币种如欧元与日元之间的避险,只能以美元为媒介买卖日元或欧元从而构成两交交易。而在远期外汇交易中,不同币种之间可以直接交易。

5. 现货与差额结算

外汇期货交易由于以清算所为交易中介,金额、期限均有规定,故不实施现货交割,对于未结算的金额,逐日计算,并通过保证金的增减进行结算,期货合约上虽标明了交割日,但在此交割日前可以转让,实行套期保值,减少和分散汇率风险。当然,实际存在的差额部分应进行现货交割,而且这部分所占比例很小。在远期外汇交易时,要在交割日进行结算或履约。

(四) 外汇期权交易

外汇期权交易(foreign exchange option trading)是指交易双方在规定的期间按商定的条件和一定的汇率,就将来是否购买或出售某种外汇的选择权进行买卖的交易。

外汇期权交易是20世纪80年代初期和中期的一种金融创新,是外汇风险管理的一种新方法。1982年12月,外汇期权交易在美国费城股票交易所首先进行,其后芝加哥商品交易所、阿姆斯特丹的欧洲期权交易所和加拿大的蒙特利尔交易所、伦敦国际金融期货交易所等都先后开办了外汇期权交易。

外汇期权买卖是一种交易方式,它是原有的几种外汇保值方式的发展和补充。它既为客户提供了外汇保值的方法,又为客户提供了从汇率变动中获利的机会,具有较大的灵活性。

外汇期权交易业务的优点在于可锁定未来汇率,提供外汇保值,客户有较好的灵活选择性,在汇率变动向有利方向发展时,也可从中获得盈利的机会。期权的买方风险有限,仅限于期权费,获得的收益可能性无限大;卖方利润有限,仅限于期权费,风险无限。外汇期权买卖实际上是一种权利的买卖。权利的买方在支付一定数额的期权费后,有权在未来的一定时间内按约定的汇率向权利的卖方买进或卖出约定数额的外币,权利的买方也有权不执行上述买卖合约。

外汇期权交易不同于远期外汇交易,后者有义务在到期日执行买卖外汇合约,外汇期权合约则随合约持有人意愿选择执行或不执行合约。合约的终止日称为期满日。每个期权合约具体规定交易外币的数量、期满日、执行价格和期权价格(保险费)。

按合约的可执行日期,期权交易分美式期权和欧式期权。如果期权能够在期满日之前执行,称为美式期权;若只能在期满日执行,称欧式期权。外汇期权持有人在期满日或之前执行买或卖期权时的商定汇率称执行价格(exercise price)或协定价格(strike price)。执行价格(汇率)是经选择后才预定的,这同远期汇率不同,远期贴水或升水是由买卖外汇的银行决定。购买外汇期权者向出售者支付一笔费用,称期权价格(option price),或保险费(premium)。

根据外汇期权的执行价格与外汇买卖实时价格的差异,期权交易分平价期权、折价期权和溢价期权。平价期权是指执行价格与外汇买卖实时价格相同的期权。折价期权是指执行价格高于外汇买卖实时价格的看涨期权,或执行价格低于外汇买卖实时价格的看跌期权。溢价期权是指执行价格低于外汇买卖实时价格的看涨期权,或执行价格高于外汇买卖实时价格的看跌期权。

根据外汇交易和期权交易的特点,可以把外汇期权交易分为现汇期权交易和外汇期货期权交易。(1)现汇期权交易是指期权买方有权在期权到期日或以前以协定汇价购入一定数量的某种外汇现货,称为买进选择权(call option),或售出一定数量的某种外汇现货,称为卖出选择权(put option)。(2)外汇期货期权交易是指期权买方有权在到期日或之前,以协定的汇价购入或售出一定数量的某种外汇期货,即买入延买期权可使期权买方按协定价取得外汇期货的多头地位;买入延卖期权可使期权卖方按协定价建立外汇期货的空头地位。买方行使期货期权后的交割同于外汇期货交割,而与现汇期权不同的是,外汇期货期权的行使有效期均为美式,即可以在到期日前任何时候行使。

四、国际贸易融资与信贷业务

国际贸易融资与信贷业务是商业银行国际业务中的资产业务。

(一)国际贸易融资

商业银行国际信贷活动的一个重要方面,是为国际贸易提供资金融通或信用便利。进出口融资是指银行对进口商或出口商提供的与进出口贸易结算相关的短期融资,是企业在贸易过程中运用各种贸易手段和金融工具增加现金流量的融资方式。

商业银行为进出口贸易提供资金融通的形式很多,主要有以下七种。

1. 进口押汇

进口押汇(import bill advance)是指进出口双方签订买卖合同后,进口方请求进口地的某个银行(一般为自己的往来银行),向出口方开立保证付款文件,大多为信用证。然后,开证行将此文件寄送给出口商,出口商见证后,将货物发运给进口商。银行在收到国外出口商寄来的客户所开信用证项下单据后,如单证相符,银行可向客户提供用于支付该笔信用证款项的短期资金融通,即进口押汇。此时客户(进口商——信用证业务中的开证申请人)无须支付信用证项下的款项,即可取得信用证项下的单据,不但节省了占用资金的成本,而且获得了融资便利。

出口商愿意接受这种延长付款期限,是以开证行保证到期付款为条件的。因此,进口押汇是开证行向进口商提供的一种资金融通。

根据结算方式,分为进口信用证押汇和进口电汇押汇。

进口信用证押汇业务是银行开立的信用证项下进口押汇业务。即开证行在收到信用证单据并经审核无误后,因开证申请人无法及时对外付款赎单,而应其要求由银行先行代为对外付款,提供的短期资金融通。

进口电汇押汇是指采用汇款方式结算的,进口合同规定货到付款的贸易项下进口货物报关后,根据申请人的书面申请,银行向申请人提供短期资金融通,并代其对外付款的行为。

2. 出口押汇

出口押汇(outward bill credit)是指企业(信用证受益人)在向银行提交信用证项下单据议付时,银行(议付行)根据企业的申请,凭企业提交的全套单证相符的单据作为质押进行审核,审核无误后,参照票面金额将款项垫付给企业,然后向开证行寄单索汇,并向企业收取押汇利息和银行费用并保留追索权的一种短期出口融资业务。

客户出口交单后,凭与信用证要求相符、收汇有保障的单据向银行申请短期融资,客户能在国外收汇到达之前提前从银行得到垫款,加速资金周转。

出口押汇的币种为单据原币种,押汇利率按照国际金融市场的状况、申请行筹资成本、开证行资信风险等因素确定。押汇金额比例由银行根据实际情况核定,最高额为单据金额的100%,银行预扣银行费用、押汇利息后,将净额划入企业账户。如实际收汇日超出押汇的期限,银行将向企业补收押汇利息。

即期出口押汇期限按照出口收汇的地区及路线来确定,远期信用证押汇期限为收到开证行承兑日起至付款到期日后的第三个工作日止,一般不超过180天。如超过押汇期限,经银行向开证行催收交涉后仍未收回议付款项,银行有权向企业行使追索权,追索押汇金额、利息及银行费用。

3. 出口打包贷款

出口打包贷款(export packaging loans)是指出口地银行为支持出口商按期履行合同、出运交货,向收到合格信用证的出口商提供的用于采购、生产和装运信用证项下货物的专项贷款。打包贷款是一种装船前短期融资,使出口商在自有资金不足的情况下仍然可以办理采购、备料、加工,顺利开展贸易。

打包贷款的期限一般很短,出口商借入打包贷款后,很快将货物装船运出,在取得各种单据并向进口商开具汇票后,出口商通常前往贷款银行,请其提供出口抵押贷款,该银行收下汇票和单据后,将以前的打包贷款改为出口押汇,这时的打包贷款即告结束。在打包贷款中,如果出口商不按规定履行职责,贷款银行有权处理抵押品,以收回贷出款项。打包贷款的数额一般为出口货物总值的50%—70%。

4. 限额内透支

限额内透支是指银行根据客户的资信情况和抵(质)押/担保情况,为客户在其银行往来账户上核定一个透支额度,允许客户根据资金需求在限额内透支,并可以用正常经营中的销售收入自动冲减透支余额。国内银行的存贷合一即属透支融资方式。

限额内透支如客户根据贸易合同,在收到货物后需要向国外汇一笔钱,在账户里无款或款项不足的情况下,它也不必提前两周或一周向银行申请贷款,而只需在办理好相关批汇手续后,在汇款当日提交支票购汇汇出即可。但目前国内银行较少采用这种融资方式,主要原因在于它现实地降低了银行的盈利水平。从长远观点看,随着我国服务业竞争的不断加剧,银行利润率的降低是必然趋势。

5. 进口代付

进口代付是指开证行根据与国外银行(多为其海外分支机构)签订的融资协议,在开立信用证前与开证申请人签订《进口信用证项下代付协议》,到单位凭开证申请人提交的《信托收据》放单,电告国外银行付款。开证申请人在代付到期日支付代付本息。

假远期信用证是开证行开立的,规定汇票为远期,但开证/付款行将即期付款,且贴现费用由开证申请人负担。

与进口押汇相比,上述两种融资方式对进口商而言,其意义和进口押汇是一样的,运作程序也相似,都是在开证前由开证行与开证申请人签订相关协议,到单后,开证申请人凭《信托收据》换取单据凭以提货,到约定时间归还本息。不同则有以下几点:资金来源不同;信用证种类、利率不同。

进口代付和假远期信用证融资对开证行的风险在开证申请人的资信状况、开证抵(质)押担保状况及对进口货物的监控水平三个方面。如果是综合授信项下,且出口商为世界上比较有名的公司、进口商品属于比较适销的商品,那么开证行的风险是很小的,收益是丰厚的。

6. 进口托收押汇

进口托收押汇是指代收行在收到出口商通过托收行寄来的全套托收单据后,根据进口商提交的押汇申请、信托收据以及代收行与进口商签订的《进口托收押汇协议》,先行对外支付并放单,进口商凭单提货,用销售后的货款归还代收行押汇本息。

无论对于银行或外贸企业而言,进口托收押汇的优点和进口押汇相比,大体一致。但银行自身的风险却远远超过进口押汇。因为进口押汇是建立在银行负有第一性付款责任的信用证业务基础上,如果单单相符、单证一致,即使开证申请人不付款,开证行也必须履行对外付款的义务。这样,如果剔除汇率风险和利息两个因素,进口押汇并没有给开证行带来更大的风险。进口托收则属于商业信用,无论进口商是否付款,代收行都没有责任。但如果为进口商续做进口托收押汇,进口商无疑将原本给予出口商的商业信用转给了代收行,从而加大了代收行的风险。作为代收行,应当根据进口商的资信情况、业务情况、抵(质)押/担保情况,为其核定一个押汇额度,供其周转使用,做到拓展业务和防范风险的有机结合。

7. 出口托收项下押汇、贴现

(1)出口托收押汇是指采用托收结算方式的出口商在提交单据,委托银行代向进口商收取款项的同时,要求托收行先预支部分或全部货款,待托收款项收妥后归还银行垫款的融资方式。

(2)出口保理押汇是指出口商在获得进口保理商信用额度后,发货并将发票及相关单据提交出口保理商(银行)代其收款时,银行以预付款方式为其提供不超过80%发票金额的融资方式。

(3)出口信用证下贴现是指出口地银行从信用证受益人(出口商)处购入已经被国外开证行或保兑行承兑(或承付)的未到期远期汇票。出口信用证下贴现是属于银行信用,只要承兑汇票的银行实力雄厚、资信良好,便基本无风险。

(4)出口托收项下贴现与出口托收项下押汇一样,同属商业信用,风险远比出口信用证项下风险要大。在业务操作中要做到的事项与出口托收和出口保理项下押汇要注意的五方面内容前四项是一致的。

(二) 福费廷业务

1. 福费廷业务

福费廷业务(forfaiting)也称包买票据或票据买断,是一项与出口贸易密切相关的新型贸易融资业务产品,是指在延期付款的大型设备贸易中,出口商把经进口商承兑的,或经第三方担保的,期限在半年至五六年的远期汇票,无追索权地售予出口商所在地的银行或大金融公司,提前取得现款的一种资金融通形式,它是出口信贷的一种类型。

福费廷业务的基本当事人包括出口商、进口商、包买商、担保行。大的福费廷业务可由几个包买商形成包买商辛迪加,共同从事大笔业务。

福费廷是提前获得货款的一种资金融通形式。相对于其他贸易融资业务,福费廷业务的最大特点在于无追索权,也就是出口企业通过办理福费廷业务,无须占用银行授信额度,就可从银行获得100%的便利快捷的资金融通,改善其资产负债比率,同时,还可以有效地规避利率、汇率、信用等各种风险,为在对外贸易谈判中争取有利的地位和价格条款、扩大贸易机会创造条件。

国际福费廷协会(IFA)是福费廷业务领域最大的国际组织,其宗旨是促进福费廷业务在全球的发展、制订福费廷业务的惯例规则、便利成员间的业务合作。主要为遍布全球的国际性银行和专业福费廷公司。

2. 福费廷业务的特点

(1) 福费廷业务中的远期票据产生于销售货物或提供技术服务的正当贸易,包括一般贸易和技术贸易。

(2) 福费廷业务中的出口商必须放弃对所出售债权凭证的一切权益,做包买票据业务后,将收取债款的权利、风险和责任转嫁给包买商,而银行作为包买商也必须放弃对出口商的追索权。

(3) 出口商背书转让债权凭证给包买商的过程中,一定要在汇票背书注明"免受追索(without recourse)",包买商对出口商、背书人无追索权,只有这样,才能达到出口商彻底转移风险的目的;本票(由进口商签发)不存在这个问题,因此实务中常用本票。

(4) 传统的福费廷业务,其票据的期限一般在1—5年,属中期贸易融资。但随着福费廷业务的发展,其融资期限扩充到1个月至10年不等,时间跨度很大。所以从期限上来讲,资本性物资的交易更适合福费廷业务。

(5) 传统的福费廷业务属批发性融资工具,融资金额为10万—2亿美元。可融资币种为主要交易货币。

(6) 包买商为出口商承做的福费廷业务,大多需要进口商的银行做担保。

(7) 出口商支付承担费(commitment fee)。在承担期内,包买商因为对该项交易承担了融资责任而相应限制了他承做其他交易的能力,以及承担了利率和汇价风险,所以要收取一定的费用。

(8) 担保方式主要有两种:一种是保付签字,即担保银行在已承兑的汇票或本票上加注"Per Aval"字样,并签上担保银行的名字,从而构成担保银行不可撤销的保付责任;另外一种是由担保银行出具单独的保函。

(9) 无追索权条款。福费廷业务的特色,是出口商转嫁风险的依据。福费廷业务项下银行对出口商放弃追索权的前提条件是出口商所出售的债权是合法有效的。因此,银行通常在与出口商签订的福费廷业务协议中约定,如因法院止付令、冻结令等司法命令而使该行未能按期收到债务人或承兑/承付/保付银行的付款,或有证据表明出口商出售给该行的不是源于正当交易的有效票据或债权时,银行对出口商保留追索权。

3. 福费廷业务的收费标准

福费廷业务的收费包含贴现利息、承诺费和宽限期贴息三个部分,具体各项收费通过合同约定。贴现利息由票面金额按一定贴现率计算而成。贴现率一般分成复利贴现率和直接贴现率两种。前者以年利率计算,通常每半年滚利计息一次。后者系根据面值和到期日得出的百分比贴现率。贴现率一般以 LIBOR 利率为基准,在考虑进口国国家风险、开证行信用风险、贴现期限长短和金额的基础上加一定点数。从票据到期日到实际收款日的期限称为"付款宽限期",包买商通常将宽限期计算在贴现期中,收取贴息。从出口商和包买商达成福费廷协议到票据实际买入之日的时间为承诺期,在此期间,包买商要筹集资金,形成实际资金成本和机会成本,因此要向出口商收取承诺费。一般每月收取一次,如果承诺期少于一个月,也可同贴现息一并收取。

(三) 保付代理业务

1. 保付代理的概念

保付代理(factoring)业务,简称"保理"业务,它是指商业银行在采用赊销方式交易的进出口贸易中以收买商业单据的方式获得出口商的应收账款,同时在收回应收账款之前向出口商提供除了融通资金之外的各项服务的银行业务,如信用分析、催收账款、代办会计处理手续、承担坏账风险等。

保付代理业务涉及的基本当事人主要有四个:赊销商品出口商、出口方银行、赊买商品进口商、进口方银行。

从形式上看,银行经营的保付代理业务只是一种技术性服务,它应该属于银行的代理业务或者银行的中间业务,因为银行只是在赊销商品的出口企业与赊买商品的进口企业之间充当中介者。

从实际上看,银行经营的保付代理业务是涉及出口商应收账款综合性管理的业务。因为它不仅涉及企业信用的调查与企业应收账款的"催收",而且还涉及企业债权的管理与企业应收账款坏账风险的承担,甚至还可以收买应收账款的方式提供相应的资金融通。因此,它实际上是一种介于银行中间业务与银行信用业务之间的银行其他业务或者附属业务。

2. 保理业务的费用

商业银行的保理业务的费用主要由承购手续费和利息两部分构成。其中,承购手续费是保理机构为出口商提供服务而收取的酬金,手续费的多少取决于出口交易的性质、金额和风险的大小,一般占应收账款金额的1‰—2‰;利息是指保理机构从向出口商付现到票据到期收回货款之一段时期的融资成本。利率一般参照当时市场的优惠利率而定,通常高2个百分点左右。

3. 保付代理业务的分类

根据银行实现付现额度或者授信额度的时间不同或者说根据出口商出售单据后是否可以立即获得现金,分为到期保理业务和标准保理业务两类。(1)到期保理业务是指保理机构在出口商出售单据时不立即支付现金,而是允诺在票据到期时再无追索权地向出口商支付票据金额,这是最传统的保付代理业务。(2)标准保理业务是指出口商运出货物取得单据后,立即把单据卖给保理机构,取得现金。

根据保付代理是否公开,银行保付代理业务一般可以划分为公开保付代理业务与不公开保理业务。保理业务按是否公开又分为公开保理和两种类型。公开保理是在票据上写明让进口商将货款付给某一保理机构;而不公开保理就是按一般托收程序收款,进口商并不知道该票据是在保理业务下承办的。

(四)商业银行国际贷款

商业银行国际贷款由于超越了国界,在放款的对象、放款的风险、放款的方式等方面,都与国内放款具有不同之处。

1. 商业银行国际贷款的类型

商业银行国际贷放款的类型,可以从不同的角度进行划分。

(1)根据放款对象的不同,可以划分为个人放款、企业放款、银行间放款,以及对外国政府和中央银行的放款。

(2)根据放款期限的不同,可以划分为短期放款、中期放款和长期放款,这种期限的划分与国内放款形式大致相同。

(3)根据放款银行的不同,可以划分为单一银行放款和多银行放款。单一银行放款是指放款资金仅由一个银行提供。一般来说,单一银行放款一般数额较小,期限较短。多银行放款是指一笔放款由几家银行共同提供,这种放款主要有两种类型:参与制放款和银团贷款。

2. 国际银团贷款

国际银团贷款又称辛迪加放款(syndicated loan),一般是指 5 家以上的商业银行按照商定的条件,联合向借款者提供的数额较大的一种贷款。它是商业银行贷款中最典型、最有代表性的贷款方式,包含了借贷关系中一切最基本的因素。银团贷款是当前国际市场上筹措中、长期资金的主要途径。

银团贷款在贷款方面具有以下特点:(1)金额较大,专款专用。(2)借款者多为各国政府或跨国公司。(3)银团贷款时间较长短则 2—3 年,长则 15 年。(4)银团贷款方式简便。(5)银团贷款在宽限期内,借款人可以按工程的进度编制季度用款计划,随用随支,符合大型工程项目周转特点。

银团贷款可分为直接银团贷款和间接银团贷款。

(1)直接银团贷款是指在牵头行的统一组织下,由借款人与各成员行组成的银团直接进行谈判并共同签订同一份贷款合同,各成员行根据贷款合同规定的条件、按照其各自事先承诺的贷款额度向借款人发放贷款,并由代理行统一负责贷款的管理和回收的银团贷款。

一般地说,直接银团贷款的当事人包括借款人、牵头行、代理行、参加行和担保人,有的银团为了吸引更多银行参与贷款,还可能会设有副牵头行、副代理行或安排行等虚职,其权利义务同牵头行或代理行的权利义务相接近或类似,但一般实际作用有限。

直接银团贷款中的代理行是指接受各成员行的授权,代表银团对银团贷款进行日常管理的银行。一般来说,代理行的权利义务主要包括:负责贷款的发放和回收、负责贷款的日常管理、负责银团内部及银团与借款人、担保人之间的联系与沟通、召集并主持银团会议,实施银团会议的决议和处理违约事件等;直接银团贷款中的参加行是指除牵头行和代理行外,参加银团并按其承诺份额提供贷款的银行。

(2) 间接银团贷款是指牵头行单独与借款人签订贷款合同并向借款人发放或承诺发放贷款,然后牵头行再通过将部分已经发放的贷款或承诺发放的贷款分别转让给其他愿意提供贷款的银行的方式安排其他愿意提供贷款的银行发放贷款,由牵头行和受让贷款的银行共同组成银团,并由同时作为代理行的牵头行负责贷款管理的银团贷款,有时又称参与型的银团贷款。

本 章 小 结

1. 随着个人财富的快速增长和金融市场的发展,使得个人产生了巨大的理财需求,商业银行个人理财业务应运而生。个人理财业务是为客户提供财务分析、投资顾问、财务规划、资产管理等相关资产的活动,一般的理解为专家根据客户的资产状况,为客户提供专业的个人投资建议,并且将客户的资产用于投资之中,从而实现价值增值。

2. 租赁业务可以分为经营租赁和融资租赁,融资租赁按不同的标准有多种划分方法,一般可以分为直接租赁、转租赁、回租租赁和杠杆租赁。

3. 信托从委托人的角度来看,是指财产所有者在对受托人(银行或者金融机构)信任的基础上,委托或者授权受托人按事先约定的要求经营管理其财产并为指定人(受益人)谋取利益的经济行为;而从受托人角度来看,是指受托人(银行或者金融机构)凭借自身的信用与经营管理资财的能力,受他人委托或者授权而代为经营管理其资财并为指定人(受益人)谋取利益的经济行为。

4. 代理融通业务又称收买应收账款业务,它是指银行接受客户的委托并以代理人的身份为客户收取应收账款,同时银行又以收买应收账款的方式向客户提供资金融通的银行业务。

5. 国际结算的主要支付工具包括汇票、本票和支票。国际结算的方式主要包括汇款、托收、信用证和银行保函等。

6. 信用证是银行根据买方要求向卖方开立、在一定期限内凭符合信用证条款的单据即期或在一个可以确定的将来日期支付一定金额的书面承诺。

7. 商业银行的国际业务中,外汇交易业务是很重要的一部分,它包括:即期外汇买卖、远期外汇买卖、期货交易、期权交易、套汇与套利以及投机等。

8. 国际贸易融资与信贷业务是商业银行国际业务中的资产业务。其中国际贸易融资业务主要包括进出口押汇、打包贷款、福费廷、保付代理等;国际信贷业务存在单一银行贷款和多银行的辛迪加贷款。

9. 辛迪加放款一般是指5家以上的商业银行按照商定的条件,联合向借款者提供的数额较大的一种贷款。

20世纪70年代以来,随着金融技术的发展,非银行金融机构的不断壮大、证券市场的迅猛发展导致的资本脱媒,使得传统商业银行的利差收入不断缩小,迫使银行寻找新的利润来源,本章所介绍的银行业务为银行开辟了新的利润来源,有助于商业银行走出困境。

关 键 词

银行个人理财(bank personal financial services);私人银行(private banking);银行信托(bank trust);融资租赁(financial leasing);汇款(settlement for remittance);托收(settlement for collection);信用证(settlement for L/C);即期外汇交易(spot exchange transaction);远期外汇交易(forward exchange transaction);外汇期货交易(forex futures trading);外汇期权交易(foreign exchange option trading);进口押汇(import bill advance);出口押汇(outward bill credit);出口打包贷款(export packaging loans);福费廷(forfaiting);保付代理(factoring)辛迪加放款(syndicated loan)

复习思考题

1. 什么是银行个人理财?它与个人理财产品与储蓄、债券有何区别?为何商业银行个人理财业务有不断扩大的趋势?
2. 融资租赁具有哪些基本特点?它具体包括哪些基本类型?
3. 银行信托业务管理基本原则有哪些?
4. 试分析影响租金的因素有哪些?
5. 你认为商业银行应该如何规范的发展信托业务?
6. 结合实际谈谈国际结算方式的选择与使用。
7. 比较保理业务与福费廷业务的区别。
8. 比较远期外汇交易与外汇期货交易、外汇期货交易与外汇期权交易的异同。
9. 商业银行国际贸易融资的种类有哪些?

第十章　商业银行资产负债综合管理

> **本章导入**
>
> 中国银监会的统计数据显示，2016年2月末，我国银行业金融机构总资产为200.715 9万亿元，比上年同期增长17.5%。总负债为184.977 0万亿元，比上年同期增长17.0%。具体来看：大型商业银行总资产为75.460 2万亿元，在银行业金融机构占比37.6%，同比下降2.4个百分点；股份制商业银行总资产为37.637 5万亿元，在银行业金融机构占比18.8%，同比上升0.1个百分点；城市商业银行总资产为23.280 9万亿元，占比11.6%，同比上升0.9个百分点；农村金融机构总资产为27.001 7万亿元，在银行业金融机构占比13.5%，同比上升0.1个百分点；其他类金融机构总资产为37.335 7万亿元，在银行业金融机构占比18.6%，同比上升1.4个百分点。（摘选自：《经济日报》2016年3月25日。）

商业银行资产负债综合管理出现于20世纪70年代末80年代初。由于利率自由化，市场利率波动频繁、风险扩大，单一的资产管理和负债管理已不再适应商业银行经营的要求，资产负债管理理论应运而生。该理论认为商业银行应根据资产负债的内在联系对其持有的资产负债类型、数量及其组合进行综合性协调和管理，实现安全性、流动性和效益性的统一和均衡。随着新巴塞尔协议框架的出台，资产负债综合管理又被赋予了更加丰富和深厚的内涵。

我国银行以商业化、国际化为改革与发展的目标，必须借鉴现代商业银行的经营管理经验，运用资产负债综合管理的方法，不断提高业务经营管理水平。

目前资产负债综合管理的方法主要有资产负债利差管理法、资产负债差额管理法、资产负债期限管理法，其中资产负债期限管理法又分为期限差额管理法和期限搭配法。

第一节　资产负债综合管理的概述

一、资产负债综合管理的概念

（一）资产负债综合管理

资产负债综合管理最初的含义是协调资产负债的各个项目，以取得最大的利润。

美国的约翰·A·休斯莱姆在《银行资金管理》一书中认为："资产负债管理的实质是在短期金融计划和决策中协调好资金来源与资金运用的内在联系，以实现最大的盈利。"完整的含义是资产负债管理是指商业银行在业务经营过程中，对各类资产和负债进行预测、组织、调节和监督的一种经营管理方式，以实现资产负债总量上平衡、结构上合理，从而达到最大盈利的目的。

资产负债综合管理是现代商业银行在实践中总结出来的一种比较安全、高效的资金经营管理模式。它将资产和负债综合起来，协调各种不同资产和负债在总量、结构、利率、期限、风险和流动等方面的搭配，以此形成自我约束、自担风险、自我发展的经营管理机制。

（二）商业银行资产负债综合管理的发展演变

在20世纪40—50年代，商业银行的负债中有大量的支票存款和储蓄存款，这两种存款都是低成本的。因此，此时商业银行的管理者的主要工作是决定如何使用这些负债，从而商业银行的管理重点自然是资产的管理，即如何使商业银行资产产生最大的收益。在60年代，随着资本市场的放开，直接融资的比例加大，商业银行的资金变得不那么丰富了，原因是公司的财务管理者已经考虑资金的占用成本，因此支票存款的数量下降了，而此时的经济由于税收减免，以及由于越战引起需求的增加而繁荣，因此企业对贷款的需求是很旺盛的。为了满足旺盛的贷款需求，银行管理者转向了负债管理。这样，在60年代和70年代，负债管理是商业银行资产负债管理的主要方面。负债管理可以简单地表现为商业银行用发行CD存单、购买联邦资金、发行商业票据的方法来筹集所需要的资金。由于当时的银行是根据筹集的资金的成本，然后再加上一定的利差将资金贷放出去，因此利差管理在当时是很盛行的。到了70年代中期，由于通货膨胀，浮动利率以及经济的不景气，使得商业银行的管理的重点转向了资产负债表中的资产和负债两个方面，这种方法也就成了资产负债管理。因此资产负债管理本质是对过去30年商业银行管理的各种方法的总结和综合运用。

在20世纪80年代，资产负债管理的重要性有所增加，但管理的难度也越来越大。尽管资产负债管理是一种适应期限较短的管理方法，但这种管理方法已经从简单地使资产和负债的期限相搭配，发展成为包括各种期限在内的管理策略，也包括了各种复杂的概念和方法。如持续期配对、浮动利率定价、利率期货、利率期权以及利率调换等。尽管有多种复杂方法的出现，但资产负债管理仍然是一门艺术，而不是一门科学。由于没有关于资产负债管理的简单但放之四海而皆准的方法，商业银行必须根据其自身的状况，去开发自己的资产负债管理的方法。因此每一家银行的资产负债管理的策略和方法也许都不一样。

（三）资产负债管理的基本原理

资产负债管理的基本原理包括五个方面。

1. 规模对称原理

规模对称原理，即资产规模与负债规模在总量上要对称平衡。由于资产和负债是相互联系、相互依赖和相互制约的辩证统一关系。资产规模过大，会造成头寸不足，虽然可以暂时增加盈利，但却失去了流动性和安全性。相反，资产规模过小，就会造成资金闲置,虽然流动性强,比较安全,但却降低了盈利性。因此,资产负债管理要求两者规模对称,既要保持较高的资金运用率,又要防止过度运用资金("三性"基础上的规模对称)。

2. 偿还期对称原理(速度对称原理)

偿还期对称原理是指银行资金的分配应根据资金来源的流动速度来决定,资产和负债的偿还期应保持高度的对称关系。如活期存款偿还期短,流转速度快,要求与之对应的是流动性高、偿还期短的资产,如现金资产等;而定期存款偿还期长,流转速度慢,与其对应的应为偿还期长的贷款或投资。偿还期对称原理实际上是要求保持资产和负债的合理的期限结构,其目的是保证资金流动性和安全性。但是期限对称也不是要求负债期限和资产期限要一一对称。

3. 结构对称原理

结构对称原理是指银行资金的分配不仅要考虑静态期限结构,而且要考虑负债的动态期限结构、成本结构等,以保证资产负债结构的对称平衡。资产和负债各项目的期限、利率、用途等方面都客观存在一定的内在联系,表现为一定的对称关系,按照这种对称关系,不同的负债应用于不同的资产。例如,在银行的资产负债表的负债方,有资本和负债,负债中又有存款和其他负债,他们在性质上是不同的,银行对其的支配权和控制度也不一样,因此将其用于资产的占用形态和内容也不一样。资产方的固定资产是银行经营不可缺少的条件,但不能用存款负债来购置固定资产。再如利率高的负债一般应与利率高的资产项目对称,这就是效益结构对称平衡的内容;负债的同业拆入只能用于头寸的平衡,而不能用于其他资产项目,这就是资产和负债项目在性质上和用途上对称的内容。

4. 目标互补原理

商业银行的"三性"目标是难以同时达到最优的,因此,"三性"的均衡是一种相互补充的平衡,是一种可以相互替代的均衡。只要银行能够实现某一段时期的经营目标,就是实现了"三性"均衡的目标。所以,商业银行要在考虑不同时期经济发展状况和银行具体经营情况的前提下,通过提高流动性、安全性的措施,或者是提高盈利性的措施来实现"三性"的要求。

5. 分散资产原理

分散资产原理在负债结构已定的情况下,银行可以通过将资金分散于不同区域、不同行业、不同币种和不同种类的资产来分散风险,同时实现安全性、流动性和盈利性的目标。这一原理是运用了经济活动的相关性,实现风险损失的互相抵消或风险损失与风险收入的互补,具体体现在资产负债管理中对贷款集中度的控制等方面。

二、资产负债管理的目标

商业银行的战略管理,是要让商业银行在未来2—5年有一个可行而又积极的奋斗目标,而商业银行的资产负债管理是要让商业银行在未来12个月内,在不同的利率环境下有可供选择的方法。因此,资产负债管理是商业银行战略管理的第一步(见表10-1)。

表 10-1　商业银行资产负债管理步骤

第一步　综合管理	
资产管理	负债管理
	资本管理
第二步　具体管理	
准备头寸管理	准备头寸的负债管理
流动性管理	综合的负债管理
投资管理	长期债务管理
贷款管理	资本管理
固定资产管理	
第三步　资产负债表生成损益表	
利润＝收入－利息成本－管理成本－税金	
实现目标的策略	
1. 利差管理	
2. 费用的控制	
3. 流动性管理	
4. 资本管理	
5. 税的管理	
6. 表外业务的管理	

从表 10-1 中我们可以看出，资产负债管理包括综合管理、具体管理和策略目标三个内容。综合管理由个别管理的相互配合而实现的，而最终是要完成商业银行既定的目标。

(一) 总量平衡的目标

总量平衡的目标就是要求银行资产总量和负债总量实现动态平衡或实质平衡，防止超负荷运转。从账面上看，任何一家银行的资产和负债始终是平衡的，但表面上的平衡常常掩盖实际上的不平衡，如采用占用联行汇差、欠缴法定存款准备金、限制客户提取存款等手段扩大资金来源，增加贷款发放，造成资产负债总量的实际失衡。因此资产负债管理所要求的总量平衡是指资产的运用和负债的来源之间要保持合理的比例关系，实现动态上的平衡或实质上的平衡。

(二) 结构合理的目标

结构合理的目标是要求银行资产和负债之间在期限和时序上相互制约、相互协调，其实质应该是一种动态的平衡或动态的调节过程，而不是银行资产与负债在偿还期和数量上的机械而缺乏弹性的对称配置。因为，结构合理目标要求保持资产和负债恰当的比例关系，形成资金配置的优化组合，这种组合又随着融资环境、经济周期和产业政策的变化而适时调节。

总量平衡与结构合理的目标既相互联系，又相互制约、互为条件。资产负债总量平衡是资产负债结构合理配置的基础和前提，结构合理配置又可以促进总量平衡的实现。因为如果在结构上资产负债流动性不足、安全性差、配置不合理，必然影响总量的平衡。

三、资产负债综合管理的内容

资产负债管理是银行以全部的资产负债为管理对象，使其在流动性、安全性和效益性相互协调的基础上,实现资产负债总量平衡、结构合理,以获得最大的利润。其管理内容具体包括四个方面,即资产负债总量管理、资产负债结构管理、资产负债效益管理和资产负债风险管理。

(一) 资产负债总量管理

这是指商业银行对资产总量和负债总量及其两者之间的平衡关系的组织、协调和控制。它包括资产总量平衡管理、负债总量平衡管理和两者之间的总量平衡管理。

1. 负债的总量管理

银行的负债总量是指一定时期内各项负债余额的总和,是其资金供应实力的反映。它包括存款、向中央银行借款、同业拆入、结算资金、发行金融债券和资本金等。

负债总量的管理就是要调控负债总量的平衡,包括:负债结构的平衡、负债可用程度的平衡、负债成本效益的平衡。

2. 资产总量的管理

银行的资产总量是指银行在一定时期内各项资产余额的总和,是银行资金占用规模和营运的综合反映。

银行资产总量平衡的管理是指商业银行的各类资产(如贷款、拆出资金、证券投资及其他资产)应该均衡、合理地分布,并与负债相适应。其管理重点是保持各类资产项目之间的合理比例关系,如长期资产与短期资产之间、贷款资产与其他资产之间、拆出资金的比例、备付金比例等。

资产总量平衡管理必须根据负债总量平衡来进行,单纯进行资产总量的平衡,虽然可以保持资产的总量和结构的合理性,但容易脱离资产负债平衡的原则和对应关系,而片面追求资产效益的最大化。

3. 资产总量与负债总量的平衡管理

资产总量与负债总量的平衡管理是整个资产负债管理的关键。其实质就是根据可用负债总量安排资产规模,坚持负债量制约资产量,绝不可超负荷地运用资金,而无视资金来源的最大潜力和可能。同时在结构安排上,坚持长期负债与长期资产相对应,短期负债与短期资产相对应,专项负债与专项资产相对应的原则,以实现资产负债总量的动态平衡。

(二) 资产负债结构管理

资产负债结构管理是指商业银行对流动性不同的资产之间、负债之间以及资产负债之间的相互比例关系进行组织、协调和控制。

1. 负债结构管理

负债结构是指商业银行负债来源的构成及相互联系、相互制约的比例关系。而负债结构的管理,就是指银行对各项负债能够以较低的成本随时获得所需负债的流动性管理,即对流动性不同的负债进行管理,它要求在负债种类、期限、数量和价格等方面的搭配,保持合理的比例关系。

2. 资产结构管理

资产结构是指商业银行资产运用的构成及相互联系、相互制约的比例关系。而资产结构管理是银行对各种资产在不发生损失的情况下能迅速变现的流动性管理,即相对于负债结构而言,要保持合理的资产内部结构,要求通过优化资产投向结构、期限结构、种类和价格结构,增强资产的流动性。

3. 资产负债对应结构管理

资产负债对应结构管理即商业银行对资产负债不同流动性的对应管理,它包括负债对资产的使用配置和期限结构的对应平衡,如三年以上定期存款主要用于长期资产。

资产负债对应结构管理一般是通过编制资产负债期限结构对应平衡表来预测资产负债流动性现状,从而对存在的问题采取相应的结构调整对策和措施,优化资产负债的结构。

(三) 资产负债效益管理

资产负债效益管理就是在保证资产与负债的流动性和安全性的前提下,有效而又节约地筹措资金和供应资金,提高资金的利用率和周转速度,以最小的投资获得最大的盈利。从资金管理的角度看,资产负债效益管理包括资金的筹集、使用、营业成本的耗费和资金的收回与分配;从经营管理的角度来看,资产负债效益管理主要包括银行收入管理、银行成本管理、银行利润管理等内容。

1. 银行收入管理

商业银行作为金融企业,其收入由营业收入、营业外收入和金融机构往来收入组成。银行收入管理就是要对各项收入项目按照有关规定准确归类、及时核算入账,确保收入的真实性和完整性。

2. 银行成本管理

银行成本管理就是要求对成本进行预测、计划、核算、分析、考核、检查和监督。银行成本预测就是对未来银行业务经营成本的变动趋势和计划期的银行成本费用水平进行预先的推断和分析,主要运用定性与定量相结合的方法进行预测。银行成本计划可以根据盈利水平和市场竞争要求来确定,本着既要保证业务经营的合理需要,又要节约费用开支、降低成本的要求进行编制,从而作为控制成本的依据。通过分析资产负债规模、结构和利率的变动等主要因素对银行成本的影响,找出降低成本费用的途径。

3. 银行利润管理

银行利润是银行在业务经营过程中所获得的总收入扣除各种成本、税金后的剩余,才是银行的纯利润即净收益。加强银行利润管理最根本是要扩大银行的盈利性资产的规模,提高资金利用率和盈利资产的收益率,同时降低成本、减少资产风险损失、提高工作效率,达到增加利润的目的。

第二节 资产负债管理的一般方法

伴随着商业银行资产负债管理理论的发展,出现了多种银行资产负债的管理方法。各种管理方法都有其产生的历史背景与一定的适应性,当然也都存在一定的缺陷。下面就介绍一些主要的方法。

一、资金汇集法

资金汇集法又称资金总库法或资金池法。这种方法的指导思想是把银行各种负债集合成为一个资金总库,然后按照流动性需要分配到各种资产中去,如图 10-1 所示。

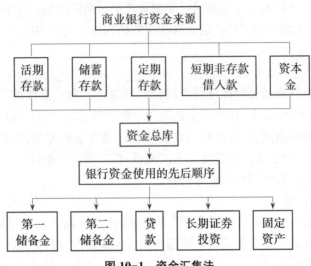

图 10-1 资金汇集法

在资产管理理论的指导下,资金汇集法是商业银行进行流动性管理的最主要的方法之一。这种方法的起源可以追溯到商业银行的创建初期,大量运用于 20 世纪的经济大萧条时期。基本内容是:商业银行将不同期限、不同来源的资金集中起来,形成资金总库,然后在资金总库中对资金运用按优先权排队,进行分配。银行的资金来源有活期存款、定期存款、储蓄存款、资本金和其他资金来源,商业银行首先将所有这些不同特性的资金来源集中起来,形成资金总库或资金池。然后根据以往的经验以及对将来银行流动性需求的判断,确定银行的流动性目标,对资金运用进行分配。

在具体分配资金的过程中,主要按照以下五个步骤进行。

(1) 充实一级储备。一级储备包括库存现金、存放中央银行款项、存放同业款项、托收中的现金等项目,是银行资产中流动性最强的,主要是为了应付日常经营中的提款和资金清算等的需要。

(2) 建立二级储备。二级储备包括短期有价证券、银行承兑汇票等项目,这些资产的特点是流动性很强,同时具有一定的盈利性,是作为一级储备的补充存在的,是银行流动性的重要组成部分。

(3) 有了一级储备和二级储备,商业银行就可以把很大一部分资金用于贷款,因为贷款是银行最主要的盈利资产。但是资金总库法没有说明怎样安排不同期限和类型的贷款。

(4) 如果有剩余资金,则进行中长期有价证券投资,主要考虑的也是获取盈利,同时在必要的时候可以充实流动性。

（5）最后如果还有剩余资金可用于购置固定资产。

资金汇集法为商业银行进行资金的分配提供了一些有用的规则，应该如何建立商业银行的第一储备金与第二储备金，以使银行的流动性得到保证，并按照资金来源的规模安排银行的资金运用规模等。这种方法简单易行、操作成本低，给银行管理者提供了一个粗略的管理思想。银行将精力集中在资产分配上，有利于提高资产分配的效率。资产分配不受负债期限结构的限制，而只受负债总量的制约，因而资产结构的调整较为灵活。

但这种方法偏重于单一的资产管理，其缺点也是比较明显的：（1）认为资产的流动性主要来源于资产的运用，没有从资金来源的角度考虑流动性的供给，也就是说，认为资金总库规模是既定的，银行不能从资金来源的角度主动地增加流动性供给；（2）在决定资金分配的顺序中，对每一优先权应占的资金数量缺乏具体的指导，也就是流动性比率的确定比较主观，很可能出现流动性不符合实际需要的情况，如过剩或不足；（3）没有考虑贷款的还本付息会带来一部分流动性供给；（4）使银行过分强调流动性，忽略了盈利性的要求。

二、资金分配法

资金分配法也称资金转换法。它是针对资金汇集法的缺陷提出来的。出现在 20 世纪 40—60 年代，随着商业银行的储蓄存款和定期存款大幅度增加，这些存款的流动性较小，银行仍按照原来的资金汇集法进行资产分配，未能很好地利用资金，不仅使银行的收入减少，而且不能充分满足社会的信贷需求，不利于经济发展，资金分配法随之产生。

这种方法强调资金运用的方向应取决于资金来源的期限和结构，把现有资金分配到各类资产上时，应使这些资金来源的流通速度和周转率与相应的资产期限相适应。因此，周转率较高的存款主要应分配到短期的、流动性高的资产项目上；反之，那些周转率较低的存款主要应分配到期限相对较长、收益较高的资产上。

在资金分配法下，银行根据每种资金来源的期限和流动性设立活期存款中心、储蓄存款中心、定期存款中心、借入款及其他负债中心和资本金中心，然后根据本中心资金来源的流动性状况进行分配。如图 10-2 所示。

商业银行在资金分配到各类资产上时，应使各种资金来源的流通速度或周转率与相应的资产期限相适应，也即银行资产与负债的偿还期应保持高度的对称关系。例如，活期存款有较高的周转率和法定准备金率，从对称原则出发，应主要分配于一级储备和二级储备，少部分用于贷款；定期存款和储蓄存款的法定准备金率低，周转率也低，银行主要用它们进行放款或投资于高收益的证券，获取较高利润，少部分用于储备金；银行的资本金是银行股东们在银行开办时或以后增加的股金，也有一部分是由历年利润积累起来的，一般不要求法定准备，比较稳定，这部分资金主要用于购买固定资产，如土地、建筑物、设备等，有一少部分可用于长期放款与长期证券投资。

这种方法的优点是：它承认银行不同的资金来源有着不同的流动性要求，并且根

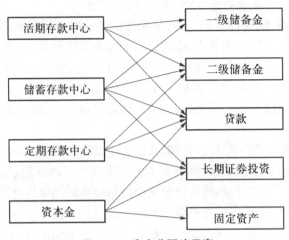

图 10-2　资金分配法示意

据资金来源的性质来确定其在银行资金运用中的分配数量,有利于商业银行减少投放于流动性资产的数量,有利于银行增加盈利,并使银行能够兼顾流动性和盈利性的双重要求。

但不足之处在于:第一,以资金来源的流转速度作为安排资产结构的依据,忽视了银行资金来源的实际变动情况,可能会由于高估银行的流动性要求而减少银行的盈利。第二,认为银行的资金来源与资金运用是相互独立的。事实上,银行的资金来源与资金运用均有随着经济的增长而增长的趋势,并且在通常情况下,银行的资金运用比资金来源的增长速度更快,两者难以做严格的对应关系(信用扩张倍数,派生存款)。第三,与资金汇集法一样,只重视存款支付对资金流动性的要求,而忽视了银行为满足贷款的增长需求也应该保持相应的流动性。

三、差额管理法

从 20 世纪 70 年代起,商业银行的资产负债管理越来越倾向于从强调资产与负债之间的内在联系着手,抓住某些具有决定性作用的因素从事业务经营,力争在确保安全的前提下实现高盈利的目标。差额管理法认为,资产与负债内在联系的关键因素是利率和期限,通过缩小或扩大利率匹配和期限匹配所形成的差额的幅度,来合理调整资产和负债的组合和规模。因此,差额管理法有两种类型:按利率匹配形成的差额管理法和按期限匹配形成的差额管理法。

(一) 按利率匹配形成的差额管理法

该方法按照利率变化的特点,把所持有的资产和负债分为三大类(见图 10-3)。

第一,相匹配利率的资产与负债,是指那部分具有相同的预期期限和有一定的利率差幅度,且在数量上相等的特定的资产和负债。

第二,变动利率的资产和负债,是指其利率随着一般货币市场供求状况的变化而波动的资产和负债。主要有优惠利率贷款、短期投资、大额定期存款单、短期借入资金等。

第三，固定利率的资产和负债，主要有不动产抵押、长期投资、固定利率贷款、资本金和准备金、长期债务等。

在不同的市场利率条件下，上述差额的扩大和缩小对银行的盈利水平及流动性和安全性具有重大影响。因为固定利率的负债成本是不变的，而贷款利率是变动的，如果可变利率的资产的利率大大高于固定利率的负债，就可给银行带来一笔可观的收入；反之，如果两者的

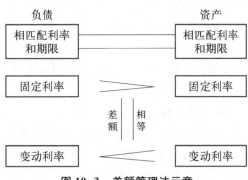

图 10-3 差额管理法示意

差额过小，或出现存贷款倒挂的现象，银行就只能获得微利甚至亏损。商业银行应该选择固定利率负债的规模大于固定利率资产规模的经营方针，以防止出现的负差额。

（二）按期限匹配形成的差额管理法

这是建立在"梯次投资"理论基础上的资金流动性管理方法，即在任何给定的时期以内，强调按资产与负债到期日的长短和资金数额的由少到多，呈梯行排列（见图10-4），以便对到期需要清偿的负债都能顺利地由到期资产所满足。在具体管理过程中，要选择一定的权数，加权计算资产的平均到期日和负债平均到期日。资产加权平均到期日减去负债加权平均到期日的差额，叫作期限匹配形成的"差额"，如果缺口值为正值，则表明资金运用过多，应设法寻求新的资金来源，或调整负债结构，在利率上升时期，解决缺口时，会加大负债成本，减少盈利；在利率下降时期，则有利于增加盈利。相反，如果缺口值为负值，则表明资金运用不足，可以扩大资产规模或调整资产结

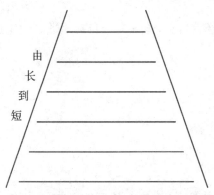

图 10-4 期限匹配形成的差额管理法

构，以增加银行盈利。任何一家银行没有上述"缺口"是不现实的，但在一定时期内，应实现基本平衡。

四、线性规划法

资金汇集法与资金分配法都体现了一种银行资金管理的策略思想，但银行在运用中需要可供操作的方法，需要计算出银行进行资金分配的各种具体数量。随着计算机在银行业务中的广泛运用，银行有可能并开始将计算多种变量的数学方法引入银行资金配置的决策中，寻求最优配置方案，这就是线性规划方法。

线性规划模型也称管理科学方法，是一种较为有效的定量分析方法，它被银行用来解决在一些变量受到约束时，线性函数值如何取得最优的问题。线性规划模型在银行资金管理中的运用主要包括四个步骤，即建立模型函数目标，选择模型中的变量，确定

约束条件,最后求出先行规划模型的解。

(一) 建立模型目标函数

由于在确定目标函数中运用"财富最大化"概念极为困难,这个目标函数通常使用更为常用的述语定义。一般来说,银行企图最大化的目标函数包括各类资产的收益率、银行净收益等指标,因为这些指标是银行股东财富最大化的近似反映。

(二) 选择模型中的变量

主要考虑决策和预测这两类变量。决策变量是指那些银行可以进行控制,并且企图优化其组合数额的资产和负债项目,如同业拆借、国库券、CD、贷款和资本型债券等。预测变量是银行不能进行控制,并主要由银行外部事件决定的因素,如利率、现金流量、存款放款种类等。

(三) 确定约束条件

在银行业务经营中,存在着许多限制性因素,如法律限制、流动性要求、资本要求等。因为在线性规划模型中,银行应当确定各种限制性因素的范围。

(四) 求出线性规划模型的解

建立模型后,把各项数值输入计算机进行运算,求出银行以何种比例分配资金,可以使银行利润或股东财富达到最大化目标。

【例 10-1】 假设一家银行以利润最大化为经营目标,建立一个目标函数。假定这家银行可供选择的资产有以下六种。

(1) 高质量的商业贷款(X_1):收益率为 6%。

(2) 企业中期放款(X_2):收益率为 7%。

(3) 消费者放款(X_3):收益率为 12%。

(4) 短期政府债券(X_4):收益率为 4%。

(5) 长期政府债券证券(X_5):收益率为 5%。

(6) 公司债券(X_6):收益率为 8%。

假设,X 代表银行投放于各种资产上的现金数量,P 为银行资产的总收益,该银行的存款总额 Y 为 10 亿元,则我们可以以下列数学方式表达上述因素,也即目标函数为:

$$P = 0.06X_1 + 0.07X_2 + 0.12X_3 + 0.04X_4 + 0.05X_5 + 0.08X_6$$

约束条件为:

$$\sum X_i = Y = 10(亿元)$$

显然,如果不存在约束条件或限制性因素,则银行可以把全部资金都用于消费者贷款,以实现银行利润的最大化。但这是不可能的,因为在银行经营中存在很多限制性因素。

(1) 银行需要保持一定的流动性。假定银行至少需要保持 10% 的短期证券,以保证其具有流动性,则约束条件为:

$$X_4 \geq 0.10 \sum X_i$$

(2) 为保证经营的安全性,银行需要实现资产的分散化。假定规定银行的各种中

长期贷款不能超过贷款总额的30%,则有约束条件为:

$$X_2 + X_5 \sum < 0.3 \sum X_i \quad X_2 > 0 \quad X_5 > 0$$

(3) 考虑经济发展对银行资产的要求。如经济发展正常时期,银行要以工商业贷款为主。假定这一时期,客户对银行贷款的要求较高,预计可以占银行资产的50%以上,因此就有约束条件为:

$$X_1 + X_2 > 0.5 \sum X_i$$

(4) 某些法律条款的要求。如中央银行要求商业银行的存款准备金达到一定比例,银行对单个贷款客户的放款不能超过银行资产的一定比例等,均构成目标函数的约束条件。如中央银行要求的存款准备金为6%,另备付金为5%,则约束条件为:

$$\sum X_i \leqslant 0.94Y \leqslant 8.9(亿元)$$

(5) 商业银行内部的有关政策和制度的规定。如银行股东大会或董事会对银行的某些业务会有相应的数量规定,要求在这一时期中主要支持某些项目或限制对某些项目的贷款与投资等。

上述种种因素是银行进行资金分配时必须考虑的约束条件。将这些因素用一组不等式准确地表达出来,也就构成对银行目标函数的一组约束条件。由目标函数与约束条件即组成线性规划模型。

目标函数:

$$P = 0.06X_1 + 0.07X_2 + 0.12X_3 + 0.04X_4 + 0.05X_5 + 0.08X_6$$

约束条件:

$$X_4 \geqslant 0.10 \sum X_i$$
$$X_2 + X_5 < 0.3 \sum X_i, \quad X_2 > 0, \quad X_5 > 0$$
$$X_1 + X_2 > 0.5 \sum X_i$$
$$\sum X_i \leqslant 8.9(亿元)$$

对这一模型的求解,即可以得到在各项限制性因素条件下,银行如何将资金分配到各项资产上,从而获得最大的利润。显然线性规划法使商业银行的管理人员在资产管理中,通过掌握不同情况的具体做法,并使银行资产管理的精确性大大提高。但由于这种方法计算比较复杂,需要较高素质的管理人员,小银行较难大量运用。

知识专栏 10-1

商业银行资产负债比例管理

1997年12月,中国人民银行颁布了《关于改进国有商业银行贷款规模管理的通知》，决定自 1998 年 1 月 1 日起，取消对国有商业银行的贷款的限额控制，推行"计划指导、自求平衡、比例管理、间接调控"的新的银行资金管理体制。自此，我国商业银行开始实行全面的资产负债比例管理。因此，实行商业银行的资产负债比例管理，既是我国商业银行经营管理的客观要求，同时也体现了现代商业银行的经营观念和管理方法。

根据规定，我国商业银行资产负债比例管理指标的考核以法人为单位进行考核。考核指标包括两大类：监控性指标和监测性指标，其中监控性指标包括十大类十九项指标，是要求各商业银行必须达到的指令性指标；监测性指标包括六项指标，是商业银行的参考性指标，是监控性指标的必要补充①。

（一）监控性指标：十大类十九项指标

1. 资本充足性指标（本外币合并并按季考核）

※资本净额/表内、外风险加权资产期末总额≥8%。

※核心资本/表内、外风险加权资产期末总额≥4%。

其中：　　　　　　资本净额＝资本总额－扣减额

2. 贷款质量指标（分人民币、外币、本外币合并三类按季考核）

※逾期贷款期末余额/各项贷款期末余额≤8%。

※呆滞贷款期末余额/各项贷款期末余额≤5%。

※呆账贷款期末余额/各项贷款期末余额≤2%。

3. 单个贷款比例指标（为本外币合并并按季考核）

※对同一借款客户贷款余额/银行资本净额≤10%。

※对最大十家客户发放的贷款总额/银行资本净额≤50%。

4. 备付金比例指标（分本币、外币两类指标并按月考核）

※人民币：（在人民银行备付金存款＋库存现金）期末余额/各项存款期末余额≥5%。

※（外汇存放同业款项＋库存现金）期末余额/各项外汇存款期末余额≥5%。

5. 拆借资金指标（仅对人民币并按月考核）

※拆入资金期末余额/各项存款期末余额≤4%。

※拆出资金期末余额/各项存款期末余额≤8%。

6. 境外资金运用比例指标（仅对外汇并按季考核）

※（境外贷款、投资、存放境外资金等）银行资金运用期末余额/外汇资产期末余额≤30%。

---

① 核算这些指标，一般的，商业银行内部的分工如下：(1) 资金计划部门：主管部门，负责对各项比例的核定、下达、调整、考核及组织实施等日常管理工作；(2) 财会部门：负责效益比例的核定、调整、考核及组织实施；(3) 稽核部门：负责资本充足率、风险权重资产比例和贷款质量比例的考核，以及各项比例管理的审计工作；(4) 信贷部门：负责核定、调整、考核和组织实施其他安全性比例，并协助会计部门控制应收利息比例；(5) 对公存款、储蓄等存款部门和结算、出纳部门共同推动银行资产负债各项比例指标的实现；(6) 规划部门：负责比例管理的总体规划、方案设计和组织推动、调研分提出对策等项工作，并参与比例的核定、考核和分析等。

7. 国际商业借款比例指标(仅对外汇进行按季考核)

※(自借国际商业借款+境外发行债券)期末余额/资本净额≤100%。

8. 存贷款比例指标(分别本币、外币两类按月考核)

※人民币：各项贷款期末余额/各项存款期末余额≤75%。

※外汇：各项贷款期末余额/各项存款期末余额≤85%。

9. 中长期贷款比例指标(分本币、外币两类按月考核)

※人民币：余期一年期以上(不含一年期)的中长期贷款期末余额/余期一年期以上(不含一年期)的存款期末余额≤120%。

※外汇：余期一年期以上(不含一年期)的中长期贷款期末余额/外汇贷款期末余额≤60%。

10. 资产流动性比例指标(分本外币合并和外汇两类并按月考核)

※本外币合并：流动性资产期末余额/流动性负债期末余额≥25%。

※外汇：流动性资产期末余额/流动性负债期末余额≥60%。

(二) 监测性指标(均为按季考核)

(1) 风险加权资产比例指标：表内、表外风险加权资产期末总额/资产期末总额×100%。

(2) 股东贷款比例指标：对股东贷款余额/该股东已经缴纳股金总额×100%。

(3) 外汇资产比例指标：外汇资产期末总额/资产期末总额×100%。

(4) 利息回收指标：本期实收利息总额/到期应收利息总额×100%。

(5) 资本利润率指标：利润期末总额/资本期末总额×100%。

(6) 资产利润率指标：利润期末总额/资产期末总额×100%。

上述指标根据国际惯例和我国实际情况制定。在这个指标体系中，包括总量控制、流动性、安全性和盈利性四个方面的管理指标。

1. 总量控制类指标

总量控制类指标主要包括存贷款比例和拆借资金比例两个指标。存贷款比例指标是总量控制指标中的核心指标，如果存贷款比例超过了核定的比例，反映银行出现了超负荷经营；拆借资金比例可以用来控制商业银行利用拆借盲目扩大规模的行为。

2. 流动性管理类指标

流动性管理类指标主要包括：资产流动比例、备付金比例和中长期贷款比例三类指标。其管理目标是使银行的流动资产保持正常限量以下，提高银行资产的流动性，避免短存长贷，满足银行的支付要求。

3. 安全性管理类指标

管理目标是把银行资产风险含量控制在安全区域内，降低和分散银行的经营风险，提高商业银行的资产质量和经营的安全性。主要包括：资本充足率、风险和加权资产比例指标、贷款质量指标、单个贷款比例指标和股东贷款比例指标五项指标。

4. 效益性管理类指标

效益性管理类指标管理目标是：提高银行的资产盈利性，加强银行利息回收工作,降低负债成本,促使银行的经营行为转向注重改善银行资产结构、质量以及银行负债的效益结构。主要包括:资产利润率、资本利润率、利息回收率三项比例指标。

以上四类指标相互依存、相互制约,构成了商业银行资产负债比例管理的完整实体。总量管理类指标是对银行机构自我约束的总体要求;流动性管理类指标有助于银行机构资产与负债期限结构错为的状况;安全性管理类指标中的资本充足率指标设置的目的在于控制银行机构最基本的风险承受能力,并与国际银行监管的统一标准接轨,资产质量和其他风险性指标是在资本充足条件基础上的深化,是研究风险更为集中的敏感点。盈利性管理类指标是根据商业银行自身经营盈利性要求而设立的。总之,上述方面给出了银行经营在质上、量上、结构上的一般限定,使商业银行的经营在比例约束的限度内取得稳定高效发展,最终实现银行体系的健全与稳定,保证中央银行宏观调控的顺利实现。

五、资产负债综合管理法

资产负债综合管理方法是指商业银行通过对资产负债进行组合而获取相当收益并承担一定风险的管理方法。它主要是应用经济模型来综合协调与管理银行的资产和负债;所用的经济模型主要是资金缺口模型(funding gap model)和持续期缺口模型(duration gap model)。

资金缺口模型是指商业银行根据对利率波动趋势的预测,主动利用利率敏感资金的配置组合技术,在不同的阶段运用不同的缺口策略以获取更高的收益。

持续期缺口模型是指银行通过对综合资产负债持续期缺口的调整,来控制和降低在利率波动的情况下由于总体资产负债配置不当而给银行带来的风险,以实现银行的绩效目标。

第三节 利率敏感性与资金缺口管理

一般地,影响银行利息收入的因素包括利率、规模和结构。在实际业务中,银行管理者主要是要控制利率敏感性资产(RSA)与利率敏感性负债(RSL)。利率敏感性工具是指在90天以内到期或价格可以上升或下降的工具。银行的利率敏感性工具是银行可以自主控制的工具,包括联邦资金、面额大于10万美元的CD存单和可变利率贷款等。这些属于商业银行从事资产负债管理的工具。

一、资金缺口的定义

一家银行的资金缺口(GAP)可以定义为利率敏感性资产(RSA)与利率敏感性负

债(RSL)之差,即: $GAP = RSA - RSL$。通常,对于一家银行来说,其资金缺口有如下三种形式。

(一) 零缺口

如果一家银行的缺口为 0,那么利率敏感性资产等于利率敏感性负债,即 $RSA = RSL$,该银行资产的成熟期与负债的成熟期刚好相吻合。因此,资产负债管理的一种方法就是成熟期配对的策略。这种策略的目标是要维持零缺口。如果将缺口比率定义为相对缺口,即利率敏感性资产与利率敏感性负债的比值等于 1,即 $GAP = RSA/RSL = 1$。

有的学者得出这样的研究结论,即规模较小的银行,在理论上应该寻求正的缺口。但在实际业务中,这些银行的缺口大多数情况是为负,即利率敏感性负债多于利率敏感性资产。

实际上,零缺口并没有完全消除利率风险,原因是资产与负债受利率变化的影响并不完全一样。由于贷款利率是受商业银行自身政策影响的,往往滞后与市场利率的变化,特别是在利率周期转折点的附近时,更是这样。这一现象会使商业银行在利率上升时,银行收益增加缓慢;在利率下降时,商业银行收益的下降速度也慢。除了上述滞后效应的影响外,还有规模和结构方面的因素会使商业银行的零缺口难以有效保持,即使保持了零缺口,完全避险也是不大可能的。

(二) 正缺口

第二个缺口形式是正缺口,即利率敏感性资产大于利率敏感性负债。绝对的和相对的正缺口分别定义为:

$$RSA - RSL > 0$$
$$RSA/RSL > 1$$

例如,一家银行的利率敏感性资产为 1 000 万元,而利率敏感性负债为 500 万元,那么,该银行利率敏感性缺口为 500 万元,敏感性比率为 2。

(三) 负缺口

第三个缺口为负缺口,即利率敏感性负债多于利率敏感性资产。绝对的和相对的负缺口可以定义为:

$$RSA - RSL < 0$$
$$RSA/RSL < 1$$

根据传统理论,由于商业银行借入资金是短期的,而贷款的期限是较长的,因此负的缺口是正常的。如果收益曲线是向上倾斜的,负的缺口对于银行是有利的。因为商业银行借入的资金是短期性的,利率较低,而贷款的期限较长,收益率较高。这样商业银行保持负的缺口可以获得更多的收益。

当利率上升时,负的缺口会给商业银行带来较大的流动性风险和利率风险。在利率较高、利率风险较大时期,负缺口给商业银行带来的影响可以用表 10-2 来说明。

表 10-2　假定商业银行的资产负债表　　　　　　　　　单位：万元

RSA	20	RSL	80
抵押贷款（固定利率）	80	其他	20
敏感性缺口：$RSA-RSL=20-80=-60$			
敏感性比率：$RSA/RSL=0.25$			

从表 10-2 中可以看出，该银行的敏感性比率仅为 0.25，也就是说，敏感性负债是敏感性资产的 4 倍。当收益曲线拥有正的斜率，并保持稳定时，这样的缺口确实可以给商业银行带来高的收益，但当利率上升并保持高水平时，该银行就必然有很大的风险。这里的风险是指流动性风险和利率风险。流动性风险可以用绝对缺口来表示，在本例中，绝对缺口为-60 万元。这里存在两个问题：一是由于脱媒，资金缺少，会使商业银行无法进行滚动经营；二是即使商业银行可以进行滚动经营，它必须接受高利率。后者与那些固定利率的抵押贷款一起带来利率风险。这会减少商业银行的盈利，甚至侵蚀商业银行的资本。

二、资金缺口管理

资产负债管理包括四个主要部分：缺口的计量、利率预测、规划未来收益、检验各种策略。

（一）资金缺口的计量

资金缺口计量中的关键因素是资产与负债的再定价的日期，而不是到期日。由于持续期被认为是某项资产与负债的再定价①的日期。因此持续期也就成为缺口管理和资产负债管理的重要工具。虽然持续期配对的方法在理论上明显地好于成熟期配对的方法，但并没有得到大多数银行的管理者的理解和运用。

一家银行资金缺口大小的计量，与缺口计量的时间长度有关。一般情况下，3—6 个月的时间长度对于银行的资产负债管理是比较合适的。由于银行的会计周期为本年，因此，1 年的长度是比较现实的。为了说明不同的时间长度的资金缺口管理，我们假设有这样一个资产负债表（见表 10-3）。

表 10-3　某银行资产负债结构　　　　　　　　　　　　单位：万元

持续期	资产	负债	缺口	累计缺口
1 天	5	40	-35	-35
30 天	10	30	-20	-55
60 天	15	20	-5	-60
90 天	20	10	10	-50

---

① 在一定的持续期内，利率是不变的，一旦持续期快结束，这时就要考虑再定价问题，对客户来说，也有一个重新选择的问题。

(续表)

持 续 期	资 产	负 债	缺 口	累计缺口
180 天	25	10	15	-35
365 天	30	5	25	-10
全部短期之和	105	115	-10	
1 年以上	95	70		
资 本		15		
总 计	200	200		

在1年之内,资产和负债的持续期的构成被决定了。在1年内的各种时间长度的缺口和累计缺口被计算出来。如果用1年作为时间长度,那么该银行的缺口为-10万元。但是,从持续期在30天以上到180天的时间长度内,累计缺口在-35至-60万元之间,1天的缺口为-35万元,说明该银行存在准备金头寸或现金不足的问题。该银行的管理者应该将注意力放在30天之内的-55万元的缺口上。这一缺口代表该银行现在或下个月,会发生资金净流出和存在银行流动性风险等问题。因为即使该银行的那些短期负债工具属于可变利率负债,但到期的负债依然可能被提走。

(二) 利率预测

商业银行应该预测,当利率变化后那些将被重新定价的资产和负债的数额。由于建立净利差管理是商业银行资产负债管理不可分割的一部分,因此,这一步骤要求商业银行随时监控在各个时间段上的净利差。该步骤的目的是要发现潜在的关于净利差方面的问题,避免在发生净利差问题时,银行管理者手足无措。从长期看,商业银行的资产和负债的配置应该有较高的收益。

(三) 规划未来收益

由前两个步骤所得到的关于资产与负债的规模和价格,为第三阶段的规划未来收益提供了基础。这一阶段的目的是要让银行的管理者看到未来。由于要描述在不同利率环境下银行承受的风险,因此,要利用各种模拟模型。银行最起码要做到最好、最坏和最可能的情况下的收益和风险。

(四) 检验各种策略

这一步骤是商业银行资产负债管理艺术之所在。前面三个步骤的科学性较强,或者说是程式化因素较多,如收集很多的数据、进行计算机的模拟等。当然,如果科学因素不存在,资产负债管理的艺术也就不存在了。正因为如此,前面的工作应该做得扎实。依据前面的工作,商业银行对各种可以选择的策略进行评论和检验,看一看哪一种策略与商业银行的战略是吻合的。资产负债管理是执行商业银行战略管理的第一步。每种策略都进行分析,并与商业银行所要求的最低水平相对照。与分解分析不同,分解分析是从现象中找出原因,而资产负债管理的策略是分析所选择的策略如何影响商业银行的业绩指标。现实的决策变量主要是定价策略、产品构成、规模、增长率、资产负债表的构成,以及银行表外业务的比重等。作为有效的管理工具,资产负债管理模型应该生成两个产品：一是短期资产与负债的最佳组合，这一最佳是用净利差这一风险收益参数作为分析标准的；二是为银行的最高层领导提供必要的信息，使他们能够评价执行策略管理所走的方向，以便采取必要的调整措施。

前面提到了对利率的预测，这里要指出的是，对短期利率的预测，主要是对3个月以内的利率进行预测，这种预测的准确性较高。但如果将预测期延长，例如预测3—6个月，甚至更长期的利率，是非常困难的事情，如果商业银行能够准确预测更长期的利率走势，对于商业银行的资产负债管理无疑是有利的。但前面提到，预测的难度是很大的，准确性是难以保证的。因此，一旦商业银行的预测失败，而商业银行确实按照其预测的结果从事了资产负债管理，那么，就会给银行带来极大的风险。因此对较长期利率的预测在很大程度上属于打赌的行为，而商业银行的经营是应该稳健的，一切行动都应该建立在可靠信息的基础上。因此，商业银行资产负债管理的原则是要保护银行，而不是让银行去打赌。

缺口管理的核心问题是维持一个有弹性的资产负债表。但这一问题是说起来容易，做起来难，原因是商业银行对其资产和负债没有完全的控制力。如果负债缺少流动性，那么维持资产负债表流动性的负担就会转移到资产方面。在一个利率周期内，建立下面的策略是比较理想的。（见表10-4）

表10-4　资金缺口管理的策略

收益曲线的形状	策　　略	目标缺口
正斜率	借短与贷长	负缺口
水　平	持续期配对	零缺口
负斜率	借长与贷短	正缺口

当收益曲线处于转变的过程中，为了使缺口由正的缺口转变为负的缺口，就需要资产负债表具有充分弹性。当然，更为理想的策略是利用利率变动给商业银行带来的机会。但在这一阶段，一般只有大银行才可以做到让资产负债表有充分弹性。另外，在这一阶段，正确的策略依赖于对利率预测的准确性。如果不能准确地预测利率，就会给商业因带来较高的风险。

对于小银行来说，正确的策略是构造一个资产与负债匹配适当的资产负债表，而不是根据对利率的预测的结果进行调整这一已经匹配很好的资产负债表。金融专家指出，当一个人要横渡大洋时，只要他在水面上，就没有必要关心海水有多深。那么，只要银行的资产与负债是浮动利率定价的，并且能够按同一方向变动，那么，该银行就没有必要去关心利率向哪个方向变化。因此，对于小银行而言，构造零缺口的资产负债表，即使不是最佳的策略，但也是次佳的策略。

隐含的净利差与短期利率之间的关系取决于缺口的状态。商业银行通常面临着三种状态（见图10-5）。

在图10-5中，零缺口表示不论市场利率发生什么变化，银行的收益都不变；正缺口表示，在这一状态下，银行净利差与市场利率呈同方向变动；负缺口表示银行收益与市场利率呈反方向变动。

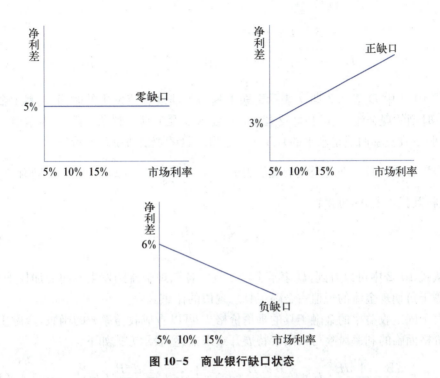

图 10-5　商业银行缺口状态

第四节　银行久期缺口的度量及管理

商业银行资产负债管理只能对利率变动作出反应而无法控制利率,利用利率敏感性缺口管理可以在利率变动发生变动时保证银行的净利息收入,但它没有充分考虑到利率变动对银行资产负债市场价值的影响。为了弥补这些方面的不足,商业银行需要计算银行资产与负债的久期来进一步管理利率风险。

一、久期的概念

久期指的是债券在未来产生现金流的时间的加权平均,其权重是各期现金值在债券价格中所占的比重,该指标用来衡量固定收益类债券的实际偿还期限,亦可反映债券价格对市场利率变动的敏感性,最早是由美国经济学家弗雷得里·麦考利(Frederick Macaulay)于 1938 年提出的,通常用符号 D 表示。20 世纪 70 年代以后,各国商业银行面临的利率风险增加,久期被推广到所有固定收益的金融工具上,也运用于商业银行的资产负债管理中。

久期是使用加权平均数的形式计算债券的平均到期时间。具体地,将每次债券现金流的现值除以债券价格得到每一期现金支付的权重,并将每一次现金流的时间同对应的权重相乘,最终合计出整个债券的久期。某一金融工具,如贷款、证券、存款或非存款借款等久期(D)的标准公式如下:

$$D = \frac{\sum_{t=1}^{n} \frac{t \times c_i}{(1+r)^t}}{B} \quad \left(\text{其中 } B = \sum_{t=1}^{n} \frac{c_t}{(1+r)^t}\right) \tag{10-1}$$

式 10-1 中 D 表示久期，t 表示金融工具中各项现金流发生的时间，c_t 表示金融工具在 t 时刻的现金流（包括利息及本金），n 表示金融工具的到期期限，r 表示市场利率（这里假设收益率曲线是水平的），B 表示金融工具的现值或是理论价格。

令该金融工具各期现金流的现值为 $B_t = \frac{c_i}{(1+r)^t}$，$t = 1, 2, \cdots, n$，则有 $\sum_{t=1}^{n} B_t = B$，并将其代入上式，可得：

$$D = \sum_{t=1}^{n} t \times \frac{B_t}{B} \tag{10-2}$$

从式 10-2 中可以看到，D 表示金融工具中各期现金流的发生时间的加权平均，其权重等于每期现金流的现值占金融工具总现值的比重。

由于固定收益率的金融工具的理论价格 B 可以看成收益率 r 的函数，金融工具的理论价格面临的利率风险可以用泰特展开式来描述，表示方式如下：

$$\frac{dB}{B} = \frac{1}{B} \frac{dB}{dr}(dr) + \frac{1}{B} \frac{d^2 B}{dr^2}(dr)^2 + \cdots + \frac{1}{B} \frac{d^m B}{dr^m}(dr)^m + \cdots \tag{10-3}$$

当利率的变动幅度较小时，可以采用一阶逼近，结合金融工具 B 的理论价格公式 10-1，可推导出久期的另一种近似的表达方式：

$$D \approx -\frac{\frac{\Delta B}{B}}{\frac{\Delta r}{1+r}} \tag{10-4}$$

这里，ΔB 表示金融工具的价格变动幅度，Δr 表示市场利率的变动幅度。

该公式反映出金融工具价格变动的百分比对市场收益率变动的敏感性，可以理解为固定收益类金融工具的价格弹性，即市场利率变动的百分比所引起金融工具价格变动百分比之间的关系。对于大部分固定收益类金融工具其价格变动的方向与市场收益率变动的方向是反向的，故其变动关系用负数表示，从上式可以得出金融工具的价格变动近似表达：

$$\Delta B \approx -BD \frac{\Delta r}{1+r} \tag{10-5}$$

式 10-5 中的 $D^* = \frac{D}{1+r}$ 被称为修正久期。

从风险管理的观点来看，久期的一个重要特点是它衡量了金融工具的市场价值对于利率变动的敏感性。一项资产或负债市场价值变动的百分率近似等于它的久期期限的大小乘以这一特定资产或负债的利率的相对变化。

【例 10-2】 下面用一个例子来说明久期的计算过程。假设银行发放一笔 1 年期、年利率为 10％的贷款 100 万元,贷款合同规定借款人半年偿还半数贷款,年底清偿余下的贷款,试计算银行该贷款的久期。

第一步,计算该笔贷款年中、年末的现金流量。

$$年中的现金流量(C_{0.5}) = 50 + 100 \times 0.5 \times 10\% = 55(万元)$$
$$年末的现金流量(C_1) = 50 + 50 \times 0.5 \times 10\% = 52.5(万元)$$

根据计算知:该银行年中收回本利和 55 万元,年末收回余下本利和 52.5 万元,合计共收回现金流 107.5 万元。

第二步,对两次现金流量进行贴现。

$$年中现金流量的现值 B_{0.5} = 55/(1 + 10\%/2) = 52.38(万元)$$
$$年末现金流量的现值 B_1 = 52.5/(1 + 10\%/2)^2 = 47.62(万元)$$

第三步,该贷款久期的计算。

按照久期的含义,久期是该笔贷款以现金流量的相对现值为权数,计算出的贷款归还每次现金流量距离到期日的加权平均时间。

对半年的时间来说,其权重为:

$$P_1 = B_{0.5}/(B_{0.5} + B_1) = 0.5238$$

对一年的时间来说,其权重为:

$$P_2 = B_1/(B_{0.5} + B_1) = 0.4762$$

这说明该笔贷款 52.38％的现金在年中收回,47.62％的现金在年末收回。按照久期的定义,该笔贷款的久期为:

$$D = P_1 \times 0.5 + P_2 \times 1 = 0.5238 \times 0.5 + 0.4762 \times 1 = 0.7381(年)$$

二、久期缺口管理

当市场利率发生变动时,银行利率敏感资产和负债的收益与支出也会发生变化,利率不敏感资产和负债的市场价值也会发生改变,久期缺口管理就是要调整银行资产和负债的结构和期限,采取对银行净值有利的久期缺口来管理银行面临的总体的利率风险。

久期缺口指的是银行总资产的久期与其总负债久期乘以总资产与总负债之间的比例的差额,其表达式为:

$$D_{Gap} = D_A - KD_L \quad \left(其中 K = \frac{P_L}{P_A}\right) \tag{10-6}$$

其中,D_{Gap} 表示银行久期缺口,D_A 表示总资产的久期,D_L 表示银行总负债的久期,P_A 和 P_L 分别表示银行的总资产和负债。因为久期越大意味着对利率变动越敏感,从式中可以看出,银行负债价值的变动必须比银行资产价值的变动稍微大一些,这样才能减少银行整体利率风险。一般来说，久期缺口越大，银行净值（股本资本）对于市场利率越敏感。

一家商业银行的总资产的久期是由其各项资产的久期的和构成，假设银行总资产中包含 m 个资产 B_i，则有：

$$D_A \approx -\frac{1+r}{P_A}\frac{\Delta P_A}{\Delta r} = -\frac{1+r}{P_A \Delta r}\sum_{i=1}^{m}\Delta B_i = -\sum_{i=1}^{m}\frac{B_i}{P_A}\frac{\Delta B_i(1+r)}{B_i \Delta r}$$

$$= \sum_{i=1}^{m}\frac{B_i}{P_A}D_i \tag{10-7}$$

其中 D_A 表示总资产的久期，D_i 表示各项资产的久期，B_i 表示资产 i 的价值，P_A 表示总资产价值，该公式说明总资产的久期等于各项资产久期的加权平均，权重等于每一资产占总资产的比例。同理可得，银行总负债的久期等于各项资产久期的加权平均。

根据会计恒等式，银行的净值等于总资产与总负债之差，银行净值的变动（ΔNW）等于总资产变动额与总负债变动额之差：

$$\Delta NW = \Delta P_A - \Delta P_L \tag{10-8}$$

其中：

$$\Delta P_A \approx -P_A D\frac{\Delta r}{1+r} \quad \Delta P_L \approx -P_L D\frac{\Delta r}{1+r} \tag{10-9}$$

将其代入上式，可得：

$$\Delta NW = -P_A D\frac{\Delta r}{1+r} + P_L D\frac{\Delta r}{1+r} = -\frac{\Delta r}{1+r}(P_A D - P_L D) \tag{10-10}$$

整理可得：

$$\frac{\Delta NW}{P_A} = -\frac{\Delta r}{1+r}\left(D - \frac{P_L}{P_A}D\right) = -\frac{\Delta r}{1+r}D_{Gap} \tag{10-11}$$

上式给出银行净值、市场利率和久期缺口之间的关系。具体地，当银行久期缺口为正时，银行净值随着利率的上升而下降；当银行久期缺口为负时，银行净值随着利率的上升而上升；当银行久期缺口为 0 时，银行净值不随市场利率的改变而改变。当预计市场利率将会上升时，银行应调整总资产和总负债的结构，使其久期缺口为负，这样可以增加银行净值；反之，使久期缺口为正。这些关系如表 10-5 所示。

表 10-5　久期缺口对银行净值的影响

久期缺口	利率变动	资产价值变动	变动幅度	负债价值变动	净值变动
＋	＋	－	＞		
＋	－	＋	＞	＋	＋
－	＋	－	＜		＋

(续表)

久期缺口	利率变动	资产价值变动	变动幅度	负债价值变动	净值变动
−	−	+	<	+	−
0	+	−	=	−	0
0	−	+	=	+	0

注：表中'＋'、'−'和'0'分别表示正、负和不变。

三、久期缺口的应用及不足

不仅浮动利率资产和浮动利率负债的结构受到利率变动的影响，固定利率资产和固定利率负债的市场价值也会受到市场利率变动的影响，从而使得银行的自有资本的市场价值上升或是下降，从而影响商业银行的经营状况。久期缺口管理就是银行通过调整资产和负债的结构，使得银行控制或是实现正权益价值的变动。

假设一家刚开业的银行，此时该银行的资产项目和负债项目均等于其市场价值，该银行仅拥有两种生利资产，第一类是收益率为14%，最终偿还期为3年的商业贷款；第二类是收益率为12%，最终偿还期为9年的国债。该银行的负债则是由年利率为9%、期限为1年的定期存款和年利率为10%、偿还期为4年的大额可转让定期存单构成。该银行的股本占总资产的8%，为8亿元。其资产负债结构如表10-6所示。

表10-6 某银行资产负债表

资产	市值（亿元）	利率（%）	久期（年）	负债和资本金	市值（亿元）	利率（%）	久期（年）
现金(A1)	100			定期存款(L1)	520	9	1.00
贷款(A2)	700	14	2.65	定期存单(L2)	400	10	3.49
债券(A3)	200	12	5.97	负债总计	920		2.08
				股本(NW)	80		
总 计	1 000		3.05	总 计	1 000		

银行贷款($A2$)和债券($A3$)的久期计算如下：

$$D_{A2} = \frac{\frac{98}{1.14}+\frac{98\times 2}{1.14^2}+\frac{98\times 3}{1.14^3}}{\frac{98}{1.14}+\frac{98}{1.14^2}+\frac{98}{1.14^3}} = 2.65(年) \quad D_{A3} = \frac{\frac{24}{1.12}+\frac{24\times 2}{1.12^2}+\frac{24\times 3}{1.12^3}}{\frac{24}{1.12}+\frac{24}{1.12^2}+\frac{24}{1.12^3}} = 5.97(年)$$

该银行总资产的久期 $= 0.7 \times 2.65 + 0.2 \times 5.97 = 3.05$（年）

该银行负债中的定期存款的久期为1，定期存单的久期计算如下：

$$D_{L2} = \frac{\frac{40}{1.1} + \frac{40 \times 2}{1.1^2} + \frac{40 \times 3}{1.1^3}}{\frac{40}{1.1} + \frac{40}{1.1^2} + \frac{40}{1.1^3}} = 3.49$$

银行总负债的久期 $= 520/920 \times 1 + 400/920 \times 3.49 = 2.08$(年)

银行的久期缺口 $= 3.05 - 2.08 \times 920/100 = 1.14$(年)

这说明该银行资产加权平均久期超过其负债加权平均久期,久期的缺口为1.14年。

若市场利率上升1%,利用久期的表达式近似计算该银行各项资产和负债的总价值变动:

贷款($A2$)的价值变动幅度 $\Delta A2 \approx -0.01 \times 700 \times 2.65/(1+0.14) = -16$(亿元)

贷款($A2$)的新价值 $= 700 - 16 = 684$(亿元)

债券($A3$)的价值变动幅度 $\Delta A3 \approx -0.01 \times 200 \times 5.97/(1+0.12) = -11$(亿元)

债券($A3$)的价值 $= 200 - 11 = 189$(亿元)

总资产的价值变动幅度 $= -16 + (-11) = -27$(亿元)

定期存款($L1$)的价值变动幅度 $\Delta L1 \approx -0.01 \times 520 \times 1/(1+0.09) = -5$(亿元)

定期存款($L1$)的新价值 $= 520 - 5 = 515$(亿元)

债券($L2$)的价值变动幅度 $\Delta L2 \approx -0.01 \times 400 \times 3.49/(1+0.1) = -13$(亿元)

债券($L2$)的价值 $= 400 - 13 = 387$(亿元)

总负值的价值变动幅度 $= -5 + (-13) = -18$(亿元)

该银行净值的变动幅度为 $=$ 总资产的价值变动幅度 $-$ 总负值的价值变动幅度
$= -27 - (-18) = -9$(亿元)

银行新的净值 $= 80 - 9 = 71$(亿元)

由于该银行久期缺口为正,因此,当利率上升时,银行的净值下降;反之上升。

从理论上讲,久期缺口的绝对值越大,银行面临的利率风险也就越大。银行可以通过预测未来利率变动方向,来制定相应的久期缺口策略,以使得银行净值在利率变动中取得保值或是增值。然而在实际操作中,银行利用久期缺口不可能完全的控制利率风险,其原因如下。

(1) 要准确的预测利率的变动方是相当困难,一旦预测错误,银行未来的净值将会受到不利的影响。

(2) 商业银行某些资产和负债项目很难计算久期大小,如活期存款。

(3) 由于久期是通过数学公式来推导而出,通常需要一些必要的假设前提,而这些假设前提不可能与灵活多变的经济环境完全相吻合。例如,利用久期缺口来预测银行净值变动时要求假设资产和负债利率与市场利率是相同的,这一前提条件在实际中是不可能存在的。

此外,利用久期缺口管理要求有大量的银行经营的实际数据,因此运作成本较大。

本章小结

1. 商业银行资产负债管理是指商业银行在业务经营过程中,对各类资产和负债进行预测、组织、调节和监督的一种经营管理方式,以实现资产负债总量上平衡、结构上合理,从而达到最大盈利的目的。

2. 商业银行资产负债管理基本原理包括规模对称原理、规模对称原理、偿还期对称原理、结构对称原理、目标互补原理和分散资产原理。

3. 商业银行资产负债管理一般方法包括资金汇集法、资金分配法、差额管理法和线性规划法。由于每一种方法都存在优势及不足,因此,商业银行需根据其自身的状况,去开发自己的资产负债管理的方法,因此每一家银行的资产负债管理策略和方法存在不同。

4. 利率市场化,商业银行面临的风险更大,为了管理该风险,通常采用两类基本模型:第一类是资金缺口模型,银行根据对市场利率的预测,调整利率敏感资产的配置,以实现目标净利息差额;第二类是久期缺口管理,银行通过调整总资产和负债的久期,使得银行净值为正。

5. 资产负债管理是银行为实现安全性、流动性和盈利性三性统一的目标而采取的经营管理方法。由于不同历史时期,商业银行面临的经营环境和银行自身的业务结构不同,造成商业银行资产负债管理的理论与实践也经历了一个漫长的演变。

关 键 词

资产负债管理(asset-liability management);资金汇集法(fund collection method);资金分配法(capital allocation method);差额管理法(difference management method);线性规划法(linear programming method);利率风险(interest rate risk);利率敏感资产(rate sensitive assets);资金缺口(financing gap);久期(duration);久期缺口(duration gap)

复习思考题

1. 商业银行从早期的资产管理理论到资产负债综合管理理论的演变过程说明了什么问题?
2. 什么是利率风险?它受到哪些因素影响。
3. 当预测利率处在不同的周期时,银行应如何配置利率敏感资金?
4. 久期的经济意义及特征是什么?
5. 一张普通的债券,其息票支付每年2次,每次金额为470元,面值为10 000元,偿还期为3年,设市场利率为9.4%,求该债券的久期。
6. 试分析当利率处在不同周期时,资产负债的久期缺口对银行净值的影响。

第十一章　商业银行风险管理

本章导入

巴林银行倒闭案

英国巴林银行成立于1818年,曾经以保守的经营风格著称,是历史显赫的英国老牌贵族银行,世界上最富有的女人——伊丽莎白女王也信赖它的理财水准,并是它的长期客户。在资金规模上,巴林银行是世界银行业中的中型银行。1995年2月27日,英国中央银行宣布,巴林银行因经营失误而倒闭。消息传出,立即在亚洲、欧洲和美洲地区的金融界引起一连串强烈的波动。东京股市英镑对马克的汇率跌至近两年最低点,伦敦股市也出现暴跌,纽约道·琼斯指数下降了29个百分点。

里克尔斯·理森(Nicholas Leeson)是巴林银行驻新加坡的经理,在巴林银行工作时表现出在证券交易上的能力,深得上司欣赏。1992年,年仅25岁的他就被派往新加坡任期货交割主管,不久兼任交易主管。他以稳健、大胆著称。在日经225期货合约市场上,被誉为"不可战胜的理森"。一人身兼交易和交割主管两职在身,使银行内部的相互制约机制丧失,为巴林银行的倒闭埋下了伏笔。理森为了获得个人的红利所得和提高自己在银行内部的地位,采用了开设错误账户(error account)的手法,隐瞒交易亏损。

1994年,理森进行日经225股票指数期权空头跨坐套利交易,同时卖出日经指数期货的看涨期权和看跌期权,到1994年年底,理森表面上获利甚丰,巴林银行利润比去年上升8倍。1995年,理森继续做日经股指期权的跨坐套利,交易组合头寸的上下盈亏平衡点为18 500和19 500之间。1995年1月17日,神户大地震后,日经指数大跌。1月23日,日经指数跌到17 800点以下。为了挽救败局,理森大量买进日经指数期货,同时卖出日本债券和利率期货,企图影响价格走势。但终因无力回天,到2月23日,理森共买进70亿美元的日经指数期货、200亿美元的债券和利率期货。这是以"杠杆效应"放大了几十倍的期货合约。当日经225指数跌至18 500点以下时,每跌一点,理森先生的头寸就要损失两百多万美元。经结算共亏损11亿美元。理森于当日潜逃,在德国被捕。2月24日是巴林银行的红利结算日,理森已在铁窗之中。2月26日,由于未能筹集到足够的款项,具有233年历史的巴林银行宣布倒闭,一年多后被荷兰ING银行以1英镑的价格收购。1995年,新加坡法院判处理森有期徒刑6年半。新加坡法院继续对前巴林银行亚太地区负责人巴克斯和经理彼德·诺里斯进行审理,指控他们支持理森的非法投机和事后又企图进行隐瞒。

> 巴林银行的危机与其经营管理、激励制度密切相关。为了保持金融机构的稳定性,美国不允许银行及其下属公司直接从事证券交易,而英、法等国则允许银行直接从事证券投资。在20世纪60年代,欧洲的一些银行开始进行和证券相关的投资业务。巴林银行于20世纪80年代大幅度转向证券投资,其传统的银行存贷业务的利润已经降到20%—40%。在证券投资中,以银行名义的自有资金交易超过代客交易。在以银行名义进行的交易中,存在不少的银行挪用客户的资金进行的交易。所以这种交易的风险不仅危及银行也会危及客户的资金。此外,巴林银行实行部门经理的收入分红和经营效益挂钩的政策,试图驱使部门经理提高经营效益。另外,巴林银行在交易监管上一味放权,在客观上纵容部门经理将自己的利益放在银行安全之上,冒险投机。

商业银行以其雄厚的资金实力、全方位的服务、完备的管理体系,在社会资源的有效配置和保持经济的持续稳定增长的方面具有举足轻重的作用,使其在金融市场中具有无可替代性和重要性。商业银行不管处于计划经济体制、转轨经济体制,还是市场经济体制之下,其经营管理中不可避免地涉及风险问题。银行风险成因很多,但不管其成因如何,银行风险是货币经营和信用活动中实际收益与预期收益发生背离,存在不确定性及可能造成损失的一种现象。市场经济条件下,商业银行在经营过程中面临着各种各样的风险。美联储前主席艾伦·格林斯潘(Alan Greenspan)曾说过:"银行之所以能够为现代社会作出这么多的贡献,主要是因为他们愿意承担风险。"商业银行之所以愿意承担风险,是因为它们独特的风险管理能力。商业银行风险管理水平越来越成为决定商业银行的平稳发展的关键因素。

第一节 商业银行风险管理概述

一、商业银行风险的内涵及特性

对风险的理论研究持续了近一个世纪。至1985年美国学者海斯首先提出风险是损失发生的可能性。随后,美国芝加哥大学的教授奈特提出风险是一种概率性随机事件,可以向好的方向发展,也可以向坏的方向发展,可能带来收益,也可能带来损失。这两个对风险的定义对往后的风险定义提供了两方面思路的分析:其一是认为风险带来损失的不确定性;其二是认为风险是一种不确定性,这种不确定性既可能带来损失,也可能带来收益。

广义的风险是指预期事物的不确定性,通常有两种情况:一是预期不确定性可能带来意外收益,即风险收益;二是预期不确定性可能带来意外损失,即风险损失或风险成本。

狭义风险是指预期事物的不确定性而造成的损失。通常所谓经济风险仅指狭义风险。

商业银行作为经营货币信用业务的企业,与一般工商企业及其他经济单位相比,最显著的特点是负债经营,即利用客户的各种存款及其他借入款作为主要的营运资金,通过发放贷款和投资获取收益,其自有资本占资产总额的比率远远低于其他行业。这一经营特点决定了商业银行本身就是一种具有内在风险的特殊企业。

商业银行风险是指在商业银行经营过程中,由于不确定性因素的影响,使得银行实际收益偏离预期收益,从而导致遭受损失或不能获取预期收益的可能性。这些风险的产生都与银行日常经营息息相关。

商业银行因其特殊性使其风险所带来的损失超过一般企业的风险损失。商业银行的风险具有客观性、可控性、扩散性、匿藏性、加速性和马太性等特点。

二、商业银行风险管理的职能

1. 作为实施经营战略的工具

通过风险管理,更好地制定业务策略,进行更深入的系统分析,从而开辟新的战略理念。

2. 增强竞争优势

风险管理是盈利性和竞争优势的关键因素,成为商业银行发展的重要动力。

3. 衡量资本充足率和偿还能力

风险管理的顺利进行能够调节风险和资本间的平衡,正确衡量出资本的充足率和偿还能力。

4. 为决策、定价政策提供依据

决策前,风险管理对决策过程提供支持;决策后,风险管理对风险进行报告和规避。当然,在这个过程中也为定价政策提供了基础。

5. 控制和报告风险

风险管理为银行提供准确的风险信息,从而减少银行管理部门和业务部门对风险的过多考虑,促进风险的承担活动。

6. 管理业务交易组合

通过风险管理而产生的交易组合管理,银行可以使用新的工具,调整组合的构成成分,实现风险回报的最优化。

三、商业银行风险管理的目标

商业银行风险管理的根本目标即是变不确定性为确定性。风险管理的目标可分为损失前的目标和损失后的目标。

在损失发生前,风险管理旨在节省经营成本。指银行管理者在各种风险管理技术中选择科学合理的手段和最佳方式,减少、避免、稳定风险损失,获取最大安全保障,减少忧惧心理。通过对风险的认识、衡量和控制可以降低对风险的惧怕程度,使银行能放手经营各种新业务,满足外界要求。金融业是国民经济的枢纽,金融管制的主要目标就是控制风险,政府、中央银行对各种金融机构都有关于减少风险的多项要求,如准备金规定、参加存款保险要求等,良好的风险管理是满足这些要求的保证履行社会责任。商业银行经营不善损害社会主义国家利益,银行破产储户受害,风险管理可防止这种现象发生。风险管理在损失发生后的目标则是维持商业银行的继续生存和营业,从外界取得补偿来稳定其利润。

由此,我们可以进而这样表述商业银行风险管理的目标:在损失发生前获取经济保障,控制风险;在损失发生后得到令人满意的复原。

四、商业银行风险管理的意义

商业银行风险管理是商业银行生存和发展的灵魂。风险管理作为商业银行的基本职能和核心职能,关切着商业银行的未来。银行的盈利必须通过承担一定的风险才能获得,风险对于银行来说就是一把双刃剑,既是银行获利的手段,也可能侵蚀银行的利润,甚至是直接导致银行破产。

商业银行风险管理是商业银行经营成败的关键。在国际银行业的发展历程中,因为风险管理不当而导致的银行倒闭、被政府接管等诸多反面事例不计其数,诸如此类的反面警示案例昭示着,风险管理是商业银行的生命线,是关乎商业银行经营的关键因素。

商业银行风险管理是金融监管的核心。银行业在当今金融市场中的重要地位,要求金融当局必须将风险管理放在监管工作的首位。这种强调风险管理的理念在《巴塞尔新资本协议》中得到了充分的体现,该协议提出以资本充足率、政府监管和市场约束为三大支柱的监管框架。依据《巴塞尔新资本协议》规定,银行所需要的资本量完全根据其风险程度来确定;政府监管是以风险为基础的监管;市场约束的关键在于使市场参与者更多地关注银行风险状况的变化。换句话说,三大支柱无一不是以风险管理和监督为核心的。《巴塞尔协议Ⅲ》中更是如此。

第二节 商业银行风险的类型与风险管理模式

自商业银行产生,风险就与之相伴、形影不离。商业银行是经营货币的金融中介组织,与一般工商企业的最大不同就在于银行利用客户的存款和其他借入款作为主要的营运资金,自有资本占比低这一特点决定了商业银行本身具有较强的内在风险特性。早期的银行业务以提供货币兑换或向那些需要流动资金的商人贴现商业票据以赚取手续费为主。银行的资金来自自有资本或从殷实的大客户获取存款。即便这种现在看似简单的业务在当时也由于客户大部分为远洋的商人而具有较大的风险。由此可见,"银行因为承担风险而生存和繁荣,而承担风险正是银行最重要的经济职能,是银行存在的原因"。随着商业银行业务的不断扩大和市场竞争的加剧,银行业风险也呈现出复杂多变的特征。

商业银行风险按照不同的标准有不同的分类。

一、按照银行风险是否可分散

商业银行的风险可分为:系统性风险和非系统性风险。

(一)系统性风险

系统性风险是指商业银行从事金融活动或交易所在的整个系统(机构系统或市场系统)因外部因素的冲击或内部因素的牵连而发生剧烈波动、危机或瘫痪,使单个金融机构不能幸免,从而遭受经济损失的可能性。系统性风险包括政策风险、经济周期性波动风险、利率风险、购买力风险、汇率风险等。这种风险不能通过分散投资加以消除,因此又被称为不可分散风险。系统性风险可以用贝塔系数来衡量。

(二)非系统性风险

非系统性风险(non-systematic risk)是指由于商业银行系统内部的行为人主观政策以及获取信息的不充分性所引起的风险,带有明显的个性特征,可以通过科学合理的管理和体制降低和分散风险,因此又被称为可分散风险。它通常由某一特殊的因素引起,与整个证券市场的价格不存在系统的全面联系,而只对个别或少数证券的收益产生影响,也称微观风险。具体包括财务风险、经营风险、信用风险、偶然事件风险等。

由于非系统风险可以通过分散化消除,因此一个充分的投资组合几乎没有非系统风险,假设投资人都是理智的,都会选择充分投资组合,非系统风险将与资本市场无关,市场不会对它给予任何价格补偿。通过分散化消除的非系统风险,几乎没有任何值得市场承认的、必须花费的成本。

由于系统风险的所涉及的领域众多,牵涉的利益层面广,对整体银行业的影响都是相似的,具有普遍性,在一定程度上左右着银行业的发展和未来,其特定的手段对银行业所产生的影响是无法消除的。同时,系统风险也很难在较短的时间内得到改善和降低。非系统风险,是属于银行体系自身存在的局限性所导致的,能够通过内部的管理创新和人力资源的科学配置,在短期内将风险降低和分散。

二、按照引发商业银行风险的直接原因

商业银行风险可以划分为环境风险、主体风险和客体风险。

(一)环境风险

商业银行风险产生的客观经济环境包括宏观和微观两个方面。因此,环境风险具体包括国家经济金融政策风险,经济体制风险,货币风险,行政干预风险,金融法律、法规风险,利率风险,国际收支风险,社会信用环境风险和银行间竞争风险等。

(二)主体风险

主体风险是指商业银行作为一个经营货币的特殊企业,自身在经营管理等方面存

在的风险。它主要包括资本风险、流动性风险、经营风险、管理风险和操作风险等方面。

（三）客体风险

客体风险是指由于公众对银行的信心以及与商业银行有直接业务联系的企业、部门或个人由于自身的风险而给银行带来的不可避免的风险。它主要包括公众对银行的信心、借款企业的经营效益、借款企业所处行业风险、借款人保证风险、借款企业资本状况风险和借款企业所处行业的景气程度等因素。

三、按照商业银行经营过程中面临的风险为标准

这是目前最重要、最常用的一种分类方法。根据美国COSO委员会的定义，企业风险管理是一个由企业的董事会、管理层和其他人员内部控制组成的过程，应用于战略和整个企业，为企业实现经营的效果和效率、财务报告的可靠性、适当法律和法规的遵循性(合规性目标)以及保护资产等目标提供合理保证。美国银行的风险管理分为三大部分：市场风险(market risk)——主要是指由于宏观经济因素的变化，如利率、汇率等，对银行经营的影响；营运风险(operation risk)——主要是指银行在自身业务经营中因管理疏忽造成的风险；合规风险(compliance risk)——主要是指银行未能完全符合法规的要求进行经营所带来的风险。渣打银行要求所有的业务发展都必须建立在强化银行风险管理的基础上。它根据在新兴市场的多年经验，对该类市场可能遇到的风险归为八大类：信用风险、市场风险、国家风险、流动性风险、业务风险、合规管理风险、营运（或操作）风险和声誉风险。巴塞尔银行监督管理委员会将商业银行在经营过程中面临的风险主要有：信用风险、市场风险、操作风险、流动性风险、法律风险、声誉风险、国家风险与战略风险等八种。这些风险的产生都与银行日常经营息息相关。

（一）信用风险

信用风险(credit risk)是商业银行的主要风险，是指获得银行信用支持的债务人不能遵照合约按时足额偿还本金和利息的可能性。在商业银行业务多样化的今天，不仅涉及传统的信用风险仍然是商业银行的一项主要风险，而且，贴现、透支、信用证、同业拆放、证券包销等业务中涉及的信用风险也是商业银行面临的重要风险。

信用风险主要有以下几类。

1. 本金风险

本金风险是指银行对某一客户的追索权不能得到落实的可能性。如呆账贷款，最终将表现为本金风险。

2. 潜在替代风险

潜在替代风险即由于市场价格波动，交易对手自交易日至交收日期间违约而导致损失的风险，其大小根据市场走势向原先预计的相反方向发展时可能造成的最大损失来计算。对银行而言，可能是交易对手违约，而市场又向不利方向发展的情况下，被迫代替交易对手完成原有交易所付出的代价。

3. 第三者保证风险

如果债务人违约不能偿还债务，而担保方或承诺方又不能代债务人偿还债务，就出

现了第三者担保风险。

4. 证券交易和包销风险

证券交易和包销风险指的是证券二级市场交易和一级市场交易中的风险。

5. 交收风险

交收风险是指资金或证券交与收的过程中,通知时间和实际时间之差可能产生的风险。一旦有关交收无法执行或交收处理错误,该风险将转化为本金风险。

6. 信贷集中风险

信贷集中风险是指银行的贷款只发放给少数客户,或者给某一个客户的贷款超过其贷款总额的一定比例,从而使所发放的贷款遭受损失的可能性大大上升。

(二) 市场风险

市场风险(market risk)是指商业银行投资或者买卖动产、不动产时,由于市场价值的波动而蒙受损失的可能性。主要取决于商品市场、货币市场、资本市场、不动产市场、期货市场、期权市场等多种市场行情的变动。

市场风险是金融体系中最常见的风险之一,通常是由金融资产的价格变化而产生的,市场风险一般又可分为利率风险、汇率风险等。

1. 利率风险

利率风险(interest rate risk)是指由于市场利率水平变化引起银行净利息收入和银行的市场价值的潜在变化,主要根源在于资产负债的搭配不当。市场利率的波动通过存款、贷款、拆借等业务影响商业银行负债成本和资产收益以及商业银行的市场价值等经济损失的可能性。商业银行在资产负债结构不一致的情况下,市场利率变动将导致利率风险的产生。

2. 汇率风险

汇率风险(exchange rate risk)是指商业银行在进行国际业务中,其持有的外汇资产或负债因汇率波动而造成价值增减的不确定性或者运用过程中蒙受损失的可能性。随着银行业务的国际化,商业银行的海外资产和负债比重增加,商业银行面临的汇率风险将不断加大。

商业银行的汇率风险,一方面与汇率制度有关,在浮动汇率制度下比在固定汇率制度下面临更大的汇率风险;另一方面与商业银行持有的海外资产和负债的比重有关。

此外,证券价格风险、商品价格风险的波动变化也会使商业银行面临市场风险。

(三) 操作风险

英国银行家协会(BBA)认为:操作风险是由于内部程序、人员、系统的不完善或失误或外部事件造成直接或间接损失的风险。这一定义得到了国际金融界的广泛认可,《巴塞尔新资本协议》借鉴 BBA 对操作风险(operate risk)的定义,界定操作风险是由不完善或有问题的内部程序、人员及系统或外部事件所造成损失的风险,包括法律风险,但不包括策略风险和声誉风险。根据《巴塞尔新资本协议》的相关规定,操作风险按损失类型可划分为以下七种:内部欺诈;外部欺诈;就业政策和工作场所安全性;客户、产品及业务操作风险;实体资产损坏;业务中断和系统失败;执行、交割及流程管理风险。

操作风险与信用风险、市场风险相比有着巨大的区别。信用风险与市场风险是一个中性概念,既包含潜在的损失,也意味着潜在的获利机会,是银行以及其他金融机构的利润来源,商业银行必须通过承担信用风险和市场风险,在风险中榨取利润。而操作风险则意味着商业银行纯粹的损失,是一种管理成本,不能带来利润。

商业银行业务与三大风险的性质,如表11-1所示。

表 11-1 商业银行业务与三大风险的性质

风险性质＼银行业务	公司业务	机构业务	零售业务	投资业务	支付清算	代理、信托
信用风险	高	高	高	中	低	低
市场风险	低	低	低	高	低	低
操作风险	低	低	高	中	高	高

(四)流动性风险

流动性风险(liquidity risk)是指商业银行没有足够的现金、也无法以合理成本及时获得充足现金来弥补客户取款需要和没能满足客户合理的贷款需要或其他即时的现金需求而引发的风险。流动性风险有狭义和广义之分。

狭义的流动性风险是指商业银行由于流动性不足造成的一种本原性风险,商业银行没有足够的现金来弥补客户存款的提取而产生的支付风险;广义的流动性风险除了包含狭义的内容外,还包括商业银行的资金来源不足而未能满足客户合理的信贷需求或其他即时的现金需求而引起的风险。这是其他各类风险长期隐藏、积聚,最后以流动性风险的形式爆发出来的一种派生性风险,商业银行流动性不足,可能是由于利率风险、信用风险、经营风险、管理风险、法律风险、国家风险、汇率风险等风险源所造成的。以最近发生的美国次贷危机为例,表面上看此次危机是银行流动性缺乏所造成的,但其根本原因是商业银行资产配置失误,肆意发放信用等级低、质量差的贷款导致的。

引发商业银行流动性风险的因素包括:存款客户支取存款、贷款客户提款、债务人延期支付、资产负债结构不匹配、资产变现困难、经营损失和衍生品交易风险等。

流动性风险的最大危害在于其具有传导性。由于不同的金融机构的资产之间具有复杂的债权债务联系,这使得一旦某个金融机构资产流动性出现问题,不能保持正常的头寸,则单个的金融机构的金融问题将会演变成全局性的金融动荡。最近这轮全球金融危机就是由美国商业银行的流动性危机传导到美国金融各个领域进而传导到世界各国的金融领域的危机。

(五)法律风险

法律风险(law risk)是指商业银行日常经营、业务活动由于无法满足或违反法律要求,导致商业银行不能履行合同,发生争议、诉讼或其他法律纠纷而可能给商业银行造成经济损失的风险。

《巴塞尔新资本协议》指出法律风险存在于操作风险之中,是一种特殊的操作风险。

(六)国家风险

国家风险(country risk),即国家信用风险,是指借款国经济、政治、社会环境的潜在变化,使该国借款人不能按照合约偿还债务本息,给贷款银行造成损失的可能性。

(七) 声誉风险

声誉风险(reputational risk)是指由商业银行经营、管理及其他行为或外部事件导致利益相关方对商业银行负面评价的风险。声誉事件是指引发商业银行声誉风险的相关行为或事件。重大声誉事件是指造成银行业重大损失、市场大幅波动,引发系统性风险或影响社会经济秩序稳定的声誉事件。

声誉风险产生的原因非常复杂,有可能是商业银行内、外部风险因素综合作用的结果,也可能是非常简单的风险因素就触发了严重的声誉风险。如果商业银行不能恰当地处理这些风险因素,就可能引发外界的不利反应。商业银行一旦被发现其金融产品或服务存在严重缺陷、内控不力导致违规案件层出不穷等,则即便花费大量的时间和精力用于事后的危机管理,也难以弥补对银行声誉造成的实质性损害。一家操作风险事件频发的银行,会给公众一种内部管理混乱、管理层素质低、缺乏诚信和责任感等不良印象,致使公众特别是客户对银行的信任程度降低,银行的工作职位对优秀人才失去吸引力,原有的人才大量流失,股东们因对银行发展前景失去信心,对长期持有银行股票发生怀疑,进而在资本市场上大量抛售股票造成股价下跌、银行市值缩水,最终导致监管当局的严厉监管措施等。

声誉风险与其他金融风险不同,难以直接测算,并且难以与其他风险分离和进行独立处理。良好的声誉是一家银行多年发展积累的重要资源,是银行的生存之本,是维护良好的投资者关系、客户关系和信贷关系等诸多重要关系的保证。良好的声誉风险管理对增强竞争优势、提升商业银行的盈利能力和实现长期战略目标起着不可忽视的作用。

(八) 战略风险

战略风险(strategic risk)可以理解为企业整体损失的不确定性。风险是影响整个企业的发展方向、企业文化、信息和生存能力或企业效益的因素。风险因素也就是对企业发展战略目标、资源、竞争力或核心竞争力、企业效益产生重要影响的因素。

商业银行的战略风险是指银行经营策略不适当或外部经营环境变化而导致的风险。从商业银行管理实践来看,定义战略风险时除了经营策略不适当和外部环境变化因素外,同时强调内部执行不当或对外部环境变化应对不当等也是战略风险的重要构成因素。

(九) 合规风险

合规,是指使商业银行的经营活动与法律、规则和准则相一致。根据《巴塞尔新资本协议》的定义,合规风险(compliance risk)是指银行因未能遵循各项相关法律、法规、监管要求、规则、自律性组织制定的有关准则、已经适用于银行自身业务活动的行为准则,而可能遭受法律制裁或监管处罚、重大财务损失或声誉损失的风险。根据2016年10月20日中国银监会发布并实施的《商业银行合规风险管理指引》指出,合规风险是指商业银行因没有遵循法律、规则和准则可能遭受法律制裁、监管处罚、重大财务损失和声誉损失的风险。从内涵上看,合规风险主要是强调银行因为各种自身原因主导性地违反法律、法规和监管规则等而遭受的经济或声誉的损失。这种风险性质更严重,造成的损失也更大。合规风险管理越来越正规化,并成为一门专门的风险管理学科。

此外,还有按照风险的主体构成可分为资产风险、负债风险、中间业务风险、外汇风险;按照风险的形态可以分为有形风险和无形风险;按风险的性质可以分为静态风险和动态风险等。

随着现代商业银行的不断发展,银行所面临的风险对象和性质早已超越了最初的内涵。从对象上看,已经由单一的借贷产生的信用风险演变为包括信用风险、市场风险、操作风险等在内的多类型风险;从性质上看,从最初的局部风险演变为全球风险。尽管风险对象和性质发生了很大的变化,但总体上都可以纳入系统性风险和非系统性风险的范畴。当然,无论如何划分风险的种类,有一点是肯定的,即风险存在于银行业务的每一个环节,商业银行提供金融服务的过程也就是承担和控制风险的过程。

四、商业银行风险管理的模式演变

(一)资产风险管理模式阶段

20世纪60年代前,商业银行以资产业务为主,资产业务是经营过程最经常、最直接的风险。在这个时段,商业银行的风险管理的重心主要是在如何降低资产业务的风险身上。

(二)负债风险管理模式阶段

此后,西方经济开始进入发展的"黄金时代",社会对商业银行的资金需求不断上升,面临资金相对不足压力。为了扩大资金来源、满足商业银行的流动性需求,同时避开金融监管的限制,西方商业银行变被动负债为积极的主动负债,创新了许多金融工具,扩大了资金来源,刺激了经济的发展。但反过来看,负债规模的扩大会加大商业银行经营的风险,导致其经营环境进一步恶化,加重经营的不确定性,因而银行风险管理的重心自然转移到负债风险管理。

(三)资产负债风险管理模式阶段

20世纪70年代,布雷顿森林体系瓦解,固定汇率制度向浮动汇率制度的转变导致汇率变动的不断加大。1973年石油危机后,利率的波动也变得更加剧烈。汇率和利率的双双剧烈波动,使得无论是资产风险管理还是负债风险管理都不能够维持商业银行安全性、流动性、盈利性三者间的平衡。

(四)资本管理阶段

20世纪80年代后,经济全球化浪潮侵袭而来,国际经济形势的瞬息万变,使商业银行面临着风险日益复杂化、多样化。随着国际银行间竞争的加剧,商业银行风险事件频繁发生,一部用于规范国际银行业竞争,维护银行业安全稳健发展的协议——《巴塞尔协议》应运而生。这部由巴塞尔委员会于1988年发布的协议的出台,标志着国际银行进入资本管理阶段。

(五)全面风险管理阶段

20世纪90年代中后期,商业银行的各种危机说明,单一的信用风险不再是损失的唯一原因,而是综合了银行经营过程中涉及的各种风险,包括信用风险、市场风险、操作风险、流动性风险、国家风险、声誉风险、法律风险和战略风险等在内的多种风险。把握整体的视角进行综合性管理是对商业银行风险管理的新要求,商业银行进入以资本为核心的全面风险管理时代。

全面风险管理是一种以先进的风险管理理念为指导,以全球的风险管理体系、全面的风险管理范围、全新的风险管理方法、全员的风险管理文化为核心的新型管理模式,已成为国际化商业银行增强竞争优势的最重要方式。

随着经济金融环境的改变与金融创新的不断发展,当今国内外银行业面临的风险也日趋复杂多变,风险控制已经成为现代银行业经营的核心内容,也是银行实现其经营发展战略的基础和必要保障。

第三节 商业银行风险管理的流程

商业银行是经营风险的企业,风险管理是银行业一个永恒的话题。商业银行风险管理是指商业银行通过风险识别、风险估价、风险评估和风险处理等环节,预防、回避、分散或转移经营中的风险,从而减少或避免经济损失,保证经营资金安全的行为。风险管理是商业银行管理的另一项重要工作。加拿大皇家银行高级副总裁伯尼·施罗德提出:"银行家第一是风险管理者,第二、第三还是风险管理者。"西方国家的商业银行经营管理中,"风险管理"是核心,经营的三原则中,"安全性"是第一位的,其次才是流动性和盈利性。

商业银行风险管理流程主要有风险识别、风险计量、风险评价、风险监测和风险控制等环节。

一、商业银行风险识别

风险识别是商业银行风险管理的第一个环节,它所要解决的核心问题是判别商业银行所承受的风险在质上归属于何种具体形态。商业银行面临的风险多种多样,且相互交织,需要认真地加以识别,才能对其有的放矢地估计、评价和处理。

风险识别包括感知风险和分析风险两个环节:感知风险是通过系统化的方法发现商业银行所面临的风险种类、性质;分析风险是深入理解各种风险内在的风险因素。风险识别的基本方法有以下五种。

(一)财务报表法

商业银行的财务报表主要有资产负债表、损益表、现金流量表等。通过财务报表分析可获得各种风险指标,如贷款与存款比率、资本与资产比率、负债与流动资产比率等。进行财务报表分析,不仅要分析风险指标的状况及变化,而且要对银行整个财务状况进行综合分析。除了比率、比例静态分析外,还要进行时期、趋势等动态分析。对具体业务,还要对与之往来的银行或客户的财务报表进行风险分析。采用综合、系统的财务报表分析方法,才能准确地确定银行目前及未来经营的风险因素。

(二)风险树搜寻法

风险树搜寻法是以图解的形式,将商业银行风险逐层予以分解,使之可以顺藤摸瓜,最终找到银行所承受风险的具体形态。因为风险分散后的图形呈树枝状,故称风险树。采用这种建立风险树的识别方法,商业银行可以清晰、准确地判别明白自己所承受风险的具体形态及其性质,简单、迅速地认清所面临的局面,为以后的相关决策提供科学的依据。

（三）专家意见法

专家意见法的操作过程是,由风险管理人员制定出调查内容,以发放调查表的方式连同银行经营状况的有关资料一起发给一些专家。专家根据调查表所列问题,并参考有关资料各自独立提出自己的意见。风险管理人员汇集整理专家意见,把这些不同意见及其理由反馈给每位专家。经过这样多次反复,最后由风险管理人员将意见汇总成基本趋势一致的结果。这种识别方法,既能使专家各自提出观点、互不干扰,又能使每个专家从中得到启发,从而达到集思广益的效果。

（四）制作风险清单

制作风险清单是商业银行识别风险的最基本、最常用的方法。它是指采用类似于备忘录的形式,将商业银行所面临的风险逐一列举,并联系经营活动对这些风险进行深入理解和分析。

（五）筛选—监测—诊断法

筛选是指将各种风险因素进行分类,确定哪些风险因素明显会引起损失,哪些因素需要进一步研究,哪些因素明显不重要应该排除出去;监测是指对筛选出来的风险因素进行观测、记录和分析,掌握这些结果的活动范围和变动趋势;诊断是根据监测结果进行分析、评价和判断,对风险进行识别。

二、商业银行的风险计量

风险计量是商业银行风险管理的第二个环节。通过风险识别,商业银行在准确判别所承受的风险在质上是何种形态后,随之需要进一步把握这些风险在量上可能达到何种程度,以便决定是否加以控制以及如何控制。传统的风险计量的主要方法有客观概率法、统计估值法、回归分析法等。

（一）客观概率法

客观概率法是指商业银行在估计某种损失发生的概率时,如果获得足够的历史资料,用以反映当时的经济条件和发生的经济损失,则可以利用统计的方法计算该种经济损失发生的概率。

（二）统计估值法

统计估值法是指利用统计得来的历史资料,可以确定在不同经济条件下,某种风险发生的概率;或在不同风险损失程度下,某种风险发生的概率。

（三）回归分析法

回归分析法是通过找出间接风险因素与直接风险因素的函数关系,来估计直接风险因素的方法。

准确的风险计量结果是建立在卓越的风险模型基础上的,而开发一系列准确的、能够在未来一定时间限度内满足商业银行风险管理需要的数量模型，任务相当艰巨。商业银行应当根据不同的业务性质、规模和复杂程度，对信用风险、市场风险、操作风险等不同类别的风险选择适当的计量方法，基于合理的假设前提和参数，计量承担的所有风险。

三、商业银行的风险评价

商业银行风险的评价是指商业银行在取得风险估计结果的基础上，研究该风险的性质、分析该风险的影响、寻求风险对策的行为。风险评价是商业银行风险管理的第三个环节。风险评价的方法在很大程度上取决于管理者的主观因素，不同的管理者对同样货币金额的风险有不同的评价方法。这是因为相同的损益对于不同地位、不同处境的人具有不同的效用。

管理者的主观因素决定着其对待风险的态度，而其态度不外乎三种情况：拒绝风险，放弃盈利机会；承担风险，追求利润；合理地规范其所能承受的风险程度，不因高盈利而冒大风险，也不因小风险而放弃盈利机会。显然，最后一种态度是积极稳健的。

常见的风险评价方法主要有成本效益分析法、风险效益分析法、权衡风险法、综合风险法、统计型评价法。

（一）成本效益分析法

成本效益分析法是研究在采取某种措施的情况下，需付出多大的代价，以及可以取得多大的效果。

（二）风险效益分析法

风险效益分析法是研究在采取某种措施的情况下，需要承担多大风险，以及可以取得多大的效果。

（三）权衡风险方法

权衡风险方法是将各种风险所致后果进行量化比较，从而权衡各种风险存在与发生可能造成的影响。

（四）综合分析法

综合分析法是利用统计的分析法将风险构成因素划分为不同范畴的要素项目，对各范畴内的具体项目进行专家调查统计，评出分值，然后根据分值与权数，计算要素实际评分值与最大可能值之比，作为风险程度评价的依据。

（五）统计型评价方法

统计型评价方法是对已知发生概率及损益值的各种风险成本及效果比较分析，进而进行评价的方法。

四、商业银行的风险监测

风险监测是指监测各种可量化的关键风险指标和不可量化的风险因素的变化和发展趋势，以及风险管理措施的实施质量与效果的过程。商业银行对可能产生的风险进行监测分析，以防止风险发生，并随时关注所采取的风险管理、控制措施的实施质量或效果。

在风险监测的基础上,编制不同层次和种类的风险报告,遵循报告的发送范围、程序和频率,以满足不同风险层级和不同职能部门对于风险状况的多样性需求的过程。风险监测是一个动态、连续的过程。

2006年1月1日,中国银监会发布的《商业银行风险监管核心指标(试行)》制定了各种可量化的关键风险指标(见表11-2)。

表11-2 商业银行风险监管核心指标一览表

指标类别		一级指标	二级指标	指标值
风险水平	流动性风险	1. 流动性比例		大于等于25%
		2. 核心负债依存度		大于等于60%
		3. 流动性缺口率		大于等于-10%
	信用风险	4. 不良资产率	4.1 不良贷款率	小于等于4% 小于等于5%
		5. 单一集团客户授信集中度	5.1 单一客户贷款集中度	小于等于15% 小于等于10%
		6. 全部关联度		小于等于50%
	市场风险	7. 累计外汇敞口头寸比例		
		8. 利率风险敏感度		
	操作风险	9. 操作风险损失率		
风险迁徙	正常类贷款	10. 正常贷款迁徙率	10.1 正常类贷款迁徙率 10.2 关注类贷款迁徙率	
	不良贷款	11. 不良贷款迁徙率	11.1 次级贷款迁徙率 11.2 可疑贷款迁徙率	
风险抵补	盈利能力	12. 成本收入比		小于等于35%
		13. 资产利润率		大于等于0.6%
		14. 资本利润率		大于等于11%
	准备金充足程度	15. 资产损失准备充足率	15.1 贷款准备充足率	大于100% 大于100%
	资本充足程度	16. 资本充足率	16.1 核心资本充足率	大于等于8% 大于等于4%

五、商业银行的风险控制

风险控制是商业银行风险管理的一个重要环节,是指对经过识别和计量的风险采取分散、对冲、转移、规避和补偿等措施,进行有效管理和控制的过程。它具体包括风险预防、风险规避、风险分散、风险转移、风险抑制、风险对冲和风险补偿。

(一)风险预防

风险预防是指对风险设置各层预防线的办法。商业银行抵御风险的最终防线是保持充足的自有资本。各国金融监管当局对商业银行资本充足性都有明确的规定,并将其作为金融监管的一项重要内容。如前所述,《新巴塞尔协议》规定资本与风险资产的最低比例为8％,并对风险资产的权重提出了比较规范的计算方法。因此,要达到风险预防的目的,更重要的是加强商业银行内部管理,主动调整风险资产结构,使之随时与资本状况相适应。此外,在资产份额中保持一定的准备金也能起到良好的风险防范作用。平时分期提取专项的风险补偿金,如风险基金和坏账准备金等,以补偿将来可能出现的损失。

(二)风险规避

风险规避是指对风险明显的经营活动,商业银行拒绝或退出某一业务或市场,以避免承担该业务或市场具有的风险。不做业务,不承担风险。没有风险就没有收益,规避风险的同时自然也失去了在这一业务领域获得收益的机会和可能。一是决策时,事先预测风险发生的可能性及其影响程度,对超过商业银行风险承受能力、难以掌控的活动予以回避。例如,对于风险较大、难以控制的贷款,必须规避和拒绝。二是实施方案过程中,发现不利的情况时,及时中止或调整方案。

风险规避策略的局限性在于它是一种消极的风险管理策略,不宜成为商业银行发展的主导风险管理策略。

(三)风险分散

马柯维茨的资产组合管理理论认为,只要两种资产收益率的相关系数不为1(即完全正相关),分散投资于两种资产就具有降低风险的作用。对于由相互独立的多种资产组成的资产组合,只要组成资产的个数足够多,其非系统性风险就可以通过这种分散化的投资完全消除。

风险分散包括随机分散和有效分散。随机分散是指单纯依靠资产组合中每种资产数量的增加来分散风险,每种资产的选取是随机的。在业务发展正常的条件下,利用扩大业务规模来分散风险。有效分散是指运用资产组合理论和有关的模型对各种资产进行分析,根据各自的风险、收益特性和相互关系来实现风险、收益最优组合。根据多样化投资分散风险的原理,商业银行的信贷业务应是全面的,不应集中于同一业务、同一性质甚至同一国家的借款人。商业银行风险分散的具体做法有:资产种类的风险分散、客户种类的风险分散、投资工具种类的风险分散、货币种类的风险分散、国别种类的风险分散。

(四)风险转移

风险转移是指通过购买某种金融产品或采取其他合法的经济措施将风险转移给其他经济主体的一种风险管理办法。风险分散只能降低非系统性风险,而对共同因素引起的系统性风险却无能为力,此时采用风险转移策略是最为直接、有效的。

风险转移可分为保险转移和非保险转移。保险转移是指为商业银行投保,以缴纳保险费为代价,将风险转移给承保人。非保险转移是指担保和备用信用证等为投资者管理信用风险提供了类似期权合约的工具,将风险合法转移给第三方。同时,金融市场还创造了类似于保险单的期权合约,使投资者可以采取风险转移策略来管理利率、汇率和资产价格波动的风险。

(五) 风险抑制

风险抑制是指商业银行承担风险之后,要加强对风险的监督,发现问题及时处理,争取在损失发生之前阻止情况恶化或提前采取措施减少风险造成的损失。风险抑制常用于信用贷款过程,主要方法为:发现借款人财务出现困难,立即停止对客户新增贷款,尽力收回已发放贷款;追加担保人和担保金额;追加资产抵押等。

(六) 风险对冲

风险对冲是指通过投资或购买与标的资产(underlying asset)收益波动负相关的某种资产或衍生产品,来冲销标的资产潜在的风险损失的一种风险管理策略。风险对冲是管理利率风险、汇率风险、股票风险和商品风险非常有效的办法。

商业银行的风险对冲可以分为自我对冲和市场对冲两种情况。自我对冲是指商业银行利用资产负债表或某些具有收益负相关性质的业务组合本身所具有的对冲特性进行风险对冲。市场对冲是指对于无法通过资产负债表和相关业务调整进行自我对冲的风险,通过衍生产品市场进行对冲。

(七) 风险补偿

风险补偿(risk compensation)主要是指事前(损失发生以前)对风险承担的价格补偿。对于那些无法通过风险分散、对冲或转移进行管理,而且又无法规避、不得不承担的风险,商业银行可以预先采取在交易价格上附加风险溢价,即通过加价或提高风险回报的方式,获得承担风险的价格补偿。

商业银行通过风险控制措施应当实现以下目标:(1)风险管理战略和策略符合经营目标的要求;(2)所采取的具体措施符合风险管理战略和策略的要求,并在成本/收益基础上保持有效性;(3)通过对风险诱因的分析,发现管理中存在的问题,以完善风险管理程序。

商业银行在日常风险管理操作中,具体的风险控制措施可以采取从基层业务单位到业务领域风险管理委员会,最终到达高级管理层的三级管理方式。

第四节 商业银行的全面风险管理

商业银行是一类经营风险的特殊企业,其个体风险的发生往往会触发整个经济的系统性风险,从而造成整个宏观经济的波动。随着经济全球化,一国的金融危机甚至可以迅速变成全世界的经济灾难。正因为如此,无论是监管当局,还是商业银行都开始积极地投入对风险管理的研究当中,而全面风险管理(enterprise risk management,ERM)正是这些研究的最新成果和商业银行管理实践经验的精华总结。

一、商业银行全面风险管理理念的提出

商业银行属于经营风险的企业,商业银行所面对的风险包括了信用风险、操作风险、市场风险、声誉风险、流动性风险等多重风险,这些风险时常相互影响、相互作用、相互推动,商业银行的风险管理必须每时每刻同时关注所有这些风险,忽略了任何方面,都有可能给银行带来巨大的损失,甚至是灭顶之灾。发生于1995年的巴林银行倒闭案属于操作风险引起,而2007年年底开始的美国金融危机则同时引爆了美国和世界部分银行的信用风险、市场风险和流动性风险。

全面风险管理(ERM)的概念源于2003年COSO委员会制定的《全面风险管理框架》,随即巴塞尔委员会在2004年进一步颁布了《巴塞尔新资本协议》。在两者的共同影响与推动下,商业银行的风险管理领域正式引入了全面风险管理的理念。商业银行的全面风险管理在节约运营成本、规避风险、减轻监管方面的压力以及提高其市场价值方面有着很大的作用。2010年发布的《巴塞尔协议Ⅲ》认为商业银行面临的市场风险、信用风险、操作风险等多种风险之间存在相关性,并强调在风险量化过程中不可忽视风险的相关性,明确银行业实行全面的风险管理的必要性。

在全面风险管理理论方面,2004年正式出台的《巴塞尔新资本协议》和2010的《巴塞尔协议Ⅲ》是商业银行全面风险管理的最主要理论来源和实务指南。《巴塞尔新资本协议》和《巴塞尔协议Ⅲ》在对风险进行科学分类的基础上,描绘出一个以资本为风险管理工具,对风险进行全面覆盖的管理模式;在全面风险管理操作方面,《巴塞尔新资本协议》和《巴塞尔协议Ⅲ》针对不同分类提供了标准法、内部评级法等多种风险计量方法,并以VaR法等模型为工具,对这些风险进行了计量。《巴塞尔协议》本身也在不断地完善,其关注的风险种类在逐渐增加,对风险的研究日趋深入和全面。通过《巴塞尔新资本协议》和《巴塞尔协议Ⅲ》及其全面风险管理,宏观和微观取得了一致,监管当局和被监管的商业银行取得了一致,风险和收益取得了一致。商业银行的风险管理开始从单一风险的定性与定量分析转向集成风险测度与控制;强调全面的风险管理。

2004年出台的《巴塞尔新资本协议》用包含信用风险、市场风险和操作风险的全面风险框架替代了原来《巴塞尔协议》(1988年版)以信用风险为核心的监管模式;2010年的《巴塞尔协议Ⅲ》加入了杠杆率指标和流动性风险指标,提高了资本充足标准,并用包含信用风险、市场风险、操作风险和流动性风险的更全面风险框架替代了2004年的《巴塞尔新资本协议》。之后,越来越多的国内外学者对全面风险管理体系进行了相关的理论研究。

COSO对全面风险管理ERM的定义为一个过程,它由一个企业的董事会、管理当局和其他人员实施,应用于企业战略制订并贯穿于企业各种经营活动之中,目的是识别可能会影响企业价值的潜在事项,管理风险于企业的风险容量之内,并为企业目标的实现提供保证。2016年9月,中国银监会出台的《银行业金融机构全面风险管理指引》指出,银行业金融机构应当建立全面风险管理体系,采取定性和定量相结合的方法,识别、计量、评估、监测、报告、控制或缓释所承担的各类风险。各类风险包括信用风险、市场

风险、流动性风险、操作风险、国别风险、银行账户利率风险、声誉风险、战略风险、信息科技风险以及其他风险。银行业金融机构的全面风险管理体系应当考虑风险之间的关联性，审慎评估各类风险之间的相互影响，防范跨境、跨业风险。

二、商业银行全面风险管理的原则

全面风险管理是一种可以有效整合各种风险管理的综合性风险管理方法。随着现代商业银行的不断发展，风险管理能力已经发展成为现代商业银行的核心竞争能力，因此，建立和完善全面风险管理体系是现代商业银行生存竞争的必然选择。银行业全面风险管理应当遵循以下基本原则。

（一）独立性原则

商业银行在市场中作为独立的个体进行经营，有自己明确的经营目标，建立独立的全面风险管理组织架构，并且充分享有运行中的自主权以及享用社会中的有效资源。同时，银行在独立经营过程中，应承担着不可推卸的社会责任。该原则的实施同时需要相关的条件加以保证，如稳健的宏观经济政策、完善的公共金融基础设施、有效的市场约束机制等。独立性是全面风险管理至关重要的条件。

（二）匹配性原则

全面风险管理体系应当与风险状况和系统重要性等相适应，并根据环境变化进行调整。

（三）全覆盖原则

全面风险管理应当覆盖各个业务条线，包括本外币、表内外、境内外业务；覆盖所有分支机构、附属机构，部门、岗位和人员；覆盖所有风险种类和不同风险之间的相互影响；贯穿决策、执行和监督全部管理环节。

（四）"内控"和"外控"相结合的原则

实现商业银行的全面风险管理，保证商业银行的正常运转，需要内部控制和外部控制的共同作用。所谓内部控制即是商业银行在进行风险管理时制定的一系列内部措施，所谓外部控制即是监管机构的有效监管。即使外部监督缜密严格，如果商业银行自身不配合、不协作，缺乏相关的内部控制或者内部控制形同虚设，那么外部监督管理也难以达到监管目的；反之，商业银行如果将全部风险管理的全部希望放在内部控制上，因为效益最大化的诱惑，可能会采取一系列冒险的行为，由此导致的风险是难以避免的。因此，"内控"和"外控"需要有机结合。

（五）安全稳健和有效预防原则

安全稳健是银行经营的至高追求，而要达到这个追求，势必要在风险完全暴露之前对其进行充分的预防。从一定程度上来讲，商业银行能够安全稳健地运行与其风险的识别、防范和控制是密不可分的。商业银行全面风险管理过程中采用的所有技术手段、指标体系，大都着眼于银行安全稳健的追求，以保证银行能够达到可持续发展的目的。商业银行应当将全面风险管理的结果应用于经营管理，根据风险状况、市场和宏观经济情况评估资本和流动性的充足性，有效抵御所承担的总体风险和各类风险。

（六）依法监管的原则

该原则是针对监管机构而言的,监管机构在履行监管职责时,需要以相关的法律、法规和规章制度作为监管的依据。有关的政策法规在监管的实施和职责权限方面作出明确界定,保障监管有章可循,并通过该种方式充分确保监管过程的有效性,监管的权威性也因此得到了充分的维护。在依靠法律规定的基础上,监管部门对商业银行的监管必须依法进行,严厉禁止各种违法行为,真正做到有法必依,保持银行监管的严肃性,以更好地促进银行的发展。

三、商业银行的全面风险管理体系

商业银行全面风险管理是一个由若干风险管理要素组成的有机体系,可以通过风险管理环境、风险管理目标与政策设定、风险监测与识别、风险评估、风险定价与处置、内部控制、风险信息处理和报告、评价以及持续改进这八个方面来建立全面风险管理的体系和框架。商业银行的全面风险管理体系主要包括以下内容。

（一）风险治理架构

银行的风险治理架构应组织架构健全、职责边界清晰,明确董事会、监事会、高级管理层、业务部门、风险管理部门和内审部门在风险管理中的职责分工,建立多层次、相互衔接、有效制衡的运行机制。

（二）风险管理策略、风险偏好和风险限额

商业银行的风险管理策略应当反映风险偏好、风险状况以及市场和宏观经济变化,并在银行内部得到充分传导。

风险偏好的设定要定性指标和定量指标并重,与战略目标、经营计划、资本规划、绩效考评和薪酬机制衔接;定期对风险管理策略、风险偏好进行评估。

制定的风险偏好的内容包括:(1)战略目标和经营计划的制定依据,风险偏好与战略目标、经营计划的关联性;(2)为实现战略目标和经营计划愿意承担的风险总量;(3)愿意承担的各类风险的最大水平;(4)风险偏好的定量指标,包括利润、风险、资本、流动性以及其他相关指标的目标值或目标区间。上述定量指标通过风险限额、经营计划、绩效考评等方式传导至业务条线、分支机构、附属机构的安排;(5)对不能定量的风险偏好的定性描述,包括承担此类风险的原因、采取的管理措施;(6)资本、流动性抵御总体风险和各类风险的水平;(7)可能导致偏离风险偏好目标的情形和处置方法以及调整制度。

商业银行应当根据风险偏好,按照客户、行业、区域、产品以及监管指标限额等维度设定风险限额。风险限额应当综合考虑资本、风险集中度、流动性、交易目的等。全面风险管理职能部门应当对风险限额进行监控,并向董事会或高级管理层报送风险限额使用情况。商业银行要制定风险限额管理的政策和程序,建立风险限额设定、限额调整、超限额报告和处理制度。

（三）风险管理政策和程序

商业银行的风险管理政策和程序,主要内容包括:(1)全面风险管理的方法,包括

各类风险的识别、计量、评估、监测、报告、控制或缓释,风险加总的方法和程序;(2)风险定性管理和定量管理的方法;(3)风险管理报告;(4)压力测试安排;(5)新产品、重大业务和机构变更的风险评估;(6)资本和流动性充足情况评估;(7)应急计划和恢复计划。

商业银行应当有效评估和管理各类风险,对能够量化的风险,应当通过风险计量技术,加强对相关风险的计量、控制、缓释;对难以量化的风险,应当建立风险识别、评估、控制和报告机制,确保相关风险得到有效管理。银行采用内部模型计量风险的,应当遵守相关监管要求,确保风险计量的一致性、客观性和准确性。建立风险统一集中管理的制度,确保全面风险管理对各类风险管理的统领性、各类风险管理与全面风险管理政策和程序的一致性。

建立压力测试体系,明确压力测试的治理结构、政策文档、方法流程、情景设计、保障支持、验证评估以及压力测试结果运用,并定期开展压力测试。压力测试的开展应当覆盖各类风险和表内外主要业务领域,并考虑各类风险之间的相互影响。压力测试结果应当运用于银行业金融机构的风险管理和各项经营管理决策中。

商业银行根据风险偏好和风险状况及时评估资本和流动性的充足情况,确保资本、流动性能够抵御风险。制定相应的应急计划,说明可能出现的风险以及在压力情况(包括会严重威胁银行生存能力的压力情景)下应当采取的措施,确保能够及时应对和处理紧急或危机情况。

商业银行建立专门的政策和流程,评估开发新产品、对现有产品进行重大改动、拓展新的业务领域、设立新机构、从事重大收购和投资等可能带来的风险,并建立内部审批流程和退出安排。建立健全风险隔离制度,规范内部交易,防止风险传染。

银行制定覆盖其附属机构的风险管理政策和程序,保持风险管理的一致性、有效性。银行要确保各附属机构在整体风险偏好和风险管理政策框架下,建立自身的风险管理组织架构、政策流程,促进全面风险管理的一致性和有效性。

将风险管理策略、风险偏好、风险限额、风险管理政策和程序等要素与银行的资本管理、业务管理相结合,在战略和经营计划制订、新产品审批、内部定价、绩效考评和薪酬激励等日常经营管理中充分应用并有效实施。

(四)管理信息系统和数据质量控制机制

商业银行完善的风险管理信息系统能够计量、评估、展示、报告所有风险类别、产品和交易对手风险暴露的规模和构成。相关风险管理信息系统应当具备以下主要功能,支持风险报告和管理决策的需要:(1)支持识别、计量、评估、监测和报告所有类别的重要风险;(2)支持风险限额管理,对超出风险限额的情况进行实时监测、预警和控制;(3)能够计量、评估和报告所有风险类别、产品和交易对手的风险状况,满足全面风险管理需要;(4)支持按照业务条线、机构、资产类型、行业、地区、集中度等多个维度展示和报告风险暴露情况;(5)支持不同频率的定期报告和压力情况下的数据加工和风险加总需求;(6)支持压力测试工作,评估各种不利情景对银行业金融机构及主要业务条线的影响。

商业银行建立与业务规模、风险状况等相匹配的信息科技基础设施。建立健全数据质量控制机制,积累真实、准确、连续、完整的内部和外部数据,用于风险识别、计量、评估、监测、报告,以及资本和流动性充足情况的评估。

(五)内部控制和审计体系

银行将全面风险管理纳入内部审计范畴,定期审查和评价全面风险管理的充分性和有效性。银行业金融机构内部审计活动应独立于业务经营、风险管理和合规管理,遵循独立性、客观性原则,不断提升内部审计人员的专业能力和职业操守。

全面风险管理的内部审计报告应当直接提交董事会和监事会。董事会应当针对内部审计发现的问题,督促高级管理层及时采取整改措施。内部审计部门应当跟踪检查整改措施的实施情况,并及时向董事会提交有关报告。

银行监督管理机构通过非现场监管和现场检查等实施对银行业金融机构全面风险管理的持续监管,具体方式包括但不限于监管评级、风险提示、现场检查、监管通报、监管会谈、与内外部审计师会谈等。

知识专栏 11-1

欧洲商业银行的十四个风险管理理念

理念之一:银行不能"回避"风险,只能"管理"风险。

理念之二:风险和回报必须对称。

理念之三:风险管理意识必须贯穿到全行全员,贯穿到业务拓展的全过程。

理念之四:风险控制要同市场营销、市场拓展有机结合起来。

理念之五:按"四眼原则"办事。

理念之六:严格的信用评级制度。

理念之七:按不同的情况区分不同的风险种类。

理念之八:建立相应的风险控制标准。

理念之九:商业银行必须建立完善的、垂直的风险控制体制。

理念之十:风险管理体制保持独立性。

理念之十一:董事会和总行领导集体对全行的风险控制负最终责任。

理念之十二:商业银行要建立自己独特的风险文化。

理念之十三:建立合适的风险控制奖惩制度。

理念之十四:商业银行要共同吸取过去失误的教训。

本 章 小 结

1. 商业银行风险是指在商业银行经营过程中,由于不确定性因素的影响,使得银行实际收益偏离预期收益,从而导致遭受损失或不能获取预期收益的可能性。

2. 商业银行风险具有客观性、可控性、扩散性、匿藏性、加速性和马太性的特点。

3. 商业银行通过风险管理,更好地制定业务策略,进行更深入的系统分析,从而开辟新的战略理念,增强竞争优势;衡量资本充足率和偿还能力;为决策、定价政策提供依据;控制和报告风险以及管理业务交易组合,实现风险回报的最优化。

4. 商业银行风险按照不同的标准有不同的分类。商业银行在经营过程中面临的风险主要有:信用风险、市场风险、操作风险、流动性风险、法律风险、声誉风险、国家风险与战略风险八种。这些风险的产生都与银行日常经营息息相关。

5. 合规风险是指商业银行因没有遵循法律、规则和准则可能遭受法律制裁、监管处罚、重大财务损失和声誉损失的风险。

6. 商业银行风险管理流程主要有风险识别、风险估计、风险评价、风险监测和风险控制等环节。

7. 风险控制是商业银行风险管理的一个重要环节,是指对经过识别和计量的风险采取分散、对冲、转移、规避和补偿等措施,进行有效管理和控制的过程。它具体包括风险预防、风险规避、风险分散、风险转移、风险抑制、风险对冲和风险补偿。

8. 全面风险管理是一种可以有效整合各种风险管理的综合性风险管理方法。商业银行全面风险管理应当遵循以下基本原则:独立性原则、全覆盖原则、"内控"和"外控"相结合的原则、安全稳健和有效预防原则、依法监管的原则。

9. 商业银行的全面风险管理体系主要包括:风险治理架构,风险管理策略,风险偏好和风险限额,风险管理政策和程序,管理信息系统和数据质量控制机制,内部控制和审计体系等内容。

关 键 词

商业银行风险管理(commercial bank risk management);利率风险(interest rate risk);流动性风险(liquidity risk);市场风险(market risk);信用风险(credit risk);全面风险管理(enterprise risk management)

复习思考题

1. 如何理解商业银行风险的含义?
2. 商业银行风险具有哪些特点?
3. 商业银行风险管理的目的与意义何在?
4. 商业银行的风险分类有哪些?
5. 什么是商业银行的合规风险?
6. 商业银行风险管理流程有哪些环节?
7. 什么是全面风险管理?商业银行全面风险管理应当遵循什么原则?
8. 商业银行的全面风险管理体系框架包括哪些内容?

第十二章 商业银行的内部控制

本章导入

法国兴业银行巨额损失与内部控制失范案

法国兴业银行创建于1864年5月,是一家有150余年历史的老牌欧洲银行和世界上最大的银行集团之一,分别在巴黎、东京、纽约的证券市场挂牌上市,拥有雇员55 000名、国内网点2 600个、世界上多达80个国家的分支机构500家,以及500万私人和企业客户。法兴银行提供从传统商业银行到投资银行的全面、专业的金融服务,建立起世界上最大衍生交易市场领导者的地位,也一度被认为是世界上风险控制最出色的银行之一。但2008年1月,法兴银行因期货交易员杰罗姆·凯维埃尔(Jérôme Kerviel)在未经授权情况下采用真买假卖的虚拟交易手法,把套利或对冲目的的短线交易做成了风险敞口的长线交易,因其大量购买欧洲股指期货,形成49亿欧元(约71亿美元)的巨额亏空,创下世界银行业迄今为止因员工违规操作而蒙受的单笔最大金额损失。这桩惊天欺诈案还触发了法国乃至整个欧洲的金融震荡,并波及全球股市暴跌,无论从性质还是规模来说,都堪称史上最大的金融悲剧。

健全、有效的内部控制对欺诈、舞弊和非法行为,具有"防止""发现"和"纠正"三大功能。法国兴业银行的内部控制之所以不能防止令人触目惊心的交易欺诈发生,首先源于管理设计上的严重缺陷。在技术发展迅速、交易系统日益复杂的趋势下,只依据过往的经验来拟定风险控制方法,不能适时地、前瞻性地展现出环境适应性和契合性,是法兴银行难以有效地觉察出欺诈行为的重要原因。法兴银行的内部控制系统在对交易员盘面资金的监督、资金流动的跟踪、后台与前台完全隔离规则的遵守、信息系统的安全及密码保护等多个环节存在漏洞。法国兴业银行关注的是欧洲交易所提供的汇总后的数据,而没有细分到每一个交易员的交易头寸数据。此外它把监控点放在交易员的净头寸和特定时间段的交易风险上,并没有对套利"单边"交易的总头寸进行限制,忽视了全部交易的总规模。让长期浸淫于风险控制体系的员工直接参与交易,更是违背了最基本的不相容职务分离原则。如今的金融交易和监管系统已完全实现电子化,信息技术和系统开发人员理应对内部控制的设计缺陷承担责任。要确保那些被交易员设计出来的规避监控的技术不再能够被运用,就必须以欺诈技术(防范)专家的思维,设计严密的监控程序。

法国兴业银行的交易欺诈案,表面上是因为内部控制系统的功能"残疾"(不能

"防止",虽能"发现",但迟迟不能"纠正"),但深层次的原因则是内部控制的根基不牢,控制环境不佳。管理层的利欲熏心、风险管理意识淡化,也是法国兴业银行内部控制功能落空的根本原因。

再好的内部控制体系,也不能够把一个劣迹斑斑的或没有经营智商的管理层变成一个非常有经验、头脑和能力的管理层。所以它的作用不在于智慧和能力,而在于在企业实现主要目标的前提下去完成外界强制要完成的事情。内部控制是一种防御性措施,它所强调的是一种必须做的义务和责任,而不是智慧和能力。内部控制是20世纪中叶随着现代经济的发展而建立起来的一个重要管理方法。美国权威机构COSO委员会[1]早期将内部控制的定义为一种为合理保证实现经营的效果和效率、财务报告的可靠性及符合法律和规章制度三大目标的程序。

第一节 内部控制理论的发展历程

自从人类有了群体活动开始,就有了一定意义上的"控制",我国古代的御使制度和早期西方的议会制度,均属于控制制度的演变。内部控制制度产生的前提条件是"授权",它是特定组织的管理当局为了确保各项活动在"授权"范围内进行而建立起来的一个"自我检查、自我调整、自我制约"的系统,目的是提高组织的"免疫"能力。

内部控制的发展经历了一个漫长的时期,"内部控制"一词最早见诸文字,是作为审计术语出现在审计文献中的。1936年,美国会计师协会(美国注册会计师协会的前身)在其发布的《注册会计师对财务报表的审查》文告中,首次正式使用了"内部控制"这一专门术语,其中指出:"注册会计师在制定审计程序时,应考虑的一个重要因素是审查企业的内部牵制和控制,企业的会计制度和内部控制越好,财务报表需要测试的范围则越小。"

内部控制制度凝聚了世界上古往今来的管理思想和实践经验,其发展大致经历了内部牵制、内部控制制度、内部控制结构、内部控制整体框架、风险管理总体框架五个不同阶段。

一、内部牵制阶段

一般认为,20世纪40年代以前是内部牵制阶段。内部牵制(internal check),是以

---

[1] COSO委员会(The Committee of Sponsoring Organizations of the Treadway Commission)是美国政府机构所组织的特别委员会,其主要职责是对美国经济监管部门,如财务监督、审计等部门进行建议性指导。该委员会1992年发表的一份研究报告,其核心内容是从整体框架上阐述了企业内部控制结构,并就如何进行内部控制审计提出了建设性意见;COSO报告从四个方面——目的、承诺、能力、监督与学习,提出20项控制基准。COSO内部控制框架是美国证券交易委员会唯一推荐使用的内部控制框架,被市场广泛接受。

账目间的相互核对为主要内容并实施岗位分离,以确保所有账目正确无误的一种控制机制。内部牵制必须进行组织上的责任分工和业务的交叉检查或交叉控制,以便相互牵制,防止错误或弊端。这就是内部控制的雏形。《柯氏会计词典》给它下的定义是:"为提供有效的组织和经营,并防止错误和其他非法业务发生而制定的业务流程,其主要特点是以任何个人或部门不能单独控制任何一次或一部分业务权利的方式进行组织上的责任分工,每项业务通过正常发挥其他个人或部门的功能进行交叉检查或交叉控制。"人们对上述内部牵制概念长期以来没有根本的异议,以致在现代的内部控制理论中,内部牵制仍占有相当重要的地位,并成为现代内部控制理论中有关组织控制、职务分离控制的雏形。

内部牵制制度的核心内容是不相容职务的分离与牵制。不相容职务指的是不能同时由一个人兼任的职务。不相容职务的分离与牵制,即要求记账人员与经济业务事项和会计事项的审批人员、经办人员、财物保管人员的职责权限应当明确,并相互分离、相互制约。具体实行时,包括四个要点(即不相容职务分离的四个要点):第一,识别不相容职务,即对通常不能由一个人兼任的职务必须有全面的了解,这些职务包括出纳与记账、业务经办与记账、业务经办与业务审批、业务审批与记账、财物保管与记账、业务经办与财物保管、业务操作与业务复核;第二,合理界定不同职务的职责与权限,只有这样,才能在有关各司其职的前提下,去合理地分离不相容职务,也只有这样,一旦出现问题,才能准确地分清责任;第三,分离不相容职务,在进行定岗和分工时,注意将不相容职务分离开来,使其相互牵制、相互制约;第四,必要的保障措施,如物理措施(保险柜、专用钥匙等)或技术措施(网络口令等),定期的岗位轮换等。

一般而言,内部牵制制度的执行可通过实物牵制、物理牵制、体制牵制和簿记牵制四种方式进行。无论是哪一种方式的牵制,其立足点在于增设核对点和平衡点,以加强上下、左右的制约。值得一提的是,内部牵制制度只是对业务活动及有关记录处理的一种程序或制度规定,该制度是否合理、执行效果如何,则应由内部审计去检查、监督与评判。内部牵制思想是从一个环节或一个部门出发进行控制管理的,它缺乏全局观念,不强调业务流程和系统控制,即只强调点,不注重点与点之间的关系。

二、内部控制制度阶段

在内部牵制思想的基础上,产生了内部控制制度的概念。内部控制制度的形成,可以说是传统的内部牵制思想与古典管理理论相结合的产物。最早提出内部会计控制系统的是1934年美国发布的《证券交易法》。该法规定:证券发行人应设计并维护一套能够为财务信息真实可靠目标提供合理保证的内部控制制度。1936年美国颁布了《独立公共会计师对财务报表的审查》,首次定义了内部控制:"内部稽核与控制制度是指为保证公司现金和其他资产的安全,检查账簿记录的准确性而采取的各种措施和方法。"1949年美国会计师协会的审计程序委员会发表了一份题为《内部控制、协调系统诸要素及其对管理部门和注册会计师的必要性》的专题报告的定义:"内部控制是企业所制定的旨在保护资产、保证会计资料可靠性和准确性、提高经营效率、推动管理部门所制定的各项政策得以贯彻执行的组织计划和相互配套的各种方法及措施。"1958 年美国审计程序委员会的《独立审计人员评价内部控制的范围的报告》将内部控制分为内部会计控制和内部管理控制。此后美国审计程序委员会又经过了多次修改。1973 年在《美国审计程序公告 55 号》中,对内部控制制度的定义作出如下解释:"内部控制制度有两类:内部会计控制制度和内部管理控制制度,内部管理控制制度包括且不限于组织结构的计划,以及关于管理部门对事项核准的决策步骤上的程序与记录。"

内部控制制度思想认为内部控制应分为内部会计控制和内部管理控制两个部分。内部会计控制包括与财产安全与财产记录可靠性有关的所有方法和程序。内部会计控制在于保护企业资产、检查会计数据的准确性和可靠性。内部管理控制包括组织规划的所有方法和程序,这些方法和程序主要与经营效率和贯彻执行方针有关。内部管理控制在于提高经营效率,促使有关人员遵守既定的管理方针。内部会计控制和内部管理控制两者是不可分割、相互联系的。总的来说,内部控制的范围更大了,方法更趋于科学与完善。

三、内部控制结构阶段

进入 20 世纪 80 年代以来,内部控制的理论研究又有了新的发展,人们对内部控制的研究重点逐步从一般含义向具体内容深化。"内部控制结构"阶段的标志是 1988 年,美国注册会计师协会(AICPA)发布的《审计准则公告第 55 号》(SAS NO.55),以"财务报表审计对内部控制结构的考虑"为题,首次采用"内部控制结构"概念取代了"内部控制制度",并将其界定为:为合理保证企业特定目标的实现而建立的各种政策和程序。并且明确了内部控制的内容包括三个部分:控制环境、会计制度、控制程序。

(一) 控制环境

所谓控制环境是指对建立、加强或削弱特定政策和程序的效率发生影响的各种因素。主要表现在股东、董事会、经营者及其他员工对内部控制的态度和行为。

(二) 会计系统

规定各项经济业务的确认、计量、记录、归集、分类、分析和报告的方法。也就是要建立企业内部的会计制度。

(三) 控制程序

控制程序指管理当局可制定的用以保证达到一定目的的方针和程序。在这一时期,企业开始需要以经营业务为导向,针对主要经营业务进行风险控制评价。所以,管理环境被纳入内部控制的视线,并引起内部控制各要素的重新划分与结构整合。

与以前的内部控制定义相比,内部控制结构有两个特点:一是将内部控制环境纳入内部控制的范畴;二是不再区分会计控制和管理控制。至此,在企业管理实践中产生的内部控制活动,经过审计人员的理论总结,已经完成从实践到理论的升华。

四、内部控制整合框架阶段

1992年,由美国会计学会、注册会计师协会、美国内部审计师协会、财务经理人员协会和管理会计师协会等组织成立的专门研究内部控制问题的美国虚假财务报告全国委员会的后援组织委员会(简称COSO委员会)发布了指导内部控制的纲领性文件COSO报告——内部控制整体框架,并于1994年进行了增补,这份报告堪称内部控制发展史上的又一里程碑。

COSO报告指出,内部控制是由公司董事会、管理层和其他员工实施的,为实现经营的效果性和效率性、财务报告的可靠性,以及适用法律、法规的遵循性等目标提供合理保证的一个过程。其根本目的是防范风险。根据COSO委员会的这一定义,内部控制是为达到防范风险目标提供合理保证而设计的过程。具体来说,是为了达到提供可靠财务报告,遵循法律、法规和提高经营效率效果的目标。COSO提出了企业内部控制的整体框架,在COSO内部控制框架中,管理层需要履行的职责包括五个步骤或要素:控制环境(control environment)、风险评估(risk assessment)、控制活动(control activities)、信息与沟通(information and communication)和监控(monitoring)。

(一) 控制环境

控制环境作为内部控制整体框架中所有构成要素的基础,为内部控制提供了前提和结构。其特征是先明确定义机构的目标和政策,再以战略计划和预算过程进行支持;然后,清晰定义利于划分职责和汇报路径的组织结构,确立基于合理年度风险评估的风险接受政策;最后,向员工澄清有效控制和审计体系的必要性以及执行控制要求的重要性,同时,高级领导层需对文件控制系统作出承诺。控制环境决定了企业的基调,直接影响企业员工的控制意识。

(二) 风险评估

风险评估是确定和分析目标实现过程中的风险,并为决定如何对风险进行管理提供基础。这一环节是COSO内部控制整体框架的独特之处。把风险评估作为要素引入到内控领域,这是第一次。在风险评估过程中,管理层识别并分析实现其目标过程中所面临的风险,从而制定决定如何管理风险的制度基础。管理层应该在审计师开始审计之前,识别那些重大的风险,并基于这些风险发生的可能性和影响采取措施缓和这些风险。随后,审计师对这一风险评估过程进行评价。

(三) 控制活动

控制活动是指确保管理层的指令得以实现的机制,包括那些被识别能够缓和风险的活动。控制活动存在于组织的所有层面及组织所有的功能中,如核准、授权、验证、调节、复核经营绩效、保障资产安全、职务分工及信息系统等。

(四) 信息与沟通

信息是指员工能够获得其工作中所需要的信息,是确保员工履行职责的必要条件。沟通是各级人员接收最高管理层关于控制责任的指令方式和他们对待内部控制的严肃程度,包括信息向上的、向下的、横向的、在组织内外自由的流动。在企业运行和目标实现过程中,组织的各个层面都需要一系列包括来自企业内部和企业外部的财务和运营信息。信息系统对战略行动提供支持,并融入经营活动中。

(五)监督

监督是由实时评价内部控制执行质量的程序组成的,这一程序包括持续监督、独立评价,或者是两者的综合。独立评价的范围和频率取决于所评估的风险程度,内部控制系统需要被监督,监督能够确保内部控制的有效运行。控制的监督要素包括经理人员日常的监督、审计师和其他群体定期的审核,以及经理人员用以揭示和纠正已知的缺陷与不足的程序。监督可以用来保证其他控制的运行。

COSO将内部控制要素以一个金字塔结构提出,其中控制环境作为金字塔的最底部,风险评估和控制活动位于上一层次,信息和沟通接近顶部,监督处于最顶端。内部控制各要素之间的关系:控制环境是基础,是其余要素发挥作用的前提条件。如果没有一个有效的控制环境,其余四个要素无论其质量如何,都不可能形成有效的内部控制。风险评估、控制活动、信息与沟通是整个控制框架的组成要素,监督则是对另四个要素所进行的持续不间断的检验和再控制。

内部控制理论——COSO报告的出台,引起了世界会计学界的广泛研究兴趣,加深了各界对内部控制认识的重要性,基本上统一了业界的认识,这对人们进行企业内部控制的研究极具时代意义。COSO的《内部控制整体框架》研究报告得到了国际社会和各种职业团体的广泛承认。1998年9月,巴塞尔银行监督委员会在吸收COSO报告的研究成果基础上,发布了《银行组织内部控制系统框架》。

五、企业风险管理整合框架阶段

在1992年COSO报告的基础上,结合《萨班斯-奥克斯利法案》[①]在财务报告方面的要求,2004年COSO委员会发布《企业风险管理—整合框架》。企业风险管理整合框架认为"企业风险管理是一个过程,它由一个主体的董事会、管理当局和其他人员实施,应用于战略制订并贯穿于企业之中,旨在识别可能会影响主体的潜在事项,管理风险以使其在该主体的风险容量之内,并为主体目标的实现提供合理保证"。

该框架拓展了内部控制,更有力、更广泛地关注于企业风险管理这一更加宽泛的领域。风险管理框架包括了八大要素:内部环境、目标设定、事项识别、风险评估、风险应对、控制活动、信息与沟通、监控。

与1992年COSO报告提出的内部控制整体架构相比,企业风险管理架构增加了一个观念、一个目标、两个概念和三个要素,即"风险组合观""战略目标""风险偏好"和"风险容忍度"的概念以及"目标制定""事项识别"和"风险反应"要素。

---

① 《萨班斯-奥克斯利法案》全称《2002年公众公司会计改革和投资者保护法案》,是美国立法机构根据安然公司、世界通讯公司等财务欺诈事件破产暴露出来的公司和证券监管问题所立的监管法规,简称《SOX法案》或《索克思法案》。该法案对美国《1933年证券法》《1934年证券交易法》作出大幅修订,在公司治理、会计职业监管、证券市场监管等方面作出了许多新的规定。该法案标志着美国证券法律根本思想的转变:从披露转向实质性管制。

(一) 一个观念

提出了一个新的观念——风险组合观。企业风险管理要求企业管理者以风险组合的观点看待风险，对相关的风险进行识别并采取措施使企业所承担的风险在风险偏好的范围内。对企业内每个单位而言，其风险可能落在该单位的风险容忍度范围内，但从企业总体来看，总风险可以超过企业总体的风险偏好范围。因此，应从企业总体的风险组合的观点看待风险。

(二) 一个目标

增加了一类目标——战略目标，并扩大了报告目标的范畴。内部控制架构将企业的目标分为经营、财务报告和合规性三类目标。企业风险管理架构也包含三个类似的目标，但是其中只有两个目标与内部控制架构中的定义相同，财务报告目标的界定则有所区别。内部控制架构中的财务报告目标只与公开披露的财务报表的可靠性相关，而企业风险管理架构中报告目标的范围有很大的扩展，该目标覆盖了企业编制的所有报告，既包括内部报告，也包括外部报告；包括企业内部管理者使用的报告，也包括向外部提供的报告；包括法定报告，也包括向其他利益相关者提供的非法定报告；既包括财务信息，也包括非财务信息。此外，企业风险管理架构比内部控制架构增加了一类新的目标——战略目标。该目标的层次比其他三个目标更高。企业的风险管理在应用于实现企业其他三类目标的过程中，也应用于企业的战略制定阶段。

(三) 两个概念

提出了两个新概念——"风险偏好"和"风险容忍度"。从广义上看，风险偏好是指企业在实现其目标的过程中愿意接受的风险的数量。企业的风险偏好与企业的战略直接相关，企业在制定战略时，应考虑将该战略的既定收益与企业的风险偏好结合起来。风险容忍度的概念是建立在风险偏好概念基础上的，是指在企业目标实现的过程中对差异的可接受程度，是企业在风险偏好的基础上设定的对相关目标实现过程中所出现的差异的可容忍限度。在确定各目标的风险容忍度时，企业应考虑相关目标的重要性，并将其与企业风险偏好联系起来。

(四) 三个要素

增加了三个风险管理要素——"目标制定""事项识别"和"风险反应"；对其他要素的分析更加深入，范围上也有所扩大。除了新增了三个风险管理要素外，企业风险管理架构更加深入地阐述了其他要素的内涵，并扩大了相关要素的范围。在控制环境要素上，企业风险管理架构将"控制环境"扩展为"内部环境"，更加直接、广泛地关注风险是如何影响企业的风险文化。在风险评估方面，企业风险管理架构建议从固有风险和残存风险的角度来看待风险；还要求注意相互关联的风险，确定一件单一的事项如何为企业带来多重的风险。在信息与沟通方面，企业风险管理架构扩大了企业信息和沟通的构成内容，认为企业的信息应包括来自过去、现在和未来潜在事项的数据。

总的来讲，新的架构强调在整个企业范围内识别和管理风险的重要性。COSO委员会强调风险管理框架必须和内部控制框架相一致，把内部控制目标和要素整合到企业全面风险管理过程中。因此，风险管理框架是对内部控制框架的扩展和延伸，它涵盖了内部控制，并且比内部控制更完整、有效。

第二节 商业银行内部控制的内容

一、商业银行内部控制的含义

美国机构 COSO 委员会对内部控制界定为一种为合理保证实现三大目标[①]的程序。1998 年 1 月,巴塞尔委员会颁布的适合一切表内外业务的《内部控制系统评估框架(征求意见稿)》,提出了新的内控定义,其中进一步强调董事会和高级管理层对内控的影响,描述了一个健全的内部控制系统及其基本构成要素,提出了供监管当局评价银行内部控制系统的若干原则。从广义上说,内部控制是组织机构在经营管理过程中,为保证管理有效、资产安全、会计数据准确真实及为鼓励遵守既定管理政策而采取的所有相应的方法和手段。对商业银行来说,内部控制[②]是商业银行为实现经营目标,通过制定和实施一系列制度、程序和方法,对风险进行事前防范、事中控制、事后监督和纠正的动态过程和机制。真正的内部控制机构,应是贯穿于商业银行各项业务活动全过程的控制系统,包括完善的规章制度、可行的操作规程、严密的控制程序和预警预报系统。各商业银行应充分认识到内控制度建设的重要性,自发地而不是被动地加强内控制度的建设,并作为其生存和发展的首要任务来抓,达到认识和实践的统一。

二、商业银行内部控制的目标

巴塞尔银行监管委员会把商业银行内部控制的目标分解为操作性目标、信息性目标和合规性目标。操作性目标不只针对经营活动,而且包括其他各种活动,强调各种活动的效果和效率。信息性目标包括管理信息,明确要求实现财务和管理信息的可靠性、完整性和及时性。合规性目标也即遵从性目标,要求商业银行遵从现行法律和规章制度。

中国《商业银行内部控制指引》规定,商业银行内部控制的目标如下。
(1) 保证国家法律、法规、金融监管规章和商业银行内部规章制度的贯彻执行。
(2) 保证自身发展战略和经营目标的全面实施和充分实现。
(3) 保证风险管理体系的有效性。
(4) 保证业务记录、财务信息及其他管理信息的及时、完整和真实。

商业银行应在相关职能和层次上建立并保持内部控制目标。内部控制目标应符合内部控制政策,并体现对持续改进的要求。内部控制应当与商业银行的经营规模、业务范围和风险特点相适应,以合理的成本实现内部控制的目标。

[①] 这三大目标是指经营的效果和效率、财务报告的可靠性及符合法律和规章制度。
[②] 该定义来自中国人民银行 2002 年 4 月颁布的《商业银行内部控制指引》。

在建立和评审内部控制目标时,应考虑法律、法规、监管要求和其他要求,以及技术、财务、经营和风险相关方等因素,尤其应考虑监管部门的内部控制指标要求。内部控制目标应可测量。有条件时,目标应用指标予以量化。

三、商业银行内部控制的原则

商业银行内部控制应当遵循以下基本原则。

(1) 全面性。银行的内部控制不是只针对某一方面进行的,而应当贯穿决策、执行和监督全过程,应当渗透到商业银行的各项业务过程和各个操作环节,覆盖所有的部门、岗位和人员。商业银行内部控制应该"无所不控"。

(2) 审慎性。内部控制应当以防范风险、审慎经营为出发点,商业银行的经营管理,尤其是设立新的机构或开办新的业务,都应当体现"内部优先"的要求。

(3) 有效性。内部控制应当具有高度的权威性,真正落到实处,任何人不得拥有不受内部控制约束的权利;内部控制存在的问题应当得到及时反馈和纠正。

(4) 独立性。内部控制的检查、评价部门应当独立于内部控制的建立和执行部门,并有直接向董事会和高级管理层报告的渠道。

(5) 制衡性。商业银行内部控制应当在治理结构、机构设置及权责分配、业务流程等方面形成相互制约、相互监督的机制。

(6) 相匹配。商业银行内部控制应当与管理模式、业务规模、产品复杂程度、风险状况等相适应,并根据情况变化及时进行调整。

四、商业银行内部控制的要素

内部控制要素是指构成内部控制的必要因素。只有内部控制的各构成因素有机结合在一起,才能形成完整的内部控制机制。根据美国 COSO 委员会 1992 年发表的一份研究报告所提出的企业内部控制结构框架和内部控制审计建设性意见,商业银行内部控制应当包括以下要素:内部控制环境、风险识别与评估、内部控制措施、信息交流与反馈、监督评价与纠正五要素。五要素之间既独立又相互联系。

商业银行高风险、高收益的行业特征决定了内部控制制度对其重要性,而商业银行是企业中的一个特殊群体,因此,更需要有为本行业量身打造的专门的内部控制制度。

(一) 内部控制环境

商业银行内部控制环境是指对内部控制的建立和执行过程有重大影响的各种因素的总称。它是推动工作的发动机,是所有其他内部控制组成部分的基础。商业银行应当建立良好的公司治理以及分工合理、职责明确、报告关系清晰的组织结构,为内部控制的有效性提供必要的前提条件。具体讲,控制环境又包括以下五方面的内容。

1. 管理理念

管理理念是指管理人员在思想理念及实际行动上对内部控制的重视程度。例如,管理人员对业务风险的识别、重视程度,对风险采取的分析、评估和控制方法;管理人员为实现经营管理目标,对内部控制的重视程度;全行是否围绕一个明确的管理理念经营管理等。

2. 管理层

一个商业银行如果有一个好的管理层,就为该行创造了一个良好的控制环境。好的管理层包括两方面含义:一是领导者自身要有正确的道德观和价值观,有一定的责任心和敬业精神,要带头认真执行行内的各项规章制度;二是要有正确的管理方式,以科学的管理方法使商业银行的运作规范化、科学化,并在稳健经营的基础上发展壮大。

3. 组织结构

商业银行的组织结构是否合理至关重要,组织结构合理能够使各部门职责分明,既相互联系,又相互制约,有完善的授权授信机制,能够保证部门和分支行之间方便、快捷、准确地沟通信息,能够在商业银行内部建立有效的监督机制。

4. 人事政策和员工素质

一个商业银行要有合理的人员招聘、录用、使用、晋职、解聘政策,能够充分调动员工的积极性,注重提高员工业务素质和政治素质。有明确的员工培训计划,使员工有较强的敬业精神和职业道德,在良好的氛围中充分发挥主观能动性,努力工作。科学的人事政策能合理利用人力资源,在降低人力资源成本的同时提高工作效率。

5. 外部环境

现代商业银行是一个开放的系统,会受到外界有关部门和各项因素的干扰和影响。其中,有关部门主要是指政府部门、中央银行、社会监督部门;各项因素是指国内外经济形势、法律环境、社会公众要求,甚至自然灾害等。这些部门和因素对商业银行内部控制制度的制定、执行都会产生影响。例如,为了降低商业银行的经营风险,国家规定必须进行分业经营,所有与存放款等传统银行业务无关的业务都不能经办,则商业银行内部控制的外延就比之前可以进行多种经营时要小得多。

(二) 风险识别与评估

为达到一定的经营目标而识别和分析风险,是风险管理决策的基础。风险评估时,评估人员要重视设立目标、分析风险和管理变化等方面的管理程序。风险评估包括对风险点进行选择、识别、分析和评估的全过程。

一是列出重要风险要素和风险控制点。商业银行首先要清楚在其经营管理过程中会出现的风险,风险要素和风险点的罗列要细致、全面,既要考虑内部风险,又要考虑外部因素引起的风险;既要考虑静态风险,又要考虑动态风险;既要考虑操作风险,又要考虑体制和政策风险。

二是对风险进行分析和评估。要事先对风险点进行评估,识别风险产生的原因及表现形式;识别每一重要业务活动目标所面临的风险;估计风险的概率、频率、重要性、可能性;风险所造成的危害。其目的是能够在业务开展前,测定出风险指标,并能够在业务发生后对风险进行跟踪监测。

(三) 内部控制措施

内部控制措施就是确保管理方针得以实现的一系列制度、程序和措施。包括高层检查、直接管理、信息加工、实物控制、工作指标和职责分离等。管理人员要为每一重大活动设立目标,并针对与这些目标相关的风险,列出所要采取的活动和措施,如完善制度、加强相互制约、健全奖惩机制、加强员工培训等。

内部控制措施要与风险评估过程联系起来,要恰当实际,要针对每一项重要业务活动,要保证管理指令的执行。

(四)信息交流与反馈

要使控制活动和措施有力地开展下去,一个商业银行必须及时获取内外部信息,包括反映经营管理状况、法律和法规执行情况、财务报表资料等内部信息,以及其他外部信息,并使这些信息充分交流,如内部部门之间、总行与分支行之间、分支行之间的相互交流,银行与客户、政府部门、中央银行之间的交流等。通过信息的获取和交流,来完善和实现自身的目标,采取必要的控制活动和措施,及时解决存在的问题。如通过分支行之间、与中央银行之间的信息交流,获取主要客户在本系统其他分支行及其他银行的贷款和授信情况,以便本行确定适当的授信额度和测定信用风险。

(五)监督评价与纠正

为了保证内部控制的有效性、充分性和可行性,必须考虑对内部控制制度进行持续性评价和单项制度的分别评价。主要内容包括:组织体系是否健全,决策系统、执行系统、监督系统和支持保障系统作用发挥如何;领导层对内部控制的认识如何;是否有相应的管理制度和操作规程,这些制度和规程是否完善;是否具有明确的岗位责任制;授权、分工协作和相互制约机制是否健全;指标制定是否合理,完成情况如何,是否具有完善的奖惩机制;员工对制度精神是否充分理解,执行情况如何;岗位轮换和员工培训情况如何;计算机、人事管理、信息管理、安全保卫等支持保障系统是否有效;内部稽核体系是否健全,独立性和权威性如何,稽核力度和覆盖面是否足够等。

商业银行内部控制的要素、目标和基本原则的概括如表12-1所示。

表12-1 商业银行内部控制内容

银行内部控制五个要素	银行内部控制目标	银行内部控制原则
内部控制环境 风险识别与评估 内部控制措施 信息交流与反馈 监督评价与纠正	保证依法合规经营 确保发展战略和经营目标的实现 保证风险管理体系的有效性 保证财务和管理信息的可靠和完整	全面性 审慎性 有效性 独立性 制衡性 相匹配

知识专栏 12-1

新 COSO 内控框架

美国科索委员会(The Committee of Sponsoring Organizations of the Treadway Commission,缩写为 COSO)于 2011 年 12 月发布了新版内控框架的征求意见稿,面向全球公开征求意见。2013 年 5 月,COSO 正式发布新内控框架。

新COSO内控框架共包括四部分内容。

一是内容摘要，对新框架进行高度总结，包括内部控制的定义、目标、原则、内部控制的有效性和局限性等，使用对象为首席执行官和其他高级管理层、董事会成员和监管者。

二是框架内容和附录，包括内部控制的组成部分及相关的原则和关注点，并为各级管理层在设计、实施内部控制和评估其有效性方面提供了指导。

三是评估内部控制系统有效性的解释性工具，为管理层在应用框架特别是评估有效性方面提供了模板和行动方案。

四是外部财务报告内部控制：方案和示例摘要，在准备外部财务报告过程中为应用框架中的要素和原则提供了实际的方案和示例。

新COSO内控框架在内部控制的定义、内部控制五要素、评估内控体系有效性的标准等方面与旧框架保持了一致。与旧框架相比，新框架并没有改变旧框架关于内部控制的基本概念和核心内容，而是对旧框架的某些概念和指引进行更新和改进，以期反映近年来企业经营环境的演变、监管机构的要求和其他利益相关者的期望。

COSO新框架的发布，将会引起内控评价和内控审计的一系列问题，包括内控评价和审计程序的设计、标准的制定、报告和监督的执行等方面的改变。但是，由于旧框架的重要概念和基本原则已获得市场广泛认可且未做本质性改变，对于众多参考COSO旧框架制定的世界各国内控标准体系来讲，新框架同样具有参考价值和借鉴意义。

新COSO内控框架与我国内控规范体系在整体架构、基本原则、主要内容、实施要求等方面趋于一致。新COSO内控框架对于完善我国内控规范体系具有重要意义。

五、商业银行的内部控制措施

商业银行的内部控制按照具体业务种类实施控制。控制的措施及主要内容包括以下内容。

(1) 建立健全内部控制制度体系，对各项业务活动和管理活动制定全面、系统、规范的业务制度和管理制度，并定期进行评估。

(2) 合理确定各项业务活动和管理活动的风险控制点，采取适当的控制措施，执行标准统一的业务流程和管理流程，确保规范运作。商业银行应当采用科学的风险管理技术和方法，充分识别和评估经营中面临的风险，对各类主要风险进行持续监控。

(3) 建立健全信息系统控制，通过内部控制流程与业务操作系统和管理信息系统的有效结合，加强对业务和管理活动的系统自动控制。

(4) 根据经营管理需要，合理确定部门、岗位的职责及权限，形成规范的部门、岗位职责说明，明确相应的报告路线。

(5) 全面系统地分析、梳理业务流程和管理活动中所涉及的不相容岗位，实施相应的分离措施，形成相互制约的岗位安排。

（6）明确重要岗位，并制定重要岗位的内部控制要求，对重要岗位人员实行轮岗或强制休假制度，原则上不相容岗位人员之间不得轮岗。

（7）制定规范员工行为的相关制度，明确对员工的禁止性规定，加强对员工行为的监督和排查，建立员工异常行为举报、查处机制。

（8）根据各分支机构和各部门的经营能力、管理水平、风险状况和业务发展需要，建立相应的授权体系，明确各级机构、部门、岗位、人员办理业务和事项的权限，并实施动态调整。

（9）严格执行会计准则与制度，及时准确地反映各项业务交易，确保财务会计信息真实、可靠、完整。

（10）建立有效的核对、监控制度，对各种账证、报表定期进行核对，对现金、有价证券等有形资产和重要凭证及时进行盘点。

（11）设立新机构、开办新业务、提供新产品和服务，应当对潜在的风险进行评估，并制定相应的管理制度和业务流程。

（12）建立健全外包管理制度，明确外包管理组织架构和管理职责，并至少每年开展一次全面的外包业务风险评估。涉及战略管理、风险管理、内部审计及其他有关核心竞争力的职能不得外包。

（13）建立健全客户投诉处理机制，制定投诉处理工作流程，定期汇总分析投诉反映事项，查找问题，有效改进服务和管理。

第三节　商业银行内部控制的评价与监督体系

一、商业银行内部控制的评价体系

商业银行内部控制评价是对商业银行内部控制体系建设、实施和运行结果开展的调查、测试、分析和评估等系统性活动。商业银行应当建立内部控制评价制度，规定内部控制评价的实施主体、频率、内容、程序、方法和标准等，确保内部控制评价工作规范进行。完整的评价体系包括以下七个方面。

（1）商业银行内部控制评价应当由董事会指定的部门组织实施。

（2）对纳入并表管理的机构进行内部控制评价，包括商业银行及其附属机构。

（3）根据业务经营情况和风险状况确定内部控制评价的频率，至少每年开展一次。当商业银行发生重大的并购或处置事项、营运模式发生重大改变、外部经营环境发生重大变化，或其他有重大实质影响的事项发生时，应当及时组织开展内部控制评价。

（4）制定内部控制缺陷认定标准，根据内部控制缺陷的影响程度和发生的可能性划分内部控制缺陷等级，并明确相应的纠正措施和方案。

（5）建立内部控制评价质量控制机制，对评价工作实施全流程质量控制，确保内部控制评价客观公正。

（6）强化内部控制评价结果运用，可将评价结果与被评价机构的绩效考评和授权等挂钩，并作为被评价机构领导班子考评的重要依据。

（7）商业银行年度内部控制评价报告经董事会审议批准后，每年在规定的日期前报送监管部门。

二、商业银行内部控制的监督体系

商业银行的内部控制要求商业银行应构建覆盖各级机构、各个产品、各个业务流程的监督检查体系。这种监督体系的主要内容如下。

（1）商业银行内部审计部门、内控管理职能部门和业务部门均承担内部控制监督检查的职责，应根据分工协调配合，构建覆盖各级机构、各个产品、各个业务流程的监督检查体系。

（2）建立内部控制监督的报告和信息反馈制度，内部审计部门、内控管理职能部门、业务部门人员应将发现的内部控制缺陷，按照规定报告路线及时报告董事会、监事会、高级管理层或相关部门。

（3）建立内部控制问题整改机制，明确整改责任部门，规范整改工作流程，确保整改措施落实到位。

（4）建立内部控制管理责任制，强化责任追究。董事会、高级管理层应当对内部控制的有效性分级负责，并对内部控制失效造成的重大损失承担管理责任。内部审计部门、内控管理职能部门应当对未适当履行监督检查和内部控制评价职责承担直接责任。业务部门应当对未执行相关制度、流程，未适当履行检查职责，未及时落实整改承担直接责任。

（5）银行业监督管理机构通过非现场监管和现场检查等方式实施对商业银行内部控制的持续监管，并根据本指引及其他相关法律、法规，按年度组织对商业银行内部控制进行评估，提出监管意见，督促商业银行持续加以完善。

（6）银监会及其派出机构对内部控制存在缺陷的商业银行，应当责成其限期整改；逾期未整改的，可以根据《中华人民共和国银行业监督管理法》第三十七条有关规定采取监管措施。商业银行违反《指引》有关规定的，银监会及其派出机构可以根据《中华人民共和国银行业监督管理法》有关规定采取监管措施。

总之，商业银行的内部控制是银行风险管理的重要环节，这一内容以商业银行风险识别与预测为基础。内部控制具有价值增值功能，是商业银行的一种可再生的制度资本。内部控制系统对商业银行的风险具有"自我净化"功能。

银行业的道德规范——救助"贝尔斯登"

银行业和金融服务业从一开始就完全依赖于一个基本准则——公信力准则。银行管理者在公众资金管理方面必须维持公信和自信的氛围以吸引资金。一旦金融机构失去公信,个人和机构会将其储蓄和投资转入其他金融服务商处。失去信誉的金融机构最终将失去客户并面临破产。

成立于1923年的美国华尔街投资银行——贝尔斯登于2007年因失去公信力遭遇失败破产的故事极富戏剧化。在2007年年初的信贷危机期间,华尔街谣言四起,称贝尔斯登在筹集充足的用于偿还其他华尔街机构和全世界客户的债务的资金方面陷入了困境。贝尔斯登多年在次级房贷市场的巨额投资引起了其资产价格数十亿美元的损失,这一谣言一直持续着。很多次级房贷遭遇违约,成千上万的房主离家出走,因为他们已无法承担月供。

贝尔斯登一再向银行、证券交易商、监管者以及公众保证,它将筹集足够资金以兑现即将到期的债务,并将补充长期货本。然而,谣传延续着,称贝尔斯登处境越加困难,其他金融机构拒绝对其贷款或者与之交易,其资金来源已逐渐枯竭。贝尔斯登的股价暴跌。美联储担心其他投资银行陷入同样窘境继而可能引起金融系统顶级机构垮台的恐慌蔓延着。为防止市场波动加剧而带来不利后果,美联储介入并安排了摩根大通银行对贝尔斯登的收购,美联储通过提供紧急贷款对此次交易予以了支持。

于是,美联储和摩根大通银行这两大金融巨头在贝尔斯登破产之时,重拾公众信心,避免了投资银行业一连串破产的"多米诺效应"的发生。但是,金融机构的公信力"失之容易得之难"。几个月后的"雷曼兄弟"破产倒闭了。

第四节 商业银行的合规管理

从国际方面看,创建于1763年的英国巴林银行(Barings Bank)在1995年因其新加坡分行交易员尼克·里森违规操作损失9.16亿英镑(约合14亿美元)而灰飞烟灭;2002年爱尔兰联合银行因违规交易操作在远期外汇交易中损失7.5亿美元;2004年澳大利亚国民银行四个交易员违规从事远期期权交易损失3.6亿美元;2007年法国兴业银行交易员凯维埃尔因非法交易造成49亿欧元的损失。从国内方面看,2005年中国银行黑龙江分行河松街支行因管理疏漏使该行行长高山卷逃10.3亿元;2006年原深圳发展银行因发放贷款程序违规造成15亿元贷款无法收回;2007年中国农业银行邯郸分行因管理疏漏使5 100万元库款被盗。国内外银行业金融机构不断暴露重大违规事件,机构业务受到限制,财务损失数量惊人,机构声誉严重受损,危及公众对银行业的信心,大量合规失效的案例足以说明合规风险正成为银行业主要风险之一,银行业金融机构正面临着巨大的合规性挑战。

一、商业银行的合规管理

合规,从字面上来理解,是"合乎规范"的意思。2005年4月29日,巴塞尔银行监管委员会在《合规与银行合规职能》指引,明确指出:银行的活动必须与所适用的法律、监管规定、规则、自律性组织制定的有关准则,以及适用于银行自身业务活动的行为准则相一致。

合规("合规法律、规则和准则")应包括:立法机构和监管机构发布的基本法律、规则和准则;市场惯例;行业协会制定的行业规则;适用于银行职员的内部行为准则;以及诚信和道德行为准则等。

2016年10月20日,中国银行监督管理委员会发布并实施的《商业银行合规风险管理指引》指出:合规,是指使商业银行的经营活动与法律、规则和准则相一致。这里的法律、规则和准则,是指适用于银行业经营活动的法律、行政法规、部门规章及其他规范性文件、经营规则、自律性组织的行业准则、行为守则和职业操守。

商业银行的合规管理是指商业银行综合考虑合规风险与信用风险、市场风险、操作风险和其他风险的关联性,为确保各项风险管理政策和程序的一致性而进行的一项核心的风险管理活动①。合规管理实际上是内部控制中合规性目标的直接保证,是在风险评估及控制活动中涉及的风险管理的前提和实施工具。合规与银行的成本和风险控制、资本回报等经营的核心要素具有正相关的关系,违规加大风险成本,合规能为银行创造价值。

二、商业银行合规管理的原则

合规历来为外部监管机构和银行业所重视。巴塞尔银行监管委员会先后发布一系列文件对合规管理进行相应的规范,2003年巴塞尔银行监管委员会发布了《银行内部合规部门》,强调合规管理是银行核心风险管理活动。2005年4月29日,巴塞尔银行监管委员会发布了《合规与银行内部合规部门》,提出了合规管理十项原则,向各国银行业金融机构及其监管机构推荐有效管理合规风险的最佳做法。商业银行合规管理应当遵循独立性、系统性、全员参与、强制性、管理地位与职责明确的科学管理原则。

独立性原则是指银行合规管理应当独立于银行的业务经营活动,以真正起到牵制制约的作用,是银行合规管理的关键性原则。

系统性原则是指银行合规管理应当运用系统观点进行系统的设计和组织,构建合理的运行体制,协调运作,实现银行合规管理的最大效能。

全员参与原则是指合规工作应当做到由全体员工在各自的业务活动中全面遵循合规性要求,银行合规管理应当立足于形成银行整体的合规文化以从职业道德上约束所有员工。

强制性原则是指鉴于规章制度的强制执行的性质,银行合规管理相对于其他管理而言,具有强制性,任何人必须服从合规性要求,而不能讨价还价。

管理地位与职责明确的原则,随着银行合规管理重要性的日益提升,根据组织设计

---

① 银行的行为是否符合银行自己制定的内部规章制度,这不属于合规及合规风险的范畴,而是需要通过银行内部审计监督去解决的问题。

原则,应当由专门部门牵头实施,并各相关人员的角色和职责通过书面文件予以清晰界定,系统组织,提高银行合规管理效果,确保目标实现。

在1991—2000年的10年中,先后有许多国家或地区的监管机构对银行业机构的合规部门作出规定。主要以欧洲监管机构为主,包括德国、英国、西班牙、法国等十多个国家,以及澳大利亚、加拿大、日本和中国香港地区等。进入21世纪后,上述大部分国家或地区的监管机构,根据银行业合规风险管理的新形势,对合规部门提出了新规定。

目前,国际性的大金融机构基本上都设置了合规部门,建立了内部合规管理制度。合规管理制度已成为金融机构内部控制制度的重要方面。作为对巴塞尔委员会文件的积极响应,中国银行业监督管理委员会于2006年10月20日颁布了《商业银行合规风险管理指引》,强调合规是商业银行所有员工的共同责任,应从高层做起,要求商业银行树立风险为本的合规管理理念,加强合规风险识别和管理的流程建设。

知识专栏12-3

合规管理十大原则

原则一:银行董事会负责监督银行的合规风险管理。董事会应该审批银行的合规政策,包括一份组建常设的、有效的合规部门的正式文件。董事会或董事会下设的委员会应该对银行有效管理合规风险的情况每年至少进行一次评估。

原则二:银行高级管理层负责银行合规风险的有效管理。

原则三:银行高级管理层负责制定和传达合规政策,确保该合规政策得以遵守,并就银行合规风险管理向董事会报告。

原则四:作为银行合规政策的组成部分,高级管理层负责组建一个常设和有效的银行内部合规部门。

原则五:独立性。银行的合规部门应该是独立的。

原则六:资源。银行合规部门应该配备能有效履行职责的资源。

原则七:合规部门职责。银行合规部门的职责应该是协助高级管理层有效管理银行面临的合规风险。如果某些职责是由不同部门的职员履行,那么每个部门的职责应该界定清楚。

原则八:与内部审计的关系。合规部门的工作范围和广度应受到内部审计部门的定期复查。

原则九:跨境问题。银行应该遵守所有开展业务所在国家或地区的适用法律和监管规定,合规部门的组织方式和结构以及合规部门的职责应符合当地的法律和监管要求。

原则十:外包。合规应被视为银行内部的一项核心风险管理活动。合规部门的具体工作可能被外包,但外包仍必须受到合规负责人的适当监督。(资料来源:巴塞尔银行监管委员会2005年4月发布的《合规与银行内部合规部门》。)

三、商业银行合规风险管理体系

商业银行合规风险管理的目标是通过建立健全合规风险管理框架,实现对合规风险的有效识别和管理,促进全面风险管理体系建设,确保依法合规经营。

商业银行应建立与其经营范围、组织结构和业务规模相适应的合规风险管理体系。合规风险管理体系应包括以下基本要素:合规政策、合规管理部门的组织结构和资源、合规风险管理计划、合规风险识别和管理流程和合规培训与教育制度等。

(一)合规政策

商业银行的合规政策应明确所有员工和业务条线需要遵守的基本原则,以及识别和管理合规风险的主要程序,并对合规管理职能的有关事项作出规定,至少应包括以下内容。

(1)合规管理部门的功能和职责。

(2)合规管理部门的权限,包括享有与银行任何员工进行沟通并获取履行职责所需的任何记录或档案材料的权利等。

(3)合规负责人的合规管理职责。

(4)保证合规负责人和合规管理部门独立性的各项措施,包括确保合规负责人和合规管理人员的合规管理职责与其承担的任何其他职责之间不产生利益冲突等。

(5)合规管理部门与风险管理部门、内部审计部门等其他部门之间的协作关系。

(6)设立业务条线和分支机构合规管理部门的原则。

(二)合规管理部门的组织结构和资源

合规管理部门,是指商业银行内部设立的专门负责合规管理职能的部门、团队或岗位。具体包括:董事会、负责日常监督商业银行合规风险管理的董事会下设委员会、监事会和高级管理层以及合规负责人等。

董事会应对商业银行经营活动的合规性负最终责任,履行以下合规管理职责:(1)审议批准商业银行的合规政策,并监督合规政策的实施;(2)审议批准高级管理层提交的合规风险管理报告,并对商业银行管理合规风险的有效性作出评价,以使合规缺陷得到及时有效的解决;(3)授权董事会下设的风险管理委员会、审计委员会或专门设立的合规管理委员会对商业银行合规风险管理进行日常监督;(4)商业银行章程规定的其他合规管理职责。

负责日常监督商业银行合规风险管理的董事会下设委员会应通过与合规负责人单独面谈和其他有效途径,了解合规政策的实施情况和存在的问题,及时向董事会或高级管理层提出相应的意见和建议,监督合规政策的有效实施。监事会应监督董事会和高级管理层合规管理职责的履行情况。

高级管理层应有效管理商业银行的合规风险,履行以下合规管理职责:(1)制定书面的合规政策,并根据合规风险管理状况以及法律、规则和准则的变化情况适时修订合规政策,报经董事会审议批准后传达给全体员工;(2)贯彻执行合规政策,确保发现违规事件时及时采取适当的纠正措施,并追究违规责任人的相应责任;(3)任命合规负责人,并确保合规负责人的独立性;(4)明确合规管理部门及其组织结构,为其履行职责配备充分和适当的合规管理人员,并确保合规管理部门的独立性;(5)识别商业银行所面临的主要合规风险,审核批准合规风险管理计划,确保合规管理部门与风险管理部门、内部审计部门以及其他相关部门之间的工作协调;(6)每年向董事会提交合规风险管理报告,报告应提供充分依据并有助于董事会成员判断高级管理层管理合规风险的有效性;(7)及时向董事会或其下设委员会、监事会报告任何重大违规事件;(8)合规政策规定的其他职责。

合规负责人应全面协调商业银行合规风险的识别和管理,监督合规管理部门根据合规风险管理计划履行职责,定期向高级管理层提交合规风险评估报告。合规负责人不得分管业务条线。

商业银行应为合规管理部门配备有效履行合规管理职能的资源。合规管理人员应具备与履行职责相匹配的资质、经验、专业技能和个人素质。

（三）合规风险管理计划

为了制定合规风险管理计划,商业银行首先应该了解其整体的合规风险。银行管理层至少每年在其职权范围对风险和风险控制措施进行评估。

一份全面的合规管理计划应该是动态的和主动的。合规风险管理计划应当不断评估因机构增加新的业务条线或业务活动、变更现有经营活动或流程、或者监管规定发生变化而带来的风险。评估的流程应包括一份具体的操作性强的评估报告,用以评估这些变化如何对企业的风险敞口的性质和水平产生影响,以及风险缓释、控制措施是否有效地将风险敞口限定在既定的水平之内。合规风险管理不是静态的,如果银行将合规管理视作一次性的,则其将面临着合规管理措施跟不上监督变化以及服务和客户变化带来的风险。因此,商业银行应制定并执行合理、有效的合规风险管理计划。

（四）合规风险识别和管理流程

合规管理则是商业银行有效防范和化解多元化经营潜在风险的重要手段。银行业的合规管理不仅需要外部监管和约束,更要有内在机制和文化的培养与渗透。因此,商业银行应建立健全有效的合规风险识别和管理流程。

商业银行要进行合规风险管理,首先应识别其面临的主要合规风险。商业银行的合规政策应明确所有员工和业务条线需要遵守的基本原则,以及识别和管理合规风险的主要程序。

（五）合规培训与教育制度

商业银行应定期为合规管理人员提供系统的专业技能培训,尤其是在正确把握法律、规则和准则的最新发展及其对商业银行经营的影响等方面的技能培训。

商业银行要实现稳健可持续发展,就必须讲合规,必须以合规经营和合规性监督检查为基础。商业银行的事业要发展,就要遵守国家法律法规和监管规定、遵守系统规章制度,确保法律法规和各项规章制度的贯彻落实,只有各方面合规了,才能保证商业银行的资金安全,才能保证各项业务健康的发展,才能保证商业银行在激烈的竞争中立于不败之地。

银行经营管理中的风险控制,离不开合规合法的业务决策和操作行为。银行资金损失和各种金融案件的风险,不仅与违规相伴,而且与违规俱增。监管机构不坚持抓合规监管,就不能成为有效的监管机构;商业银行不以合规经营和合规性监督检查为抓手,就无从落实风险管理。

本 章 小 结

内部控制是一个历史范畴,其内涵随企业经营环境的复杂化和经营业务的多样化在不断丰富。它已经历了内部牵制、内部控制制度、内部控制结构、内部控制整体框架和企业风险管理总体框架五个阶段。内部控制从最初的内部会计控制,到提出内部管理控制,再到将两者结合讨论,发展出整合框架,最后演变为企业的风险管理。从内部控制的发展可以看出,内部控制的建立,是企业不断成长壮大的结果,是现代化管理不断发展变化的客观要求,审计技术的进步和管理理论的创新都是推动内部控制不断发展的动力。

1. COSO委员会认为,内部控制是为达到目标提供合理保证而设计的过程。具体目标有三个:提供可靠财务报告、遵循法律法规和提高经营效率效果。在企业内部控制的整体框架中,管理层需要履行的职责包括五个步骤或要素:控制环境、风险评估、控制活动、信息与沟通和监控。

2. 商业银行的内部控制是商业银行为实现经营目标,通过制定和实施一系列制度、程序和方法,对风险进行事前防范、事中控制、事后监督和纠正的动态过程和机制。

3. 商业银行内部控制要素是指构成内部控制的必要因素,主要包括:内部控制环境、风险识别与评估、内部控制措施、信息交流与反馈、监督评价与纠正五要素。

4. 商业银行的内部控制目标是:确保国家法律规定和商业银行内部规章制度的贯彻执行;确保商业银行发展战略和经营目标的全面实施和充分实现;确保风险管理体系的有效性;确保业务记录、财务信息和其他管理信息的及时、真实和完整。

5. 商业银行内部控制测评包括初步了解内部控制、确定审计策略,执行内部控制测试、评估控制风险两部分。对内部控制测评的过程也就是对控制风险进行评估的过程。

6. 商业银行一般性内部控制的测评内容包括内部控制要素、会计系统、业务系统、计算机系统、内部控制的监督与风险评价五个方面的内部控制建设及其运行情况的测试评价。

7. 商业银行的合规管理是指商业银行综合考虑合规风险与信用风险、市场风险、操作风险和其他风险的关联性,为确保各项风险管理政策和程序的一致性而进行的一项核心的风险管理活动。

8. 内部控制与合规管理是商业银行经营的根本保障和永恒主题。商业银行发展的过程,同时也是完善内控机制实施合规管理的过程。因此,有效实现内部控制与合规管理的有机结合,就能保障业务的快速发展,就能有效地控制风险,就能保障商业银行依法合规稳健经营。

关 键 词

商业银行内部控制(commercial bank internal control);内部控制要素(internal

control elements); COSO 内控框架（COSO internal control framework）; 合规管理 (compliance management)

复习思考题

1. 从世界各个国家银行损失的案例中，可以得出哪些银行内部控制对于银行风险控制的重要意义？商业银行应该如何加强内部控制？
2. 商业银行的内部控制目标是什么？
3. 商业银行内部控制应当遵循什么原则？
4. 商业银行内部控制要素包含哪些？它们之间有何联系？
5. 商业银行的内部控制的实施措施有哪些？
6. 试述商业银行内部控制的评价体系与监督体系。

第十三章　商业银行财务报表和绩效评估

本章导入

读懂商业银行报表，了解商业银行利润结构

中国工商银行2016年半年报显示：该行上半年实现拨备前利润2 395.08亿元，同比增长1.2%；实现净利润1 506.56亿元，同比增长0.8%。盈利增长结构进一步发生深刻变化，一批新领域的发展空间不断扩大。实现手续费及佣金净收入817.15亿元，同比增长6.0%，占营业收入比重较上年提高2.30个百分点至22.85%，对本行盈利增长起到关键性的支撑作用。本行从紧控制费用支出，成本收入比控制在21.51%。上半年的经营业绩也是在有效防控信贷及其他各类风险基础上取得的。6月末不良贷款余额1 963.03亿元，较2015年年末增加167.85亿元，较一季度末减少83.56亿元；不良贷款率1.55%，较2015年年末上升0.05个百分点，较一季度末下降0.11个百分点。尽管不良贷款反弹压力依然较大，但信贷风险总体可控。工商银行上半年实现净利润1 506.56亿元，同比增长0.8%，年化平均总资产回报率1.32%，年化加权平均净资产收益率16.83%。营业收入3 576.70亿元，增长0.4%，其中利息净收入受息差水平下降影响下降7.1%至2 342.80亿元；非利息收入1 233.90亿元，增长18.5%。营业支出1 635.63亿元，增长0.4%，其中业务及管理费769.38亿元，下降3.3%，成本收入比下降至21.51%；计提资产减值损失444.33亿元，增长5.9%。所得税费用444.19亿元，下降1.8%。

简单分析以上数据即可发现，中国工商银行在2016年上半年，财务指标表现良好，资产回报率及股本回报率均比较可观，主要是因为非利息收入增长的作用，使得工商银行2016年上半年在净息差水平下降的宏观条件下依然得到了较好的利润率，与之相伴的是信贷的扩张和贷款损失的潜在压力依然存在。

商业银行的绩效评估主要涉及以下三个方面的内容：首先是认识商业银行的经营活动与结果，即利用商业银行财务报表获取相关信息；其次，设计一套指标体系将报表信息结合起来，从多个角度展示银行经营业绩；最后，应用一定的分析方法对指标数据进行综合分析，从而达到对银行绩效进行分析和评价的效果。

第一节　商业银行的财务报表

一、资产负债表

银行资产负债表是综合反映商业银行在某一特定日期全部资产、负债和权益的存量状况的报表。由于该表反映了一家银行特定日期的财务状况，因而也称为财务状况表。它是静态的会计报表。

（一）银行资产负债表的编制原理和结构

与企业一样，商业银行也是根据"资产＝负债＋所有者权益"这一平衡公式，将报告日银行的资产、负债和所有者权益的各具体项目予以适当排列编制而成。

资产负债表的格式各国有所不同，美国资产负债表不分左右两方，是单列式，先列出资产项目，再列负债，最后是所有者权益。我国采用账户式，分左右两方，左方表示资产项目，右方列示负债和所有者权益项目，两方合计数保持平衡。在排列上，中国式资产负债表按照流动性排列，即资产为先流动性资产，再长期资产，最后固定资产及其他；负债为先流动负债，再长期负债；所有者权益按其永久性递减的顺序排列。表13-1是账户式的商业银行的资产负债表，列出的是商业银行资产负债表的主要科目。

表13-1　商业银行资产负债表

资　　产	期末余额	期初余额	负债和所有者权益	期末余额	期初余额
资产类：			负债类：		
现金			向中央银行借款		
存放中央银行款项			同业存放款项		
存放同业款项			拆入资金		
贵金属			交易性金融负债		
拆出资金			衍生金融负债		
交易性金融资产			卖出回购金融资产款		
衍生金融资产			客户存款		
买入返售金融资产			发行存款证		
应收利息			应付职工薪酬		
发放贷款及垫款			应交税费		
代理业务资产			应付利息		
可供出售金融资产			预计负债		
持有至到期投资			代理业务负债		

(续表)

资　　产	期末余额	期初余额	负债和所有者权益	期末余额	期初余额
长期股权投资			应付债券		
固定资产			递延所得税负债		
无形资产			其他负债		
递延所得税资产			负债合计		
其他资产			所有者权益类：		
			实收资本（或股本）		
			资本公积		
			库存股		
			盈余公积		
			一般风险准备		
			未分配利润		
			所有者权益类合计		
资产总计			负债和所有者权益类合计		

（二）资产项目

1. 现金资产

现金资产是商业银行流动性最强的资产，可作为法定准备金，随时满足提现和贷款要求，被称为一级准备金。现金资产主要包括四个部分。

（1）库存现金：金库中的纸币、铸币，与央行往来但尚在运送中的现金。

（2）托收中现金：也叫在途资金，一般出现在支付清算中，是收款行已经为收款人记账但尚未从付款行得到的应收预付款，美国作为一级准备，其他国家作为二级准备。

（3）存放同业款项：即商业银行在其他金融机构的存款。一般来说商业银行为了方便清算支付，或者作为账户行的需求，会有一部分存款在其他银行或其他金融机构。

（4）存放中央银行款项：又被称为存放中央银行的准备金存款，是商业银行在央行的存款，用来满足法定存款准备金的要求、清算支付的需要以及其他作用。

2. 有价证券

商业银行持有的有价证券中通常以国债或政府债为主。按照大多数国家的监管规定，商业银行不被允许持有非金融机构企业的股票（德国全能银行制度除外）。中国《商业银行法》第四十三条规定：商业银行在中华人民共和国境内不得从事信托投资和证券经营业务，不得向非自用不动产投资或者向非银行金融机构和企业投资，但国家另有规定的除外。

（1）作为二级准备金的有价证券包括交易账户证券、同业拆出及回购协议下证券持有，还有证券投资中的短期投资部分。

交易账户证券是银行为获得买卖差价利润而购买的证券，这部分证券以市价计价。

回购协议是在出售证券的同时,与证券的购买商达成协议,约定在一定期限后按预定的价格购回所卖证券,从而获取资金的一种交易行为,其实质是一种短期抵押融资方式,买卖价差即利息,分为正回购协议(repurchase agreement)和逆回购协议(reverse repurchase agreement)两种。前者是先卖后买,借入资金;后者是先买后卖,借出资金。回购协议表面上是一种有价证券交易,其实质是一种抵押融资行为。

(2)证券投资是商业银行以投资为目的购买并持有的有价证券,分短期和长期两种。前者以保有流动性为目的,包括在二级准备内,可以以历史成本计价,也可以市价计价;后者以盈利为目的,采用历史成本计价,市价在附注中披露。

3. 贷款

贷款是商业银行最大比例的资产项目,也是商业银行主要的盈利资产。按照类别分为工商企业贷款、房地产贷款、消费贷款、农业贷款及其他。贷款在资产负债表中以总值、净值分列。贷款总值扣除贷款损失准备金(累计值 ALL)和预收利息后得出净值。

4. 固定资产及其他

主要指的是商业银行的房产设备的净值。对客户抵押品行使取消赎回权所得的不动产另行设置"其他不动产"记录。这一项在商业银行中的比例非常小,故而在有的国家将这一类称为杂项资产(miscellaneous assets)。

以上四类为商业银行的资产项目。其中现金资产和杂项资产通常又被称为非盈利资产,贷款和有价证券又被称为盈利资产或生息资产。因为在资产中贷款和有价证券能给商业银行带来利息收入。所以现金和固定资产等在商业银行资产负债表中通常被尽量维持在较低的比例,而贷款和有价证券比例较高。考虑到风险等因素对各项资产占比的安排也被称为资产结构的调整。

(三)负债项目

1. 存款

存款是商业银行的主要资金来源,中国银行业存款通常包括活期存款、定期存款、储蓄存款、财政存款等。美国银行业存款按照法定存款准备金规定的不同分为交易类和非交易类存款,又被分为活期存款、储蓄存款和定期存款。

以美国为例,其活期存款指的是可以支付的存款,以支票存款为主,包括 NOW、super NOWs、ATs 等。这一类存款的特点是可以支付,流动性强,可用资金比率较低,故而非利息成本较高。储蓄存款(savings deposit)有利息但只能提现不能支付,定期存款(time deposit)则具有较为稳定的特征,这一类存款的特征是可用资金比率通常较高,非利息成本较低,利息成本较高。故而不同的负债结构具有不同的期限性和不同的成本特征的区别。

2. 非存款负债

非存款负债包括短期借款和长期借款。商业银行短期借款来源主要有同业资金拆入、回购协议下的证券销售、向中央银行的再贴现或借款、欧洲货币市场借款等。其中同业资金拆入和回购协议下的证券销售是美国商业银行最重要的非存款融资渠道。欧洲货币市场是全球大银行短期借款的重要来源。商业银行的长期借款包括从国内外金融市场上借入的长期资金,以及发行的长期资本债券。商业银行还发行债务股本混合性融资工具以获得长期资金。

3. 其他负债

在商业银行的资产负债表上还可能出现其他负债,主要是在会计处理结转的过程中产生的应计税金、应付工资、应付福利费、其他应付款等。

(四) 所有者权益

所有者权益在会计上等于银行的资产与负债账面价值的差额,代表股东在商业银行中所拥有的价值。从会计的角度来说,所有者权益在股份制银行中包括四个部分。

1. 普通股

普通股是在公司的经营管理和盈利及财产的分配上享有普通权利的股份,代表的是企业利润在满足所有债权偿付要求及优先股东的收益权与求偿权要求之后,普通股的股东对企业盈利和剩余财产的索取权。它构成公司资本的基础。

2. 优先股

永久非累积优先股属于资本。每个会计年度终了,优先股股东优于普通股股东获得分配,可以得到固定的股息,但公司亏损年度可以不发放。

普通股和优先股均按面值记账,发行溢价计入资本盈余。

3. 资本公积金

资本公积金包括发行溢价、接受的捐赠资产、利润中按规定提取的部分、资产重估增值部分。

4. 未分配利润(留存收益)

未分配利润是企业未作出分配的利润,是指企业实现的净利润经过弥补亏损、提取盈余公积和向投资者分配利润后留存在企业的、历年结存的利润。它在以后年度可继续进行分配,在未进行分配之前,属于所有者权益的组成部分。从数量上来看,未分配利润是期初未分配利润加上本期实现的净利润,减去提取的各种盈余公积和分出的利润后的余额。未分配利润可以用于商业银行作为核心资本支撑资产以杠杆的速度扩张,是商业银行最好的资本金来源之一。但过度保留未分配利润会影响股东的利益。

(五) 表外项目

表外项目是指按照现行会计准则和会计制度的规定,不能或不需要在资产负债表中加以确认的项目。表外项目可以分为两类:一类是按照会计准则和会计制度规定不能在表内确认的项目,如经营租入固定资产;另一类是由于会计理论研究和会计准则制定的滞后性造成的一些会计准则尚未明确规定而按照会计理论又不足以在表内确认的项目,如中国的衍生金融工具。表外业务在当时不列入资产负债表内,但由于其可能给银行造成或有收益或有损失,并且可能具备风险,故而监管机构会提出关于表外业务披露的要求。

商业银行常见的表外业务有:贷款承诺、备用贷款和各种金融衍生合约。

二、利润表

利润表又称损益表,是商业银行最重要的财务报表之一,用以反映商业银行在某一会计期间经营成果实现情况的财务报表。利润表与资产负债表主要项目的规模存在密切的关系,因为资产负债表中的收入资产产生大部分的经营收入,负债产生大部分的经营支出。与资产负债表不同的是,利润表是流量表,是银行在报告期间经营活动的动态体现,反映出银行的金融流量,而资产负债表反映的是银行的金融存量。

商业银行利润表着眼于银行的盈亏状况,提供了经营中的收支信息,可用以分析盈亏原因。银行利润表包括三个主要部分:收入、支出和利润。编制利润表所依据的平衡公式是"收入－支出＝利润"。

商业银行的收入包括利息收入和非利息收入。其中利息收入主要产生于银行的客户贷款、同业贷款或有息收入存款、证券及其他收益资产。银行的主要支出包括存款利息支出、非存款借款的利息支出、股东权益成本、雇员的薪酬和福利支出、有形设备的管理费用(包括固定资产折旧)、贷款损失准备金(每期计提值 PLL)、应付税金和其他支出。收入和支出的差额即为净利润。

各国银行损益表的编制原理和基本格式相同,都是按照报告式格式编制的,即左边是银行收入、支出和利润的科目,右边是金额。损益表的结构分为多步式损益表和单步式损益表两种,我国一般采用多步式损益表格式。多步式利润表主要分为四部分:第一部分反映主要经营业务的构成情况;第二部分反映营业利润的构成情况;第三部分为利润总额;第四部分为净利润。

损益表中各科目的具体排列顺序各国不同。我国的排列顺序是先收入,包括利息收入和非利息收入,再支出,包括利息支出和非利息支出,然后是利润(见表13-2)。美国银行的损益表编制顺序是先利息收入、利息支出,后非利息收入和非利息支出,然后是利润。

表 13-2　商业银行利润表

项　目	本 年 金 额	上 年 金 额
一、营业收入		
利息净收入		
利息收入		
利息支出		
手续费及佣金净收入		
手续费及佣金收入		
手续费及佣金支出		
投资收益(损失以"－"号填列)		
其中:对联营企业和合营企业的投资收益		
公允价值变动收益(损失以"－"号填列)		
汇兑收益(损失以"－"号填列)		
其他业务收入		

(续表)

项　　目	本年金额	上年金额
二、营业支出		
营业税金及附加		
业务及管理费		
资产减值损失		
其他业务成本		
三、营业利润(亏损以"－"号填列)		
加：营业外收入		
减：营业外支出		
四、利润总额(亏损总额以"－"号填列)		
减：所得税费用		
五、净利润(净亏损以"－"号填列)		
六、每股收益：		
(一)基本每股收益		
(二)稀释每股收益		

（一）净利息收入

净利息收入＝利息收入－利息支出－当期计提的贷款损失准备金

其中利息收入主要指的是从贷款中获得的收益以及从有价证券投资中获得的利息收益等，是商业银行最大的利润来源之一。利息支出主要包括商业银行向存款人及借款的债权人支付的融资利息。当期计提的贷款损失准备（PLL）为商业银行计提的普通贷款损失准备金、专项准备金及特殊准备金。贷款损失准备的计提范围为承担风险和损失的资产，具体包括：贷款(含抵押、质押、保证等贷款)、银行卡透支、贴现、银行承兑汇票垫款、信用证垫款、担保垫款、进出口押汇、拆出资金等。

（二）非利息收入

银行非利息收入主要来自手续费和佣金收入等，这一类收入的总体特征是风险较低，不需要投入大量的资产就能获得，一般不受到存贷利差变化和利率水平变化的影响，故而较高的非利息收入能明显提高银行资产收益率。

（三）非利息支出

非利息支出包括贷款损失准备、员工薪金、折旧等间接费用，同银行管理效率直接相关。非利息支出是商业银行成本费用中比重较大的一部分，对利润的影响很明显。非利息支出主要包括以下项目：

（1）薪金与福利支出。这是支付给职工或雇员的费用总额。不仅包括工资、酬金，还包括支付的营业税、退休金和养老金计划摊提额、医疗和健康服务开支，以及其他提供给职工和雇员的额外福利。

(2) 房产、设备占用使用费开支。包括房屋和设备的折旧费、办公室或机器的承租费用,以及房屋和设备的纳税等。

(3) 其他费用支出。包括余下的营业开支杂项,如广告费用、办公用品开支、邮费等。

(四) 利润

1. 营业利润

银行营业利润是银行经营能力和成果的真实情况,该指标反映了银行真实、稳定的获利能力。其公式为:

$$营业利润 = 总收入 - 总支出$$

其中:

总收入 = 现金资产×现金资产平均收益率+证券投资×证券投资平均收益率
　　　　+贷款×贷款平均收益率+其他资产×其他资产平均收益率-总费用

总费用 = 总存款×存款平均利息成本+非存款借款×非存款平均利息成本
　　　　+股东权益×股东权益平均成本+贷款损失预提+雇员薪水及福利金
　　　　+管理费用+其他费用+应付税金

需要注意的是,税前收入不包括免税收入和营业外净收入。

2. 利润总额

利润总额的公式为:

$$利润总额 = 营业利润 + 营业外收入 - 营业外支出$$

3. 税后净利润

税后净利润的公式为:

$$税后净利润 = 利润总额 - 所得税$$

4. 未分配利润

未分配利润的公式为:

$$未分配利润 = 税后净利润 - 红利发放$$

(五) 银行增加利润的途径

结合商业银行的资产负债结构以及利润表,可以总结出商业银行要增加利润主要可以通过以下五个途径。

(1) 提高每种资产的收益率,增加服务品种。

(2) 调整收入资产比例,提高高收益资产比例。

(3) 降低存款和非存款负债成本,增加低成本存款和借款比例。

(4) 降低雇员成本、管理费、贷款损失。

(5) 提高赋税管理水平以减少应付税金。

三、现金流量表

银行的现金流量表能够清楚地反映一定时期银行现金流入流出的情况,帮助经营者和投资者判断银行的经营状况。

对商业银行而言,现金流量中的现金是指现金资产(库存现金、在央行的准备金以及同业存款)和一些可以视为现金的流动资产(原定期限等于或短于 3 个月的投资),这部分流动资产包括短期国库券、商业票据、货币市场资金等,在银行需要时可以迅速转换为现金。不断增加现金流量是银行得以发展扩大并保持充分流动性的条件之一。

由于资产负债表和损益表的编制基础是权责发生制,这一基础要求收入已经赚取、费用已经发生时才能记录收入和费用,而已赚取的收入包括尚未收到现金的赊销收入,已经发生的费用包括已发生但未产生现金支付的费用。在权责发生制下,净利润不等于经营活动所产生的现金流量净额,根据权责发生制确定的净利润可能很可观,账面利润很大,但现金却入不敷出,举步艰难。

现金流量表是反映企业在一定时期内现金收入和现金支出情况的报表,分为主表和附表(即补充资料)两大部分。主表的各项目金额实际上就是每笔现金流入、流出的归属,而附表的各项目金额则是相应会计账户的当期发生额或期末与期初余额的差额。通常附表项目可以直接取相应会计账户的发生额或余额。现金流量表的编制基础是收付实现制,按等式"现金来源增加=现金运用增加"进行编制。

现金流量表将商业银行现金流量分为三大类:经营活动产生的现金流量、投资活动产生的现金流量以及筹资活动产生的现金流量(见表 13-3)。

表 13-3 现 金 流 量 表

编制单位:　　　　　　　　　　年　月　日　　　　　　　　　　单位:元

项　　　　目	本 期 金 额	上 期 金 额
一、经营活动产生的现金流量:		
客户存款和同业存放款项净增加额		
向中央银行借款净增加额		
向其他金融机构拆入资金净增加额		
收取利息、手续费及佣金的现金		
收到其他与经营活动有关的现金		
经营活动现金流入小计		
客户贷款及垫款净增加额		
存放中央银行和同业款项净增加额		

(续表)

项　　　目	本　期　金　额	上　期　金　额
支付手续费及佣金的现金		
支付给职工以及为职工支付的现金		
支付的各项税费		
支付其他与经营活动有关的现金		
经营活动现金流出小计		
经营活动产生的现金流量净额		
二、投资活动产生的现金流量：		
收回投资收到的现金		
取得投资收益收到的现金		
收到其他与投资活动有关的现金		
投资活动现金流入小计		
投资支付的现金		
购建固定资产、无形资产和其他长期资产支付的现金		
支付其他与投资活动有关的现金		
投资活动现金流出小计		
投资活动产生的现金流量净额		
三、筹资活动产生的现金流量：		
吸收投资收到的现金		
发行债券收到的现金		
收到其他与筹资活动有关的现金		
筹资活动现金流入小计		
偿还债务支付的现金		
分配股利、利润或偿付利息支付的现金		
支付其他与筹资活动有关的现金		
筹资活动现金流出小计		
筹资活动产生的现金流量净额		
四、汇率变动对现金的影响		
五、现金及现金等价物净增加额		

（续表）

项目	本期金额	上期金额
加：期初现金及现金等价物余额		
六、期末现金及现金等价物余额		

现金流量表附注：

补充资料	本期金额	上期金额
1. 将净利润调节为经营活动现金流量：		
净利润		
加：资产减值准备		
固定资产折旧、油气资产折耗、生产性生物资产折旧		
无形资产摊销		
长期待摊费用摊销		
处置固定资产、无形资产和其他长期资产的损失（收益为"－"）		
固定资产报废损失（收益为"－"）		
公允价值变动损失（收益为"－"）		
财务费用（收益为"－"）		
投资损失（收益为"－"）		
递延所得税资产减少（增加以"－"）		
递延所得税负债增加（减少以"－"）		
存货的减少（增加以"－"）		
经营性应收项目的减少（增加以"－"）		
经营性应付项目的增加（减少以"－"）		
其他		
经营活动产生的现金流量净额		
2. 不涉及现金收支的重大投资和筹资活动：		
债务转为资本		
一年内到期的可转换公司债券		
融资租入固定资产		

(续表)

补 充 资 料	本 期 金 额	上 期 金 额
3. 现金及现金等价物净变动情况：		
现金的期末余额		
减：现金的期初余额		
加：现金等价物的期末余额		
减：现金等价物的期初余额		
现金及现金等价物净增加额		

四、其他报表

除资产负债表、利润表、现金流量表之外，也可以通过其他报表获得商业银行的相关信息，如股东权益变动表、表外业务报告表等。其中，股东权益变动表主要反映企业股东权益的变化情况，而我国目前主要是针对上市银行由监管部门提出表外业务披露的规定。在此以股东权益变动表为例做介绍。

股东权益变动表是指反映构成所有者权益的各组成部分当期的增减变动情况的报表。所有者权益变动表应当全面反映一定时期所有者权益变动的情况。此表格解释在某一特定时间内，股东权益如何因企业经营的盈亏及现金股利的发放而发生的变化。股东权益增减变动表包括在年度会计报表中，是资产负债表的附表。

股东权益增减变动表全面反映了企业的股东权益在会计期间内的变化情况，便于信息使用者深入分析企业股东权益的增减变化情况。该表格一般包含以下内容。

(1) 净利润。
(2) 直接计入所有者权益的利得和损失项目及其总额。
(3) 会计政策变更和差错更正的累积影响金额。
(4) 所有者投入资本和向所有者分配利润等。
(5) 按照规定提取的盈余公积。
(6) 实收资本(或股本)、资本公积、盈余公积、未分配利润的期初和期末余额及其调节情况。

第二节 商业银行绩效评估体系与评价方法

绩效评价是商业银行运用一组财务指标和一定的评估方法，对其经营目标实现程度进行考核、评价的过程。设计绩效评价体系是进行评估的关键，必须符合银行经营总目标。一般而言,处于不同阶段和经营环境的商业银行在经营中所追求的具体目标有所不同,但根本出发点是一致的,即实现股东利益最大化。股东财富指企业所有者在市场上转让出的企业价值,它受多种因素的制约,可用企业价值的贴现模型公式说明:

$$V = \sum \frac{E(D_t)}{(1+k)^t}$$

其中,V 代表目前企业价值;$E(D_t)$ 代表第 t 年的现金流入预期或预期利润;k 是同风险程度正相关的投资报酬率;t 代表时间,理论分析中一般假定企业无限期持续经营,t 趋于无穷大。

上述模型显示,考察银行经营目标实现程度可从两个方面入手:一是银行获利情况;二是风险程度。这是设计绩效评估指标的基本出发点。本节包括两个部分内容:首先是绩效评价指标体系,其次是以杜邦为例介绍绩效评价方法。

一、商业银行绩效评估体系

商业银行绩效评价体系是一组财务比率指标,按实现银行经营总目标过程中所受的制约因素分为四类,即盈利性指标、流动性指标、风险指标和清偿力及安全指标。

盈利性指标是衡量商业银行运用资金赚取收益同时控制成本费用支出的能力。盈利性指标的核心是资产收益率 ROA 和股本回报率 ROE,利用两个财务指标及其派生财务比率指标可较准确认识银行的获利能力。

流动性在任何企业经营中都是营利性和安全性之间的平衡杠杆。商业银行由于自身特殊的资产负债结构,更容易受到流动性危机的威胁,这也是银行将流动性指标从一般风险指标中分离出来的原因。流动性指标反映了银行的流动性供给和各种实际的或潜在的流动性需求之间的关系。流动性供给在资产和负债方均可存在,如银行拆入资金或出售资产都可以获得一定的流动性。流动性需求也可通过申请贷款和提存的形式作用于资产和负债两个方面,因而流动性指标在设计时应综合考虑银行资产和负债两方面情况。

在财务管理和财务分析中,风险被定义为预期收益的不确定性,这种收入的不确定性会降低企业价值。商业银行面临复杂多变的经营环境,收益水平受到多种因素的干扰,风险指标将这些因素做了分类,并定量反映了商业银行面临的风险和抗压能力。

银行清偿力是指银行运用其全部资产偿付债务的能力,反映银行债权人所受保障程度,清偿力充足与否也极大地影响了银行的信誉。从等式"净值=资产-负债"来看,银行清偿力不足或者资不抵债的直接原因是资产损失过大,致使净值小于零,负债不能得到完全保障。但清偿力不足的根本原因是资本不足,未能与资产规模相匹配,因而传统的清偿力指标主要着眼于资本充足的情况。四类指标的详细内容如表 13-4 所示。

表 13-4 商业银行绩效评价体系

指 标 名 称	计算公式(均乘以100%)	分 析 内 容
一、盈利性指标		
1. 股本(净值)收益率(ROE)	税后利润/总股本	银行资本获利程度
2. 资产收益率(ROA)	税后利润/总资产	将银行资产转化为总收入的能力
3. 净营业收益率	(营业总收入－营业总支出)/总资产	反映真实、稳定的获利能力
4. 净利息收益率或净利差率	(利息收入－利息支出)/总资产,或(利息收入－利息支出)/盈利性资产	利差收入增幅与盈利性资产增幅的对比,反映银行在筹资放款这一主要业务中的获利能力
5. 非利息净收益率	(非利息收入－非利息支出)/总资产	既反映盈利能力和管理效率,也反映风险状况,因为非利差业务风险较高
6. 银行利润率(PM)	净利润/总收入	银行获利能力
7. 每股收益率(EPS)	税后利润/普通股数	银行资金运用效率与财务管理能力的综合体现
二、流动性指标		
1. 现金资产比例	现金资产/总资产	流动性状况
2. 国库券持有比例	国库券/总资产	流动性状况
3. 持有证券比例	证券资产/总资产	流动性状况,但须结合指标市值/面值评判
4. 贷款资产比例	贷款/总资产	可结合看一年内到期贷款/总贷款
5. 易变负债比例	易变负债②/负债总值	比值越高,潜在流动性需求规模大且不稳定
6. 短期资产①/易变负债		比值越高,流动性状况越好
7. 预期现金流量比	预期现金流入/预期现金流出	比值大于1,未来流动性将提高
三、风险指标		
1. 利率风险缺口 利率敏感比例	利率敏感性资产－利率敏感性负债 利率敏感性资产/利率敏感性负债	
2. 信用风险指标		
贷款净损失/贷款余额		净损失已确认并冲销,反映贷款质量
低质量贷款/贷款总额		子项包括逾期、可疑、重组贷款,估计潜在贷款损失
贷款损失准备/贷款损失净值 贷款损失保障倍数	(当期利润＋贷款损失准备金)/贷款净损失	比值越高,抗风险能力越强 衡量银行抵御贷款损失的能力
3. 欺诈风险指标	对股东和管理人员贷款/贷款总额	与欺诈风险呈正相关

① 短期资产包括同业拆出、回购协议持有证券、交易账户证券、一年期贷款等,是最可靠的流动性供给。
② 易变负债包括 CD、短期借款等成本、规模难以控制的不稳定资金来源。

(续表)

指标名称	计算公式(均乘以100%)	分析内容
四、清偿力指标		
1. 净值/总资产		清偿力。银行在不损害债权人利益前提下应付资产损失的能力
2. 净值/风险资产		较前一指标准确
3.《巴塞尔协议》资本充足率指标		
4. 资产增长率和核心资本增长率		核心资本增长率如跟不上资产增长率的提高,则清偿力下降
5. 现金股利/利润		现金股利是利润的净流出,会降低内部资本积累能力,还会导致现金资产减少,风险资产比重相对加大,降低清偿力

二、商业银行的绩效评价方法

由于指标分析相对来说缺乏综合效果,一般是在相对分散的指标分析的基础上做对比分析。所谓的对比分析,通常指的是选取一系列指标,用一家银行历史数据做前后对比,又或者是选取同一时期不同银行的指标做横向对比。对比分析法可以表现商业银行财务数据的变化情况,更全面的分析需要系统的绩效评价方法。

传统银行业绩效评价方法的最显著特点就是偏重于财务分析和静态分析。在诸多的银行业绩效评价方法中比率分析应用最多的就是杜邦分析法(DuPont Analysis)。

(一) 杜邦分析法

杜邦分析法最早由美国杜邦公司创造并采用,它是利用几种主要的会计指标之间的关系来综合分析整体财务状况,特别是对盈利能力进行深入分析。它是一种从财务角度评价企业绩效的经典方法。其基本思想是将企业净资产收益率逐级分解为多项财务比率乘积,这样有助于深入分析比较企业经营业绩。由于这种分析方法最早由美国杜邦公司使用,故名杜邦分析法。

杜邦分析法的核心即为盈利能力(ROE)。该方法主要是从银行的股权收益率出发,经过将股权收益率进行一系列分解,详细分析不同的因素在银行经营业绩中的影响。

商业银行采用杜邦分析法衡量收益,主要通过三个步骤。

第一步,计算银行的股权收益率指标。

$$股权收益率(ROE) = \frac{税后净收入}{股本总额}$$

通过银行的股权收益率指标可以充分反映公司股东投资的回报情况,计算这一指标可以了解银行的收入创造能力、运营效率、财务杠杆的使用情况以及税收等成本开支情况。

然后计算资产收益率和杠杆。

$$资产收益率(ROA)=\frac{税后净收入}{总资产}$$

$$股权乘数(EM)=\frac{总资产}{普通股面值总额(股本总额)}$$

因此,$ROE=ROA\times EM$。

$$股权收益率(ROE)=\frac{税后净收入}{总资产}\times\frac{总资产}{普通股面值总额(股本总额)}$$

$$=\frac{总收入-总支出-所得税}{总资产}\times\frac{总资产}{普通股面值总额(股本总额)}$$

首先,从收益的角度来看,由上述公式可以看出股权收益率反映银行给股东的回报率;而资产收益率主要反映银行管理的效率,该指标表示银行管理人员将资产转化为净收益的能力。股权收益率与资产收益率根据公式似乎是同升、同降的关系。其次,从财务杠杆的角度来看,在相对稳定的 ROA 水平上,银行的管理者在资金的使用上,是依靠债务筹资还是股权筹资,对股权收益率的影响是不同的,通过提高财务杠杆的作用,也可以获得较高的股权收益率。

第二步,是将银行的资产收益率(ROA)分解为利润率(PM)和资产使用率(AU)。

$$利润率(PM, profit\ margin)=\frac{税后净收入}{总收入}$$

$$资产使用率(AU, asset\ utilization)=\frac{总收入}{总资产}$$

由于 $ROA=PM\times AU$,同时 $ROE=ROA\times EM$,因此,$ROE=PM\times AU\times EM$。

$$股权收益率(ROE)=\frac{税后净收入}{总收入}\times\frac{总收入}{总资产}\times\frac{总资产}{普通股面值总额(股本总额)}$$

银行的利润率主要反映了银行成本控制情况;资产使用率主要反映银行资产对收入的贡献情况,反映银行资产的生产能力;股权乘数主要反映银行的融资策略,主要是依赖债务融资还是股权融资。

将资产收益率分解为利润率和资产使用率的主要目的是分析资产收益率的构成,其中利润率越高,说明银行的成本控制能力越强;而资产使用率则表明单位资产创造收入的能力,较高的资产使用率说明银行具有较高的资产使用水平。

ROE、ROA、PM 三个指标的分子相同,使用的都是税后净收入,只是分母有所差异。三个指标从不同角度对银行获利情况进行分析,股权收益率(ROE)从所有者角度衡量银行获利情况,但这一指标在股权资本不足的情况下会产生股权收益率过高的错觉。将股权收益率分解为资产收益率和股权乘数解决了这一问题,资产收益率(ROA)成为衡量银行业绩的首选指标,它表明银行所运用的表内资产的获利能力。通过将资产收益率分解为资产使用率与利润率,则出现了衡量银行业绩的第三个标准,利润率(PM)。当资产使用率衡量的单位资产获利能力已定,降低银行经营成本,提高利润率就成为银行绩效评价的一个主要方面。

第三步,进一步分析有哪些因素具体影响银行的利润水平。银行的利润率是由银行的税后净收益与银行总收入之比计算得出的。银行净收入的多少,一方面受银行总收入的制约;另一方面,在总收入确定的情况下,受银行经营成本的制约。影响银行利润的成本因素主要有利息支出、非利息支出、所得税及贷款呆账准备金。银行利息支出主要受银行负债的利率水平影响;非利息支出主要是银行的经营性支出,如雇员的工资支出、广告费开支、办公用品开支等;所得税是银行按适用的税率计算的应交所得税金额;贷款呆账准备是根据银行可能产生的呆账情况计提的,贷款呆账准备金的计提会对当期损益产生影响。

银行的资产使用率还可以分解为:

$$资产使用率(AU)=\frac{利息收入}{总资产}+\frac{非利息收入}{总资产}$$

利息收入主要由银行资产利率水平、银行资产结构、银行收益资产数量决定;非利息性收入主要由银行的佣金收入、服务收入等决定。银行通过资产使用率的分解,可以进一步了解不同的银行资产给银行带来收益的情况。

银行面临的风险是指对预期收入的不确定性,这种预期的不确定性会提高银行股票价值计算公式中的贴现因子,从而降低银行价值。

银行面临的经营环境复杂多变,银行主要承担的风险可以分为以下五类:信用风险、流动性风险、利率风险、清偿力风险、盈利性风险。对这几类风险,银行分别设计了衡量的指标。

影响银行业绩指标股权因素的图表分解式,如图13-1所示。

从图13-1可以看出,杜邦模型最显著的特点是将若干个用以评价企业经营效率和财务状况的比率按其内在联系有机地结合起来,形成一个完整的指标体系,并最终通过权益收益率来综合反映。它在克服了比率分析法局限性的同时,更为全面地反映了商业银行经营目标的实现情况。采用这一方法,可使财务比率分析的层次更清晰、条理更突出,为报表分析者全面仔细地了解企业的经营和盈利状况提供方便。

杜邦分析法的缺陷是该方法专注于财务指标和数据,对短期财务状况能显著地反映,却无法体现企业的长期价值,容易混淆银行的投资决策与财务决策对银行的股权收益率(ROE)的影响。同时,杜邦分析法不评价无形资产的价值也是其缺陷之一。随着业绩评价受关注程度的加深,一些业绩评价的改进方法出现。

(二) ROE分析的改进方法

针对杜邦分析法容易混淆银行的投资决策与财务决策对银行股权收益率的影响,

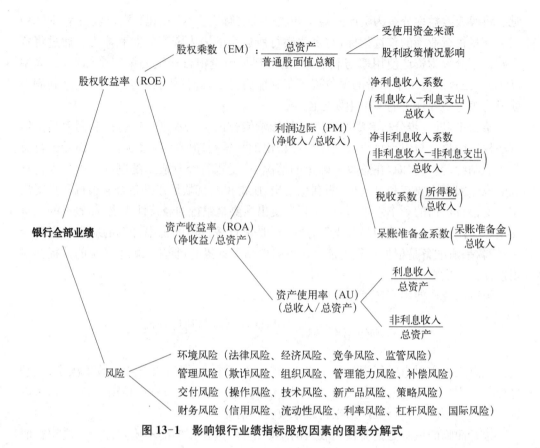

图 13-1 影响银行业绩指标股权因素的图表分解式

20 世纪 80 年代末由威廉·安尔伯斯(William W. Alberts)提出关于资本收益率的改进分析方法。该方法是将银行资本收益率分解为投资资金收益率(ROIF, return on investment funds)和金融杠杆收益率(ROFL, return on financial leverage)两个部分,分别分析银行的投资决策和财务决策对银行股权收益率的影响。银行的投资资金收益率反映银行资产的运作效率,表示银行资产生产率的高低;金融杠杆收益率表现了银行资本的产出能力和运作效率。图 13-2 具体说明了这种改进方法各种财务指标之间的关系。

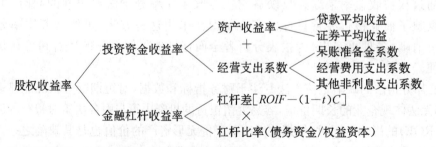

注:t 表示税率 C 表示通过债务方式筹措资金的成本

图 13-2 ROE 改进指标体系指标关系

(三) RAROC 评价法

长期以来,衡量企业盈利能力普遍采用的是股本收益率(ROE)和资产收益率(ROA)指标,其缺陷是只考虑了企业的账面盈利而未充分考虑风险因素。银行是经营特殊商品的高风险企业,以不考虑风险因素的指标衡量其盈利能力,具有很大的局限性。在 20 世纪 70 年代末,美国信孚银行(Banker's Trust,1999 年被德意志银行收购)首创产生了风险调整的资本收益率(RAROC,risk — adjusted return on capital)技术,改变了传统上银行主要以会计股本收益率(ROE)为中心考察银行经营业绩的模式。90 年代后半期,RAROC 技术在应用中得到不断的完善和发展,该评价法已经成为许多银行评价管理业绩的主要方法,是国际上先进商业银行用于经营管理的核心技术手段。

目前,国际银行业的发展趋势是采用 RAROC,综合考核银行的盈利能力和风险管理能力。RAROC 克服了传统绩效考核中盈利目标未充分反映风险成本的缺陷,使银行的收益与风险直接挂钩、有机结合,体现了业务发展与风险管理的内在统一,实现了经营目标与绩效考核的统一。使用风险调整的收益率,有利于在银行内部建立良好的激励机制,从根本上改变银行忽视风险、盲目追求利润的经营方式,激励银行充分了解所承担的风险并自觉地识别、计量、监测和控制这些风险,从而在审慎经营的前提下拓展业务、创造利润。

RAROC 的中心思想是将风险带来的未来可预计的损失量化为当期成本,直接对当期盈利进行调整,衡量经风险调整后的收益大小,并且考虑为可能的最大风险作出资本储备,进而衡量资本的使用效益,使银行的收益与所承担的风险直接挂钩,与银行最终的盈利目标相统一,为银行各部门的业务决策、发展战略、绩效考核、目标设定等经营管理工作提供依据。

RAROC 是指经预期损失(EL,expected loss)和以经济资本(CaR,capital at risk)计量的非预期损失(UL,unexpected loss)调整后的收益率,其计算公式如下:

$$RAROC = \frac{调整后的收益}{某项经济活动未预期损失或经济资本} = \frac{收益 - 预期损失}{非预期损失或经济资本}$$

银行的收益包括利息收益和非利息收益,银行的成本通常由经营成本和风险成本两个部分构成,经营成本主要是指管理成本,风险成本是指银行业务承担风险所带来的损失。不同的银行业务的风险成本有不同的计量方法,例如,信用风险的风险成本在计量时主要考虑风险敞口、违约概率、违约损失率因素。银行的损失主要包括三个层面:预期损失,是指在正常情况下银行在一定时期可以预见的平均损失,这类损失通常需要通过调整业务定价和提取相应的准备来覆盖,从银行的收益中作为成本扣减;超出预期平均水平的非预期损失,如在经济不景气情况下增多的呆账贷款,这部分损失要求银行必须有充足的资本来覆盖,保证银行在不利的情况下也能正常经营;超出银行正常承受能力以外的异常损失(catastrophe loss),这类损失发生的概率极小,一旦发生会给银行带来致命的损失,如突发战争,这部分损失银行一般无法事先作出更有效的准备,通常通过压力测试和情景模拟等手段予以关注。

RAROC 就是强调银行承担风险是有成本的。在 RAROC 计算公式的分子项中,风险带来的预期损失被量化为当期成本,直接对当期盈利进行扣减,以此衡量经风险调整后的收益;在分母项中,则以经济资本,或非预期损失代替传统 ROE 指标中的所有者权益,意即银行应为不可预计的风险提取相应的经济资本。整个公式衡量的是经济资本的使用效益。目前,RAROC 等经风险调整的收益率已在国际先进银行中得到了广泛运用,在其内部各个层面的经营管理活动中发挥着重要作用。在单笔业务层面上,RAROC 可用于衡量一笔业务的风险与收益是否匹配,为银行决定是否开展该笔业务以及如何进行定价提供依据。在资产组合层面上,银行在考虑单笔业务的风险和资产组合效应之后,可依据 RAROC 衡量资产组合的风险与收益是否匹配,及时对 RAROC 指标呈现明显不利变化趋势的资产组合进行处理,为效益更好的业务腾出空间。在银行总体层面上,RAROC 可用于目标设定、业务决策、资本配置和绩效考核等。高级管理层在确定银行能承担的总体风险水平,即风险偏好之后,计算银行需要的总体经济资本,以此评价自身的资本充足状况;并将经济资本在各类风险、各个业务部门和各类业务之间进行分配(资本配置),以有效控制银行的总体风险,并通过分配经济资本优化资源配置;同时,将股东回报要求转化为对全行、各业务部门和各个业务线的经营目标,用于绩效考核,使银行实现在可承受风险水平之下的收益最大化,并最终实现股东价值的最大化。

根据银行所承担风险计算出的最低资本需求被称为风险资本。风险资本是用来衡量和防御银行实际承担的损失超出预计损失的差额损失部分,是保证银行安全的最后防线。

RAROC 是收益与潜在亏损或 VaR 值的比值,使用本方法的金融机构在对其资金使用进行决策时,不是以盈利的绝对水平作为判断基础,而是以该资金投资风险基础上的盈利贴现值作为决策依据。决定 RAROC 的关键值是 VaR 值,当银行投资于高风险的项目时,由于 VaR 值较高,即使该投资项目利润再高,RAROC 的值也不会很高,相应的业绩评价值也不会很高。实际上近几年出现的巴林银行倒闭、大和银行亏损和百富勤倒闭等事件中,业绩评价不合理是一个重要的原因,即在业绩评价时只考虑到某人的盈利水平,没有考虑到他在获得盈利的同时所承担的风险。利用 RAROC 方法,可以较真实地反映经营业绩,并对过度投机行为进行限制,从而有助于避免大额亏损现象的发生。

RAROC 业绩评价方法的优势主要体现在以下三个方面:首先,通过该方法进行资本分配和设定经营目标,银行的管理人员在确定了银行对风险的最大可承受能力的基础上,总体计算银行所需要的风险资本,并与监管资本和账面资本比较,客观评价银行自身的资本充足情况,通过该方法的使用可以将有限的资本在各类风险、各种业务之间进行合理有效的分配,对银行的总体风险和各类风险进行总量控制;其次,该方法是银行进行单个业务评价的主要依据,通过该方法将一笔业务的风险与收益进行衡量,看风险与收益是否匹配,决定该笔业务的可操作性;最后,该方法是银行资产组合管理的有力工具,银行在考虑单个业务和组合之后的效应后,主要依据对组合资产的 RAROC

方法测算、衡量各类组合的风险收益是否平衡,并对 RAROC 指标恶化或有明显不利趋势的组合采取积极的措施,为效益更好的业务腾出空间,力争实现银行在可接受风险的条件下收益最大化。

RAROC 方法虽然存在许多优点,但在使用该方法时也应考虑银行的一些固定开支,如经营场所、土地使用开支、人员成本等费用在不同产品之间的分配问题,否则计算出来的风险调整的资本收益率可能不够准确;另外当风险调整的资本收益率超过资本成本时,可能会否决有盈利性的商业机会,减少股东财富,损害股东利益。

(四) EVA 评价法

商业银行业绩评价的另一种比较流行的评价方法是经济增加值(EVA, economic value added)评价法。Stern Stewart 公司研制开发了 EVA 评价法,该方法要求管理者应用经济增加值来评价贷款、投资项目等,主要是从股东收益的角度来评价哪些投资是合适的,鼓励管理者寻求长期利润增长,防止在管理中的短视行为的发生。

$$经济增加值 = (资本收益率 - 资本成本) \times 投入的边际资本$$

或表示为:

$$EVA = (r-k)K = rK - kK$$

其中 r 为资本收益率,k 为资本成本,K 为投入的边际资本。

EVA 的理论基础是股东必须获取一定的收益以补偿投资风险。也就是说权益资本获得的利润最少应与其在资本市场同等风险下所获得的利润水平相当,否则从股东的角度来看即为经营亏损。EVA 是在剩余收益(residual income)基础上发展而来的。剩余收益是指公司的收益超过总体平均期望值的部分,常用于评价利润中心的经营业绩。EVA 评价法主要从两个方面发展了剩余收益评价法:一方面利用资本资产定价模型计算出具有本行业特点的资本成本,不再使用平均资本成本;另一方面在进行分析时,对会计报表提供的财务数据进行必要的调整,剔除不必要的干扰因素。

采用 EVA 进行业绩评估时,参见图 13-3 所示。管理者实现了公司价值最大化目标时的边际经济增加值应等于 0。因为在价值最大化的理论中,经济增加值通常被理解为一个边际的概念,当经济增加值等于 0 时,就是价值最大化的点。

当 EVA 大于 0 时,存在经济增加值,银行可以继续扩张创造价值;当 EVA 等于 0 时,银行的价值达到最大化,继续扩张只会破坏银行价值,使银行价值减少,这表现为 EVA 小于 0。

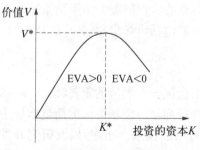

图 13-3 经济附加值

当银行将经济增加值作为衡量管理者经营业绩的尺度时,管理者会极力扩张公司的规模,但由于 r 要大于 k,因此管理者扩张不能以牺牲银行利润为代价,当收益大于成本时,扩张才会进行下去。当 EVA 等于 0 时,即图 13-3 中的 K^* 点时,公司价值达到最大化。

EVA 业绩评价法的优点主要表现在:首

先,该方法从股东角度定义银行的利润,增强了银行的业绩水平与银行投资决策的相关性;其次,EVA评价法在进行业绩评价时,既以会计数据为评价基础,又考虑了权益资本的机会成本,该方法综合银行内部各种财务指标的优点,有利于银行内部财务管理指标的协调统一,真实反映银行的业绩水平。EVA评价法同样存在一些问题,比如会计界对该方法利用资本资产定价模型计算出来的权益资本的成本及调整后的会计数据的可靠性一直存在争议。无论如何,该方法在业绩评价诸多方法中还是一种十分可取的业绩评价方法。

(五) 平衡记分卡

随着信息技术的应用、知识经济的到来,企业之间的竞争更主要的是价值链之间的争夺,企业必须考虑其战略目标,保持企业的核心竞争力。保持竞争优势受到多方面的因素,如财务指标和非财务指标的影响,而非财务指标在传统的绩效评价体系中所占比重甚微。经济环境的变化导致企业经营模式和管理模式的变化,这种变化驱使企业寻求一种新的绩效评价体系,为公司创造持续的竞争优势,引导企业走向成功。人们不再单纯地以利润和现金流量进行企业业绩评价,而是以企业价值最大化为目标,关注公司现时和未来价值的判断,更加注重对企业的智力资本、创新能力、市场占有率等非财务指标的关注,以财务指标为基础信息,从市场角度,将财务指标和业务指标同时纳入管理战略,来全面地评价经营者的业绩。综合平衡记分卡(balanced score card)是美国哈佛商学院的罗伯特·S.卡普兰和戴维·P.诺顿两位教授提出的一种绩效测评体系。综合平衡记分卡主要从四个方面对目标作出考评,即财务业绩指标、客户指标、内部经营指标、学习和成长。

1. 财务业绩指标

综合平衡记分卡评价方法财务衡量的目的是促使各经营单位将自己的财务目标同自己的战略相联系。财务绩效的衡量为记分卡的所有其他方面目标的衡量提供基础依据。经营单位在不同的发展阶段的财务测量指标是不同的,但总的来说,主要衡量三个方面,即收入增长指标、成本管理指标和资产利用指标。衡量收入增长的指标具体可以考虑如市场份额的增加、销售收入的增长、新定价战略的数量等;成本管理指标具体可以考虑单位成本的下降、间接费用所占百分比等;资产利用指标可以考虑资金周转率和资本回报率等。

2. 客户指标

客户是银行生存和发展的基础,银行应以客户为向导,为客户创造价值是银行管理者应有的经营理念。客户指标可以使公司把自己的核心客户的服务结果衡量标准同其他所选的客户群体和市场部分相衔接。客户指标一般包括市场份额、客户保持率、新客户获得率、客户盈利能力、客户满意度等。

3. 内部经营指标

为内部经营过程制定目标和评估手段是综合平衡记分卡制度的重要特征。内部经营主要从创新过程、经营过程、售后服务三个方面进行衡量。创新方面的衡量指标主要是新产品的开发速度、产品及设计水平、研究开发费用的投入产出率,以及研究开发费用增长率。在经营过程中,业绩评价的指标可以和作业成本法、全面质量管理结合使用,提高会计信息的准确性以及生产时间、产品质量等状况。

4. 学习和成长方面

学习和成长过程是综合平衡计分卡的第四项内容,其主要目的就是使经营者实现财务、客户和内部经营程序的规划,同时也是经营者在综合平衡记分卡的其他三项内容取得高分的推动力量和知识基础。学习和成长主要考核三个方面的内容:员工的素质、信息管理能力、员工积极性的激发及授权和联合。具体如表13-5所示。

表13-5 商业银行平衡计分卡评价指标

指标类别	战略目标	关键成功因素	关键绩效指标
财务方面	提高利用资金获利的能力	增加收入	净资产收益率
		降低成本	成本费用收益率
		控制风险	不良贷款率
		发展能力	三年利润平均增长率
客户方面	以客户为中心,增加可获利客户的数量与比重	客户满意	客户满意度
			客户投诉次数
		客户保留	客户保留率
		市场份额	市场占有率
		客户获利能力	客户收益率
内部业务流程方面	提高经营效率,促进经营成效	创新能力	金融创新产品数量与比重
		服务质量	服务方式
			服务效率
		售后服务	售后服务质量
			售后服务成本
学习与成长方面	增强学习能力,保证组织健康成长	员工工作状态和精神状态	员工培训支出与质量
			员工满意度
			员工工作效率
		有效激励程度	责权利对应程度
		信息管理能力	信息反馈与处理

平衡记分卡的四个层面内容之间互相联系、相互影响,四个指标体系中,以财务指标为根本,因为它具有很强的可操作性,其他三个方面的指标最终都是为了提高财务目标而提供各自的贡献。内部经营的不断改善、产品的更新加快以适应客户的需求、员工素质的提高和服务质量的提高,才会使得客户的满意程度不断提高,扩大企业产品的市场占有率,最终提升企业的业绩。评价指标和平衡记分卡之间存在一定的因果关系,企业的战略目标的实现需要影响企业的各种因素之间的协调发展,评价指标也具有相

互推动的作用。例如,财务业绩的提升需要现有产品的销售量的增加或者新产品的销售,要么来自原有客户的购买,要么是新客户的加入,进行分析以后可以了解企业产品的未来发展趋势和客户的忠诚程度以及新客户的获得率,同时可以对客户利润率进行分析,加强客户管理。

平衡记分卡和传统的业绩评价指标的区别如下。

(1) 综合平衡记分卡在总结已有评价模式的基础上更好地实现了财务指标和非财务指标、定量指标和定性指标的有机结合。财务指标只能够在评价历史业绩方面有突出的作用,重视业绩结果而忽略了业绩产生的过程;而战略目标要实现的是长期的目标,产生过程显得重要。平衡计分卡从重视经营的结果到重视经营过程、企业外部环境的影响因素,可以更好地了解企业经营业绩,有利于正确评价经营者的努力程度。

(2) 综合平衡记分卡对经营者业绩评价形成了一个完整、全面的体系。传统的财务业绩评价不能够在信息时代客观评价企业经营者如何通过和客户、供应商、员工、生产过程、技术创新等方面的协调来实现战略目标,知识经济条件下非财务因素成为实现战略目标的关键因素。业绩评价主体可以通过四个层次指标之间的相关性来综合、客观地评价经营者在为长期目标实现所作出的努力。

(3) 综合平衡记分卡解决了财务业绩评价在管理者和员工之间的信息反馈的缺乏,使员工及时了解企业的战略目标,使管理者及时地对员工的满意度进行了解。管理者可以通过经营成功因素的分析,对薄弱环节不断进行调整,使得企业整体竞争力得到不断的提升。

(4) 综合平衡记分卡不仅是对业绩进行评价的工具,更是战略管理工具。平衡记分卡实现了股东和客户之间的平衡,长期目标和短期目标的平衡,经营结果和产生结果的动因之间的平衡,强调指标的客观性和主观评价之间的平衡,现在的经营业绩和未来业绩评价之间的平衡,很好地实现了自上而下的管理和沟通。

(5) 评价指标之间的相互联系、相互推动使得过程指标和结果指标互相结合。过程指标是一个动态的指标,非财务指标多是过程指标。结果指标多是指财务指标,是一个时期的努力的结果。企业可以根据不同的发展阶段相应地调整两种指标之间的比例,同一指标内部也可以在评价时有所侧重地选择,不是一成不变的。因为过程指标是随着竞争对手的策略而相应地变化的,管理者可以根据具体情况和不同部门的关注程度作出相应的取舍。

综合平衡记分卡虽然存在以上诸多优点,但也应看到,该评价体系在主体选择上还是站在投资者的角度考虑问题,忽略了其他的相关利益者(债权人、员工等)对经营业绩评价的需要,因此说综合平衡记分卡理论还有待于不断地完善和发展。

(六) 银行经营业绩评价的非财务指标

银行业绩评价是一项复杂的工作。银行经营的目标是银行价值最大化,但如何实现银行价值最大化确实是一个综合性的问题。这涉及财务因素和管理因素,涉及银行的内部因素,也涉及与银行有关的外部因素。银行的股价是银行价值的最直接体现,银行的股价是由收益和风险因素综合作用决定的,而收益和风险又都离不开银行生存的环境因素。如外部的政治环境、法律环境影响着银行的发展规模;再如市场的需求、经济的发展会影响银行的业务发展情况。因此评价银行的业绩,除了从财务角度衡量其风险收益的配比情况,以及银行的资本回报率等财务指标外,一些非财务指标也越来越受到人们的重视。

对银行非财务业绩评价主要包括:银行计划、银行的技术、银行的人力资源开发、银行的市场份额及银行经营的合规及合法性。

银行在经营过程中需要制定长期的战略计划和短期的经营目标,战略计划和目标一旦确定以后,银行为完成目标和战略,需根据情况制定具体计划。考核银行计划完成情况,可以将银行的目标数量化,采用比率分析法,将银行实际计划执行情况与目标进行比较,总结经验、找出差距,以便更好地完成银行制定的长期和短期目标。

银行业绩评价的技术考核主要侧重于银行的现有技术水平能否满足金融服务的需求,能否满足日益创新的金融工具的需求。如通过考核在银行业务经办过程中的电子化程度、自动服务系统的应用情况等,评价银行的技术水平。

银行竞争胜败的一个关键因素就是在竞争中起决定性作用的人力资源的质量。银行一方面应加大对人力资源的管理、培养力度,另一方面应在人力资源管理中制定切实可行的激励机制,如施行股权激励奖励机制,将个人利益与银行业绩挂钩,赏罚分明,充分发挥人的积极性,为银行实现价值最大化作出贡献。

银行在经营中应严格遵守国家及政府有关监管部门制定的法律、法规,树立遵纪守法的社会形象。监管部门会对银行进行相关检查,如检查银行的资本充足率、检查银行是否存在洗钱行为等。银行应极力维护自己的信誉,在某种程度上讲,信誉就是银行的生命,没有信誉的银行会失去公众对它的信心。无论银行的资本多充足,公众信心的丧失都会造成存款的挤兑,公众信心的丧失有可能使银行面临倒闭的厄运。

知识专栏 13-1

沃尔比重评分法

1. 沃尔评分法的概念与作用

1928年,亚历山大·沃尔(Alexander Wole)出版的《信用晴雨表研究》和《财务报表比率分析》中提出了信用能力指数的概念,他选择了七个财务比率,即流动比率、产权比率、固定资产比率、存货周转率、应收账款周转率、固定资产周转率和自有资金周转率,分别给定各指标的比重,然后确定标准比率(以行业平均数为基础),将实际比率与标准比率相比,得出相对比率,将此相对比率与各指标比重相乘,确定各项指标的得分及总体指标的累计得分,从而对企业的信用水平作出评价。

由于有了财务指标的评价标准,沃尔评分法有利于报表分析者评价其在市场竞争中的优劣地位。

现代社会与沃尔所处的时代相比,已经发生很大的变化。沃尔最初提出的七项指标已经难以完全适用当前企业评价的需要。现在通常认为,在选择评价指标时,应包括偿债能力、运营能力、获利能力和发展能力等方面的指标。除此之外,还应当选取一些非财务指标作为参考。

2. 沃尔比重评分法的五个基本步骤

(1) 选择评价指标并分配指标权重(可以参考财政部《企业效绩评价操作细则(修订)》中的企业效绩评价指标体系建立评价指标和各评价指标的权数)。

(2) 确定各项评价指标的标准值。财务指标的标准值一般可以以行业平均数、企业历史先进数、国家有关标准或者国际公认数为基准来加以确定。根据《企业绩效评价标准值(2009)》大型工业企业优秀值填列。

(3) 计算企业在一定时期各项比率指标的实际值。

(4) 对各项评价指标计分并计算综合分数。

各项评价指标的计分按下列公式进行:

各项评价指标的得分＝各项指标的权重×(指标的实际值÷指标的标准值)

综合分数＝∑各项评价指标的得分

(5) 形成评价结果。在最终评价时,如果综合得分大于100,则说明企业的财务状况比较好;反之,则说明企业的财务状况低于同行业平均水平,或者本企业历史先进水平等评价指标。

总之,沃尔比重评分法是评价企业总体财务状况的一种比较可取的方法,这一方法的关键在于指标的选定、权重的分配以及标准值的确定等。

第三节　监管当局对商业银行的评估

一、美国的商业银行监管评级法——CAMELS

(一) CAMELS 评级法及其内容

在美国,联邦监管部门都使用评估标准对商业银行的经营状况进行全面评估。该体系正式名称是"联邦监管机构内部统一银行评级体系",俗称"骆驼评级体系"(CAMEL Rating System)。该评级法之所以被通称为骆驼评级法,是因为该评级法主要从五个方面考核银行的经营状况,即资本状况(capital adequacy)、资产质量(asset quality)、管理水平(management)、收益状况(earnings)和流动性(liquidity)。这五个部分的英文词的首字母按上述顺序合在一起恰好是"骆驼"的英文名称"camel",该体系由此而得名"骆驼评级法"。从1991年开始,美联储及其他监管部门对骆驼评价体系进行了修订,增加了市场风险敏感度(sensitivity of market risk),以 S 代表,主要考察利率、汇率、商品价格及股票价格的变化对金融机构的收益或资本可能产生不良影响的程度。增加评估内容后的新体系为 CAMELS Rating System。"骆驼"评级方法因其有效性,已被世界上大多数国家所采用。当前国际上对商业银行评级考察的主要内容包括资本充足率及变化趋势、资产质量、存款结构及偿付保证、盈利状况、人力资源情况五个方面,基本上未跳出美国"骆驼"评级的框架。

该评级法在美国监管机构已使用了很多年,它既是全面评价银行经营状况的评级方法,又可应用于整个实地检查过程。监管部门在对被检查银行进行评级时,先对五大组成部分(资本、资产、管理、收益、流动性)分别进行评级,然后根据五个部分的评级进行综合评级;采用五级评分制来评级商业银行的经营及管理水平(一级最高、五级最低)。该评级体系共分为五级:

第一级为最高等级,表明银行经营状况非常好,远远高出平均水平。

第二级表示银行经营状况令人满意,略高于平均水平。

第三级表示银行经营状况属于中等水平,这一等级略低于平均水平。同时还存在某些方面的弱点,如不及时加以修正,可能导致更差更坏的后果。

第四级表明银行经营状况较差,称之为"处于边缘的经营状况"。这一级明显低于平均水平,存在某些严重问题,若不能立即着手解决会威胁银行的生存。

第五级为最低等级,是经营状况最不令人满意的等级,归入这一等级的银行存在十分严重的问题,如不立即采取重大挽救措施,银行很可能在短期内濒临倒闭[1]。

(二) CAMELS 评级法的评级

骆驼评级体系主要从五个方面来对商业银行的经营状况进行分析评估,虽然我国监管机构不按照该体系进行评级,但是我国的非现场监管指标一定程度上亦反映了这几个方面。例如,资本评级对应资本充足相关指标,资产质量评级体现在信用风险的资产质量、贷款迁徙、集中度等方面,盈利能力评级则对应盈利水平相关指标,流动性评级则对应流动性风险指标,只是其管理水平在我国非现场监管指标体系中没有直接相关,但是诸如成本收入比等指标一定程度亦反映了银行的管理水平,资本充足、信用风险、盈利能力、流动性风险亦均是银行管理水平的体现。所以,虽然我国没有明确采用该种评级方法,我们亦在本节对该评级方法予以介绍。

1. 资本评级

银行的资本是银行从事一切业务活动的基础,如果银行在经营过程中出现亏损,也需要资本予以抵补,此外,资本还是作为保护储户利益的最后一道屏障。

在银行的总资产中有一部分是完全没有风险或几乎没有风险的资产(如现金、政府债券等)。这部分无风险资产不会产生损失,也就不需要为它们准备相应数量的资本做后盾。有些资产(如次级贷款)由于存在很大的风险,需要大量资本做准备。以贷款为例,一旦贷款无法收回,出现呆账,就要有资本予以冲销。风险资产以及资本对风险资产的比率正是在此基础上产生的。

评估一家银行资本充足与否还需要考虑其他因素,如风险贷款的比重、银行在过去几年里的业务发展情况、未来几年业务发展设想、过去的盈利状况、未来的盈利预期等。另外一个需要考虑的因素是表外业务情况。所谓表外业务是指贷款承诺、信

---

[1] 王维鑫、阮红:《银行财务报表分析》,中国金融出版社,2002年,第63页。

用证、外汇交易等一些未列入银行资产负债表内的业务。这些表外业务虽未列在表内,但存在着风险,并对银行的经营与发展构成不可忽视的影响。检查人员在对银行的资本状况进行评级时需要考虑的另一个因素是,该行在需要补充资本时能否及时得到。

在考虑了上述各种因素后,检查人员就可以对被检查银行的资本充足状况确定一个级别(见表13-6)。

表13-6 资本状况评级表

级 别	评 价
一	资本十分充足,高出平均水平,经营管理水平高,资产质量高,盈利好,不存在潜在风险
二	资本充足率高,高出平均水平,没有风险问题,业务发展稳健
三	资本充足率不高,低于平均水平,或不良贷款多,或近期大幅度扩展业务
四	资本明显不足,贷款问题或业务发展过快,盈利不好
五	资本充足率在3.5%以下,风险资产比重过大

2. 资产质量评级

对银行的资产质量进行评级可以说是现场稽核中最重要的工作之一,因为一家银行的资产质量是检查部门衡量一家银行总体经营状况最重要的依据。如果银行对资产的管理较差,致使资产质量不高,对银行造成的损失也较大。资产质量不高还会影响银行的其他经营活动,甚至会导致银行的倒闭。对资产质量的评级主要是依据下述六个方面的因素。

(1) 风险资产的数量。风险资产数量过多,无疑会影响资产的质量。

(2) 逾期/不良贷款的数量与发展趋势。逾期/不良贷款越多,资产质量越差。

(3) 呆账准备金的充足状况。呆账准备金越多越充足,资产评级越高。

(4) 负责管理资产的人员的素质。素质越高,资产评级越好。

(5) 贷款的集中程度。贷款投向越集中,风险越大,资产评级越低。

(6) 贷款近期出现问题的可能性。可能性越大,则资产质量的评级越低,这一因素主要是用来评估银行资产将来可能面临的风险。

这里资产质量的评级标准是把全部贷款按风险程度分为四类,即正常贷款、不合标准贷款、有疑问贷款和难以收回贷款。然后按如下公式计算:

$$资产质量比率 = 加权计算后的有问题贷款 / 基础资本$$

其中:

$$加权计算后的有问题贷款 = 不合标准贷款 \times 20\% + 有问题贷款 \times 50\% + 难以收回贷款 \times 100\%$$

$$基础资本 = 权益资本 + 留存收益 + 盈余 + 贷款损失准备金$$

由此得到的资产质量比率及其对应的等级如表13-7所示。

表 13-7　资产质量评级表

级　别	资产质量比率	评　　价
一	5%以下	资产质量很高,风险很小
二	5%—15%	资产质量较令人满意,管理水平较高
三	15%—30%	资产质量不太令人满意,存在着相当程度的问题
四	30%—50%	贷款存在严重问题,过分集中,管理水平较差
五	50%以上	资产质量极差,很可能在近期倒闭

3. 管理水平评级

管理水平是检查人员考核一家银行经营状况的最主要因素之一,同时也是最难评估的一个方面。检查人员在对其他几个方面进行评级时,都有一些客观的数据、比率(如资本充足率、流动比率、收益率等)作为评级基础,而在对银行管理水平进行评级时,却没有比较客观的数据、量化指标和比率,只有如银行业务政策、业务计划、管理者的经历与经验、职员培训情况、雇员是否充足等一些非定量性因素做参考。因此对银行的管理水平、管理者素质的评估,实际上只是通过考核银行的实际经营状况并参考资本充足率、资产质量、流动性管理、盈利水平等其他因素来间接评定。

经营管理水平的评级标准:一般以令人满意或非常好等定性分析为标准。

一般情况下,如果一家银行的上述几个方面的评级都很高,实际上就证明这家银行的经营管理很成功。我们对该银行的管理水平的评级就应该是"令人满意的"或"非常好",即二级或一级。相反,如果一家银行的其他方面如资本、资产、盈利水平、流动性管理等的评级都不高,只有三、四级,也就反映了该行的经营管理水平不够好。表 13-8 给出了对银行经营管理水平的评级表。

表 13-8　管理水平评级表

级　别	评　　价
一	管理水平很高,人员素质很好,有能力解决问题,有预防性措施,不存在问题
二	管理上略有问题,但管理者可以解决,整个管理状况令人满意
三	管理上存在潜在程度的危机,目前的管理水平不能解决现存的问题,需要改进
四	管理水平差,管理者没有解决问题的能力
五	管理者素质较差,完全没有能力,应更换高层管理者

当然只考虑了上述几个方面的因素还是不够的,其他需要考虑的因素有:该行高层管理人员的经验、水平与信心;高层管理人员是否对中下层管理人员及一般职员实施了有效的监督;雇员人数是否足够,雇员是否得到了应有的培训。另外,还要考虑的因素有:该行制定的业务政策与业务流程规定如何、执行情况如何,该行制定的长、短期规划如何,该行高层管理人员解决问题的能力如何,对不测事件的应变能力如何,该行

高层管理人员的个性及个人品质如何(是否诚实,有无从事内幕交易等违法行为的迹象与可能)。最后还要考核银行董事会是否对银行的经营管理实施了有效的监督、是否为经营部门配备了充足的人员等。上述各种情况都是检查人员在评估一家银行的管理水平时所应仔细考虑的因素。只有审查了上述各种因素后,检查人员才能通过综合分析,加上自己的判断,对该行的管理水平评定一个级别。

应用于实务中,例如在银行尽职调查中对银行内部控制的评价,对银行管理层、人员素质的考察,其实一定程度上与CAMELS中对银行管理水平的评价的理念相吻合。

4. 对收益状况的评级

银行盈利是抵补损失的第一道防线。无论是银行的经营管理者、股东,还是银行监管部门都十分重视银行的盈利水平。较高且持续的盈利水平,是股东获得股利的保证,是银行业务扩充的保证,亦是投资者获得较高收益的保证,很大程度上也是债权者权益得到保障的一大保证。

检查人员在对银行的盈利状况进行评级时,首先要考虑该行在过去一两年里的净盈利情况。资产收益率和净资产收益率是衡量一家银行的盈利水平的重要比率。

收益状况评级标准:以资产收益率1%为标准,以此进行评级,具体如表13-9所示。

表13-9 收益状况评级表

级 别	评 价
一	资产收益率在1%以上
二	资产收益率在1%左右
三	资产收益率在0—1%之间
四	资产收益率在0—1%之间,其他指标较弱
五	资产收益率为负数,出现经营性亏损

当然,在评定收益状况级别时,检查人员不仅要考虑资产收益率,而且还要考虑其他因素,如该行过去几年收益率的走势、未来几年收益率的变化的趋势等。此外检查人员还要考虑该行资产收益的质量。因为有的时候银行的盈利并非来自正常的营业收入,而是由于诸如近期出售了一部分银行的固定资产等突发性因素。如果一家银行的盈利大幅度增加是由突发因素造成的,检查人员在对其盈利状况进行评级时就要有所考虑。检查人员最后要考虑的情况是,该行的盈利中有多少作为留存利润归入资本,又有多少用作股息的分配。假如一家银行的盈利水平很高,足以获得较高的评级,但该行却将其盈利的绝大部分都作为股息分配给股东,留存很少,该行很可能会获得相对较低的评级。

对于收益状况,我们亦可以结合非现场监管指标中的盈利性指标以及杜邦分析法。

5. 流动性评级

银行保持足够的流动性是为了应付储户的提款和满足客户的贷款需求。评估银行的流动性是否充足需考虑六个方面的因素：(1) 该银行存款的变动情况；(2) 银行对存入资金(如大额存款等)的依赖程度；(3) 可随时变现的流动资产数量；(4) 银行对自身资产负债的管理、控制能力；(5) 该行负债管理水平和从外部借入资金的频率；(6) 该行在遇到流动性问题时迅速筹集资金的能力，如检查人员可以查看该行是否已与其他银行签订了临时借款协议等。具体评级如表 13-10 所示。

表 13-10 资产流动性评级表

级 别	评 价
一	流动性充足，而且还拥有随时筹资的渠道
二	流动性比较充足，但略低于第一级
三	流动性资金不足以完全满足该行的资金需要
四	流动性方面存在着相当大的问题
五	完全没有流动性，随时面临倒闭的危险

在考虑了上述各种因素之后，检查人员还要将该行的流动性比率与其他同类银行的流动性比率进行比较，然后确定该行的流动性评级。之所以要进行比较，是因为不同的银行(规模不同、类型不同)会有不同的流动性需求，不能简单地按照一个标准衡量所有的银行。一家银行流动性是否充足，只能与其同样规模、同样类型的银行比较才能确定。

6. 市场风险敏感性评级

市场风险敏感度是指利率、汇率、商品价格或产权价格的变动对金融机构的盈利或经济资本产生负面影响的程度。此标准是用来分析和检验银行辨认、识别、控制和管理金融市场风险的能力，限制银行从事不熟悉的资本市场业务。该指标主要用来分析商业银行所面临的风险。银行所面临的风险可分为两类：市场风险和非市场风险。市场风险基本上是由金融产品价格变动所引起的，如利率风险、汇率风险、金融衍生商品价格波动风险等；非市场风险则包括信用风险、经营决策风险、交易风险和违法违规风险等。

评估银行的市场风险敏感度需考虑八个方面的因素(见表 13-11)：(1) 银行盈利性或资产价值对利率、汇率、商品价格或产权价格反向变动的敏感度。(2) 在银行规模、业务复杂程度和风险状况一定的情况下，管理层对利率变化引致风险的理解程度、管理风险的相应对策、测定风险的数量模型，以及内部控制和内部稽核的准确性。(3) 金融市场发生较大变化时，管理层识别、度量、监测和控制市场风险敞口的能力。(4) 源自非交易性头寸利率风险敞口的性质和复杂程度。(5) 源自证券交易和境外业务市场风险敞口的性质和复杂程度。(6) 相对于市场风险敞口水平而言，资本和盈利水平的充足程度。(7) 银行资产负债结构的匹配情况，资产风险结构以及资产组合的多样化情况。(8) 银行风险管理部门和人员的素质以及风险管理能力。具体评级如表 13-12 所示。

表 13-11　市场风险敏感性评级因素表

等级	高级管理层对市场风险管理的能力	交易性头寸市场风险的敞口	交易性头寸市场风险复杂性	非交易性头寸市场风险敞口	非交易性头寸市场风险复杂性	盈利对利率汇率反向变动的敏感性	资产负债结构及管理	利率风险和汇率风险管理
一	很强	很小	很简单	很小	很简单	很不敏感	自然配合,结构很好	很好的管理系统
二	强	小	简单	小	简单	不敏感	结构良好	管理良好
三	一般	一般	一般	一般	一般	一般	一般	一般
四	弱	大	复杂	大	复杂	敏感	不足够	不足够
五	很弱	很大	很复杂	很大	很复杂	很敏感	严重不足	严重不足

表 13-12　市场风险敏感性评级表

级别	评价
一	市场风险敏感度控制得很好,盈利水平或资本头寸受到负面影响的可能性几乎没有
二	市场风险敏感度得到有效控制,盈利水平或资本头寸受到负面影响的可能性小
三	银行控制市场风险敏感度工作需要改进,盈利水平或资本头寸受到负面影响的可能性很大
四	银行控制市场风险敏感度工作不令人满意,盈利水平或资本头寸受到负面影响的可能性非常大
五	银行控制市场风险敏感度工作非常不令人满意,所承担的市场风险水平威胁到机构的生存

检查人员在完成上述六个方面(资本、资产、管理、收益、流动性、市场风险敏感性)的分别评级后,就可以在该行进行综合评级。进行综合评级可以有两种方法。

(1) 将六个方面的评级相加后除以 6 得出综合评级,这种方法简单方便。

(2) 有的时候,检查人员认为六个方面的评级中有的可能更重要些,所以,在综合评级中给它一个较大的权数。也就是说,检查人员在确定一家银行的综合评级时,他可以在每个单独评级基础上经过简单的计算得出综合评级,也可以在六个独立的评级基础上,加上自己对该行的判断,得出一个加权计算的综合评级(见表 13-13)。

表 13-13　CAMELS 综合评级表

级别	评价
一	一流银行,能应付市场的任何变化,监管部门可以对此放心
二	稳健安全的银行,监管部门不需要特别关注
三	有一事实上问题的银行,监管部门应较多关注
四	有严重财务问题的银行,有倒闭危险,监管部门应尽快采取措施
五	近期内可能倒闭的银行,急需充实资本,并更换高层管理者

无论检查人员采用上述两种方法中的哪一种,最后的综合评级结果都应符合下列标准。

(1) 综合评级为一级的银行,各方面状况均属一流,即使出现一些小问题也能随时解决。该类银行能适应一切经济周期的变动与影响以及市场的任何突发性变化,银行监管部门对获得这一评级的银行可以完全放心。

(2) 综合评级为二级的银行,其总体经营状况应是稳健安全的。即使有一些小问题也能通过正常渠道加以解决。

(3) 综合评级为三级的银行,往往既存在着一些小问题,也存在着某些较严重的问题。这类银行如遇经济环境逆转很可能出现经营状况恶化的局面,除非银行的管理者即刻采取措施予以阻止。这类银行暂时还没有倒闭的危险,但需要监管部门给予较多的关注。

(4) 综合评级为四级的银行,存在着较为严重的财务问题和其他方面的问题。而且这些问题如不能及时得以解决,银行将面临倒闭的危险,需要监管部门的特别关注。对于这类银行监管部门往往需要采取一些措施来帮助它解决问题,走出困境。

(5) 综合评级为五级的银行极有可能在近期内倒闭。这类银行急需立即充实新资本和更换经营管理者。

以上介绍了美国银行监管部门在对银行进行评级时所使用的骆驼评级体系。

虽然我国未采用该种评级体系,但是我国的非现场监管指标基本上覆盖了资本状况、资产质量、收益状况和流动性状况这四个部分,而这四个部分又体现了管理水平,所以一定程度上与其核心思想是一致的。

二、中国的商业银行监管评级法——CAMELS+

(一) "CAMELS+"监管评级法

为建立规范统一的商业银行监管评级体系,2006 年年初银监会发布《商业银行监管评级内部指引(试行)》。这是银监会在借鉴国际通行的骆驼评级法的基础上,结合我国股份制商业银行和银行监管队伍的实际情况设计出来的。它确定了具有中国特色的"CAMELS+"的监管评级体系。

"CAMELS+"监管评级法对商业银行的资本充足、资产质量、管理、盈利、流动性和市场风险状况六个单项要素进行评级,加权汇总得出综合评级,而后再依据其他要素的性质和对银行风险的影响程度,对综合评级结果作出更加细微的正向或负向调整。

综合评级结果共分为六级,其结果将作为监管机构实施分类监管和依法采取监管措施的基本依据。对于评级结果为五级和六级的高风险商业银行,银监会将给予持续的监管关注,限制其高风险的经营行为,要求其改善经营状况,必要时可采取更换高级管理人员、安排重组或实施接管,甚至予以关闭等监管措施。此举将对促进商业银行改进风险管理,加强监管机构的持续、审慎、有效监管发挥重要作用。

(二) CAMELS+评级要素

1. 资本充足状况(capital adequacy)

(1) 定量指标:① 资本充足率;② 核心资本充足率。

(2) 定性因素:① 银行资本的构成和质量;② 银行整体财务状况及其对资本的影

响；③ 银行资产质量及其对资本的影响；④ 银行进入资本市场或通过其他渠道增加资本的能力，包括控股股东提供支持的意愿和实际注入资本的情况；⑤ 银行对资本和资本充足率的管理情况。

2. 资产质量状况(asset quality)

(1) 定量指标：① 不良贷款率和不良资产率；② 正常贷款迁徙率；③ 次级类贷款迁徙率；④ 可疑类贷款迁徙率；⑤ 单一集团客户授信集中度/授信集中度；⑥ 全部关联度；⑦ 贷款损失准备充足率/资产损失准备充足率。

(2) 定性因素：① 不良贷款和其他不良资产的变动趋势及其对银行整体资产质量状况的影响；② 贷款行业集中度以及对银行资产质量状况的影响；③ 信用风险管理的政策、程序及其有效性；④ 贷款风险分类制度的健全性和有效性；⑤ 保证贷款和抵(质)押贷款及其管理状况；⑥ 贷款以外其他资产风险管理状况。

3. 管理状况(management)

(1) 银行公司治理状况：① 银行公司治理的基本结构；② 银行公司治理的决策机制；③ 银行公司治理的执行机制；④ 银行公司治理的监督机制；⑤ 银行公司治理的激励约束机制。

(2) 内部控制状况：① 内部控制环境；② 风险识别与评估；③ 内部控制措施；④ 信息交流与反馈；⑤ 监督评价与纠正。

4. 盈利状况(earnings)

(1) 定量指标：① 资产利润率；② 资本利润率；③ 成本收入比率；④ 风险资产利润率。

(2) 定性因素：① 银行的成本费用和收入状况，以及盈利水平和趋势；② 银行盈利的质量，以及银行盈利对业务发展与资产损失准备提取的影响；③ 银行财务预决算体系、财务管理的健全性和有效性。

5. 流动性状况(liquidity)

(1) 定量指标：① 流动性比例；② 核心负债依存度；③ 流动性缺口率；④ 人民币超额备付金率；⑤ (人民币、外币合并)存贷款比例。

(2) 定性因素：① 资金来源的构成、变化趋势和稳定性；② 资产负债管理政策和资金头寸的调配情况；③ 流动性的管理情况；④ 银行以主动负债形式满足流动性需求的能力；⑤ 管理层有效识别、监测和调控银行头寸的能力。

6. 市场风险状况(sensitivity to market risk)

(1) 定量指标：① 利率风险敏感度；② 累计外汇敞口头寸比例。

(2) 定性因素：① 董事会和高级管理层的监控；② 市场风险管理政策和程序；③ 市场风险识别、计量、监测和控制程序；④ 内部控制和外部审计。

7. 评级结果

单项要素评级和综合评级结果均以一级至六级表示，越大的数字表明越低的级别和越高的监管关注程度。

(1) 单项要素的评级。上述六个单项要素(管理要素除外)的评级结果均是定量指标和定性因素的算术加权结果，定量指标和定性因素的权重分别为60%和40%。各要素评分 90 分(含 90 分)以上为一级,评分 75 分(含 75 分)至 90 分为二级,评分 60 分(含 60 分)至 75 分为三级,评分 45 分(含 45 分)至 60 分为四级,评分 30 分(含 30 分)至 45 分为五级,评分 30 分以下为六级。

（2）综合评级。综合评级结果是六个单项要素评级结果的加权汇总,即各单项要素的评价分值分别乘以对应的权重系数后进行加总,得出综合评分。资本充足状况(C)、资产质量状况(A)、管理状况(M)、盈利状况(E)、流动性状况(L)、市场风险状况(S)六个要素的权重分别为 20%、20%、25%、10%、15%、10%。此外,本指引还特别提高了资本充足状况(C)的权重,特别规定资本充足率低于 8% 的银行,其综合评级结果不应高于三级;如果资本充足率低于 8% 且呈下降趋势,对该银行的综合评级结果不应高于四级。

加权汇总后的综合评级分值依据 90 分(含 90 分)至 100 分、75 分(含 75 分)至 90 分、60 分(含 60 分)至 75 分、45 分(含 45 分)至 60 分、30 分(含 30 分)至 45 分和 0 分至 30 分等六个分值区间分别对应一级、二级、三级、四级、五级和六级的综合评级结果。

8. 其他因素(others)

（1）银行经营的外部环境。
（2）银行的控股股东。
（3）银行的客户群体和市场份额情况。
（4）银行及其关联方涉及国家机关行政调查、法律诉讼、法律制裁等情况。
（5）国际、国内评级机构对银行的评级情况。
（6）新闻媒体对商业银行的报道。

其他因素主要是指对于银行风险可能产生重大影响的其他事项,监管评级人员将依据这些事项的性质和对银行风险的影响程度,对综合评级结果做出更加细微的正向或负向调整,以增强监管评级结果的准确性。其他要素一般不可以改变综合评级结果,但可以通过"＋""－"符号标识出评级结果正向或负向的趋势。

（三）评级结果的运用

1. 监管评级结果应当作为衡量商业银行风险程度的依据

综合评级结果为一级,表示银行几乎在每一个方面都是健全的,所发现的问题基本是轻微的并且能够在日常运营中解决。此外,银行对外来经济及金融的动荡有较强的抵御能力,并有能力应付环境的无常变化。综合评级结果为二级,表示银行基本是一个健全的机构,但存在一些可以在正常运营中得以纠正的弱点。银行是稳健的且具有良好的抵御经营环境起伏变化的能力,但是存在的弱点再发展下去可能产生较大的问题。综合评级结果为三级,表示银行存在一些从中等程度到不满意程度的弱点。银行勉强能抵御业务经营环境的逆转,如果改正弱点的行动不奏效,便很容易导致经营状况的恶化。虽然从其整体实力和财务状况来看不大可能出现倒闭情形,但仍很脆弱,应该给予特别的监管关注。对于那些存在重大不遵守法律、法规的银行机构,也应该给予这一评级。综合评级结果为四级,表示银行存在资本水平不足或其他不令人满意的情况。这些银行存在较多的严重问题或一些不安全、不健全的情况,而且这些问题或情况尚没有得到满意的处理或解决。除非立即采取纠正行动,否则有可能进一步恶化并损害银行未来的生存能力。银行存在倒闭的可能性,但是不会立即发生。对于资本净额为正数但达不到资本监管要求的银行,通常也给予这个评级。评级结果为五级,表示银行即时或近期内极可能倒闭,这些银行的业绩表现非常差。无论是问题的特性和数量,或是不安全、不健全的情况都到了非常严峻的地步,以致需要从股东或其他途径获取紧急救助。如果没有采取紧急及明确的补救措施,银行可能需要清盘及偿付存款人,或需要其他形式的紧急援助、合并或收购。评级结果为六级,表示银行面临严重的信用危机和支付问题,已经无法采取措施进行救助,需要立即实施市场退出。

2. 监管评级结果应当作为监管规划和合理配置监管资源的主要依据

监管人员应当针对商业银行的监管评级结果,深入分析风险及其成因,并结合单项要素和综合评级的结果,制定每家银行的综合监管计划和监管政策,确定监管重点,以及非现场监管和现场检查的频率和范围。对于评级结果为三级以下的单项要素,应当加强对被评级银行该要素的监管,并视情况对该要素进行专项现场检查;对任何单项要素评级结果为四级以下的银行,应当及时与银行董事会和高级管理层成员举行会谈,要求其采取措施降低风险水平;对任何单项要素评级结果为五级和六级的银行,应当督促其制定改善风险状况的计划,并在监管机构监督下予以实施。

3. 监管评级结果应当是监管机构采取监管措施和行动的主要依据

综合评级为一级和二级的银行一般是健全的机构,具有令人满意的业绩表现,对于这些银行,监管机构一般不需要采取特殊的监管行动。综合评级为三级的银行通常被认为低于满意程度,应适当提高对这类银行的非现场监管分析与现场检查的频率和深度,督促其加强风险管理与内部控制,改善财务状况。综合评级为四级和五级的银行,则被认为是有问题的机构,监管机构须采取必要的监管行动以改善这类银行的生存能力和保障存款人利益。对综合评级为四级的银行,应提高现场检查频率,加大现场检查力度,密切关注其经营态势,督促其加大经营调整力度,积极降低风险,同时对其产品和业务活动进行一定的限制,必要时应约见其董事会和高级管理层成员,责令整改;对综合评级为五级的银行,需要给予持续的监管关注,应限制其高风险的经营行为,要求其改善经营状况,必要时采取更换高级管理人员,安排重组或实施接管等措施。对综合评级为六级的银行,应尽快启动市场退出机制,予以关闭。

4. 评级结果的披露和保密

一方面,为了更加有效地运用监管评级结果,银监会应以适当方式向国外监管机构披露商业银行的监管评级结果,并实现与跨境监管当局共享监管评级信息。同时,银监会还将以适当方式向有关职能部门披露商业银行的监管评级结果。另一方面,为了防止对监管评级结果的误用和滥用,各级监管机构及参与评级工作的监管人员应当对商业银行的监管评级结果进行严格保密,严禁向第三方披露监管评级情况。各级监管机构须严格按照规定的程序和形式向银行董事会通报被评级银行的综合评级结果以及存在的主要风险和问题,不得向商业银行披露各单项要素的评级结果和具体评分情况。此外,监管机构也不可以将监管评级结果向公众披露,以防止评级结果可能被外界曲解而引发市场的负面评价,对商业银行造成不利影响。商业银行董事会也应当对监管评级结果严格保密,不得向董事会以外的任何人员披露,更不可以出于商业目的或其他考虑向新闻媒体或社会公众披露。

本 章 小 结

1. 商业银行的财务报表为绩效评估提供重要信息。通常在财务分析中,主要观察商业银行的资产负债表、损益表、现金流量表的内容。分析商业银行的资金来源及使用,资产负债结构的变化、风险因素、成本收入和利润的构成等因素。

2. 商业银行的绩效分析中,指标分析分为四大类别,分别是盈利性指标、流动性指标、风险指标、安全性指标。在指标分析的基础上,对同一银行前后会计期间的数据做比较,又或是对于不同银行在同一区间的数据做比较。

3. 绩效评价的方法,传统的使用是杜邦分析法。杜邦分析法数据容易获得,相对来说简单实用,更关注财务数据。缺陷是短期财务状态能很好体现的同时,难以体现银行的长期发展目标、无形资产的作用、投资策略的作用等。除杜邦分析法外,还可实用 RAROC 法、EVA 法等方式对银行进行绩效评价。

4. 监管机构对于商业银行的绩效评价一般采用骆驼评级系统。该评级法对商业银行的资本充足、资产质量、管理、盈利、流动性和市场风险状况等六个单项要素进行评级,加权汇总得出 1—6 级综合评级,而后再依据其他要素的性质和对银行风险的影响程度,对综合评级结果做出更加细微的正向或负向调整。中国银监会在借鉴国际通行的骆驼评级法的基础上,结合我国的实际情况确定了具有中国特色的"CAMELS+"的监管评级体系。

关 键 词

资产负债表(balance sheet);利润表(income statement);现金流量表(cash flow statement);股东权益变动表(stockholder's equity statement);绩效评价(performance reviews);杜邦分析法(DuPont Analysis);股权收益率(return on equity);风险调整的资本收益率(risk — adjusted return on capital);经济增加值(economic value added);平衡记分卡(balanced score card);CAMELS

复 习 思 考 题

1. 商业银行的主要财务报表有哪些,主要体现哪些内容?
2. 什么是贷款损失准备金,主要有哪些种类?
3. 资产负债表上的贷款损失准备金(ALL)与利润表中的贷款损失准备计提(PLL)有何区别及联系?
4. 商业银行的绩效评价方式有哪些?
5. 简单介绍杜邦分析法的要素及其联系。
6. 什么是 RAROC 体系?
7. 什么是骆驼评级体系?
8. 假设 A 银行和 B 银行在 2015 年财务指标如下:

	ROE	ROA	利润率
A 银行	13.75%	0.98%	28.78%
B 银行	16.89%	1.09%	32.1%

请作出必要的计算并简单地用杜邦分析法对这些数据进行分析。

第十四章　互联网时代商业银行的发展趋势

互联网金融下传统银行会消失吗？

互联网时代游戏规则真的变了。判断一家企业的好坏,主要看它的商业模式和管理模式。商业模式不行,即便管理没问题,比如诺基亚,也会失败,因为玩法变了。同样,如果管理模式不行,即便商业模式很新颖,也只能赚吆喝,比如凡客诚品。

先来看传统商业银行的商业模式落伍了吗？让传统商业银行觉得高枕无忧之处就是其长期积累的众多网点和客户,不过这些优势并没有想象中的那么大,甚至可能变成劣势。就如余额宝的受追捧,难道客户真的非常在乎其利息的高低吗？服务的便捷性或许才是最重要的。现在很难想象"90后"的年轻人还去银行网点存取钱,即便到ATM也存在排队的烦恼,对"90后"而言支付宝和余额宝、微信钱包和财付通是必备,"70后""80后"也越来越如此,银行网点有多少、在哪里他们根本不在乎。再来看客户优势。商业银行觉得自己多年来积累的客户基础雄厚,但是其客户的忠诚度或黏性有多强呢？客户在一家银行做业务和在另一家银行做业务有什么不同吗？客户的转换成本仅仅是跑腿的麻烦而已,互联网下仅仅是换一个网页或APP登录而已,这样的客户对某家银行来说算真正的客户吗？互联网经济要让客户成为狂热的粉丝,企业对客户的依赖度不应亚于客户对企业的依赖度,满意的客户胜过任何广告,但是传统商业银行有这样的客户关系吗？

在互联网时代,必须追随免费之道才能在网络中胜出。商业银行作为一种信用中介,客户把钱存在银行或者买银行理财产品就是希望并相信银行能把钱贷到合适的地方从而取得回报,银行是有公信力的。但是,在互联网时代,由于信息成本趋近于零,中介的价值越来越低,这就是一个"脱媒"的过程。不是狭隘的金融脱媒,而是整个社会脱媒,供需方直接见面更好。传统商业银行的中介作用锐减,甚至完全不必存在,因为商业银行的中介不合格或者低效,这就必然需要改进甚至被取代,这是传统商业银行无法逃脱的结局。

互联网所带来的数字革命、智能化的数据分析能力、智能终端的日益普及,大大降低了互联网金融服务业的门槛,并且展现出良好的发展前景。以互联网为独立载体的第三方支付、众筹融资、信用卡服务、理财社区、网上交易所、个人理财、小额信贷和 P2P 等服务类型,运营形态各异,正深刻地改变着金融服务业的版图。在国内,受益于智能手机产业的普及和互联网的快速发展,2015 年掀起了"互联网+"之风,开启了智慧生活的蓝图。各式各样的移动 APP 应用琳琅满目,带来了移动互联网的繁荣,越来越多的实体、个人、设备都连接在了一起。

毋庸置疑,互联网已不再仅仅是虚拟经济,而是主体经济社会不可分割的一部分。当金融碰上互联网,会碰撞出怎样的火花呢?美国 P2P 公司 Funding Circle 的创始人萨米尔·德赛(Samir Desai)认为:"把现有模式搬到网上的好处显而易见:不用为用户担心,原有的需求就摆在那;而互联网则可以让服务接触到更多人,带来更大的价值。"

第一节 互联网时代商业银行的经营环境

商业银行在过去一两百年中一直扮演着重要的角色,成了一个国家经济环境中的重要支撑力量。商业银行随着宏观环境和时代进步而不断调整经营理念、业务范围,同时,随着技术手段的进步而不断改变着服务的形式并创新服务的内容。

近一二十年,金融领域出现了不少新情况,直接或间接地对商业银行的业务经营产生了深远的影响,尤其是信息网络技术在金融领域的应用,互联网金融、移动支付的兴起更是如此;这些金融发展趋势的出现必将对今后的商业银行制度与业务产生更加深远的影响。互联网是这个时代的"蒸汽机",推动着社会和人们思想的转变。由于互联网为人类社会提供了更为广泛、便捷的交流、沟通手段,同时更广泛深入地改变着人们的思维方式和思想观念,这些内容在改变人类社会的同时,也更加深刻地影响着商业银行的服务。

目前,对商业银行的重要角色和垄断地位威胁最大的环境变化是互联网金融这个不速之客的强势来临和迅速崛起。

一、互联网时代商业银行的外部经营环境

经济决定金融,金融为经济服务,这是经济与金融的本质关系。因此,经济发展阶段和发展模式的变化,会从根本上引起金融的适应性调整,形成新环境下的发展形态。当前经营环境的变迁,已使银行业面对更加复杂的局面和挑战,原先有效和习以为常的发展模式正遭受严峻考验。

商业银行经营环境指开展业务活动的制约条件和影响因素。简言之,是指对商业银行经营有影响作用的内外部环境。商业银行经营的内部环境包括商业银行的组织结构、资本充足状况、技术水平与人才队伍、管理制度等;外部环境则包括宏观经济运行状况、财政政策、货币政策、金融法律、法规、金融消费者权益保护、外部金融监管等。这些环境因素或多或少地会对商业银行的经营活动产生影响。但是,自 20 世纪 90 年代以来,在信息技术革命的推动下,人类进入了网络经济时代。就像蒸汽机和电力,互联网

络已成为一种生产力引擎,渗透到生产和生活的各个领域。越来越多的线下行为持续向线上迁移,人类社会虚拟化程度不断加深。信息网络技术的快速发展正深刻影响着人类社会的组织形态、商业模式和生活方式,互联网金融的兴起与强劲发展在一定程度上颠覆了商业银行传统的经营模式。

(一)互联网技术改变经济社会运行规则

互联网时代是一个前所未有的快速变化时代,移动互联技术改变了人类社会运行的一些底层规则,深刻影响并驱动着经济社会运行规则的改变。

1. 新技术规则——聚合涌现,协同共创新商业模式

互联网能带来低成本的交互,信息的快速传播互动、大规模聚合成为可能,这种聚合能够涌现出更多的商业机会。聚合效应最典型的例子是微信,依靠社交应用聚集大量人气,就是明显的聚合效应。形成聚合后,进一步收购了四维图新,掌握地理位置;推出了微信钱包,利用移动支付引入大众点评、滴滴打车;入股京东整合易迅,形成更具竞争力的移动电商平台。涌现效应最具代表性的是阿里巴巴,从淘宝做起,先后发展出支付宝、余额宝和征信。用户越多,价值链越长,颠覆的传统行业越多,涌现出的商业模式也就越多。

在"聚合涌现"的情景下,最好的商业模式就是做平台,寻求聚合而涌现出来的新机会。在全球市值最大的100家公司之中,目前有60家公司的主要收入来自网络型平台商业模式,谷歌、苹果、Facebook等莫不如是。

2. 新经济规则——成本趋零,降低企业的运营成本

与传统供给与需求的经济理论不同,网络经济出现了信息的边际成本趋零的现象,基于社交的销售成本可能趋零,基于协同共享的交换成本有可能趋零。这貌似颠覆了传统经济理论,但实质是工业经济过渡到互联网经济时商业模式的变化。互联网企业聚焦于流量经营或用户经营,商业逻辑是用免费或低价赚取用户,用增值服务来盈利的利润递延模式。这也是为什么很多传统行业纷纷惊呼被网络颠覆,零边际成本下的竞争让传统行业的利润枯竭。

在"成本趋零"的情况下,最优的创新策略就是做场景,围绕应用场景打造具有极致体验的产品和服务,最大限度获得用户的认可和口碑,进而实现网络零成本分享传播。

3. 新社会规则——时空坍缩,重塑现实与虚拟世界

坍缩是从量子物理中借用的一个术语,原指恒星的物质收缩而挤压在一起,时空坍缩是说在网络时代时间空间已经不再重要,因为"互联网最大的影响是它消除了距离"。通过社交媒体、生物传感、定位系统实现各行业的跨界融合,加速了人们生活、工作的虚拟化,人类在虚拟与现实之间的多重宇宙中穿梭成为可能,呈现出时空坍缩效应——允许人们摆脱时间钳制,重设时间坐标;地理位置不再是距离标尺,以网络入口、场景为基础的虚拟空间影响力逐渐增强。每个人都可通过社交软件随时随地分享信息——照片、位置和当下的心情,超越现实空间的实时连接得以实现;距离取决于网络连接而产生的关系,有连接就近在咫尺,没连接则远在天涯。同样,线下传统市场在向线上虚拟空间迁移的过程中,越来越多的商业交易将向新空间转移。

在"时空坍缩"的情景下,最佳的商业策略就是做移动,把握住用户在现实与虚拟世

界之间切换的最主要入口。

这三大规则对金融业的影响深远,产生"去介质化、去中介化、去中心化"的互联网效应,金融服务领域的用户主权时代正逐步到来。

(二) 互联网金融的兴起与强劲发展

当前对商业银行冲击最大的环境变化是互联网金融的兴起与强劲发展。互联网金融已被写入"十三五规划"。随着电子商务在中国的蓬勃发展,互联网企业积累了海量的用户数据,逐渐掌握了用户金融服务的需求和偏好,并将其提供的金融服务由最初的简单支付渗透到转账汇款、小额信贷、现金管理、资产管理、供应链金融、代销基金和保险产品等传统商业银行的业务领域。在此过程中,部分互联网企业专注于通过互联网平台为客户提供专业的金融服务,形成了专业的互联网金融公司,朝着金融服务提供者的路线进军。互联网金融是指借助于互联网技术、移动通信技术实现资金融通、支付和信息中介等业务的新兴金融模式。互联网金融是传统金融行业与互联网相结合的新兴领域,意味着银行金融业和互联网业的发展战略和方向出现了重叠。表面上看,互联网金融是移动互联网技术在金融领域的衍生应用,实质则是工业经济向互联网经济挺进时思维方式和经济模式跃变的结果。

2013 年被誉为中国的互联网金融元年,2013 年 6 月余额宝创新基金产品的推出,在短短 3 个月成功吸筹 1 000 多亿元,让 1 600 万用户的银行存款搬家,这可以被看作是某种铺垫,因为随后的各种"宝宝类产品"的出现以及互联网金融大爆发,新旧金融模式的互动与交合竞争已成趋势。在全球范围内,互联网金融已经出现三个重要的发展趋势:一是随着移动通信设备的渗透率超过正规金融机构的网点或自助设备,移动支付逐步替代传统支付业务;二是应用现代信息技术大幅降低信息不对称和交易成本的"人人贷"(P2P)逐步替代传统存贷款业务,并能有效解决中小企业融资难问题;三是众筹融资逐步替代传统证券业务。

互联网金融服务前景广阔。一方面,互联网金融公司在传统支付结算领域不断拓展新的渠道,如移动支付、电话支付、电视支付、移动 POS 机等服务方式陆续推出,不断为客户提供更多便捷的金融服务;另一方面,随着电子商务形式的不断创新,B2B、B2C、O2O 等模式也随之推出,并伴随着包括从结算、担保、融资等多个方面的创新。例如,阿里巴巴、拍拍贷等互联网金融公司推出的基于人人贷模式的新兴互联网融资平台,其目标就是实现像在淘宝上买卖东西一样便捷地"买卖"资金,用户可以直接在互联网、移动互联网上进行自由配对借贷。使传统金融业务具备更高的透明度、更积极的参与度、更良好的协作性、更低廉的中间成本和更便捷的操作。这种模式一旦成功,必将对商业银行传统信贷业务产生颠覆性影响。

第二节 互联网金融对商业银行业务经营的影响

在互联网技术的推动下,近年来互联网业、金融业和电子商务业之间的跨界融合日渐深入,已经形成新的"互联网金融"蓝海,具有巨大的潜在市场。以阿里巴巴的蚂蚁金服为代表的新兴互联网金融业态,在支付、结算和融资领域内的种种"举措",给商业银行的传统经营管理带来巨大挑战。

一、互联网金融对商业银行的挑战

顺应移动互联网技术对经济社会运行改变的三大规则：聚合涌现、成本趋零、时空坍缩,进行思维和战略的重构将驱动互联网金融蓬勃发展。技术革新与应用必然带来银行业务模式和竞争关键因素的变化。传统商业银行业面临着四个层面的挑战。

1. 技术层面

随着互联网演进到移动互联网,网络已经从人们获取信息的窗口变成了驱动生活的引擎,金融产品和服务需要依托互联网、移动互联网技术更深层次地契合到人们的生活和需求当中。近年来,以云计算、大数据、社交网络等为代表的新一代互联网技术的应用与互联网金融公司的迅速崛起,促使传统金融领域迎来了新的变化。

网上支付、移动支付方式的出现,对商业银行形成了极大的冲击。阿里巴巴的支付宝、腾讯推出的微信支付、苹果的 Apple Pay 移动支付都给传统的银行结算支付业务带来挑战。

人工智能和区块链这两个技术,在未来会使数字货币在金融市场当中的使用权重大大增强。同时可以彻底改造人和金融机构之间的关系。所以,在大数据意义上,未来的金融机构的核心能力不是存量的改造,而完全是增量的变化。

2. 经营模式层面

"大数据"和"云计算"对消费者和商家都带来便利。未来消费者可以通过平台数据对商品和商家进行筛选,从而找到适合自己以及质量好的商品;商家也可以通过大数据对消费者的需求有更好的了解,生产出市场需要的产品。阿里巴巴的余额宝被视为挑战传统商业银行的利刃,虽然其市场份额还比较小,但是在这一领域的创新无疑会给整个行业带来巨大的震动,余额宝后的各种"宝宝类产品"的出现就很好地体现了这一点。因为,"宝宝产品"的年化收益率普遍高于银行的存款利率。这样,投资者就会选择收益率高的产品。尽管银行也推出了一些类似的理财产品,但是前期推出的理财产品门槛较高,已经造成壁垒效应。创新时代,人们对新兴事物的偏好,对商业银行已然不利。

在聚合涌现、成本趋零、时空坍缩的三大经济社会运行规则作用下,依托云计算、大数据、社交网络等相关技术来实现资金融通的金融业模式日渐成熟。传统的商业银行物理网点模式似乎正在成为商业银行的负担,便捷的网络对商业银行实体是一种挑战。现代金融呈现出"去介质化、去中介化、去中心化"的互联网效应,个人用户变得越来越强大,B2C主导的业务模式正在向C2B主导的业务模式演进,金融服务领域的用户主权时代正逐步到来。互联网金融的业务主导权逐步由商业机构向用户转移,以用户(不是客户)为中心开展协同共创。移动电话运营商的客户中心在微信、QQ的用户中心模式下败北就是如此。

3. 生存空间层面

互联网金融下金融脱媒的趋势进一步明显,更多的科技公司利用金融技术替代传统金融机构为消费者提供更加个性化的储蓄、借贷、投资、支付和保险等服务。数据显示,2016年7月底,全球金融科技公司已突破2 000家,而2015年4月初还只有800家,商业银行业固有的领地正在被来自体系外科技金融公司等非金融机构侵占。这里的金融科技(FinTech)对应着国内的互联网金融,成为近期金融行业一个新兴的热词。随着京东金融、蚂蚁金服等巨头布局的不断深入,越来越多的互联网金融公司开始加入金融科技领域,投入金额也开始猛增。根据麦肯锡的数据,2015年,全球投入"金融科技"领域的资金高达191亿美元,是2011年的近8倍。过去5年,超过400亿美元的资金流入这个领域。在强势资本的支持下,全球已有超过2 000家的金融科技公司,并且越来越多的领域开始呈现金融科技。金融科技或互联网金融的迅猛发展,抢占了商业银行的生存空间。

4. 战略思维层面

所谓的互联网思维表现出与传统思维不一样的鲜明特点,即跨界思维、平台思维和用户思维,金融服务需要充分吸收和借鉴互联网发展的思想精髓,融入自身的转型路径。传统商业银行业的互联网金融转型之路,关键不是互联网技术的内部化,而是互联网思维的内部化;不是囿于现有产品和流程的互联网化,而是依托互联网把银行的金融服务与更多的行业跨界相融,实现价值链的延伸,形成全新的金融服务生态;不是单单依托功能和服务进行竞争,而是基于互联网金融服务平台的全方位竞争;不是为用户着想替客户决策,而是"从用户的眼睛看世界",从用户的体验来审视自身的产品和服务。转型的核心是在发挥传统金融服务优势的同时,超越思维定式的局限,打破对常规路径的依赖,实现服务和商业模式的重构。

二、互联网金融对商业银行业务经营的影响

从互联网金融发展的具体形态来看,目前在全球范围内,互联网金融发展在三方面对传统商业银行业务造成强势冲击,甚至呈现替代趋势。

(一)第三方移动支付替代银行传统的支付业务

以支付宝为代表的第三方支付以及移动支付正在改变用户实现支付的接入方式,使顾客可以更方便地完成支付,传统的支付介质被新型支付方式所替代,而银行的传统支付结算业务受到巨大的冲击。

第三方支付是指具备实力和信誉保障的第三方企业和国内外的各大银行签约,为买方和卖方提供的信用增强。在银行的直接支付环节中增加一中介,在通过第三方支付平台交易时,买方选购商品,将款项不直接打给卖方而是付给中介,中介通知卖家发货;买方收到商品后,通知付款,中介将款项转至卖家账户。在缺乏有效信用体系的网络交易环境中,第三方支付模式的推出,在一定程度上解决了网上银行支付方式不能对交易双方进行约束和监督,极大地促进了电子商务的发展。

随着智能手机的普及,移动互联网将越来越多的实体、个人、设备都连接在了一起,催生了支付产业快速变革推进,基于移动互联网、NFC、HCE、Token、生物识别等各类技术的移动支付模式大行其道。移动支付是指用户使用其移动终端(手机、Ipad)对所

消费的商品或服务进行账务支付的一种服务方式。单位或个人通过移动设备、互联网或者近距离传感直接或间接向银行金融机构发送支付指令产生货币支付与资金转移行为，从而实现移动支付功能。餐馆、超市、商场等应用场景不断丰富，线上、线下业务一体化发展加速。智能终端的普及和高速无线网络的投入使用让移动支付风起云涌，传统金融企业、互联网企业和各类资本都疯狂涌入这一市场跑马圈地、迅猛发展。2009年以来的全球与中国的移动支付交易金额，如表14-1所示。

表14-1 近年全球与中国的移动支付交易规模   单位：亿美元、亿元

年 份	2009	2010	2011	2012	2013	2014	2015	2016
全球交易金额	255.59	529	1 059	1 631	2 354	3 252	4 500	6 700
中国交易金额	389.8	586.1	798.7	1 511.4	12 197.4	59 924.7	93 100	121 590

注：2016年为预计数。中国数据仅指第三方支付企业的移动支付交易金额。
资料来源：艾瑞咨询公司。

中国第三方移动支付市场发展速度惊人，已成为全球移动支付领域的先锋，这也意味着很少使用现金的生活方式形成了，日常购物、就餐、电话费、水电煤气缴费都可借助于支付宝、微信支付来完成，投资理财、大宗购物也变得移动商务化了，未来第三方移动支付产业将面临爆发式增长。第三方移动支付的便利性和普适性将对传统的银行支付带来致命性冲击。

但是，2015年8月2日，中国人民银行发布《非银行支付机构网络支付业务管理办法》征求意见稿，2016年7月1日，该办法正式实施，未实名认证的用户在余额支付、红包、转账额度等功能方面都会受到影响。出台该《办法》目的在于让第三方支付不能扮演清算角色，且要回归"小额便民"支付本质，同时减少备付金规模和沉淀，其实是对第三方支付平台的业务扩张设限，有利于商业银行的支付清算功能。

（二）"人人贷（P2P）"对传统的银行存贷款业务的替代

"人人贷（P2P）"实质是一种"自金融"的借贷模式。依托互联网，每一种需求都会造就一个金融市场。中小企业、个人借款难的问题催生了P2P网贷的兴起。由于正规金融机构长期以来始终未能有效解决中小企业融资难的问题，而P2P交易平台直接连接了个人投资者和个人借贷者，互联网的用户聚合和高速传播的特点大幅降低了信息不对称和交易成本，从而促使资金供需双方都是个人的投融资模式成为可能。

在P2P人人贷市场里，基本上每一家平台公司，都是利用互联网技术来连接借贷者和投资者。每个平台各有不同的市场策略、盈利模式和受众人群。

P2P借贷模式下资源配置的特点是：资金供需信息直接在网上发布并匹配，供需双方直接联系和匹配，不需要经过银行、券商或交易所等中介，即"去中介化"。这种资源配置方式给商业银行的吸收存款再通过贷款配置出去的经营模式带来了极大的挑战。商业银行传统的资源配置是间接融资方式，需要通过中介来完成，而互联网时代的人人贷则可以通过直接融资，供需双方直接联系和交易，不需要任何中介就可以完成，而且信息几乎完全对称，交易的成本极低，交易可能性边界也极度扩大，这都给银行业带来巨大的挑战。投资P2P平台的高利率回报以及通货膨胀的加剧吸引了大批的储

蓄者将钱从银行里取出来投到P2P平台中,银行存款正在大量的流失。

此外,以阿里小贷①为代表的网络贷款模式浮出水面并逐步走向成熟,且由于对其平台上的小微企业无须抵押,方便快捷,所以增长速度迅猛,威胁到银行传统小微贷款业务。P2P信贷模式实现了小额存贷款的直接匹配,成为未来互联网直接融资模式的雏形,有效地弥补了银行信贷空白,形成了一种全新型的"网络直接融资市场",未来还有着广阔的发展空间。

但是,在P2P平台增长的同时,随着监管的加强问题平台增多。2015年全年新增问题平台1 054家,是2014年的2.47倍。截至2015年12月底,全国问题平台数累计为1 439家,问题平台占全部平台的比例高达33.2%。近期,P2P平台综合平均利率下行,项目平均期限上行,这显示P2P市场回归理性,经营回归审慎。随着监管政策出台,P2P行业将面临快速洗牌;风控能力将成为核心竞争力;而传统金融机构或将与P2P合作。

(三) 互联网理财对商业银行理财业务的冲击

理财是一种生活态度,"你不理财,财不理你"。理财也是一个趋势,特别是互联网理财。在如今快节奏的现代生活中,理财的意义不仅仅是传统上节俭、积蓄,更重要的是实现财富的进阶。所以,在互联网理财如此良好发展趋势下,不理财实属是一种不明智的选择。

从当前国内财富管理市场来看,银行、信托、券商、保险、基金均不断加大财富管理业务的推动力度,但仍难以满足投资者需求。5万元以下的投资需求,很少能在银行理财体系中找到投资的入口,因为银行理财产品的入门门槛为5万元。在央行连续"降准降息"、货币供应量持续增加的经济环境下,人们寻求资产保值增值的动力也更加强烈,互联网理财成为人们的新选择。

因为互联网的便捷性打通资金链条,降低了理财产品的管理及运营成本,互联网的长尾效应聚合个人用户零散资金,既提高了互联网理财运营商在商业谈判中的地位,也使得个人零散资金获得更高的收益回报。互联网理财产品具有的低门槛、高收益和高流动性特点,贴合大众理财需求。一元起购,按天计算收益,T+0当天赎回模式,同时收益率高出银行活期储蓄收益数倍,拥有压倒性优势;从购买渠道来看,互联网理财产品购买渠道多依托于用户规模大、使用频率高、发展成熟的第三方支付平台,为产品的购买提供极大便捷。随着技术与体验更进一步的深化与提升,互联网理财将成为理财市场的主导方式之一。

随着互联网企业的不断创新②、大众理财的观念的深入,以及互联网技术的助推下,互联网理财市场的发展呈现平台化、智能化等新趋势,进一步增强其在理财市场上

---

① 即阿里小额贷款,是指以借款人的信誉发放的小额贷款,不需要借款人提供担保。其特征就是债务人无须提供抵押品或第三方担保仅凭自己的信誉就能取得贷款,并以借款人信用程度作为还款保证的。

② 例如,阿里巴巴的支付宝在原来的余额宝、招财宝的基础上,推出了蚂蚁聚宝,方便了用户购买理财产品,其中基金更是低费率,有较高的认知度和良好的用户迁移;财付通过微信上的理财通和微众银行进行用户的金融管理,在较大的用户基数上推出高收益的理财产品;以及拉卡拉基于多年积累的线下资源进行供应链金融的运作等。

的竞争优势。

投资者心态的转变也是很重要的一方面。投资者的分散投资思维以及创新时代，人们对新兴事物的偏好，互联网理财势必对商业银行理财业务带来压力。互联网金融领域的创新，使得投资理财方式更加多样化，商业银行如果不求变将在这一领域失去其领军地位。

总体上讲，尽管到目前为止互联网金融仍处于发展初期①，在规模上难以与银行相提并论。但从长远眼光来看，伴随着互联网、大众消费方式和现代金融理念的发展，银行业支付、小额存贷款、理财等传统业务领域将面临前所未有的挑战。特别是互联网正在改变用户实现金融服务的接入方式，传统的渠道和产品被新型的互联网渠道和产品所替代，成为更好处理金融交易和积累客户的解决方案。此外，金融资产缺少流动性、金融运营及交易成本居高不下等都是现有金融体系存在的问题，而互联网行业信息透明化、擅长挖掘用户需求、重视用户体验的特点能提供有效解决方案，从而对银行的传统业务构成显著冲击。

第三节 互联网时代商业银行的发展趋势

2015 年的《政府工作报告》提出实施"互联网＋"行动计划，标志着互联网开始跳出行业范畴，正式上升为国家战略，成为推动中国经济转型升级的一大新引擎。"规范发展互联网金融"写入 2015 年 11 月公布的国家级五年规划建议——《十三五规划建议》，互联网金融首次写入五年规划，意味着互联网金融在过去的发展受到了认可，未来地位将进一步得到提升。但是需要对过去处在野蛮生长的状态的互联网金融的发展进行"规范"，对在前期发展中出现的一些问题要立规矩、定标准，要监管。

美国统计机构的数据显示，2014 年 11 月 17 日苹果 Apple Pay 正式推出，3 天时间里美国本土激活使用 Apple Pay 的信用卡数量就超过 100 万张。另有数据显示，2015 年上半年农行发放信用卡 915 万张，是所有银行中的发卡冠军；而蚂蚁金服的虚拟信用卡"花呗"上线仅 20 天，用户数就突破千万。两相比较，金融发展的方向在哪儿就一目了然。面对互联网金融冲击波，商业银行必须要思变。

一、商业银行的变革方向

与传统的商业银行经营模式相比，互联网金融支付便捷大大降低了市场信息的不对称，资金供需双方直接交易，不需要经过银行、券商和交易所等金融中介，具有"开放、平等、协作、分享"的特质。互联网金融带来的不仅是技术和渠道的变革，互联网精神的

---

① 这可以从管理层对互联网金融的发展指导意见来判断。2015 年 7 月 18 日，中国人民银行、工业和信息化部、财政部等十部委联合印发《关于促进互联网金融健康发展的指导意见》指出，要发展征信、发展风控等这些更具基础性的、保障性的配套的服务体系来促进这个行业的健康发展。

宣扬与渗透将使整个金融生态环境产生巨大的变革。外部环境的巨大变化迫切需要商业银行对自身发展进行重新审视和调整，重新梳理经营转型的思路和方向。

面对互联网金融演进中的一个个挑战，商业银行应该以更加开放、积极的心态迎接互联网时代的挑战，将互联网思维融入传统金融模式之中，把握机遇，加大与互联网平台、核心企业、电商运营商等相关方的合作深度，获取数据、客户、基础设施、行业经验等资源共谋发展。商业银行要充分吸收和借鉴互联网发展的思想精髓：跨界思维、平台思维和用户思维，融入自身的转型路径；必须制定出一系列谋变措施巩固自身地位，以在新的竞争格局中拔得头筹。

（一）从经营理念上谋变

实现由"产品中心主义"向"客户中心主义"再到"用户中心主义"的转变。互联网金融之所以得以迅速发展，追根溯源还是得益于用户的满意度。新金融模式凭借互联网平台的优势，针对用户快速变化的需求，有针对性地进行创新，使其比较有效地占有用户信息。因此，商业银行应加快转变服务意识，摒弃原有的产品推销式经营模式，树立以客户为中心的观念，充分利用电子渠道和各种信息技术手段，重新安排各种服务渠道，降低物理网点的作用，充分发挥电子手段特别是互联网和呼叫中心和移动技术的应用，网上银行、电话银行、手机银行、呼叫中心等各种基于信息技术的服务手段，极大地改变银行的服务手段和能力，使商业银行可以快速地响应客户的需要，满足差异化的客户需求。根据客户细分，提供金融产品在互联网尤其是移动互联网的客户端定制化部署，使客户可以自主决定在诸多移动金融服务中的个性选择和灵活下载，从而最大化用户体验。以用户①（不是客户）为中心开展协同共创，金融服务需要真正围绕客户的需求进行模式再造和创新。例如，阿里巴巴和腾讯通过各种各样的红包玩法，让用户的"零钱"都留在支付宝、微信之中，从而绑定用户的支付习惯。

（二）从经营方式上谋变

实现传统物理营销渠道和互联网营销渠道的有机结合。商业银行可以利用互联网金融模式，深度整合互联网技术与银行核心业务，拓展服务渠道，从以往前后台分离、集约化管理模式中跳脱出来，逐步转向一体化运营，将客户营销、产品定制、风险管控、财务处理等集中到IT层面统一设计。大数据时代，未来企业或个人和金融机构之间的关系将是交易过程当中的一个环节。例如，在京东商城上所有开店的公司都可以向京东申请短期贷款，所有贷款都不需要担保，因为京东有该公司在京东商城上的交易数据，京东根据这些交易信息评估贷款申请者的信用。贷款申请者交易的时间会成为信用衡量的维度之一，这已经超出了传统银行给企业贷款的基本模式。在阿里巴巴的平台上也是如此。

（三）从业务体系上谋变

实现聚集各类商业品种的"金融超市"式的服务模式。互联网金融的创新能力促使

---

① 用户有四个特征：(1)一定要经常性用你的服务或产品；(2)不一定向你付钱；(3)一定要直接跟你连接；(4)一定要定期有交流。例如，滴滴打车的用户，是众多的租车人和司机，他们免费使用滴滴的软件，都不对滴滴支付。

它能较快切入某一具体金融领域,然而由于经验上的匮乏,短时间内仅凭金融"门外汉"的互联网公司还不能做到各类金融产品的交错组合。这恰恰也是银行业长久以来积累的业务优势,所以为了完善服务方式,商业银行必须积极创新,将现有业务条线与在线金融中心、移动金融、电子商务、电子支付平台等新兴技术模式加以整合,以最终满足客户日益多元化的需求,实现"一站式综合金融服务"。

（四）从战略导向上谋变

实现商业银行与其他金融机构以有益合作代替恶性竞争的关系。商业银行要正确认识互联网金融公司与其自身的关系,阿里小贷的成功得益于其拥有的海量客户数据信息,在大数据时代,商业银行应与互联网金融紧密结合,一方面推进银行本身的数据驱动发展方式,另一方面加强对互联网金融的风险把控,从而两者实现互利共存的"竞合关系"。

但也应看到,传统商业银行模式在互联网时代仍具备不可替代的优势。实体银行具有的包括资金实力雄厚、认知度和诚信度高、基础设施完善、物理网点分布广泛等,仍可建立看得见、摸得着的信任。倘若物理银行与互联网银行得以并行,必将收获1+1远大于2的巨额利润。

知识专栏 14-1

在银行3.0时代,客户处于一个超联通的信息世界,生活和网络联系密切,需求正在发生变化。例如,客户通过网络购买商品,大幅减少光顾实体商店的时间,光顾实体商店也不再是为了购买,体验或许成为更重要的目的。同样,客户对银行的态度也在发生变化,银行不再是客户要去的地方,而是实现客户需求的场所。银行将在虚拟世界中全方位提供服务,以满足客户在任何时间和任何地点办理业务的需要。网点作为银行诸多的服务渠道之一,其定位和形态将会发生巨大改变。（——摘选自Brett King：《银行3.0：移动互联时代的银行转型之道》,白宫、施轶译,广东经济出版社,2014年。）

二、互联网金融时代商业银行的谋篇布局

在互联网金融时代,细数百度、阿里、腾讯（BAT）等互联网公司的成功商业模式,都离不开三项基本要素：平台、移动和场景。因此,商业银行的变革也必须在此三要素基础上谋篇布局。

（一）重构开放、分享的互联网金融平台

互联网公司从事互联网金融业务,对银行某些业务造成了明显冲击,其根源在于背后的平台。例如,阿里巴巴以淘宝、天猫等电商平台为"根据地",打造了支付宝,又以支付宝为基地,成就了余额宝、蚂蚁聚宝；腾讯以 QQ、微信等社交平台为"根据地",盘活了财付通,又以财付通为基地,捧红了微信钱包,衍生出了理财通。平台商业模式可以

连接双边或多边市场,更好地利用消费的网络外部性,形成相互促进的正向反馈机制,先发效应十分明显。抢占互联网金融的制高点,平台是关键。

商业银行打造互联网金融平台是实现战略转型的重要路径。例如,工商银行持续完善互联网金融品牌"e-ICBC",建设银行推出电商平台"善融商务",农业银行加大力度推广服务"三农"的互联网金融平台,中信银行联合百度公司发起成立独立法人的直销银行百信银行等。

平台模式的变革是先搭建平台,通过便捷、优惠甚至免费的核心服务把需求方和供给方汇集于一体,在供需双方达成信息交互或实现交易的同时,开发衍生业务机会。有了客户基础和交易基础,大量金融服务将派生出来。平台的聚合效应、双边效应和网络外部性等特点,让平台的所有使用者都能够得到价值、分享利益,形成一个共赢的生态圈,使得平台在今后的商业竞争中还会发挥越来越大的作用。

商业银行的互联网金融平台搭建与经营围绕支付、理财、融资、投资等功能。未来的银行不只是一个地方,更是一种行为,是一个平台。

(二) 探索全天候、个性化的移动客服与社交营销

在移动互联网时代,手机已经成为人体的"数字器官",互联网金融创新更多地来源于以用户为中心的移动服务模式重构。新型移动金融服务,如支付宝钱包、微信支付等层出不穷,以腾讯和阿里的打车补贴和"红包大战"为代表的应用,标志着金融服务正在向O2O[①]、社交网络等移动领域迅速拓展,终端定位、二维码识别、重力感应、指纹识别等新技术的应用进一步拓展了移动金融服务模式创新的空间,移动端势必成为金融服务平台最主要的入口和载体。

在商业银行利润增速放缓,人力成本上升的背景下,互联网金融模式下的银行客服和营销应该依托移动应用终端,突出全员、即时、移动、按需的特色,重点解决服务规模与效率的问题。同时,伴随着个人力量的崛起,客户掌握更加丰富的信息、拥有更多产品选择权,这要求银行更快捷、更便利、更有针对性地匹配客户的金融需求。

移动金融也是商业银行发展互联网金融的模式之一。提高金融服务的便捷性,是商业银行积极拓展移动金融的主要目的。在具体做法上,大致分为以下五类:一是推出手机银行客户端,将传统网上银行移动化,打造"移动银行";二是与互联网企业合作,推出定制APP,融合各类娱乐、消费、金融等服务,积极构建一个完整的生态圈;三是与移动运营商合作,推出"NFC-SIM卡"模式的近场移动支付;四是以移动社交平台基础推出微信银行,实现网点查询、转账支付、交易提醒、无卡取现等功能;五是在客户业务办理流程中加入智能元素,如移动营销Pad的使用,为客户提供更为便捷的服务体验。

(三) 构建多元化的场景金融

金融需求有时是被生活场景创造出来的。让金融俯下身子,融入百姓生活——尽

---

① O2O 即 online to offline,是指将线下的商务机会与互联网结合,让互联网成为线下交易的前台,这个概念最早来源于美国。O2O电子商务模式需具备五大要素:独立网上商城、国家级权威行业可信网站认证、在线网络广告营销推广、全面社交媒体与客户在线互动、线上线下一体化的会员营销系统。实现O2O模式的核心是在线支付。

可能地将金融产品应用场景化、使用便捷化。随着人们生活节奏的加快,时间碎片化,用户用专门时间接受金融服务的场景越来越少,在每一个需要金融服务的场景做到"触手可及",提供与用户生活无缝连接、一气呵成的金融服务成为影响用户体验的关键,这需要金融机构以"用户的眼睛看世界",以自我颠覆的勇气重新审视已有的产品,准确预料用户生活中每一个需要金融服务的痛点,沿着用户价值期望拓展金融服务和管理创新。

金融服务场景化,就是要让银行服务在每一个客户身边。银行不再是客户要去的地方,而是客户可以随时享受到银行的服务。商业银行不仅要将银行产品和服务嵌入生活场景,更要塑造新的业务场景。在企业电子商务快速发展和个人网络化生存的趋势下,搭建银行自己的电商平台,是创造业务场景的最好选择之一,也是银行实现从融资中介、支付中介向信息中介转型的有效路径。电商平台作为资金流、物流、信息流的跨界服务入口,搭建"金融+消费"的服务生态,可以实现客户的消费行为、销售数据、采购信息的统一汇集,将为商业银行的大数据应用提供丰富的信息来源和储备。

(四)优化风险管理进一步做好风险防控

金融的实质是风险管理和定价,互联网金融的本质是金融。互联网信息技术支持金融服务的关键点在于数据的挖掘。基于对客户交易记录、消费记录、还款记录等的掌握还可以实现更便捷的风险管理。互联网金融完美地实现了网络平台、数据处理和金融业务的融合。大数据时代,商业银行借鉴互联网金融思维做好大数据战略布局,利用自身的优势,对结构化大数据进行深入分析和利用,利用数据的集成、过滤、分析和挖掘为客户需求分析,为个性化金融产品设计以及风险定价与风险管理提供高效准确的技术支持;通过大量精细化的数据提取和对比,为信用评级、贷款审批、风险评估等提供科学判断依据。商业银行的互联网金融的风险防控根据风险来源的不同而应有不同的模式。

1. 风险源于传统业务的风控

基于抵押品和投资项目现金流的信贷技术不再适用,这对商业银行互联网平台面对单笔金额小、总笔数众多的个人消费贷款时,判断贷款用途、还款来源、偿还能力以及防范套现等方面提出更高要求,在一定程度上增加审贷成本和信贷风险。商业银行要控制这一类风险,应大力发展移动化和场景化的信贷审批技术,将传统的侧重于借款人历史信息和资产状况的信贷审批技术,转变为依靠大数据挖掘用户消费具体场所、业务和用途信息,结合消费场景降低信用风险。

2. 中间业务模式的风控

在财务和资本等资源增长乏力、风险资产扩张模式难以为继的今天,商业银行发展中间业务的互联网金融业务,这种模式不仅可以为银行带来充足的现金流,还可以促进银行发行理财产品。但这种模式需要商业银行具有强大的客户群体和流量基础。银行应当发挥在产品设计、专业人才、风险控制等多方面优势,充分运用大数据、云计算等互联网技术,为更多的高净值客户实现财富保值增值的财富目标。同时,完成商业银行自身从销售单一类别的产品转型,为客户提供一站式综合金融服务、全方位资产配置方案,回归财富管理的本质。

3. 风险存在于贷款的风控

全面向中小微企业渗透之后,商业银行应考虑如何有效地防范和消化不良资产,同时又不降低服务效率。虽然当前商业银行资产质量总体可控,但中小微企业不良贷款增长较快的势头应该引起重视。控制此类风险的关键在于:一是传统金融与互联网金融风控手段相结合,建立有效的网络安全机制,确保大数据的安全性和准确性;二是充分运用大数据的特征,对中小企业还款能力和还款意愿进行较为准确的评估,建立良好的流动性风险、期限风险和信用风险预警机制,防止以解决中小微企业融资难为初衷的互联网金融最后产生普而不"慧"的结局。

互联网的发展超出了几乎所有人的想象。互联网金融,尤其是移动金融的快速发展,虽然尚未动摇传统银行业务的根基,但是对其经营理念带来了巨大的冲击。关于现代金融的未来发展,有各种各样的说法,但长尾市场蕴藏着的巨大的潜力,无疑将会演化成开放分享的全新金融生态,互联网公司和主流的商业银行等金融组织都会找到适合自己的位置。未来可能是一个流变和共生的过程。商业银行和互联网公司在探索磨合中共生。未来不一定是互联网企业淘汰传统商业银行,但一定是新的商业文明替代旧的商业文明。

面向未来,金融与互联网的融合发展必将掀开金融史册崭新的一页,书写更加波澜壮阔的发展篇章。商业银行应积极拥抱"互联网+"行动计划,打造更加高效、更加普惠的金融模式,为"大众创新、万众创业"注入更多金融活力。

第四节 区块链对商业银行发展的影响

2015年下半年以来,比特币(BitCoin)的底层技术——区块链迅速走红,在全球市场上成为继互联网后的新热点。2015年,金融界开始意识到区块链可能带来的颠覆性效应,并"一窝蜂"地将人力、财力资源砸入其中。目前已经有许多金融机构和IT企业积极投入区块链技术的探索研究领域和发展推动中。多国央行、交易所、国际投行及IT巨头纷纷涌入,针对区块链技术的投资和探索项目呈爆发式增长。不同于比特币目前"灰色"的政策境遇,区块链技术的应用和开发得到了各国政府部门的支持和鼓励:英国央行已组建区块链技术团队,并考虑发行电子货币的可能性;欧洲证券及市场管理局、美国商品期货交易委员会均在其相关会议上将区块链技术的应用作为重要讨论议题;新加坡政府正在努力将自己打造成"智能国家",新加坡资讯通信发展局联合两家商业银行共同开发了首个票据金融方面的区块链应用,目前还在概念证明阶段;中国央行行长周小川2016年2月称,人民银行已部署重要力量研究探讨区块链应用技术。区块链技术的理论并不成熟,技术尚处于实验室论证阶段,技术标准的推出和技术转换尚需较长时间的实践。商业银行应积极加以关注,现阶段以研究和探索为主。

一、区块链技术

2008年10月31日,一个自称中本聪(Satoshi Nakamoto)的加密爱好者(或团队)

创建了一个被他称为比特币(BitCoin)的项目①——"一个完全是 P2P 的新电子现金系统,不涉及被信任的第三方"。由于银行长期就是作为被信任的第三方存在,因此中本聪提出的比特币货币框架构想的就是一个不需要任何政府支持和银行运作的机制。

区块链在本质上是一个用于维持信息共享来源的分布式计算机网络(节点)[distributed network of computers (nodes)]。每个节点通过保存一套完整历史数据库的副本,参与维护信息的安全性和准确性。目前大多数系统背后都有一个存储电子文件的处所——数据库(database),用户可以对文件中的数据进行新增、截取、更新、删除等操作。现有普遍采取的模式是谁负责这个系统,谁就来管理这个数据库,外人是没有机会来维护这个数据库的。但区块链技术就让整个系统里每一个节点都有机会来读写这个数据库。如果把数据库假设成一本账本,读写数据库就可以看作一种记账的行为,区块链技术的原理就是在一段时间内找出记账最快最好的人,由这个人来记账,然后将账本的这一页信息发给整个系统里其他所有人。这也就相当于改变数据库所有的记录,发给全网的其他每个节点,所以区块链技术也称为分布式账本(distributed ledger)。

区块链不同于银行集中且私有的分类账,其"账本"是公开且广泛分布的,即任何人都可以下载一份拷贝。除了用户身份受到加密保护,这个系统完全透明。区块链作为一串使用密码学方法相关联产生的数据块,每一个数据块中包含了一次比特币网络交易的信息,用于验证其信息的有效性和生成下一个区块。按顺序把区块链组成链条能防止任何人两次使用同一个比特币。由于区块链是一个可共享的、每个人都可以检查的公开账本,不受任何单一用户的控制,这一系统不会受到任何一方的篡改。与银行分类账能够被所有者或政府更改不同,区块链的变更一定会同时更改在那一刻"矿工"们使用的所有成千上万份拷贝。由于比特币没有一个中央银行来支配,要控制整个系统,将需要某个人控制约一万个"矿工"合共计算能力的 51%,这种可能性极小,也就使整个系统的安全性更有保障。

二、区块链技术在金融领域的应用

区块链技术公开透明,让每个人均可参与数据库记录,这种去中心化基于密码学的解决方案去除了中间人,它具有重新定义交易和多行业后勤办公的潜力。最早是比特币的基础技术,可广泛应用于金融等各领域。区块链技术可以节省交易时间,降低交易风险,从而大大提高金融行业的效率。区块链,以一种通过去中心化的方式集体维护一个持续生长的数据库,为金融业的未来发展升级提供了一个可选的方向。由于点对点网络的特性,分布式账本技术是完全共享、透明和去中心化的,故非常适合于在金融行

---

① 中本聪(Satoshi Nakamoto)是比特币协议及其相关软件 BitCoin-Qt 的创造者,于 2008 年在 metzdowd. com 网站的密码学邮件列表中发表了论文《比特币:一种点对点式的电子现金系统(*BitCoin: A Peer-to-Peer Electronic Cash System*)》,描述了一种被他称作"比特币"的电子货币及其算法,并详细描绘了如何创建一套去中心化的、不需要建立在交易双方相互信任基础上的电子交易体系。2009 年 1 月,他就开发出首款比特币算法的软件,并进行了首次"采矿"(mining),获得首批 50 个比特币。2010 年中开始,中本聪逐渐淡出这一项目。比特币之父中本聪的身份至今未被确认。大家普遍认为这是一个虚构身份,可能是一个人也可能是一个团队。

业的应用。通过创建分布式账本的公开标准，实现虚拟和数字形式的价值交换，能够安全、高效、低成本地进行追踪和交易。该技术能够颠覆主流金融行业传统上使用的后台系统。区块链技术的在金融领域的使用范围主要应用有以下八个方面。

（一）数字货币

比特币是目前区块链技术最广泛、最成功的运用。在比特币的基础上，衍生出大量其他种类的去中心化数字货币，比较著名的有IXCoin、以太币、瑞波币、莱特币、狗狗币等。全世界前后产生过数千种数字货币，到现在还在运行的大概还有700多种。四家大银行：瑞银、德意志银行、桑坦德和纽约梅隆银行已经联手使用区块链技术开发新的数字货币系统。第一个层面是"货币"，即把简单的货币变为可编程货币（programable money），构建一种全新的、更安全、更便捷的去中心化数字支付系统，如比特币等。未来，数字货币面临的最大不确定性来自监管，目前国际各界对比特币的态度不一，美国、意大利、日本、新西兰等国家对比特币持较为积极的态度，而印度尼西亚、法国、英国等国对比特币持中立或否定态度。

（二）支付清算

现阶段商业贸易的交易支付、清算都要借助银行体系，需要较为烦冗的处理流程。在此过程中，每个机构都有自己的账务系统，彼此之间需要建立代理关系；每笔交易需要本银行记录，与交易对手进行清算和对账，导致整个过程花费时间较长、使用成本较高。与传统支付体系相比，区块链支付可以为交易双方直接进行端到端支付，不涉及中间机构，在提高速度和降低成本方面能够得到大幅的改善。尤其是跨境支付方面，如果基于区块链技术构建一套通用的分布式银行间金融交易系统，可为用户提供全球范围的跨境、任意币种的实时支付清算服务，跨境支付将会变得便捷和低廉。过去票据交换和结算所需要的时间为3天，使用区块链技术的操作只需要10分钟。区块链技术的去信任化机制直接动摇了第三方支付的根基：第三方支付的资金监管角色可由区块链的智能合约技术自动代替。因此，区块链会使第三方支付逐步被边缘化。

（三）数字票据

目前国际区块链联盟R3 CEV联合以太坊、微软共同研发了一套基于区块链技术的商业票据交易系统，包括高盛、摩根大通、瑞士联合银行、巴莱特银行等著名国际金融机构加入试用，并对票据交易、票据签发、票据赎回等功能进行了公开测试。数字票据主要有以下优势：一是可实现票据价值传递的去中心化；二是能够有效防范票据市场风险；三是系统地搭建、维护及数据存储可以大大降低成本。

（四）银行征信管理

随着区块链技术的发展，更多与征信相关的个人及企业的金融交易数据、商业交易数据等可能直接部署在区块链上。在征信领域，区块链的优势在于可依靠算法自动记录信用相关信息，并存储在区块链网络的每台计算机上，信息透明、不可篡改、使用成本低。商业银行可以用加密的形式存储并共享客户在本机构的信用信息，客户申请贷款时，贷款机构在获得授权后可通过直接调取区块链的相应信息数据直接完成征信，而不必再到央行申请征信信息查询。商业银行可以直接通过区块链完成征信，可有效克服现有模式下信息不完整、数据不及时、费用较高的缺点，并大大改变商业银行的信用风险管理模式。

(五) 权益证明和交易所证券交易

在区块链系统中，交易信息具有不可篡改性和不可抵赖性。该属性可充分应用于对权益的所有者进行确权，对于需要永久性存储的交易记录，区块链是理想的解决方案，可适用于房产所有权、车辆所有权、股权交易等场景。其中，股权交易是目前尝试应用最多的领域。2015年12月30日，世界最大证交所之一的纳斯达克宣布，其合作伙伴 Chain.com 在对一位私人投资者发行股票时首次使用了纳斯达克的区块链技术交易平台 Linq 来完成和记录私人证券交易，该交易是区块链技术应用领域的一大进步。这对于全球金融市场的去中心化有着里程碑的意义。

(六) 保险管理

未来关于个人的健康状况、发生事故记录等信息可能会上传至区块链中，使保险公司在客户投保时及时、准确地获得风险信息，从而降低核保成本。区块链的共享透明特点降低了信息不对称，还可降低逆向选择风险；而其历史可追踪的特点，则有利于减少道德风险，进而降低保险的管理成本和管理难度。

(七) 金融审计

区块链的技术特点能够有效解决审计行业在交易取证、追踪、关联、回溯等方面的难点和痛点。德勤公司从2014年起成立了专门的团队对区块链技术在审计方面的应用进行研究，他们认为区块链技术能够保证所有财务数据的完整性、永久性和不可更改性，帮助审计师实现实时审计，提高审计效率。

(八) 信息管理系统

区块链技术能有效提升金融机构中后台运营效率。首先，区块链技术为中后台部门提供了非常好的效率提升工具；其次，区块链技术可以有效缩短管理系统开发的周期，降低开发成本以及运维成本。

在实际应用领域，基于区块链技术的应用实验正在加速开展。例如，2015年9月组建国际最大的区块链联盟 R3 CEV，吸收了摩根大通、富国银行、高盛等42家国际顶级金融机构组成"梦之队"，并与微软合作，致力于打造一个开源、通用共享账簿的区块链联盟；2015年 Linux 基金会联合全球超过40家金融、科技及区块链技术团队启动超级账本项目 Hyperledger，旨在构建一个企业级的开源分布式账本框架，使开发者能够根据特定行业需求打造应用平台和硬件系统，推进区块链数字技术和交易验证；世界上第一个开放的支付网络 Ripple 利用区块链节约了跨境货币支付42%的成本，通过这个支付网络可以转账任意一种货币，包括美元、欧元、人民币、日元或者比特币，简便易行快捷，交易确认在几秒以内完成，交易费用几乎是零，没有所谓的跨行异地以及跨国支付费用，未来可能威胁到 SWIFT 的地位；纳斯达克推出区块链平台 Nasdaq Linq，通过此平台发股的发行者将享有数字化所有权。

近几个月来，越来越多的央行官员开始建议区块链技术可以被用于创造更多的集中式数字货币。英国政府目前正在考察区块链的系统，在研究发行数字货币 RSCoin 的方案来解决其实时全额结算系统（RTGS）不稳定问题；荷兰央行也正在致力于开发一种被称为"DNBCoin"的内部区块链原型。但都还在研发阶段。中国人民银行也部署了重要力量研究探讨区块链应用技术，是数字货币创造"一项可选的技术"。

三、区块链技术对银行业的变革性影响

区块链技术普及后对银行业的影响是变革性的，金融的底层基础架构会发生变化，原来有的一些角色将来可能就不需要了，有可能出现一些新的角色，所以对底层会造成很大的变化。比如金融交易中的一些登记结算机构，如A股市场里的中国证券登记结算有限公司、债券市场的中央国债登记结算有限责任公司，这一类机构完全是可以被区块链技术取代的。一旦认识到区块链技术能够成为一种削减交易成本的新工具，挑战金融中介的利润池，有望让银行这些中心化机构变得过时。

区块链技术是依靠对计算能力的奖励吸引更多的记账区块来处理增量数据的分布式记账技术，其在银行业的应用将彻底改变数据记录和交易结算等数据金融基础设施的建设和使用方式，在理论上改变银行业的未来发展：一是改变银行科技投入重硬件、重资产的模式，通过物理分散化的数据储存和运算方式，实现银行风险分散化和成本转移；二是提升银行生产和使用数据流的效率，其高度可信的数据记录方式和交易即清算的数据交换方式，将大幅提升吸收资产和进行金融资源配置的效率；三是实现金融基础设施使用权和所有权分离，银行的客户或者非银行区块拥有硬件设备的所有权，但其运算能力是全网共享的。

四、区块链技术对银行业的冲击

在比特币横空出世后五年，其底层区块链技术才从小众自由派密码学专家与电脑黑客的实验，开始成为吸引高科技公司、跨国金融机构和创投基金的投资新热土。区块链技术可以改变支付结算的底层基础设施和清算方式。如果通过央行建立区块链系统，或商业银行建立区块链联盟，商业银行就可以通过区块链技术进行点对点支付，从而绕开目前的支付中心。商业银行未来将可能通过区块链技术直接进行点对点支付，清算组织的功能将会面临挑战。特别是在跨境支付清算方面，通过区块链技术可省去代理行环节，实现点对点的对接，大幅降低业务成本和提升支付效率。可能出现新的大型区块链支付公司，改变现有的支付市场格局。大型的区块链支付公司可为各商业银行支付业务提供基础设施支持服务，从而与现有的清算组织形成直接竞争，可能改变现有的支付市场格局。支付是商业银行最主要的职能之一，而区块链技术对银行业的支付体系和支付职能重大的潜在影响意义深远。银行业一方面可以利用区块链技术获得更高的支付效率，并有效降低成本；另一方面，也需要对现有的体系和系统作出较大的调整，涉及的改变范围较广、层次较深。

区块链技术本身是一种分布式记账技术，形成的区块链平台也可视作一部巨大的账簿。然而账簿本身并不具备价值，或者说其价值只是算力投入，真正的价值是其承载的数据所代表的资产价值。通过对线下资产的数字化，区块链平台承载和传递价值的潜力是无限的。然而，至少在可预见的未来，当在线上生产力和消费力并没有形成主流

时,区块链账簿作为线上记账平台,数据的价值仍需要主要地通过线上线下的对接、转换和融合来实现。因此,不论是银行的区块链平台,还是科技金融公司的区块链平台,其价值取决于客户将线下资产注入线上平台的程度和规模,也就是有多少线下资产会经过数字化后转移至线上平台记账。因此,区块链技术冲击下,商业银行的发展很有可能是与金融科技公司关于这种记账权的竞争。

2015年9月,区块链联盟R3 CEV公司正式成立,核心职能是制定银行业区块链(blockchain)技术开发的行业标准和协议,以及探索实践用例,并建立银行业的区块链组织。截至2016年5月,R3共有43家金融机构结盟合作,包括最近加入的中国平安集团。该联盟提供区块链技术的五家厂商分别是Chain、Ethereum、Eris Industries、IBM和Intel。云基础设施则由Amazon、IBM和Microsoft Corporation提供。目前,R3联盟利用这五家区块链厂商和三家云计算提供商提供的分布式分类账系统已经完成了两轮金融机构大规模参与的测试;R3倡导的区块链技术可能很快会使用于国际金融支付和清算领域,颠覆现有的支付系统。

五、商业银行应对区块链技术冲击的策略

区块链技术是一种被誉为将会颠覆传统金融模式的网络技术。区块链技术的产生将会改变以商业银行为代表的中心化的传统金融模式,在这个过程中商业银行又将如何应对挑战,以下四点值得考虑。

(1) 商业银行应加快经营模式转型,拓展区块链技术应用场景。相比于互联网金融公司和其他金融机构对于区块链技术的高度重视,商业银行并没有体现出在新产品、新技术等金融创新领域中的领导地位和领先优势。P2P、区块链的特点就是去中介化、去中心化,这虽然对银行自身的传统业务构成了威胁,但也摆脱了高昂的交易成本,极大地提高了交易、清算效率。新技术的迅猛发展必将带来传统金融行业的颠覆。

(2) 商业银行应以包容的心态接纳、研究、运用区块链技术,尽早占领技术积累和人才储备的战略高地。积极参与到国际银行、金融机构对区块链技术标准的制定和运用的计划中。目前,国际上重要的区块链联盟组织R3 CEV联合摩根大通、巴克莱银行、高盛集团、瑞士银行等40多家国际商业银行共同合作,为区块链技术在银行业中的使用制定行业标准和协议。2016年5月,中国平安也加入该联盟。商业银行可积极加入类似的相关组织,特别是金融领域的官方及半官方组织,强化金融同业交流及区块链行业应用交流。

(3) 充分利用块链技术还将帮助商业银行有效控制信用风险。英国的《经济学家》杂志就曾将区块链比喻为创建信任的机器。这是由于区块链技术使交易信息完全透明、不可更改,因此可以极大程度地降低由信息不对称带来的信用风险和征信成本。

(4) 商业银行应高度重视伴随区块链技术发展普及过程中随之变化的金融风险。在区块链的金融模式下大量点对点的频繁交易将带来海量的网状数据信息,这就需要改变商业银行以往的风险管理模式,在风险监管制度、数据处理水平、风险监测水平方面都作出相应的调整。

总的来看,区块链技术的发展必将带来金融业颠覆性的剧变。这其中不仅需要市场参与者的不断创新与改变,更需要市场监管者的与时俱进,才能共同培育出更好的市场环境。

知识专栏 14-2

银行"梦之队"将颠覆银行业

金融科技(FinTech)已经成为近年的投资最热领域,数以百万美元计的大批资金正被投入这一领域。自 2014 年以来,区块链技术可能带来的产业革命吸引华尔街投资家们纷纷投身金融科技领域,开发不受传统银行监管限制的新产品,这里面还包括摩根士丹利的前任 CEO 约翰·马克(John Mack)和花旗银行的前 CEO 维克拉姆·潘迪特(Vikram Pandit)。2015 年 9 月,R3 公司创立,专门负责合成银行业区块链技术开发的行业标准以及用例,致力于建立银行业的区块链组织。

2015 年 12 月 17 日,R3 公司对外宣布,银行"梦之队"经过首轮招募,组成了包括花旗集团、美洲银行、摩根大通、汇丰银行、野村证券和法国外贸银行等 42 家银行机构①的团队。R3 公司预计将在 2016 年招募非银行金融机构,扩大要整合的产业范围。R3 公司的 CEO 路特(David Rutter)表示:"R3 公司长久以来一直坚信,分散式分类账技术可能会像互联网改变媒体和娱乐业那样改变金融服务业。"

区块链(block-chain)是用于支持比特币交易和监管的应用软件。区块链技术可以让两个交易者不需要通过"授权中间人"即能完成交易,银行可以从直接交易中大幅降低成本,从而让交易更快、更省、更简单。此外,区块链技术使用公开的分类账技术,因此,任何人都可以浏览这些交易数据,理论上,这大大提高了交易系统的透明度、削减银行后台的运营成本。比特币的创始人可能也没有意识到区块链技术会带来银行业的技术革命。此前,巴克莱、花旗以及瑞银集团都已经表达过对区块链技术的兴趣,但是 R3 公司首次让 42 家银行在这一技术上达成合作。

在全球大型银行越来越关注区块链技术的同时,中国知名金融公司也加入了 R3 CEV 联盟。2016 年 5 月,平安保险集团是中国首个加入 R3 的金融公司,平安的业务包括保险、银行、个人理财。中国平安的加盟是 R3 的重要里程碑,因为中国是世界第二大经济体。R3 联盟总部在纽约,企业成员来自亚洲、欧洲和北美;成员网络代表了全球银行、金融机构的利益。(资料来源:"如同互联网颠覆传媒界 银行'梦之队'将颠覆银行业",http://wallstreetcn.com/node/227632。)

---

① 42 家银行包括:Banco Santander, Bank of America, Barclays, BBVA, BMO Financial Group, BNP Paribas, BNY Mellon, CIBC, Commonwealth Bank of Australia, Citi, Commerzbank, Credit Suisse, Danske Bank, Deutsche Bank, J.P. Morgan, Goldman Sachs, HSBC, ING Bank, Intesa Sanpaolo, Macquarie Bank, Mitsubishi UFJ Financial Group, Mizuho Financial Group, Morgan Stanley, National Australia Bank, Natixis, Nomura, Nordea, Northern Trust, OP Financial Group, Scotiabank, State Street, Sumitomo Mitsui Banking Corporation, Royal Bank of Canada, Royal Bank of Scotland, SEB, Societe Generale, Toronto-Dominion Bank, UBS, UniCredit, U.S. Bancorp, Wells Fargo and Westpac Banking Corporation.

本章小结

1. 以互联网为独立载体的第三方支付、众筹融资、信用卡服务、理财社区、网上交易所、个人理财、小额信贷和P2P等服务类型,运营形态各异,正在改变着金融服务业的版图。

2. 信息网络技术的快速发展正深刻影响着人类社会的组织形态、商业模式和生活方式,互联网金融的兴起与强劲发展在一定程度上颠覆了商业银行传统的经营模式。

3. 移动互联网技术改变经济社会运行规则:(1) 新技术规则——聚合涌现,协同共创新商业模式。(2) 新经济规则——成本趋零,降低企业的运营成本。(3) 新社会规则——时空坍缩,重塑现实与虚拟世界。这三大规则对金融业的影响深远,产生"去介质化、去中介化、去中心化"的互联网效应,金融服务领域的用户主权时代正逐步到来。

4. 面对互联网金融的蓬勃发展,传统商业银行业面临着技术、经营模式、生存空间和战略思维四个层面的挑战。

5. 互联网金融发展在三方面对传统商业银行业务造成强势冲击,甚至呈现替代趋势:一是第三方移动支付替代银行传统的支付业务;二是"人人贷(P2P)"对传统的银行存贷款业务的替代;三是互联网理财对商业银行理财业务的冲击。

6. 面对互联网金融冲击波,商业银行的变革方向是:(1) 从经营理念上谋变,实现由"产品中心主义"向"客户中心主义"再到"用户中心主义"的转变;(2) 要从经营方式上谋变,实现传统物理营销渠道和互联网营销渠道的有机结合;(3) 要从业务体系上谋变,实现聚集各类商业品种的"金融超市"式的服务模式;(4) 要从战略导向上谋变,实现商业银行与其他金融机构以有益合作代替恶性竞争的关系。

7. 互联网金融时代商业银行的谋篇布局:(1) 重构开放、分享的互联网金融平台;(2) 探索全天候、个性化的移动客服与社交营销;(3) 构建多元化的场景金融;(4) 优化风险管理进一步做好风险防控。

8. 区块链技术的发展对金融行业的影响主要集中在数字货币、支付结算体系、征信管理、权益证明和交易所证券交易、信息系统的技术架构等方面。

关 键 词

互联网(internet);互联网金融(internet finance);第三方支付(third party payment);P2P(peer-to-peer);区块链(blockchain);比特币(BitCoin)

复习思考题

1. 互联网时代商业银行的经营环境发生了怎样的变化?
2. 什么是互联网金融?互联网金融包括哪些内容?
3. 互联网金融在哪些方面对商业银行带来了挑战?
4. 互联网金融对商业银行业务经营的影响有哪些?
5. 互联网时代商业银行该如何发展?
6. 区块链技术会颠覆商业银行吗?

主要参考文献

1. 比达咨询(BigData-Research):《2015年度中国第三方移动支付市场研究报告》,2016年1月26日。
2. [美]彼得·S.罗斯、[美]西尔维娅·C.赫金斯著,刘园译注:《商业银行管理(英文版原书第8版)》,机械工业出版社,2011年。
3. 财政部:《金融企业准备金计提管理办法》,2012年3月30日。
4. 程华、杨志云:"区块链发展趋势与商业银行应对策略研究",《金融监管研究》,2016年第6期。
5. 戴国强等:《商业银行经营学(第4版)》,高等教育出版社,2011年。
6. 官学清:《现代商业银行风险经营理论》,中国金融出版社,2011年。
7. 韩宗英等:《商业银行经营管理》,清华大学出版社,2010年。
8. 胡援成等:《货币银行学》,中国财政经济出版社,2011年。
9. 李小平等:"商业银行资本补充工具创新",《中国金融》,2014年第7期。
10. 刘惠好等:《商业银行管理》,中国金融出版社,2009年。
11. 刘堃:《我国商业银行信用风险预警与缓释研究——基于全面风险管理》,湖南人民出版社,2010年。
12. 全国人民代表大会常务委员会:《中华人民共和国商业银行法(修订)》,2015年8月29日。
13. 王允平等:《金融企业会计学》,经济科学出版社,2008年。
14. 王雅娟:"区块链在商业银行的应用前景展望",《中国银行业》,2016年第6期。
15. 闫冰竹:"'互联网+'重塑银行业未来新格局",《金融时报》,2015年6月15日。
16. 杨宜等:《商业银行业务管理(第2版)》,北京大学出版社,2015年。
17. 于建东:"互联网金融时代已经开启",《经济日报》,2013年11月19日。
18. 原擒龙等:《商业银行国际结算与贸易融资业务》,中国金融出版社,2008年。
19. 中国人民银行:《大额存单管理暂行办法》,2015年6月2日。
20. 中国人民银行:《商业银行内部控制指引》,2002年9月19日。
21. 中国银行业监督管理委员会:《商业银行监管评级内部指引(试行)》,2006年1月1日。
22. 中国银行业监督管理委员会:《商业银行流动性风险管理办法(试行)》,2015年9月2日。
23. 中国银行业监督管理委员会:《商业银行合规风险管理指引》,2006年10月20日。

24. 中国银行业监督管理委员会：《银行业金融机构全面风险管理指引》，2016年9月30日。
25. 中国银行业监督管理委员会：《商业银行资本管理办法》，2012年6月7日。
26. 中国银行业监督管理委员会：《商业银行资本充足率管理办法》，2004年2月23日。
27. 中国银行业监督管理委员会：《商业银行市场风险管理指引》，2004年12月29日。
28. 庄毓敏等：《商业银行业务与经营（第4版）》，中国人民大学出版社，2014年。
29. 宗良："全球互联网金融呈三大发展趋势、中国银行业传统模式面临变革"，《证券日报》，2013年10月25日。

相关网络链接

1. 美国联邦存款保险公司：http://www.fdic.com/。
2. 美联储：http://www.federalreserve.gov/。
3. 美国花旗银行：https://www.citibank.com。
4. 中国人民银行：http://www.pbc.gov.cn/。
5. 中国银行业监督管理委员会：http://www.cbrc.gov.cn/。
6. 中国银行业协会：http://www.china-cba.net/。
7. 上海同业拆借利率：http://www.shibor.org/。
8. 国家外汇管理局：http://www.safe.gov.cn/。
9. 国际清算银行—巴塞尔银行监督管理委员会：http://www.bis.org。
10. 中国银联：http://cn.unionpay.com/。
11. 上海证券交易所：http://www.sse.com.cn/。
12. 深圳证券交易所：http://www.szse.cn/。
13. 中国工商银行：http://www.icbc.com.cn/。
14. 中国招商银行：http://www.cmbchina.com/。
15. 蚂蚁金服：https://www.antgroup.com/。
16. 支付宝：https://www.alipay.com/。
17. 余额宝：https://yebprod.alipay.com。
18. 财付通：https://www.tenpay.com/v3/。
19. 芝麻信用：https://b.zmxy.com.cn/。

图书在版编目(CIP)数据

商业银行管理学/黄飞鸣主编. —上海:复旦大学出版社,2017.8
信毅教材大系
ISBN 978-7-309-13003-4

Ⅰ.商… Ⅱ.黄… Ⅲ.商业银行-经济管理-高等学校-教材 Ⅳ.F830.33

中国版本图书馆 CIP 数据核字(2017)第 128891 号

商业银行管理学
黄飞鸣　主编
责任编辑/岑品杰　王雅楠

复旦大学出版社有限公司出版发行
上海市国权路 579 号　邮编:200433
网址:fupnet@fudanpress.com　http://www.fudanpress.com
门市零售:86-21-65642857　团体订购:86-21-65118853
外埠邮购:86-21-65109143　出版部电话:86-21-65642845
上海浦东北联印刷厂

开本 787×1092　1/16　印张 24.5　字数 523 千
2017 年 8 月第 1 版第 1 次印刷

ISBN 978-7-309-13003-4/F·2374
定价:49.00 元

如有印装质量问题,请向复旦大学出版社有限公司出版部调换。
版权所有　侵权必究